大學通論

大學通論

머릿말

사람이 가야할 길과 이뤄야할 일.

사람이 이 세상에 태어나서 묻고 배우지 않으면 사람다운 사람이 될 수 없다. 사람은 배우는 동물이기 때문이다. 사람의 앎이 곧 그 사람의 삶이 되므로, 삶의 핵심과제는 묻고 배워 아는 것이다. 사람은 자기가 아는 만큼 보고 듣고 느끼며 살아가는 존재다. 앎의 정도에 따라 삶의 질이 달라지므로 배워야한다. 그리고 중용의 가르침대로 배운 것을 자세히 묻고, 깊이 생각하여, 확실하게 분별하고, 돈독하게 행동하여 사람의 도리를 알아야한다.

배움은 지극히 선(善)해지려는 사람의 자연스러운 모습이다. 그러므로 어린아이도 호기심을 가지고 무엇이든 묻고 배우면서 앎을 넓히려고 한다.

어린이도 보고 듣고 부딪치며 자기가 배운 앎을 통하여 옳고 그름을 인식하고 좋고 나쁨을 분별한다. 그리고 점차 자기만의 앎을 고집하고 그 앎에 의하여 자아와 자아의 삶을 창조하고 경험한다.

앎의 정도(正道)는 처음부터 무해하고 유익한 것을 긍정적 시각으로 선택하고 배워야하며, 부정적이고 무익한 것이나 유해한 것은 가급적이면 멀리하고 배우지 않는 것이 좋다.

사람의 본성은 누구나 선하고 아름답다. 그러나 본연(本然)의 성이 기질(氣質)의 성에 따라 변화할 수 있으므로, 무엇을 어떻게 배우고 아느냐에 따라서 선하고 아름다운 사람도 악하고 추한 사람이 될 수 있고 본래대로 선하고 아름다운 사람이 되기도 한다. 마치 종이에 무엇을 어떻게 포장하느냐에 따라 종이의 쓰임새나 가치가 달라지는 것과 같은 이치다. 그러므로 사람이 훌륭한 삶을 살려면 무엇을 어떻게 배우고 아느냐가 매우 중요하다.

동양의 고전(古典)인 소학(小學)과 대학(大學)은, 선하고 아름다운 삶을 희망하는 사람들에게 '사람이 가야할 길과 이뤄야할 일'을 체계적으로 자상하게 가르쳐주고 있다. 우리 사람이 가야할 길과 이뤄야할 일의 키Key가 소학과 대학에 온전하게 갖추어져 있다. 그러므로 우리는 소학과 대학을 배움으로서, 사람이 '무엇을 하며 어떻게 살 것인가?'를 자각하게 되고, 아름다운 인간관계를 유지하며 보다 더 선한 삶을 가꾸고 꽃피울 수 있게 된다.

사람들은 어린이가 묻고 배우려는 것을 무시하거나 쉽게 외면해버리는 경우가 많다. 그것은 어린이를 방치하고 학대하는 것보다 더 나쁜 무관심이다. 그들에게 배움의 기회를 주지 않으면, 그 아이는 장차 선한 사람의 도리를 모르고 구차한 삶을 살 수밖에 없다. 그러므로 묻고 배우려는 어린이를 관심을 갖고 성심으로 가르치는 것은 어른들의 당연한 도리요, 덕행이다.

배우지 못해 지식이나 기술, 정보가 부족한 사람은, 사람의 도리나

역할을 제대로 수행하지 못하고, 마땅히 가야할 길을 가지 못하며, 매사에 머뭇거리면서 이뤄야할 일을 알지 못하고 헤매는 삶을 산다.

제때에 필요한 것을 배우고 깨달은 사람은, 그 앎에 합당한 생각과 꿈을 가꾸면서 한 번뿐인 삶을 자기의 희망대로 이루며 산다. 그가 아직 어려도 선한 사람의 도리인 효도와 인의를 실천하며, 세월과 함께 자람을 기다려서 뜻을 세우고 가야할 길을 가며, 앎이 무르익고 덕이 쌓이면 몸을 세워 홍익인간의 길을 가니 세상 사람들이 그의 출사를 반기게 된다.

본 대학통론은 사람이 반드시 알고 행해야할 삶의 길을 여섯 장으로 나누어 전한다. 사람이 행해야할 도리와 함께, 사람이 가야할 길과 이뤄야할 일을 분명하게 제시한다.

대학과정에서 대인이 되기 위한 배움의 도를 이루고 수기치인(修己治人)하기 위해서는, 먼저 소학과정에서 사람이 지켜야할 예의범절과 충효(忠孝), 인의(仁義) 등 인간의 도리와 삶의 규범을 배우고 익혀야한다. 그 다음에는 '예의범절과 인간도리라는 터' 위에다가, 사람이 마땅히 이뤄야할 '도덕세계와 수기치인이란 집'을 대학의 삼강령(三江領)과 팔조목(八條目)으로 아름답게 지어야한다.

소학의 인간도리 장에서는, 어린사람이 세수하고 청소하며 식사하고 인사하는 법은 물론, 들고나며 부름에 대답하고, 나아가고 물러서는 일, 평소의 마음가짐과 몸가짐, 말하고 행동하기, 일상의 예의범절과 생활규범을 배운다. 그리고 어버이는 마땅히 자식을 사랑해야하고, 자

식은 마땅히 어버이께 효도해야하며, 임금은 마땅히 정의로워야하고, 신하는 마땅히 충성스러워야하는 일. 젊은이는 마땅히 어른을 공경해야하고, 어른은 마땅히 젊은이들에게 모범을 보여야하는 일. 부부는 마땅히 서로 각별함이 있어야하고, 형제자매는 마땅히 서로 우애가 있어야하며, 친구는 마땅히 서로 믿음이 있어야하는 소중하고 아름다운 인간관계를 배움으로서, 사람의 도리와 역할을 다할 수 있도록 하였다.

대학의 도덕원리 장에서는, 본래 밝은 성품의 덕을 밝히고 모든 사람들이 새로워지며 지극히 좋은 상태에 머무르는 법을 전한다. 그리고 대장부의 호연지기(浩然之氣)를 기르는 법과 급변하며 새로워지는 세상의 변화를 이해하고, 2,500년을 전해오면서 검증된 대인지학(大人之學)의 도(道)를 배우고 익힌다. 사람이 수기치인하려면 격물치지에서 치국평천하까지 여덟 단계의 공부조목을 배움으로서, 마땅히 머무를 곳에 머무르는 법을 알고 가야할 길을 가도록 하였다.

대학의 격물치지 장에서는, 예부터 여러 성현들이 마음을 다하여 사물의 이치를 밝히고 앎을 이루는 법을 전한다. 오늘날 학생들의 학습방향과 그 학습의 중요성, 누구나 쉽게 공부할 수 있는 자기 주도적 학습방법과 학습태도가 운명이 된다는 것을 종합적으로 정리하여 가르친다. 앎이 창조한 다양한 자아상을 스스로 사유(思惟)하고 관찰하여 발견함으로서, 그 자아를 사랑으로 경영하여 행복하도록 하였다.

대학의 성의정심 장에서는, 뜻을 성실히 하고 마음을 바르게 하기 위하여, 자신을 속이지 않고 자족하며, 홀로 있으면서 삼가는 법과 유가의 전통적인 마음공부법을 알기 쉽게 정리하였다. 특히 조선의 선비 퇴계선생의 성학십도에 가까이 다가가서 성학의 다양한 심법을 접하고 배울 수 있도록 하였다. 지성(至誠)으로 하나를 집중하여 도통하는 방법을 배우고, 모두가 예법으로 자기를 극복하여 본래 밝은 마음을 거머잡고 자아를 성숙시켜서 수기치인의 길을 가도록 하였다.

대학의 수신제가 장에서는, 성의정심으로 몸과 마음을 닦고 집안을 가지런히 하는 것이 사람의 도리라는 것을 배운다. 부모형제간의 효제와 부부간의 각별함과 자식과의 자애를 가르치고, 특히 모든 행위의 근본인 효도에 대한 실천방법과 사례를 종합하여 전한다. 효도와 지성으로 대업을 이루는 법이 신기하며, 배우자를 선택하고 태교하는 법이 자상하다. 효도와 충서, 지성과 성찰, 정좌사유로 자아를 완성하여 사람의 도리를 행하도록 하였다.

대학의 치국평천하 장에서는, 수신제가하고 치국평천하하기 위해서, 혈구지도(絜矩之道)로 남을 내 몸 같이 사랑하는 법을 가르친다. 천명을 얻기 위해 지도자가 인재를 등용하고 민심을 얻는 방법을 전한다. 군자는 이로움을 이익으로 삼지 않고, 덕과 의로움으로 이익을 삼는다는 법과 함께 동양최초의 정치이론인 서경의 홍범구주를 배움으로서, 공자의 대동일화세계와 맹자의 왕도정치연원을 알게 하였다. 그리고 미래세상을 지배하는 새로운 권력을 예측하고 그 미래세계에 대처하는 다양한 대안을 모색한다. 뜻을 세우는 방법과 그 뜻을 이루기 위하여, 희망하는 미래와 붕괴하는 미래를 예측하고 대안미래시나리오를 쓰도록 가르친다. 입신양명한 사람들의 삶을 통하여 자아를 실현하는 신념을 배우고 익히며, 그들의 감동스토리를 통하여 지금 여기서 내가 이뤄야할 일을 자각하게 된다.

공자와 맹자. 증자와 자사, 정자와 주자, 퇴계와 율곡 같은 위대한 옛 성현들의 말씀과 가르침을 모으고, 짐 데이토 교수나 반기문 총장, 손 정의 회장이나 버락 오바마 대통령 같이 오늘날 자기분야의 정상에 오른 사람들의 발자취와 지혜를 모아 서로 통하게 엮은 대학통론은, 논어 위정 편의 "옛것을 익히고 새것을 알면 남의 스승이 될 수 있다.(溫故而 知新 可以爲師矣)"는 공자의 말씀을 따라 저술한 것이다. 전통적인 옛 도덕원리와 수기치인법 등을 먼저 배우고 익힌 다음에 현대적인 새로운 성공법칙과 대안미래시나리오를 작성하여 활용하는 법을 배우도록 하였다.

'사람이 가야할 길과 이뤄야할 일'을 누구나 자각하고 실천할 수 있도록, 옛날의 소학과 대학을 텍스트text로 편집하였으므로 그 내용이 다소 어려울 수 있다. 그러나 사람의 도리를 다룬 소학의 예의범절 이론과 사람의 진로를 다룬 대학의 수기치인 원리에다, 오늘날 성공한 사람들의 입신양명 정보를 이해하기 쉽게 융합하였으므로, 누구나 읽으면 이해가 되고 얻을 것이 있을 것이다.

대학통론은 전문적인 학술서적이 아니다. 어린이부터 칠순의 노인들까지 정치인에서 기업인들까지, 남녀노소 누구나 배우고 익혀 활용할 수 있는 인생지침서요, 다양한 연령층의 가족들이 함께 읽고 토론할 수 있는 능력개발서이다. 그런데 의외로 어려운 책이라 한번 슬쩍 읽으면 그 진의를 파악할 수가 없다. 그래도 세월과 함께 읽고 공부하면 반드시 진의를 깨닫게 될 것이다.

2008년 미국 뉴욕시의 교육감 조엘 클라인이 3년간 초등학생을 상대로 이해하기 어려운 책을 억지로 읽혔더니, 학생수준에 어울리는 〈균형이 잡힌 독서〉를 한 아이들보다 월등하게 학업성적과 학습의욕이 향상되었다는 연구보고가 있었다. 그것은 어려운 책을 읽을수록 두뇌의 가동률이 높아지기 때문이다.

　대학통론은 본래 정치서라 어려운 책이지만, 열 살의 초등학생 손자와 칠순의 할아버지가 함께 읽으면서 공부할 수 있도록 희망하고 해설한 책이다.

　비록 그 내용이 부분적으로 다소 어려운 내용이 있을지라도 찬찬히 읽고, 가족이나 이웃과 담론하다보면 가랑비에 옷이 젖듯이, 향기가 스며들듯이, 심오한 대학통론의 의미가 전달되어 내면화가 이뤄질 것이다. 그리고 자녀들이 부모에게, 부모가 자녀들에게, 일독을 권하고 서로 토론을 즐기게 될 것이다.

　대학통론을 읽은 사람들이 부모에게 효순하고 어른을 공경하며, 이웃과 다투지 않고 화동하며, 스스로 좋은 뜻을 세우고 가야할 길을 가면서 이뤄야할 일을 이루며, 어린이가 자유롭게 살 수 있는 밝은 세상을 만드는 데 앞장선다면, 그것은 저자가 간절히 바라는 의도가 이뤄지는 것이다.

　끝으로 교정을 맡아주신 조성대박사와 집필방향을 조언해준 김기현 교수에게 깊은 감사의 마음을 전하며, 흔쾌히 출판을 책임져준 서동영 사장에게 감사를 드린다. 이 책을 쓰도록 마음의 동기를 부여해준 사랑

하는 손자손녀 〈승연, 하준〉이에게도 고맙다는 말을 전한다. 부디 강건하게 자라서 대학통론을 학습하고 수기치인의 길을 가기 바란다. 그리고 자신과 세상을 사랑하는 모든 분들에게 두 손을 모으고 이 책을 바친다. ✦

2012년 10월

지은이 신 수훈 근서

차례

2장. 대학(大學)의 도덕원리(道德原理)

3장. 대학(大學)의 격물치지(格物致知)

4장. 대학(大學)의 성의정심(誠意正心)

5장. 대학(大學)의 수신제가(修身齊家)

6장. 대학(大學)의 치국평천하(治國平天下)

大學之道，在明

程子曰，親，當作

明之也明德

以具眾理而

대학통론

1장

소학(小學)의
인간도리(人間道理)

소학공부의 중요성

배움의 길에는 어린이들의 배움의 길과 어른들의 배움의 길로 크게 두 갈래 길이 있다.

오늘날의 초중등학교 교육과정이 옛날의 소학(小學)과정이고, 고등학교 교육과정 이상이 옛날의 대학(大學)과정에 해당된다.

소학의 교육과정은 경서를 인용한 개론에 해당하는 내편과 그 실제를 사람들의 언행으로 보여주는 외편으로 나누어져 있다.

내편은 입교(立敎), 명륜(明倫), 경신(敬身), 계고(稽古)로 다시 나누어져 사람의 도리요, 삶의 질서인 예법을 가르치고 있다.

입교 편에서는 태육보양지교(胎育保養之敎)로 태교와 영아보육을 가르치고, 소대시종지교(小大始終之敎)로 아동교육의 내용과 순서를 가르치며, 삼물사술지교(三物四術之敎)를 순서대로 가르친다. 그리고 사제수수지교(師弟授受之敎)에서는 스승과 제자사이의 예법을 가르친다.

명륜 편에서는 부모와 자식 사이의 친함과 임금과 신하 사이의 의리, 부인과 남편 사이의 각별함, 어른과 어린이 사이의 차례, 친구와 친구 사이의 교제 등을 밝히고 가르친다.

경신 편에서는 마음가짐의 요체, 행동거지의 법도, 옷차림새의 제도,

음식문화의 절도 등을 알기 쉽게 밝히고 가르친다.

계고 편에서는 고대 중국의 성현들 언행을 상고(詳考)하여 입교와 명륜과 경신의 실제사례를 입증하면서 가르친다.

외편(外篇)은 가언(嘉言) 편과 선행(善行) 편으로 나누어져 있는데,

가언 편에서는 옛날 어진사람들의 교훈이 되는 말들을 수록하여 입교, 명륜, 경신을 넓히었고,

선행 편에서는 옛날 어진사람들의 믿음직한 행실을 수록해서 입교, 명륜, 경신의 가르침을 실증하고 있다.

소학은 송나라 유자징이 주희의 가르침으로 지은 초학자들의 수양서이다. 소학은 본래 전6권5책으로 1187년에 완성 되었으며, 그 후에 유자징이 다시 초학들을 위하여 사언절구(四言絕句)로 사자소학(四字小學)을 편찬하였다고 전한다. 본서는 소학제사 다음에 소학의 요점을 정리한 사자소학을 수록하고, 소학 내편의 각 내용에 외편의 가언과 선행을 접목하여 각각 그 요점만을 간추려 해석하였다. 현대인이 이해하기 쉽게 전체 흐름에 맞추어 풀이하다보니 소학의 많은 부분이 생략되고 말았다. 그러나 소학의 핵심인 인간의 도리는 잘 나타나 있다.

1절의 소학제사는 소학공부에 들어가는 문이고, 2절의 사자소학은 소학의 전체 내용을 일목요연하게 정리한 사언절구(四言絕句)로써 소학의 핵심내용이다. 읽고 또 읽으면 인간의 도리를 저절로 터득하게 될 것이다.

'소학이란 심성의 터'에다가 '대학이란 인생의 집'을 짓고, 수기치인하는 방법을 찾으려면 먼저 소학부터 착실히 공부해야한다.

소학공부는 짐승이 사람이 되는 관문이고, 소인(小人)이 대인(大人)이 되는 지름길이다. 大

1절
소학제사(小學題辭)

　어린이들의 배움의 길 내용을 총체적으로 요약하기 전에 송나라 시대의 성리학자 주희가 쓴 소학제사를 먼저 풀이한다. 이는 어린이들의 배움의 중요성과 '소학의 목적'을 잘 나타내고 있기 때문이다.

　「원형이정(元亨利貞)은 하늘진리의 법칙이고, 인의예지(仁義禮智)는 인간본성의 벼리이다. 모든 사람의 본성은 원래 착해서 타고난 품성인 인의예지가 느낌에 따라 드러난다.

　어버이께 효도하고 형을 공경하며, 나라에 충성하고 어른을 공손하게 대하는 것을 사람의 도리라 부르니, 억지로 행하는 것이 아니라 자연스럽게 행하는 것이다.

　오직 성인은 저절로 본성대로 행하는 사람이라 하늘처럼 넓고 거룩하여 털끝만큼 더하지 않아도 모든 행위가 선(善)하다.

　일반대중은 어리석어 물질과 감각적 욕망에 그 본성이 끊임없이 가려져서 도리를 무너뜨리고 자포자기상태로 괴로워하며 살아간다.

옛날부터 성인은 이를 측은하게 생각하여 학문을 만들고 스승을 가려 세워 그 본성의 뿌리를 북돋아주고 가지가 잘 뻗어가게 가르쳤다.

어린이들의 배움의 방법이란, 물 뿌려 청소하고 부름에 잘 대답하며, 집에 들어와서는 효도하고, 나가서는 어른을 공경하며, 그 행동이 사람의 도리에 어긋남이 없게 하는 것이다.

도리를 행하고 남은 힘으로는 시를 외우고 글을 읽으며, 노래하고 춤추며, 모든 생각이 도리에서 벗어나지 않게 하는 것이다.

사물의 이치를 깊이 연구하고, 마음을 바르게 해서 몸을 가다듬는 것이 어린이 배움의 큰 뜻이며 목적이다.

하늘의 깨우침은 밝기에 차별과 안팎이 없다. 어린이일지라도 생각을 키우고 덕을 높이어 학업에 힘쓰면 그 본래의 성품으로 돌아간다. 옛날에도 배움에는 부족함이 없었으니 이제라고 어찌 넉넉하지 않겠는가! 뜻을 세우고 정진하면 누구나 훌륭한 사람이 될 수 있다.

세월이 멀리 흘러와서 어진 사람들이 드물고 경전들이 사라져서 가르침이 해이해지니 어린이들이 바르게 배우고 훌륭하게 자라지 못하고 있다. 배우지 못하고 막 자라면 천박해져서 상스러운 행동을 제멋대로 하게 된다.

마을에 좋은 풍속이 사라지고 세상에 좋은 인재가 부족하니, 사리사욕에 사로잡혀 서로 싸우고, 이단(異端)의 괴이한 말들에 현혹되어 세상을 어지럽게 한다.

그러나 다행히 사람의 본성은 하늘이 다하도록 없어지지 아니하니, 이에 예부터 들은 것을 주워 모아 뒤에 오는 사람들을 깨우치고자 이 글을 엮어 전한다.

아! 어린이들이여! 삼가 받들어 이 글을 배우고 익혀라! 이것은 어른의 잔소리가 아니라 옛 성인들의 가르침이다.」🌑

2절
사자소학(四字小學)

　어린이들의 배움의 길 내용을 총체적으로 요약한 글이 사자소학이다. 그 내용이 참으로 간결하고 정밀하며 친절하다. 누구나 배우고 행하면 사람의 도리인 충효와 인의를 깨닫게 되고, 세월과 함께 예의가 바른 사람이 되어 모든 사람들의 사랑과 존경을 받는 대인군자로 자라게 될 것이다.

父生我身(부생아신)하시고 : 아버지는 내 몸을 낳으시고
母鞠吾身(모국오신)이로다 : 어머니는 내 몸을 기르셨다.
腹以懷我(복이회아)하시고 : 배로써 나를 품어 주시고
乳以哺我(유이포아)하시며 : 젖으로써 나를 먹여 주시며,
以衣溫我(이의온아)하시고 : 옷으로써 나를 따뜻하게 하시고
以食活我(이식활아)하시니 : 밥으로써 나를 살리셨으니,
恩高如天(은고여천)하시고 : 은혜의 높기가 하늘과 같고
德厚似地(덕후사지)로다 : 덕의 두텁기가 땅과 같다.

爲人子者(위인자자)가 : 사람의 자식으로 태어나서

曷不爲孝(갈불위효)리오 : 어찌 효도를 하지 않을 수 있겠는가!

欲報深恩(욕보심은)이나 : 그 깊고 큰 은혜를 다 갚고자 하나

昊天罔極(호천망극)이로다 : 하늘보다 높아서 갚을 수가 없구나!

父母呼我(부모호아)하시면 : 부모님께서 나를 부르시면

唯而趨進(유이추진)하고 : 즉시 대답하고 달려 나가고,

父母使我(부모사아)하시면 : 부모님께서 나를 부리시거든

勿逆勿怠(물역물태)하라 : 거스르거나 게을리 하지 말라.

父母臥命(부모와명)하시면 : 부모님께서 누워서 명하시거든

俯首敬聽(부수경청)하라 : 머리를 숙이고 공경히 들어라.

坐命坐聽(좌명좌청)하고 : 앉아서 명하시면 앉아서 듣고

立命立聽(입명입청)하라 : 서서 명하시면 서서 들어라.

父母出入(부모출입)하시거든 : 부모님께서 나갔다 들어오시거든

每必起立(매필기립)하라 : 매번 반드시 일어나서 맞이한다.

父母衣服(부모의복)을 : 부모님이 입으시는 의복을

勿踰勿踐(물유물천)하라 : 넘어 다니거나 밟지 말라.

父母有病(부모유병)이시거든 : 부모님께서 병을 앓으시거든

憂而謀療(우이모료)하라 : 근심하며 병이 나을 때까지 치료를 도모하라.

對案不食(대안불식)이시거든 : 밥상을 대하시고 잡숫지 않으시거든

思得良饌(사득량찬)하라 : 좋은 음식을 장만해 드릴 것을 생각하라.

晨必先起(신필선기)하여 : 새벽에 부모보다 먼저 일어나

必盥必漱(필관필수)하며 : 세수와 양치질을 살펴 드리며,

昏定晨省(혼정신성)하고 : 저녁엔 잠자리를 정하고 새벽엔 문안을 드리고,

冬溫夏淨(동온하정)하라 : 겨울엔 따뜻하고 여름엔 시원하게 해드린다.

出必告之(출필고지)하고 : 밖에 나갈 때는 아뢰고 나가고

反必拜謁(반필배알)하라 : 돌아와선 절하고 뵈어라.

愼勿遠遊(신물원유)하고 : 부디 먼 곳에 가서 놀지 말며

遊必有方(유필유방)하라 : 놀더라도 일정한 곳에 있어야한다.

出入門戶(출입문호)어든 : 문밖을 출입할 때에는

開閉必恭(개폐필공)하라 : 문 여닫기를 공손하게 하라.

勿立門中(물립문중)하고 : 부모 앞에서는 문 한가운데 서지 말고

勿坐房中(물좌방중)하라 : 방 한가운데 앉지 말라.

行勿慢步(행물만보)하고 : 걸을 때는 거만하게 걷지 말고

坐勿倚身(좌물의신)하라 : 앉을 때는 몸을 기대지 말라.

須勿大唾(수물대타)하고 : 모름지기 크게 침을 뱉지 말고

亦勿大言(역물대언)하라 : 또한 시끄럽게 말하지 말라.

口勿雜談(구물잡담)하고 : 입으로는 잡담하지 말고

手勿雜戲(수물잡희)하라 : 손으로는 장난치지 말라.

膝前勿坐(슬전물좌)하고 : 부모님 무릎 앞에 앉지 말고

親面勿仰(친면물앙)하라 : 부모의 얼굴을 똑바로 쳐다보지 말라.

須勿放笑(수물방소)하고 : 모름지기 큰소리로 웃지 말고

亦勿高聲(역물고성)하라 : 또한 큰소리로 떠들지 말라.

侍坐父母(시좌부모)어든 : 부모님을 모시고 앉아서

勿怒責人(물노책인)하라 : 화를 내어 다른 사람을 꾸짖지 말라.

侍坐親前(시좌친전)이어든 : 부모님을 모시고 앉을 때는

勿踞勿臥(물거물와)하라 : 걸터앉거나 눕지 말라.

獻物父母(헌물부모)어든 : 부모님께 물건을 바치거든

跪而進之(궤이진지)하라 : 꿇어앉아서 올려라.

與我飮食(여아음식)하시거든 : 나에게 음식을 주시거든

跪而受之(궤이수지)하라 : 꿇어앉아서 받아라.

器有飮食(기유음식)이라도 : 부모님 그릇에 음식이 있어도

不與勿食(불여물식)하라 : 주시지 않으면 먹지 말라.

若得美味(약득미미)어든 : 만약 맛있는 음식을 얻으면

歸獻父母(귀헌부모)하라 : 부모님께 갖다 드려라.

飮食親前(음식친전)하거든 : 부모님 앞에서 식사를 하거든

勿出器聲(물출기성)하라 : 그릇 소리를 시끄럽게 내지 말라.

衣服雖惡(의복수악)이나 : 의복이 비록 나쁘더라도

與之必着(여지필착)하라 : 부모님이 주시면 입어야한다.

飮食雖厭(음식수염)이나 : 음식이 비록 먹기 싫더라도

與之必食(여지필식)하라 : 부모님이 주시면 먹어야한다.

父母無衣(부모무의)하시거든 : 부모님이 입으실 옷이 없으시면

勿思我衣(물사아의)하며 : 내가 입을 좋은 옷을 생각지 말며,

父母無食(부모무식)하시거든 : 부모님이 드실 음식이 없으시거든

勿思我食(물사아식)하라 : 내가 먹을 좋은 음식을 생각지 말라.

身體髮膚(신체발부)는 : 신체와 머리털과 피부는

受之父母(수지부모)니 : 부모로부터 받은 것이니

勿毁勿傷(물훼물상)하라 : 함부로 훼손하거나 상하게 하지 말라.

衣服帶靴(의복대화)를 : 의복과 허리띠와 신발은

勿失勿裂(물실물렬)하라 : 잃어버리지 말고 찢지 말라.

父母愛之(부모애지)하시거든 : 부모님께서 사랑하시거든

喜而勿忘(희이물망)하라 : 기뻐하며 잊지 말라.

父母責之(부모책지)하시거든 : 부모님께서 꾸짖으시거든

勿怒勿怨(물노물원)하라 : 반성하되 원망하지 말라.

勿登高樹(물등고수)하라 : 높은 나무에 올라가지 말라

父母憂之(부모우지)시니라 : 부모님께서 근심하신다.

勿泳深淵(물영심연)하라 : 깊은 연못에서 헤엄치지 말라

父母念之(부모념지)시니라 : 부모님께서 염려하신다.

勿與人鬪(물여인투)하라 : 남과 더불어 다투지 말라

父母不安(부모불안)이시니라 : 부모님께서 불안해하신다.

室堂有塵(실당유진)이거든 : 방이나 거실에 먼지가 있거든

常必灑掃(상필쇄소)하라 : 항상 물을 뿌리고 청소하라.

若告西遊(약고서유)하고 : 만일 서쪽에서 논다 여쭙고

不復東征(불부동정)하라 : 다시 동쪽으로 가서 놀지 말라.

親履勿履(친리물리)하고 : 부모님 신을 밟지 말고

親席勿座(친석물좌)하라 : 부모님 자리에 앉지 말라.

事必稟行(사필품행)하고 : 일은 반드시 여쭈어 행하고

無敢自專(무감자전)하라 : 감히 자기 멋대로 하지 말라.

一欺父母(일기부모)면 : 한번이라도 부모님을 속이면

其罪如山(기죄여산)이니라 : 그 죄가 태산과 같다.

雪裏求筍(설리구순)은 : 눈 속에서 죽순을 구한 것은

孟宗之孝(맹종지효)요 : 맹종의 효도이고,

剖氷得鯉(부빙득리)는 : 얼음을 깨고 잉어를 잡은 것은

王祥之孝(왕상지효)니라 : 왕상의 효도이다.

我身能賢(아신능현)이면 : 내 몸이 능히 어질면

譽及父母(예급부모)니라 : 그 명예가 부모님께 미친다.

我身不賢(아신불현)이면 : 내 몸이 어질지 못하면

辱及父母(욕급부모)니라 : 그 욕이 부모님께 미친다.

追遠報本(추원보본)하여 : 조상을 추모하고 근본에 보답하여

祭祀必誠(제사필성)하라 : 제사를 반드시 정성스럽게 지내라.

非有先祖(비유선조)면 : 선조가 계시지 않았으면

我身曷生(아신갈생)이리오 : 내 몸이 어디서 생겨났겠는가?

事親如此(사친여차)면 : 부모를 섬기는 것이 이와 같으면

可謂人才(가위인재)니라 : 가히 인재라 이를 수 있다.

不能如此(불능여차)면 : 능히 이와 같이 하지 못하면

禽獸無異(금수무이)니라 : 짐승과 다름이 없느니라.

學優則仕(학우즉사)하고 : 학문이 뛰어나면 벼슬을 하고

爲國盡忠(위국진충)하라 : 나라를 위해 충성을 다하라.

立身揚名(입신양명)하면 : 몸을 세워 이름을 떨치게 되면

以顯父母(이현부모)니라 : 부모님을 세상에 드러나게 하는 것이다.

敬信節用(경신절용)하여 : 조심해서 미덥게 일하며 재물을 아껴

愛民如子(애민여자)하라: 백성 사랑함을 자식과 같게 하라.

人倫之中(인륜지중)에 : 인륜의 도리 가운데에

忠孝爲本(충효위본)이니 : 충과 효가 가장 근본이 되니

孝當竭力(효당갈력)하고 : 효도는 마땅히 있는 힘을 다해야 하고

忠則盡命(충즉진명)하라 : 충성은 목숨을 다해야 한다.

夫婦之倫(부부지륜)은 : 부부간의 인륜은

二姓之合(이성지합)이니 : 두 성씨가 서로 합한 것이니,

內外有別(내외유별)하여 : 남편과 아내는 각별함이 있어서

相敬如賓(상경여빈)하라 : 서로 공경하기를 손님을 모시듯 하라.

夫道和義(부도화의)요 : 남편의 도리는 온화하고 의로운 것이요

婦德柔順(부덕유순)이니라 : 부인의 덕은 유순한 것이다.

夫唱婦隨(부창부수)면 : 남편이 부르고 부인이 따르면

家道成矣(가도성의)리라 : 집안의 도리가 이루어진 것이다.

兄弟姉妹(형제자매)는 : 형제와 자매는

同氣而生(동기이생)이니 : 한 기운을 받고 태어났으니,

兄友弟恭(형우제공)하여 : 형은 우애하고 아우는 공손히 하여

不敢怨怒(불감원노)니라 : 감히 원망하거나 성내지 말아야 한다.

兄生我前(형생아전)하고 : 형은 내 앞에 낳았고

弟生我後(제생아후)하다 : 아우는 내 뒤에 낳았다.

骨肉雖分(골육수분)이나 : 뼈와 살은 비록 나누어졌으나

本生一氣(본생일기)요 : 본래 한 기운에서 태어났으며,

形體雖異(형체수이)나 : 형체는 비록 다르나

素受一血(소수일혈)이니라 : 본래 한 핏줄을 받았다.

比之於木(비지어목)하면 : 나무에 비유하면

同根異枝(동근이지)며 : 뿌리는 같고 가지는 다른 것과 같으며,

比之於水(비지어수)하면 : 물에 비유하면

同源異流(동원이류)니라 : 근원은 같고 흐름은 다른 것과 같다.

爲兄爲弟(위형위제)가 : 형 되고 아우 된 자가

何忍不和(하인불화)하리오 : 어찌 차마 불화하리오.

兄弟怡怡(형제이이)하여 : 형제는 서로 화합하여

行則雁行(행즉안행)하라 : 길을 갈 때는 기러기처럼 나란히 가라.

寢則連衾(침즉연금)하고 : 잠잘 때에는 이불을 나란히 덮고

食則同牀(식즉동상)하라 : 밥 먹을 때에는 밥상을 함께 하라.

分毋求多(분무구다)하며 : 재물을 나눌 때는 많기를 구하지 말며

有無相通(유무상통)하라 : 있고 없는 것을 가리지 말고 소통하라.

私其衣食(사기의식)이면 : 형제간에 그 옷과 음식을 서로 다투면

禽獸夷狄(금수이적)이니라 : 그들은 짐승이나 오랑캐와 같다.

兄無衣服(형무의복)이거든 : 형이 의복이 없거든

弟必獻之(제필헌지)하고 : 아우가 반드시 드려야 하고,

弟無飮食(제무음식)이어든 : 아우가 음식이 없거든

兄必與之(형필여지)하라 : 형이 반드시 주어야한다.

一杯之水(일배지수)라도 : 형제자매는 한 잔의 물이라도

必分而飮(필분이음)하고 : 반드시 서로 나누어 마시고

一粒之食(일립지식)이라도 : 한 알의 음식이라도

必分而食(필분이식)하라 : 서로 나누어 먹어야한다.

兄雖責我(형수책아)라도 : 형이 나를 꾸짖더라도

莫敢抗怒(막감항노)하고 : 감히 항거하거나 성내지 말고,

弟雖有過(제수유과)라도 : 아우가 잘못이 있더라도

須勿聲責(수물성책)하라 : 모름지기 큰소리로 꾸짖지 말라.

兄弟有善(형제유선)이거든 : 형제간에 잘한 일이 있으면

必譽于外(필예우외)하고 : 반드시 밖에 나가 칭찬하고,

兄弟有失(형제유실)이거든 : 형제간에 잘못이 있으면

隱而勿現(은이물현)하라 : 안으로 숨기고 나타내지 말라.

兄弟有難(형제유난)이거든 : 형제간에 어려운 일이 있으면

悶而思救(민이사구)하라 : 근심하고 구원해줄 것을 생각하라.

我打我弟(아타아제)면 : 내가 내 아우를 때리면

猶打父母(유타부모)요 : 부모님을 때림과 같은 것이요.

我欺兄弟(아기형제)면 : 내가 형제를 속이면

如欺父母(여기부모)라 : 부모님을 속임과 같다.

我及兄弟(아급형제)는 : 나와 형제자매는

同受親血(동수친혈)이니 : 같은 어버이 피를 받았으니,

兄有過失(형유과실)이면 : 형에게 과실이 있으면

和氣以諫(화기이간)하고 : 화목한 기운으로 잘못을 고치도록 간하고,

弟有過失(제유과실)이면 : 동생에게 과실이 있다면

怡聲以訓(이성이훈)하라 : 기꺼운 소리(좋은 말)로써 가르쳐라.

兄出晚來(아출만래)하면 : 형이 밖에 나가 늦게 오면

倚門俟之(의문사지)하고 : 아우는 대문에 기대어 기다리고,

弟出不還(제출불환)하면 : 아우가 밖에 나가 돌아오지 않으면

登高望之(등고망지)니라 : 형은 높은 언덕에 올라가 바라본다.

兄能如此(형능여차)면 : 형이 능히 이와 같이 하면

弟亦效之(제역효지)리라 : 아우도 또한 본받을 것이다.

我有歡樂(아유환락)이면 : 나에게 기쁨과 즐거움이 있으면

兄弟亦樂(형제역락)하고 : 형제들도 함께 즐거워하고,

我有憂患(아유우환)이면 : 나에게 근심과 걱정이 있으면

兄弟亦憂(형제역우)니라 : 형제들도 함께 근심한다.

雖有良朋(수유량붕)이나 : 비록 어진 벗이 있을지라도

不及如此(불급여차)니라 : 형제와 같을 수는 없다.

敬我兄後(경아형후)에는 : 내 형을 공경한 뒤에

敬人之兄(경인지형)하고 : 다른 사람의 형을 공경하고,

愛我弟後(애아제후)에 : 내 아우를 사랑한 뒤에

愛人之弟(애인지제)하라 : 다른 사람의 아우를 사랑하라.

雖有他親(수유타친)이나 : 비록 가까운 다른 친척이 있으나

豈若兄弟(기약형제)리오 : 어찌 피를 나눈 형제간과 같겠는가?

兄弟和睦(형제화목)하면 : 형제가 화목하면

父母喜之(부모희지)하시니라 : 부모님께서 기뻐하신다.

事師如親(사사여친)하여 : 스승 섬기기는 어버이와 같이

必恭必敬(필공필경)하라 : 반드시 공손히 받들고 공경하라.

先生施教(선생시교)하시거든 : 선생님께서 가르침을 베푸시거든

弟子是則(제자시측)하라 : 제자들은 이것을 따르라.

夙興夜寐(숙흥야매)하여 : 아침 일찍 일어나고 밤늦게 자면서

勿懶讀書(물라독서)하라 : 책 읽기를 게을리 하지 말라.

勤勉工夫(근면공부)하면 : 공부를 부지런히 힘쓰면

父母悅之(부모열지)시니라 : 부모님께서 기뻐하신다.

始習文字(시습문자)하거든 : 처음 문자를 익힐 때에는

字劃楷正(자획해정)하라 : 글자의 획을 바르게 써라.

書册狼藉(서책낭자)하거든 : 서책이 함부로 흩어져 있거든

每必整頓(매필정돈)하라 : 언제든지 정리정돈 하라.

非敎不知(비교부지)하니 : 가르치지 아니하면 알지 못하나니

非知何行(비지하행)하리오 : 알지 못하면 어찌 행하리오!

能孝能悌(능효능제)가 : 부모님께 효도하고 웃어른을 공경하는 것은

莫非師恩(막비사은)이니라 : 스승의 은혜 아닌 것이 없다.

能知能行(능지능행)이 : 알 수 있고 행할 수 있는 것은

總是師功(총시사공)이니 : 모두 스승의 공덕이니,

非爾自行(비이자행)이요 : 너 스스로 행한 것이 아니요

唯師導之(유사도지)이니 : 오직 스승이 이끌어 주신 덕분이니,

其恩其功(기은기공)은 : 그 은혜와 그 공덕은

亦如天地(역여천지)니라 : 또한 하늘과 땅과 같은 것이다.

長者慈幼(장자자유)하고 : 어른은 어린이를 사랑하고

幼者敬長(유자경장)하라 : 어린이는 어른을 공경하라.

長者之前(장자지전)엔 : 어른 앞에서는

進退必恭(진퇴필공)하라 : 나아가고 물러남에 반드시 공손하라.

年長以倍(연장이배)이거든 : 나이가 많아 곱절이 되거든

父以事之(부이사지)하고 : 아버지로 섬기고

十年以長(십년이장)이거든 : 열 살이 더 많으면

兄以事之(형이사지)하라 : 형으로 섬겨라.

我敬人親(아경인친)이면 : 내가 다른 사람의 어버이를 공경하면

人敬我親(인경아친)하고 : 다른 사람이 내 어버이를 공경하고,

我敬人兄(아경인형)이면 : 내가 다른 사람의 형을 공경하면

人敬我兄(인경아형)이니라 : 다른 사람이 내 형을 공경한다.

賓客來訪(빈객내방)하거든 : 손님이 찾아오거든

接待必誠(접대필성)하라 : 접대하기를 정성스럽게 하라.

賓客不來(빈객불래)면 : 손님이 오지 않으면

門戶寂寞(문호적막)이니라 : 집안이 적막해진다.

人之處世(인지처세)에 : 사람이 세상을 살아가면서

不可無友(불가무우)니 : 친구가 없을 수 없으니,

以文會友(이문회우)하고 : 글로써 벗을 모으고

以友輔仁(이우보인)하라 : 그 벗이 어질어지도록 도와라.

友其正人(우기정인)하면 : 올바른 사람을 벗하면

我亦自正(아역자정)이요 : 나도 저절로 바르게 되고,

從遊邪人(종유사인)하면 : 간사한 사람을 따라 놀면

我亦自邪(아역자사)니라 : 나도 저절로 간사해진다.

蓬生麻中(봉생마중)하면 : 쑥이 삼 가운데서 자라나면

不扶自直(불부자직)이요 : 붙들어주지 않아도 저절로 곧아지고,

白沙在泥(백사재니)면 : 흰모래가 진흙에 있으면

不染自汚(불염자오)니라 : 물들이지 않아도 저절로 더러워진다.

近墨者黑(근묵자흑)이요 : 먹을 가까이 하는 자는 저절로 검어지고

近朱者赤(근주자적)이니 : 주사를 가까이하는 사람은 붉게 되니,

居必擇隣(거필택린)하고 : 거처할 때엔 반드시 이웃을 가리고

就必有德(취필유덕)하라 : 나아갈 때엔 덕 있는 사람에게로 가라.

擇而交之(택이교지)면 : 사람을 가려서 사귀면

有所補益(유소보익)하고 : 도움과 유익함이 있고,

不擇而交(불택이교)면 : 가리지 않고 사귀면

反有害矣(반유해의)니라 : 도리어 해가 있느니라.

朋友有過(붕우유과)거든 : 친구에게 잘못이 있거든

忠告善導(충고선도)하라 : 충고하여 좋아지도록 인도하라.

人無責友(인무책우)면 : 사람이 잘못을 꾸짖어 주는 친구가 없으면

易陷不義(이함불의)니라 : 의롭지 못한데 빠지기 쉽다.

面讚我善(면찬아선)이면 : 면전에서 나의 착한 점을 칭찬하면

諂諛之人(첨유지인)이요 : 그는 아첨하는 사람이고,

面責我過(면책아과)면 : 면전에서 나의 잘못을 꾸짖으면

剛直之人(강직지인)이니라 : 그는 굳세고 정직한 사람이다.

言而不信(언이불신)이면 : 말을 하되 미덥지 못하면

非直之友(비직지우)니라 : 정직한 친구가 아니다.

見善從之(견선종지)하고 : 착한 것을 보면 그것을 따르고

知過必改(지과필개)하라 : 잘못을 알면 반드시 고쳐라.

悅人讚者(열인찬자)는 : 남의 칭찬만 좋아하는 사람은

百事皆僞(백사개위)며 : 온갖 일이 모두 거짓이고,

厭人責者(염인책자)는 : 남의 꾸짖음을 싫어하는 사람은

其行無進(기행무진)이니라 : 그 행동에 진전이 없다.

百足之蟲(백족지충)은 : 백 개의 다리를 가진 벌레는

至死不僵(지사불강)하며 : 죽음에 이르러도 넘어지지 아니하며

多友之人(다우지인)은 : 좋은 친구가 많은 사람은

當事無誤(당사무오)니라 : 어려운 일을 당해도 그르침이 없다.

初不擇友(초불택우)면 : 처음에 벗을 가리지 않고 사귀면

後苦絕之(후고절지)요 : 나중에 괴로움을 겪고서 친구를 끊게 된다.

彼必大怒(피필대로)하면 : 남에게 크게 성내면

反有我害(반유아해)이니라 : 도리어 나에게 해함이 있다.

我益我害(아익아해)는 : 나에게 이롭고 나에게 해가 됨은

唯在我矣(유재아의)요 : 오직 나에게 있는 것이요

行不如言(행불여언)하면 : 행동이 말과 같지 아니하면

是謂不信(시위불신)이라 : 이것을 일러 믿음이 없다고 한다.

父子有親(부자유친)하며 : 부모와 자식사이는 친함이 있고,

君臣有義(군신유의)하며 : 임금과 신하는 의리가 있으며,

夫婦有別(부부유별)하며 : 남편과 아내는 각별함이 있으며,

長幼有序(장유유서)하며 : 어른과 아이는 차례가 있으며,

朋友有信(붕우유신)이니 : 벗과 벗 사이는 신의가 있으니,

是謂五倫(시위오륜)이니라 : 이것을 일러 오륜이라고 한다.

君爲臣綱(군위신강)이요 : 임금은 신하의 벼리가 되고,

父爲子綱(부위자강)이요 : 아버지는 자식의 벼리가 되며,

夫爲婦綱(부위부강)이니 : 남편은 아내의 벼리가 되니,

是謂三綱(시위삼강)이니라 : 이것을 일러 삼강이라고 한다.

人所以貴(인소이귀)는 : 사람이 귀한 이유는

以其倫綱(이기륜강)이니라 : 오륜과 삼강이 있기 때문이다.

足容必重(족용필중)하며 : 발의 모습은 무겁게 하며,

手容必恭(수용필공)하며 : 손의 모습은 공손하게 하며,

目容必端(목용필단)하며 : 눈의 모습은 단정히 하며,

口容必止(구용필지)하며 : 입의 모습은 듬직하게 하며,

聲容必靜(성용필정)하며 : 소리의 모습은 조용하게 하며,

頭容必直(두용필직)하며 : 머리의 모습은 곧게 하며,

氣容必肅(기용필숙)하며 : 숨 쉴 때의 모습은 엄숙히 하며,

立容必德(입용필덕)하며 : 서 있는 모습은 덕이 있게 하며,

色容必莊(색용필장)이니 : 얼굴 모습은 씩씩하게 할 것이니,

是曰九容(시왈구용)이니라 : 이것을 말해서 구용이라고 한다.

視必思明(시필사명)하며 : 볼 때에는 밝게 볼 것을 생각하며,

聽必思聰(청필사총)하며 : 들을 때에는 밝게 들을 것을 생각하며,

色必思溫(색필사온)하며 : 얼굴빛은 온화하게 할 것을 생각하며,

貌必思恭(모필사공)하며 : 용모는 공손하게 할 것을 생각하며,

言必思忠(언필사충)하며 : 말은 성실하게 할 것을 생각하고,

事必思敬(사필사경)하며 : 일은 공손하게 할 것을 생각하며,

疑必思問(의필사문)하며 : 의심나는 것은 물을 것을 생각하며,

忿必思難(분필사난)하며 : 분노가 날 때에는 후환을 생각하며,

見得思義(견득사의)니 : 얻을 것을 보면 의리를 생각해야 하니,

是曰九思(시왈구사)니라 : 이것을 말해서 구사라고 한다.

非禮勿視(비례물시)하며 : 예가 아니면 보지 말며,

非禮勿聽(비례물청)하며 : 예가 아니면 듣지 말며,

非禮勿言(비례물언)하며 : 예가 아니면 말하지 말며,

非禮勿動(비례물동)이니라 : 예가 아니면 움직이지 말아야 한다.

行必正直(행필정직)하고 : 행동은 반드시 바르고 곧게 하고

言則信實(언즉신실)하며 : 말은 미덥고 성실하게 하며,

容貌端正(용모단정)하고 : 용모는 단정하게 하고

衣冠整齊(의관정제)하라 : 의관은 바르고 가지런하게 하라.

居處必恭(거처필공)하고 : 거처할 때에는 반드시 공손히 하고

步履安詳(보리안상)하라 : 걸음걸이는 편안하고 침착히 하라.

作事謀始(작사모시)하고 : 일을 할 때에는 시작을 잘 계획하고

出言顧行(출언고행)하라 : 말을 할 때에는 행실을 돌아보라.

常德固持(상덕고지)하고 : 항상 덕을 굳게 지키고

然諾重應(연락중응)하라 : 승낙을 할 때에는 신중히 대답하라.

飮食愼節(음식신절)하고 : 먹고 마실 때에는 삼가고 절제하고

言語恭遜(언어공손)하라 : 언어를 공손히 하라.

德業相勸(덕업상권)하고 : 덕이 되는 일은 서로 권장하고,

過失相規(과실상규)하며 : 과실은 서로 타이르며,

禮俗相交(예속상교)하고 : 서로 사귐에 예의를 지키고,

患難相恤(환난상휼)하라 : 재앙과 어려운 일은 서로 도와줘라.

貧窮困厄(빈궁곤액)에 : 빈궁과 곤액이 있을 때에는

親戚相救(친척상구)하며 : 친척들이 서로 구원해 주며,

婚姻死喪(혼인사상)에 : 혼인과 초상 같은 큰일에는

隣保相助(인보상조)하라 : 이웃끼리 서로 도와라.

修身齊家(수신제가)는 : 몸을 닦고 집안을 가지런히 하는 것은

治國之本(치국지본)이요 : 나라를 다스리는 근본이고,

讀書勤儉(독서근검)은 : 책을 읽으며 부지런하고 검소함은

起家之本(기가지본)이니라 : 집안을 일으키는 근본이다.

忠信慈祥(충신자상)하고 : 충실하고 신용 있고 자상하며

溫良恭儉(온량공검)하라 : 온순하고 어질고 공손하고 검소하라.

人之德行(인지덕행)은 : 사람의 덕행은

謙讓爲上(겸양위상)이니라 : 겸손과 사양이 제일이다.

莫談他短(막담타단)하고 : 다른 사람의 단점을 말하지 말고

靡恃己長(미시기장)하라 : 자기의 장점을 과시하지 말라.

己所不欲(기소불욕)을 : 자기가 하고 싶지 아니한 것을

勿施於人(물시어인)하라 : 남에게 시키지 말라.

積善之家(적선지가)는 : 선행을 쌓은 집안은

必有餘慶(필유여경)이요 : 반드시 뒤에 경사가 있고,

不善之家(불선지가)는 : 악행을 쌓은 집안은

必有餘殃(필유여앙)이니라 : 반드시 뒤에 재앙이 있다.

損人利己(손인이기)면 : 남을 손해 보게 하고 자신을 이롭게 하면

終是自害(종시자해)니라 : 마침내 자신을 해치는 것이다.

禍福無門(화복무문)하야 : 재앙과 복은 특정한 문이 없어

惟人所召(유인소소)니라 : 오직 사람이 스스로 불러들이는 것이다.

嗟嗟小子(차차소자)아 : 아! 어린 제자들아

敬受此書(경수차서)하라 : 공경히 이 책의 글을 받아 행하라.

非我言耄(비아언모)라 : 내 말은 늙은이의 쓸데없는 말이 아니라

惟聖之謨(유성지모)시니라 : 오직 성인의 가르치심이다. 大

3절
소학(小學)의 입교(立敎) 편

소학의 입교 편에 중용을 지은 자사(子思)가 이르기를, "하늘이 사람에게 내려준 것을 성(性)이라 하고, 성에 따르는 것을 도(道)라 하며, 도를 닦는 것을 가르침이라고 한다."했다.

하늘의 밝음을 본받고, 성인의 법도를 좇아 이 글을 지어서 '스승이 되는 사람으로 하여금 가르치는 까닭을 알게 하고, 제자가 되는 사람으로 하여금 배우는 까닭을 알게 하려는 것'이다.

열녀전에 이르기를, "옛날에는 부인이 아이를 배면, 잠잘 때 몸을 기울이지 않았으며, 앉을 때도 한쪽으로 치우쳐서 앉지 않았으며, 설 때도 한쪽 발로 서지 않았다. 맛이 변한 음식이나 베어낸 곳이 바르지 않은 음식은 먹지 않았으며, 자리가 반듯하지 않아도 앉지 않았다. 눈으로 나쁜 것은 보지 않았으며, 귀로는 음란한 소리를 듣지 않았으며, 밤에는 아름다운 시를 외우고, 바른 일만 이야기 했다."고 했다.

이와 같이 하여 자식을 낳으면 그 모습이 단정하고 고귀하며 그 재주가 남보다 뛰어났다고 했다.

뱃속에서부터 부모의 충분한 사랑을 받는 가운데 사람의 도리를 배우고 출생하면 반드시 사람다운 사람이 되어 널리 세상 사람들을 이롭게 하는 인물이 되었다.

예기의 내칙에 이르기를, "자식을 낳으면 여러 어미나 유능한 사람 가운데서 반드시 너그럽고 인자하며, 슬기롭고 온화하며, 착하고 공손하며, 조심스럽고 말이 적은 사람을 가려서 자식의 유모나 스승으로 삼는다.

아이가 스스로 밥을 먹을 수 있게 되면 오른손으로 먹도록 가르치고, 말을 하게 되면 사내아이는 빠르고 씩씩하게, 계집아이는 느리고 부드럽게 대답하도록 가르친다.

다섯 살이 되면 대소변을 가리고 그림을 그린다.

여섯 살이 되면 숫자와 방위를 헤아리고 알아차리며 글을 쓰고 읽는다.

일곱 살이 되면 사내아이와 계집아이가 자리를 같이하지 않게 가르치고 음식도 함께 먹지 않도록 분별을 가르친다.

여덟 살이 되면 출입이나 착석, 그리고 식사할 때에 어른이 먼저하고 난 다음에 따라하는 겸양의 도리를 깨우치게 한다.

아홉 살이 되면 아침저녁, 봄가을 등 자연의 흐름을 살피고 날짜를 헤아리는 법을 가르친다.

열 살이 되면 어머니 품을 떠나 사랑방에서 거처하며, 스승에게서 글씨와 셈하는 법을 배우며, 간단하여 알기 쉽고 진실하여 믿을 수 있는 사람의 도리인 예의범절을 하나하나 익혀나간다.

열 살 이후로는 시를 외우며 음률을 배우고 춤을 추는 것을 배워나간다. 그리고 활쏘기와 말 타기 등을 배우고 익힌다.

열네 살까지 소학공부를 통하여 배움의 터를 잘 닦은 다음에,

열다섯 살이 되면 학문에 원대한 뜻을 세우고, 대인이 되기 위하여 본격적으로 대학을 공부하며 수기치인의 길을 간다."

맹자가 이르기를 "사람에게는 도리가 있다. 배불리 먹고, 따뜻하게 입고, 편안하게 살면서 교육이 없으면 그것은 짐승과 같다. 그러므로 성인은 부자유친, 군신유의, 부부유별, 장유유서, 붕우유신 등의 인륜을 가르쳤다."고 했다.

· 사람의 으뜸도리가 오륜(五倫)이다.

인륜을 배움으로서 짐승이 비로소 인간이 된다. 그러므로 인간은 배우는 동물Homo Eruditio이다. 배우지 않으면 동물과 다를 바 없다. 선(善)하게 살다가 복(福)되게 삶을 마침하려면, 반드시 뜻을 세우고 사람의 도리를 제 때에 배우고 익혀야 한다. 그리고 배운 것을 행해야 한다.

1) **부자유친(父子有親)**은, 부모가 자식을 사랑하면, 자식이 마땅히 부모에게 효도로 보답하는 것이다. 이것이 부자간에 서로 친밀함이 있어야 한다는 것이다.

2) **군신유의(君臣有義)**는, 임금이 신하와 백성을 사랑으로 다스리면, 신하와 백성이 마땅히 임금과 나라를 충성으로 보답하고 보위하는 것이다. 이것이 군신 간에 서로 의로움이 있어야 한다는 것이다.

3) **부부유별(夫婦有別)**은, 남편이 아내를 진심으로 아끼고 챙기면, 아내가 마땅히 남편을 정성껏 섬김으로 보답하는 것이다. 이것이 부부간에는 서로 각별함이 있어야 한다는 것이다.

4) **장유유서(長幼有序)**는, 어른이 어린이를 올바르게 이끌면, 어린이가

마땅히 어른을 공경으로 보답하는 것이다. 이것이 장유 간에 서로 차례가 있어야 한다는 것이다.

5) 붕우유신(朋友有信)은, 벗이 벗을 진실한 믿음으로 대하면, 벗은 마땅히 목숨을 건 믿음으로 보답하는 것이다. 이것이 붕우 간에 서로 믿음이 있어야 한다는 것이다.

향교에서 육덕(六德), 육행(六行), 육예(六藝)를 가르치고, 우수한 자는 어진 선비로 나라에 추천하였다고 했다. 그리고 여덟 가지 형벌로 모든 백성을 다스렸는데 그 첫째가 불효한 것이었고, 그 다음이 일가친척이 불목(不睦)한 것이었다. 육덕(六德)은 지(知), 인(仁), 성(聖), 의(義), 충(忠), 화(和)요 육행(六行)은 효(孝), 우(友), 목(睦), 인(婣), 임(任), 휼(恤)이고, 육예(六藝)는 예(禮), 악(樂), 사(射), 어(御), 서(書), 수(數)이다.

육덕, 육행, 그리고 예법과 음악, 활쏘기와 말 타기, 글쓰기와 셈하기 등의 육예를 익힘으로써 무능한 소인도 유능한 대인으로 인정받고 대접을 받으며 살았다. 하늘은 훤히 알고 능히 하는 사람을 기다리다가 그가 나타나면 그를 시험하며 지켜보다가 때가 오면 그에게 큰 사명과 역할을 부여하였다.

제자직에 이르기를, "스승이 베풀어서 가르치면 제자는 이것을 본받아서, 부드럽고 공손한 몸가짐으로 마음을 겸허하게 하여 배운 것을 최선을 다해 익힌다.

선한 것을 보면 따르고, 의로움을 들으면 실천하며, 온화하고 부드럽게 부모에게 효도하고, 어른을 공경하며, 어느 경우든 자신의 능력을 믿고 독선에 빠지거나 교만하지 않는다. 거짓과 사사로운 욕심이 없어야

하며, 행동은 반드시 바르고 곧아야 하며, 노는 곳과 거처가 일정해서 덕이 있는 곳으로 나아가야 한다. 얼굴빛이 바르면 마음도 따라 바르게 되는 것이니, 아침에 일찍 일어나 밤에 잠들 때까지 옷차림을 단정하게 하고, 아침에 배우고 저녁에 익히되 겸손하고 조심한다. 언제나 한결같이 게을리 하지 않는 것을 일컬어 배우는 방법이라고 한다." 했다.

공자가 이르기를, "자식은 집에 들어가면 부모에게 효도하고, 밖에 나가면 어른에게 공손하고, 매사에 삼가며 믿음으로 이웃을 널리 사랑하되 어진 사람과 친해야 한다. 그리고 남는 힘이 있으면 곧바로 글을 배워야 한다."고 했다.

자하가 이르기를, "어진 사람을 미모의 여인보다 더 좋아하고, 마음을 다하여 부모를 섬기며, 목숨을 바쳐 나라를 위하고, 벗과 사귀는 언행에 믿음이 있다면, 그가 비록 배우지 못했다 할지라도 나는 그를 반드시 훌륭하게 배운 사람이라고 말할 것이다." 했다.

시경에 이르기를, "하늘이 모든 사람을 낳으시니 사물이 있고 법칙이 있다. 모든 사람에게는 타고난 착한 성품이 있어서 저마다 아름다운 덕을 좋아한다."고 했다.

양문공 가훈에 이르기를, "어린이의 배움은 암기하고 외우는데 그치면 안 된다. 그 타고난 지혜와 능력을 깨우고 길러야하니, 먼저 말하는 법과 쇄소응대(灑掃應對)하고 진퇴하는 예절부터 가르치고 훌륭한 사람들의 이야기를 읽히고 들려주어야 한다. 인의예지신과 충효, 예의와 염치 등을 실천한 현자나 위인들의 이야기를 들려주는 것이다. 그렇게

하여 사람의 도리를 깨닫게 함으로서 자연스럽게 덕성이 우러나게 하
는 것이다."고 했다.

송나라 사람 진충숙공이 이르기를, "어려서 배우는 사람은 먼저 사
람 성품의 상하를 분별하는 법을 배워야 한다. 어느 것이 옳은 사람의
옳은 일인가? 어느 것이 그른 사람의 그른 일인가? 를 알아야한다. 선
을 지향하고, 악을 배척하는 법은 어려서부터 배워야 장차 옳은 사람
이 된다.

성인의 도리를 배우고, 성인의 길을 본받아 노여움을 옮기지 않고,
잘못은 즉시 뉘우치며, 높은 뜻을 세우고 그 뜻을 한결 같이 바꾸지 않
고 생각하며, 새로운 것을 묻고 배우는 것이 상등(上等)사람이요, 성인
이나 스승을 멀리하거나 말이 진실하지 못하고 믿음이 없으면 하등(下
等)사람이다. 뜻이 서 있지 않거나 잘못이 있어도 뉘우치지 않고, 뉘우
치고도 고칠 줄 모르면 역시 하등사람이다. 하등사람의 말을 듣고 하
등의 일을 행한다면, 사면이 모두 담이고 벽인 좁은 방안에 앉은 것과
같다. 비록 밝게 열고자 해도 얻을 것이 없다."고 했다.

제갈공명이 아들을 훈계하는 글에 이르기를, "군자의 행동은 마음을
고요하게 하여 몸을 가다듬고, 생활을 검소하게 하여 덕을 길러야 한
다. 욕심이 많고 마음이 깨끗하지 않으면 뜻을 펴지 못하고, 편안하고
고요하지 않으면 뜻이 멀리까지 이르지 못한다.

배움은 마땅히 마음이 고요해야 하고, 재능은 마땅히 배우고 익혀야
한다. 배우지 않으면 재능을 넓히지 못하고, 고요하지 않으면 배움을
완성하지 못한다. 게으르면 정밀한 이치를 연구할 수 없고, 조급하고
경망하면 이성(理性)을 다스릴 수 없다.

나이는 시간과 함께 달리고, 뜻은 세월과 함께 가버린다. 마침내 이 몸이 초목의 낙엽처럼 시들어 떨어지면, 아무도 찾는 이 없는, 누추한 오두막에서 끼니를 염려하며 슬퍼 탄식한들 다시 어찌겠는가?"했다.

당나라 사람 유변이 이르기를, "명예를 손상시키고, 몸에 재앙을 부르고, 조상을 욕되게 하며, 집안을 망치는 큰 잘못을 범하는 다섯 부류의 사람이 있다. 마땅히 마음 깊이 새기고 경계하라!

첫째, 스스로 안일과 이익만을 구하고, 분수에 맞는 깨끗한 삶을 살지 않으면서, 남이 꾸중하는 말을 달가워하지 않는 사람이다.

둘째, 배우지 못해 사람의 도리를 모르는 것을 부끄러워하지 않고, 함부로 세상과 많이 아는 사람들을 비난하고 미워하는 사람이다.

셋째, 잘난 사람은 싫어하고 아첨하는 사람을 좋아하며 농담이나 즐기고, 사람의 도리를 망각한 채 삿된 행동에 빠져서 덕성과 의리를 저버린 사람으로서 노복처럼 겉만 그럴듯하고 속이 비어있는 사람이다.

넷째, 술을 즐기면서 고상하고 잘난 척 편하고 멋스럽게 노는 것을 좋아하고, 부지런히 배우고 일하는 사람을 속되게 보는 습관이 몸에 배어 마음이 거친 사람이다. 뒤늦게 깨닫고 뉘우쳐도 소용이 없다.

다섯째, 남몰래 권세 있는 사람에게 접근하여 부정한 방법으로 좋은 벼슬자리를 얻는 사람이다. 뭇사람이 지켜보고 분노하며 시기하니 그 자리를 오래 지키기 어려워 결국은 망신스럽다.

내가 명문집안들을 살펴보니 나라에 충성하고, 부모에 효도하며, 일상생활에 근검함으로서 이루어지지 않는 것이 없었고, 자손이 어리석고 경솔하여 사치하고 오만불손하면 몰락하지 않는 집안이 없었다.

이룬다는 것은 마치 하늘에 오르는 것처럼 어렵고, 몰락하는 것은 마치 깃털을 불태우는 것처럼 쉽다는 사실을 명심하고 명심하라!"했다. 大

4절
소학(小學)의 명륜(明倫) 편

소학의 명륜 편에 맹자가 이르기를, "지방이나 나라에서 학교를 설치하여 어린이를 가르치는 것은 모두가 인륜을 밝히는 것이다." 고 했다.

부자지친(父子之親)의 장에서는 부모와 자식 사이의 친애를 실천하는 방법을 다루고 있다. 부모나 시부모를 응대하고 섬기는 도리가 구체적이고 자상하다. 사자소학을 먼저 공부하는 것이 좋을 것이다.

곡례에 이르기를, "사람의 자식된 도리는, 부모님을 겨울에는 따뜻하게 해 드리고, 여름에는 시원하게 해 드리며, 밤에는 자리를 펴 드리고, 아침에는 안부를 살피고, 밖에 나갈 때는 반드시 행선지를 아뢰고, 노는 곳은 반드시 일정해야 하고, 하는 일은 스스로 배우고 익혀야 하며, 평소에 자신을 늙었다고 말하지 않아야 한다." 했다.

예기에 이르기를, "부모를 깊이 사랑하는 마음이 있는 효자는 반드시 화기(和氣)가 있고, 화기는 언제나 즐거운 얼굴빛이고 유순한 모습이다. 효자는 부모섬기기를 옥을 잡은 것처럼, 가득찬 그릇을 잡은 것처럼 정성을 다하고 조심한다. 깰까 놓칠까 겁낸다. 위엄을 부리거나 폼을 잡는 것을 삼가며, 천진난만한 어린애처럼 부모를 즐겁게 섬기는 것이 도리다." 했다.

공자가 이르기를, "부모가 계시면 먼 곳에 가지 않으며 가서 머물게 되면 반드시 일정한 곳에 있으면서 있는 곳을 알려야 한다."했다. 먼 곳에 있으면서 자주 안부를 전하지 않는 자식은 사람의 도리를 저버린 것이다.

부모는 자식들을 자신의 목숨보다 더 사랑하고 염려하기에, 언제나 자식이 눈앞에 보이지 않으면 걱정하게 된다. 그러므로 자식들은 집을 떠나있게 되면 즉시 자신의 거처와 연락방법을 알려드려야 한다. 오늘날은 전화나 통신방법이 발달하여 간단한 문자나 전화 한마디로도 부모를 안심시킬 수가 있다. 그런데 자신이 잘 있다고 연락하지 않는 것은 부모의 마음을 상하게 하는 엄청난 불효요, 부모를 무시하는 행위다.

출타한 부모역시 자식들에게 자신의 소식을 항상 알리는 것이 자애이며, 사랑하는 사람끼리도 떠나 있을 때는 즉각 연락을 주고받는 것이 서로를 존중하는 예의다.

증자가 이르기를, "부모님을 섬기는 효자효녀는 부모님의 마음을 기쁘게 해드리고 그 뜻을 어기지 않으며, 그 듣고 보는 것을 즐겁게 해드리며 그 잠자리와 거처를 편안하게 해드리고, 또 맛있는 음식을 드려서 봉양하는 것이다."했다.

내칙에 이르기를, "모든 며느리는 자기의 방으로 가도 좋다는 시부모의 말씀이 없으면 감히 물러가서는 안 되며, 며느리에게 일이 있을 때에는 반드시 큰일이나 작은 일이나 미리 말씀드려서 시부모의 지시를 받고 따라야 한다.

시아버지가 돌아가시면, 시어머니는 늙었을 것이다. 맏며느리는 제사지내는 일과 손님 접대하는 일들을 반드시 시어머니에게 여쭈어서 행하며, 작은며느리는 맏며느리에게 물어서 행해야 한다."했다.

소중한 남편을 낳아 길러주신 시부모나 아름다운 처를 낳아 키워주신 처부모도 다 내 부모처럼 섬기는 것이 사람의 도리다.

오늘날 세태는 제 자식은 귀엽고 사랑스러워 지극정성으로 뒷바라지를 하면서도, 병들고 노약한 처부모나 시부모는 홀대하고 기피하며 진심으로 모시지 않는다. 그리고 혹자는 제 자식 가르치겠다고, 부모가 지닌 얼마 되지 않은 노후재산까지 내놓으라고 압박한다.

공자가 증자에게 말하기를, "이 몸의 모든 것은 부모에게서 받았으니 함부로 다치거나 상하게 하지 않는 것이 효도의 처음이고, 몸을 세우고 바른 도리를 배우고 지키며 훌륭한 사람이 되어 이름을 후세에 남겨 부모를 세상이 알게 하는 것이 효도의 끝이다.

대체로 효도는 부모를 섬기는 데서 시작하여 나라를 섬기는 것이 중간이 되고 자신이 훌륭한 인물이 되는 데서 끝난다."고 했다.

공자가 이르기를, "부모가 나를 낳아 기르셨으니 이어받은 은혜가 너무나 크다. 임금과 부모가 나를 이끌고 가르치시니 그 은혜가 두텁고도 무겁다. 그러므로 그 부모를 사랑하지 않고 남을 사랑함은 패덕(悖德)이고, 그 부모를 공경하지 않고 다른 사람만 공경함은 패례(悖禮)라고 한다."했다. 그러므로 부모의 수고를 외면하고 제 편리만 도모함은 사람의 도리를 모르는 패도(悖道)인간이다.

맹자가 이르기를, "세속에서 말하는 불효가 다섯 가지 있다. 팔다리가 게을러 빈둥대며 부모를 봉양하지 않는 것이 첫 번째 불효고, 장기와 바둑, 술 마시기를 좋아하여 부모를 봉양하지 않는 것이 두 번째 불효며, 재물 모으기와 처자 돌보기만 좋아하여 부모를 제대로 봉양하지 않는 것이 세 번째 불효다. 귀로 듣고 눈으로 보고 싶은 감각적 욕망에 빠져서 부모를 욕되게 하는 것이 네 번째 불효며, 용감한 척 포악하고 잔인하여 남과 싸우기를 좋아해서 부모를 위태롭게 하는 것은 다섯 번째 불효다."고 했다.

증자가 이르기를, "내 몸은 부모가 주신 것이니 어찌 몸가짐을 조심하지 않으랴! 몸가짐을 조심하지 않으면 그 재앙이 부모에게 미칠 것이니, 감히 임금과 어른을 공경하지 않을 수 없고, 주어진 직무와 벗들에게 믿음을 저버릴 수 없다."고 했다.

· 격몽요결(擊蒙要訣)의 사친(事親)편.

다음의 글은 조선의 성리학자 율곡 이이(李珥:1536~1584)선생이 어린이들을 깨우치기 위해 쓴 격몽요결 사친(事親)편의 글이다. 상당부분을 가감하여 풀이하였음을 밝혀둔다.

「사람이면 누구나 부모에게 효도해야 한다는 것을 모르는 사람이 없다. 그러나 효도하는 사람이 매우 적은 것은 부모의 은혜를 제대로 알지 못하기 때문이다.

시경에도 '아버지는 나를 낳으시고 어머니는 나를 기르시니 그 은혜가 하늘처럼 넓고 커서 다함이 없다.'고 했다.

사람의 자식으로 세상에 태어나면 이 목숨과 피와 살을 부모가 다 주신 것이므로 숨 쉬는 것과 기운, 혈맥이 부모와 서로 통해 있지 않은 것이 없다. 그러므로 이 몸은 나의 사사로운 물건이 아니고 부모의 기운인 것이다. 시경에도 '슬프다! 아버지 어머니여. 나를 낳으시고 기르시느라 정말 수고하셨도다.'고 했다. 부모의 은혜가 과연 어떠한 것이 겠는가? 어찌 감히 스스로 내 몸이라 하여 부모에게 효도를 다하지 않겠는가. 사람이 늘 이 마음만 간직할 수 있다면 저절로 부모에 대한 정성이 있게 되므로 부모를 외면하는 불효를 범하지 않을 것이다.

아침마다 문안을 드리고 저녁마다 침소를 살펴드리며, 낮에 모시고 받들 때는 항상 즐거운 표정과 부드러운 얼굴로 정성을 다하여 섬긴다. 밖에 들고 날 때는 반드시 깍듯이 절하고 뵙는다.

부모를 섬기는 사람은 한 가지 일, 한 가지 행동을 감히 내 마음대로 하지 않는다. 반드시 부모의 허락을 받고 행한다. 허락하지 않으면 자세히 설명을 드려 허락을 얻은 뒤에 행한다. 만약 끝내 허락하지 않으셔도 내 멋대로 행하지 않는다.

오늘날 사람들은 부모로부터 양육을 받았으면서도 제 힘으로 부모를 제대로 부양하지 않는다. 부모의 수고를 덜어드리지 못하고 맛있는 음식도 대접하지 못하며, 자립할 나이가 들어서도 자립하지 않고 걱정을 끼쳐드린다. 마음과 몸이 부모를 부양하려고 들면 얼마든지 부모를 잘 섬길 수 있다.

옛사람 왕상이 깊은 겨울 심한 추위 속에서 자신은 성한 옷 한 벌을 걸치지 못하고도 잉어를 잡아 매 끼니마다 부모에게 맛있는 음식상을 차려 드린 것을 생각하면 감격의 눈물이 절로 나온다.

부모가 병이 나면 걱정스런 마음과 안타까운 표정으로 다른 일을 다 버려두고 부모님 병이 나을 때까지 오로지 의원을 찾아 약을 쓰는 일만을 힘써야 한다. 병이 다 나으면 처음으로 돌아가 자기 일을 해야 한다.

일상생활 속에서 잠시라도 부모를 잊지 않아야 곧 효도라고 말할 수 있다. 몸가짐이 조심스럽지 못하고, 언행에 법도가 없으며, 놀면서 허망한 날을 보내는 사람은 부모를 잊고 있는 것이다. 부모를 욕보이는 것이다.

세월이 물 흐르듯 하므로 부모를 오래 섬길 수 없다. 그러므로 자식된 사람은 정성을 다하고 온힘을 다하여도 뭔가 부족함이 없을까 두려워해야 한다.

옛사람의 시에도 '부모님 하루 봉양하는 것을 정승의 자리와 바꾸지 않는다.'고 했다. 참으로 지당한 말씀이다.」

내가 슬프면 나보다 더 슬픈 사람이 부모요, 내가 기쁘면 나보다 더 기쁜 사람이 부모다. 내가 아파하거나 괴로워하면 나보다 더 아파하고 괴로워하는 부모의 자애와 은덕은 하늘보다 높고 바다보다 더 깊다. 나무가 가만히 있으려하나 바람이 내버려두지 않고, 자식이 효도를 하려고하나 부모가 기다려주지 않는다. 아무쪼록 부모님 살아생전에 지극정성으로 효도를 다하는 것이 사람의 으뜸도리이다. 부모님 떠난 뒤에 슬퍼하고 통곡한들 무슨 소용이 있으랴!

군신지의(君臣之義) 장에서는 임금과 신하 사이의 의리를 실천하는 방법을 다루고 있다. 그 내용이 자세하고 구체적이나 오늘날은 절대권력을 지닌 임금이 없는 세상이라 임금 자리를 나라나 통수권자 또는 조직의 대표나 사회적 지도자로 이해하고 접근하는 것이 옳을 것이다. 사자소학을 먼저 읽고 공부하면 도움이 될 것이다.

공자가 이르기를, "군자는 임금을 섬기되 앞에서는 충성을 다할 것을 생각하고, 물러나면 임금의 허물을 보완할 것을 생각한다. 임금의 좋은 점은 따르고, 그 잘못된 점은 바로잡아 고쳐야 한다. 그래야 임금과 신하가 친하게 하나 될 수 있다."했다.

임금은 예의를 갖춰서 신하를 부리고, 신하는 임금을 충성으로 섬겨야 한다.

자로가 임금을 섬기는 도리에 대해서 물으니 공자가 이르기를, "속이지 않고 바른 말을 해야 한다."고 했다.

어리석은 사람은 임금을 바르게 섬길 수 없다. 벼슬을 얻을 때까지는 얻을 것을 걱정하고, 얻고 나면 잃을 것을 걱정한다. 얻고 잃을 것이 걱정되면 무슨 짓이든 다 하게 된다. 그러나 현명한 사람은 무엇이든지 일에 임할 때는 그 나중을 생각하므로 벼슬길에 나아가도 허물이 없다.

예나 지금이나 어리석은 사람은 지위를 악용하여 매관매직을 하고 부정축재를 일삼는다. 그리고 탄로가 나 문제가 발생하면, 남들은 다 괜찮은데 자신만 재수가 없어 걸려들었다고 억울해 하는 경우가 많다. 이것이 과연 지도자나 공직자의 옳은 행위인가?

벼슬을 하는 사람이 직무를 수행할 수 없으면 그 벼슬에서 떠나야 하고, 바른말을 해야 하는 사람은 그 말이 받아들여지지 않으면 그 벼슬에서 떠나야 한다.

제나라 사람 왕촉이 이르기를, "충신은 두 임금을 섬기지 않고, 열녀는 두 남편을 맞지 않는다.(忠臣不事二君 烈女不更二夫)"고 했다.

동몽훈에 이르기를 "벼슬을 하는데 유일하게 세 가지의 도리가 있다. 청렴(淸廉), 근신(謹愼), 근면(勤勉)이다. 이 세 가지를 알면 몸가짐을 어떻게 해야 하는지 알 것이다."했다.

벼슬자리에서 일을 처리함에는 언제나 거짓이 없이 성실하게 하는 것이다. 공문서의 글자를 뭉개거나 긁어 없애거나, 날짜를 고치거나 서명을 바꾸는 잘못을 행하다가 탄로가 나면 죄가 무겁다. 성심으로 임금과 백성을 위해 속이지 않는 것이 도리다.

부부지별(夫婦之別) 장에서는 부모가 아들딸을 장가보내고 시집보낼 때 당부하는 말에서부터, 남녀가 부부가 되어 지켜야할 각별함과 실천할 도리를 다루고 있다. 사자소학을 공부하면 많은 도움이 될 것이다.

예기에 이르기를, **"부부는 인륜의 시초가 되므로 삼가지 않으면 모든 인륜의 질서가 어지러워진다. 그러므로 예(禮)는 부부가 삼가는 데서 시작된다.**

예(禮)는 부부가 서로 삼가는 데서 시작되므로 집도 안과 밖을 분별한다. 남자는 바깥채에서 거처하고 여자는 안채에서 거처하며, 남자는 안의 일에 관하여 말하지 않고 여자는 바깥일에 관하여 말하지 않는다."고 했다.

예기에 이르기를, "혼례는 자손만대의 근본이 되는 것이다. 다른 성씨의 아내를 먼 곳에서 맞이하여 두텁게 하는 것은 혈연의 구별을 엄하게 하기 위함이며 좋은 자손을 얻기 위함이다.

폐백은 반드시 정성스럽게 하되 넉넉하지 못했다는 겸손의 말은 정직한 믿음을 알리는 것이다. '정직한 믿음'은 남을 섬기는 도리이니 곧 부덕(婦德)이다.

　한번 혼례를 치르면 생을 마칠 때까지 함께하는 것이니, 남편이 죽어도 재가하지 않는 것이 원칙이다.

　남자가 아내를 맞아서 여자보다 먼저 행동하는 것은 강함이 부드러움을 움직이는 도리다. 하늘이 땅보다 먼저 움직이며 임금이 신하를 이끄는 것과 같은 것이다.

　부부가 전안(奠雁)의 예(禮)를 행하고 서로를 공경하는 것은 남녀의 각별함을 밝히는 것이다. 남녀의 각별함이 있어야 부모와 자식이 친애하고 부모자식이 친애해야 사람이 마땅히 지켜야 할 도리를 알게 되는 것이다. 지켜야 할 도리를 알면 예의가 있고 예의가 있어야 삶의 질서가 바로잡혀서 모든 것이 안정된다. 남녀의 각별함이 없고 지켜야 할 도리가 없으면 그것은 바로 짐승의 도리와 같다."고 했다.

　남녀가 부부가 되어서는 '서로가 친애하되 서로를 깍듯하게 공경하며 살아야한다.'고 자식을 혼인시킨 많은 부모들이 자식에게 당부하는 말이다. 예나 지금이나 자식의 행복을 비는 부모의 마음은 간절하고 한결같다.

　공자가 이르기를, "부인은 남을 따르는 사람이다. 마음대로 일을 처리하는 의리가 없고 삼종의 도리(三從之道)가 있다. 집에 있을 때는 아버지를 따르고, 시집가서는 지아비를 따르며, 남편이 죽으면 아들을 따르는 것이 그것이다. 여인이 남편으로 선택하지 않는 다섯 가지가 있다. 부도덕한 집의 아들, 무질서한 집의 아들, 용서받지 못할 죄를 지은 집의 아들, 대대로 나쁜 병이 있는 집의 아들, 아버지를 일찍 여윈 집의 맏아들은 선택하지 않는 것이 전통이다.

아내에게는 일곱 가지 내쫓길 조건(七去之惡)이 있다. 시부모에게 불손하고, 아들을 못 낳고, 행실이 음란하고, 질투가 지나치고, 나쁜 병이 있고, 쓸데없는 말이 많고, 남의 물건을 잘 훔치면 내쫓기는 것이다. 그러나 비록 **아내를 내쫓을 이유가 있어도 세 가지 내쫓지 못할 조건이** 있다. 시집올 때는 친정이 있었지만 이제 돌아갈 곳이 없으면 내보내지 못하고, 함께 부모의 3년 상을 입었으면 내보내지 못하며, 처음 만났을 때는 가난하여 함께 고생하다가 뒤에 부귀하게 되었으면 그 처는 내보내지 못한다."고 했다.

오늘날 많은 아들들이 아내가 부모에게 며느리 도리를 못하고 불손하며 불효를 해도 '효순하도록 잘 설득'하거나 가르치지 않고 오히려 부모를 탓하며, 당연히 내쳐야할 상황에서도 내치지 못하고 사는 것은 자식에 대한 '내리사랑' 때문이다. 그러나 세월이 가면 그 부모의 아픔을 이해하게 되고 통곡할 날이 오게 된다. **그 아내가 부모에게 효의 도리를 다하면 마땅히 은애하고 깍듯해야한다.**

사마온공이 이르기를, "자식의 혼인을 의논함에 있어서, 가장 먼저 그 사위와 며느리의 성품과 행실 그리고 그 집안의 법도를 살핀다. 그 집안이 부유하고 영귀한 것을 바라는 것은 참으로 구차하고 옹졸하다.

사위될 사람이 현명하면 지금 비록 빈천해도 훗날 부귀하게 되지 않는다고 어찌 알겠는가? 정말 현명하지 못하면 지금 비록 부귀해도 훗날에 빈천해지지 않는다고 어찌 알겠는가?

그 집안의 흥망성쇠가 며느리에게 달려 있는 경우가 많다. 한때의 부귀가 부러워 며느리를 얻는다면 그 부귀함으로 남편을 가볍게 보고 시부모를 업신여기며, 사람부리기와 물건사기를 좋아하여 사치와 허영, 교만과 질투의 습성이 자라서 훗날 걱정거리가 어찌 극에 달하지 않겠는가?

며느리의 재물로 부자가 되고 며느리의 권세로 몸이 귀하게 된다 해도, 진실로 담대한 뜻이 있는 대장부로 기개가 있다면 어찌 부끄러운 마음이 없을 수 있겠는가?"했다.

현명하고 유능한 며느리 덕으로 집안을 크게 일으킨 경우도 많으나, 도리를 모르는 며느리 때문에 평생을 일으킨 가정의 질서와 행복을 잃어버린 사람들 또한 적지 않다.

송나라의 안 정호선생이 이르기를, "딸은 꼭 내 집보다 나은 집으로 시집보내야 한다. 내 집보다 나아야 딸이 그 집 사람들을 공경하며 조심스럽게 섬길 것이다. 며느리는 꼭 내 집보다 못한데서 데려와야 한다. 그래야 며느리가 도리를 다해 시부모를 섬기고 남편을 존중한다."고 했다.

말은 옳지만 과연 그럴까? 그 가족과 고락을 함께 공유하며 서로가 진심으로 이해하고 배려하는 착한 딸이나 착한 며느리는 무엇보다 그 마음이 고와야하고 사람의 도리를 알아야한다.

부부는 마땅히 화목해야한다. 부부가 화목하려면 먼저 상대를 신뢰해야한다. 신뢰하면 반드시 소통이 잘 되므로 모든 문제를 공유하며 의논하게 된다. 그리고 서로 상생하고 협력하니 저절로 화목하게 된다. 부부가 화목하면 가족이 화평하고 세상이 화평해진다. 그러므로 가화만사성(家和萬事成)이다.

장유지서(長幼之序) 장에서는 어른과 어린이 사이의 차례에 대한 도리를 가르치면서 어린이가 어른을 공경하고 섬기는 실천 방법을 친절하게 다루고 있다. 사자소학에 그 가르침이 자세하다.

맹자가 이르기를, "천진난만한 어린아이라도 그 부모를 사랑함을 모를 리가 없고 자라서는 그 형을 공경할 줄 모를 리가 없다. 그리고 천천히 걸으며 어른의 뒤에 가는 것을 공손하다고 하고 빨리 걸으며 어른을 앞질러 가는 것을 불손하다 한다. 누구나 어른 뒤에 천천히 갈 수 있는데 사람들이 그렇게 하지 않고 거슬린다.

어른이나 선생님이 무엇을 물으시면 말씀이 끝난 뒤에 대답하여야 한다. 대답이나 질문은 반드시 일어서서 하는 것이 도리다. 그리고 어른이나 스승의 말씀을 중간에 끊으면 안 되고 다 끝난 다음에 답한다." 고 했다. 그리고 **"어른이 사랑으로 주면 감히 사양하지 않고 받는다. 그리고 어른이 잘못하면 간절히 옳음을 간(諫)한다"**고 했다.

예의는 사양지심(辭讓之心)으로 양보하고 배려하는 마음이다. 겸손지덕(謙遜之德)이다. 그것이 비록 '전략적 겸손'일지라도 사람들에게 양보하고 배려하는 겸손이 몸에 밴 사람을 사람들은 좋아하고 가까이하며 신뢰한다. 예의의 뿌리는 사랑이고 그 꽃은 믿음이며 그 열매는 바름이다. 예의가 바른 사람은 그 마음에 사랑이 가득하고 그 행동이 믿음직스럽다. 그리고 매사가 정의롭다. 그러므로 세상은 언제나 그의 정의를 신뢰하며 사랑한다.

우리 주위의 예의바른 사람과 예의 없는 사람들의 현재 삶을 살펴보라?
예의가 있고 없고의 차이가 그 사람의 현재 삶의 내용을 결정한다.
세상 사람들이 예의 유무를 어떻게 주문하고 평가하는지 세월과 함께 살펴보면 저절로 알게 될 것이다.

소의에 이르기를, "나이가 많은 어른에게는 감히 나이를 묻지 않으며 찾아뵐 때도 사람을 시키지 않고 직접 찾아뵌다. 길에서 만나더라도 가는 곳을 묻지 않는다. 모시고 앉아서는 시키지 않으면 악기를 손에 잡지 않으며 쓸데없는 장난을 하거나 부채를 부치지 않는다. 자리에 누어서 말씀하면 반드시 꿇어앉아서 듣는다."했다.

나이 많은 어른 앞에서는 술이나 담배를 삼가되 행할 시는 예법에 따라야 하고, 큰소리로 떠들거나 상말을 함부로 하지 않아야 하며 편한 자리를 양보하는 것이 당연한 도리다. 그리고 애정행위나 몸가짐을 항상 조심하는 것이 사람의 기본 도리다. 길을 가다가도 어른과 마주치면 먼저 길을 열어드리는 것이 도리며, 눈이 마주쳐도 어른의 턱을 보는 것이 예의다.

어른이 훈계하면 비록 귀에 거슬리더라도 경청하고 따르는 것이 사람으로 살아가는 바른 길이다. 어른에게 무례함은 자신의 부모를 욕되게 하는 불효가 되고 자신의 미래를 망치는 적악행위가 된다. 모든 어른들은 다 내 부모와 같다.

붕우지교(朋友之交) 장에서는 벗과 벗 사이의 교제에 대한 도리와 실천 방법들을 다루고 있다. 사자소학에 그 가르침이 자세하다.

증자가 이르기를, "군자는 학문을 함으로서 벗을 모으고 벗의 좋은 점을 본받아서 더 어질어진다."고 했다.

공자가 이르기를, "벗끼리는 상대방의 잘못을 간절하게 충고하여 착하게 살도록 이끌어야 하고 형제간은 늘 기쁘고 즐겁게 살아야한다." 했다.

또 이르기를, "성심으로 충고하여 선의 도리로 이끌어도, 그가 듣지 않으면 그만두고 자신에게 욕됨이 없게 하라."했다. 그리고 **"길이 같지**

않으면 서로 일을 계획하지 말아야 하느니라.(道不同 不相爲謀)"고도
했다.

맹자가 이르기를, "더 나아지도록, 더 좋아지도록, 더 새로워지도록 이끌어 주는 것이 벗의 도리다."했다.

좋은 벗은 벗을 바른 길로 인도하고, 나쁜 벗은 벗을 이용하고 괴롭힌다.

공자가 이르기를, "정직한 사람, 성실한 사람, 지식이 많은 사람은 이로운 벗으로 가까이 하면 유익하다. 아첨을 잘하는 사람, 줏대가 없이 굽실거리는 사람, 말을 잘 둘러대는 사람은 해로운 벗으로 가까이 하면 해롭다."했다.

언행이 일치한 벗은 좋은 벗이고 약속을 어기고 감언이설로 악용하려고 드는 벗은 나쁜 벗이니 그를 충고하여도 듣지 않으면 상종하지 마라!

맹자가 이르기를, "나이 많음을 내세우지 않고 신분 높음을 내세우지 않고 형제 잘남을 내세우지 않고 벗함은 그 덕성을 벗하는 것이다. 남과 다른 점을 내세우면 안 된다."고 했다.

곡례에 이르기를, "군자는 남에게 극진한 환대를 하지 않게 하고 충성을 다하지 않게 함으로서 '완벽한 교제'를 한다."고 했다.

선비끼리 서로 만날 때는 신분의 귀천을 따지지 않고, 주인이 손님을 공경하면 주인이 먼저 절하고, 손님이 주인을 공경하면 손님이 먼저 주인에게 절하는 법이다.

정이천선생이 이르기를, "요즘 세상은 천박하여 서로 예의를 무시하고 간섭하지 않으면서, 쓸데없는 일에 시간과 세월을 낭비하며 어우러

져 노는 것을 뜻이 맞는다고 서로 좋아하면서 즐기고 사랑한다. 이와 같은 것이 어찌 오래 갈 수 있겠는가? 만약에 오래도록 좋은 벗으로 사귀려면 모름지기 서로 공경해야 한다. 덕을 기르고 선을 행하며, 도리를 배우고 지키는 것이 좋은 벗으로 사는 길이다."했다.

서로 작당하여 적당히 어울리는 열 명의 벗(朋)보다, 서로 공경하며 생사를 같이할 수 있는 한명의 벗(友)이 더 소중하다.

· 소학(小學)의 명륜(明倫)편 통론에 나오는 가르침이다.

공자가 이르기를, "군자는 부모를 섬기는 효도가 옮겨져서 임금에게 충성하고, 형을 섬기는 것이 옮겨져서 어른에게 공순하며, 집안일을 꾸려가는 것이 옮겨져서 관청의 일을 잘하게 된다. 이렇게 행실이 안에서 이루어져 밖으로 옮겨져야 그 이름이 후세에 남는다."했다.

'천자에게 간(諫)하는 신하 일곱 사람만 있으면 비록 그가 무도할지라도 천하를 잃지 않고, 임금에게 간하는 신하 다섯 사람만 있으면 비록 무도해도 나라를 잃지 않으며, 대부(大夫)에게 간하는 가신 세 사람만 있으면 비록 무도해도 집을 잃지 않는다.

선비에게 잘못을 충고하는 벗이 있으면 명성은 그의 몸에서 떠나지 않고, 아버지에게 간하는 아들이 있으면 그의 몸은 불의에 빠지지 않는다. 그래서 불의에 빠지게 되면 신하는 임금에게 아들은 아버지에게 간하지 않을 수 없다.'고 현자들은 가르친다.

진나라 대부 란공자가 이르기를, **"백성은 세 군데에서 생명을 받았으니 그 셋을 똑같이 섬겨야 한다. 아버지는 낳으시고 스승은 가르치시고 임금은 기르셨다.** 낳지 않았으면 태어나지 못하고 기르지 않았으면 성장하지 못하고 가르치지 않았으면 알지 못하는 것이므로 살아가도록 함에 있어서 서로 비슷하다. 그런 까닭에 똑같이 섬겨야 한다. 오직 그 섬김에 있어서 있는 힘을 다해야 한다. 생명의 은혜는 죽음으로써 보답하고 내게 주신 것에 대해서는 있는 힘을 다해 보답해야 하니 이것이 사람의 도리다."고 했다.

안자가 이르기를, "임금은 명령을 도리에 어긋나지 않게 하므로 신하는 공손히 받들며 다른 마음을 가지지 않고, 아버지는 자애롭게 몸소 행하며 아들을 가르치므로 아들은 효도하고 아버지께 간하며, 형은 아우를 사랑하면서 착하게끔 이끌므로 아우는 형을 공경하고 따른다. 남편은 온화한 마음으로 아내를 옳은 길로 이끌고 아내는 온유하게 남편을 올바르도록 섬기며, 시어머니는 자애로 며느리의 뜻을 헤아리고 며느리는 공손하게 받아들이는 것이 아름다운 예의이다."고 했다. 사람의 도리를 잘 밝히고 있다.

증자가 이르기를, "부모가 기뻐하지 않으면 밖에서 함부로 사람을 사귀지 않고, 가까운 사람과 친하지 않으면서 먼데 사람과 함부로 친하지 않으며, 작은 일도 제대로 살피지 않으면서 큰일을 함부로 말하지 않는다. 그러므로 사람이 살아가는 100년 중에는 병든 때, 늙은 시절, 철부지 어린 시절도 있어서, 군자는 다시 못하게 될 것을 염려하여 효도와 공경을 서둘러 실행한다.

부모가 이미 돌아가시면 효도를 하고 싶어도 누구에게 효도하며, 형이 이미 쪼글쪼글 늙어버리면 공경하고 싶어도 어떻게 공경할 것인가?"했다.

관직에서 태만한 것은 벼슬이 뜻대로 이루어졌기 때문이고, 병은 조금 나았다가 다시 심해지고, 재앙은 항상 게으른데서 생기며, 효도를 등한히 하는 것은 처자식 때문에 생긴다. 이 네 가지를 항상 생각하여 처음 시작처럼 끝맺음을 잘해야 한다.

시경에도 이르기를, "시작은 쉽지만 끝맺음은 어렵다."고 했다.

쓸데없는 말이나 급하지 않은 일들은 내버리고 돌보지 않아도 된다. 그러나 군신간의 의리와 충, 부자간의 친애와 효, 부부간의 각별한 정 같은 인간의 도리는 나날이 갈고 닦아야지 내버려두면 절대 안 된다.

진정한 '친구는 두 몸으로 나뉜 하나의 영혼'이라는 아리스토텔레스의 말처럼 좋은 친구는, 서로가 공생공영을 도모하는 사이로써 깊이 이해하고 신뢰하며 오래도록 공감하는 지기(知己)다. 大

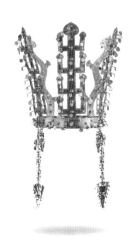

5절
소학(小學)의 경신(敬身)편

　소학의 경신 편에 공자가 이르기를, "군자가 공경하지 않는 것은 없지만 제 몸을 공경하는 것을 가장 크게 여긴다. 자신의 몸은 어버이 몸의 가지와 같은 것이니 어찌 공경하지 않을 수 있겠는가? 그 몸을 공경하지 않으면 이것은 그 어버이의 몸을 상하게 하는 것이고 그 어버이가 상하면 그 근본이 상하므로 가지는 저절로 망하고 만다."고 했다.

　심술지요(心術之要) 장에서는 마음가짐의 요체를 다루고 있다.
　참된 앎을 추구하고 아름다운 느낌을 추구하며 바른 뜻을 추구하는 마음의 변화를 읽고, 삼가고 조심하며 생각하고 행동하는 사람의 도리를 친절하게 밝히고 있다.

　단서에 이르기를, "공경하는 마음이 게으른 마음을 이기는 사람은 발전하게 되고, 게으른 마음이 공경하는 마음을 이기는 사람은 파멸하게 된다. 의로운 마음이 욕심을 이기는 사람은 순조롭고, 욕심이 의로운 마음을 이기는 사람은 흉악하다."고 했다.

곡례에 이르기를, "불경(不敬)하지 않고 엄숙하게 생각하며, 말투가 안온하면 백성들이 편안할 수 있다. 오만이 너무 자라도 안 되고 하고 싶다고 제멋대로 행동해서도 안 되며, 뜻이 넘쳐도 안 되며 너무 즐겨도 안 된다.

현명한 사람은 친할수록 존경하고, 경외(敬畏)하면서도 사랑하며, 사랑해도 그 잘못을 알고, 미워도 그 좋음을 알며, 모으면 쓸 줄 안다. 편함이 좋은 것을 알지만 물러날 줄도 안다. 재물을 구차하게 얻지 않고, 어려움을 당해도 구차하게 모면하지 않으며, 사납게 이기지 않는다. 의심스럽다고 바꿔치지 않으며, 정직하되 너무 고집부리지 않는다."고 했다.

평생토록 행할 만한 것은 '어짐'이라고 자공의 물음에 답하면서 공자께서 이르기를, "자신이 하기 싫은 일을 남에게 시키지 마라."고 했다. **논어에서 '인(仁)은 사랑이고 용서'라고 하였으며,** 자신을 이기고 예의를 지키는 것이라 하였다. 측은지심은 사랑의 시작이고, 나눔은 사랑의 실천이요, 용서는 사랑의 마침이다.

〈사랑은 지금 여기서 그것과 하나 됨〉으로 덕업의 으뜸이다. 어진 스승은 지금 여기서 가르침과 하나 되는 것이고, 어진 학생은 지금 여기서 배움과 하나 되는 것이 진정한 사랑이고 덕업이다. 이것과 저것이 하나 됨으로서 본래의 사랑이 더욱 새로워지고, 새로워짐으로서 덕은 아름답게 빛나는 것이며 외롭지 않다.

공자가 이르기를, "군자는 배불리 먹지 않으며, 편안하게 거처하지 않으며, 애써 일하되 말은 삼가고, 바른 도리를 얻고자 나아가면, 이는 배움을 좋아한다고 할 수 있다."했다. 또 공자가 이르기를, "예의에 어긋나면 보지도 말고, 듣지도 말고, 말하지도 말며, 움직이지도 말라." 했다.

· 격몽요결(擊蒙要訣)의 지신(持身)편.

율곡선생의 격몽요결 지신(持身)편은, 배우는 어린 선비가 꼭 알아야 할 몸가짐에 대한 글이다. 상당부분을 가감하였다.

「배우는 사람은 반드시 정성된 마음으로 지금 여기서 진리를 구하고, 세속의 잡된 일로 그 뜻을 어지럽히지 않은 다음에 학문을 하여야 학문의 틀이 잡힌다. 그러므로 공자가 말씀하였다. "충신(忠信)을 주(主)로 한다." 주자가 이를 해석하여 말하였다. "사람이 충신하지 않으면 매사가 다 실속이 없어 나쁜 일을 하기 쉽고 좋은 일을 하기 어렵다. 그러므로 반드시 이로써 주로 삼는다." 반드시 마음을 다하여 신의를 주로 삼아 용감히 공부한 다음에 능히 성취하는 것이 있게 된다.

황면재의 이른바 '진실한 마음으로 고생을 무릅쓰고 공부하라'고 한 두 마디가 모든 것을 다 말하고 있다.

항상 일찍 일어나고 밤엔 깊이 잠자며, 반드시 의관은 바르게 하고, 얼굴빛은 엄숙하게 하고, 손을 모으고 단정하게 앉으며, 걸음걸이는 편안하며, 말은 삼가되 중후해야 하며, 한차례 움직이고 멈춤에 가볍거나 소홀하지 말아야하며, 구차하거나 지나치지 않아야 한다.

마음과 몸을 거두어 다잡는 것은 구용(九容)보다 더 절실한 것이 없고, 배움에 나아가고 지혜를 더하는 것은 구사(九思)보다 더 절실한 것이 없다.

이른바 구용(九容)이란? 발의 모양은 무겁고(足容重/가볍게 들었다 내렸다하거나, 어른 앞을 왔다 갔다 하지 않는다), 손의 모양은 공손하고(手容恭/거만하거나 늘어지지 않으며, 일이 없을 때는 단정히 모으고 함부로 움직이지 않는다), 눈의 모양은 단정하고(目容端/눈을 똑바로 뜨되, 옆을 흘기거나 간사하게 보아서는 안 된다), 입의 모양은 조용하고(口容止/말하거나 먹고 마실 때가 아니면 입은 항상 조용하다), 목소리의 모양은 고요하고(聲容靜/얼굴이나 기운을 가다듬어 트림이나 헛기침 같은 잡소리를 내지 않는다), 머리의 모양은 곧게 하고(頭容直/머리나 몸을 곧고 바르게 하여, 기울거나 치우치거나 기대지 않는다), 기운의 모양은 엄숙하고(氣容肅/숨은 고르게 쉬되 소리가 나지 않게 한다), 선 모양은 덕스럽고(立容德/기대지 않고 점잖게 덕 있는 기상을 갖는다), 얼굴빛은 씩씩하게 갖는 것(色容莊/낮빛을 가지런히 하고 게으르거나 거만하지 않게 한다)이다.

이른바 구사(九思)란? 무엇이든 밝게 볼 것을 생각(視思明/편견에 가리지 않으면 밝게 보인다)하고, 총명하게 들을 것을 생각(聽思聰/생각이 막히지 않으면 올바르게 들린다)하며, 얼굴빛이 온화할 것을 생각(色思溫/낮빛을 평화롭고 자연스럽게 펴면 성나거나 사나운 기운이 없다)하고, 용모는 공손하게 할 것을 생각(貌思恭/일신의 몸가짐이 단정하게 해야 한다)하며, 말은 충성되게 할 것을 생각(言思忠/말하는 것이 진실하지 않는 것이 없게 한다)하고, 일은 공경하며 처리할 것을 생각(事思敬/어떤 일이나 공경하고 조심한다)하며, 의심스러운 것은 묻기를 생각(疑思問/마음에 의심나면 아는 사람에게 자세히 물어서 알아야 한다)하고, 화가 나면 장차 닥칠 어려움을 생각(忿思難/화가 나도 이성을 갖고 억제한다)하며, 무엇이든 얻을 것 같으면 그것이 의로운 것인가를 생각(見得思義/재물을 보면 옳고 의로운 것인가를 밝게 가린 다음에 의리에 합당한 것이어야 갖는다)한다.

항상 구용과 구사를 마음에 간직하고 몸을 가다듬는데 잠시라도 방심하지 말며, 또 앉은 자리 옆에 써 붙이고 때때로 보아야할 것이다.

예(禮)가 아니면 보지 말고, 예가 아니면 듣지 말고, 예가 아니면 말하지 말고, 예가 아니면 움직이지 말라는 이 네 가지는 몸을 닦는 요점이다. 예(禮)냐! 예(禮)가 아니냐! 하는 것은 초학자가 분간하기 어렵다. 반드시 이치를 궁구하여 이를 밝혀야한다. 그러나 이미 알고 있는 점을 힘써 행하면 생각이 거의 옳을 것이다.

학문을 하는 것은 일상생활 가운데 있다. 평소에 거처를 공손히 출입하고, 일은 조심해서 실행하며, 남과 사귐은 진실하게 하는 것이 바로 학문하는 것이다. 글을 읽는 것도 이런 이치를 밝히려는 것일 뿐이다.

의복이 사치스러워서는 안 된다.~ 나를 이기는 공부는 일상생활이 가장 적절하다.~ 말이 많은 것과 생각이 많은 것이 가장 마음을 해친다.~ 학문을 하는 사람은 한결같이 진리를 향하여야하며 바깥세상의 사물이나 유혹에 져서는 안 된다.

~ 마땅히 몸과 마음을 바르게 하여 안과 밖을 하나같이 하고, 그윽한 곳에 있어도 드러난 곳에 있는 것처럼 하며, 혼자 있어도 여럿이 있는 것처럼 하여, 이 마음을 청천백일처럼 사람들이 다 볼 수 있게 한다. 항상 이 생각을 가슴 속에 간직하고, '한 가지 의롭지 못한 일을 행하고, 한명의 죄 없는 사람을 죽임으로 천하를 얻는다 해도 하지 않는다.'

공경에 머물러 근본을 세우고, 이치를 궁구하여 선을 밝히며, 힘써 행하여 그 진실을 실천하는 이 세 가지는 종신사업이다.

〈생각에 간사함이 없고, 경건하지 않음이 없다〉는 이 두 글귀는 일생을 두고 써도 다함이 없다. 마땅히 벽 위에 걸어두고 잠시도 잊지 말 일이다.

마음이 게으르지 않는가? 학문이 나아감이 없는가? 행함에 힘쓰지 않는가? 매일 같이 자신을 점검하되, 고칠 것이 있으면 즉시 고치고, 없어도 더욱 부지런히 게으르지 말고 힘쓰다가 죽으면 그 때에 그만둔다.」

관경중이 이르기를, "하늘의 위엄을 질병처럼 두려워하는 사람은 상등백성(上等百姓)이고, 남의 회유에 물 흐르듯 따르는 사람은 하등백성이며, 회유를 당해도 하늘의 위엄을 생각한다면 중등백성이다."했다.

이천선생이 이르기를, "몸가짐을 가지런히 하고 엄숙하게 하여 마음을 한곳으로 집중하면 도리에 어긋남이 없다."했다.

지금 여기서 깨어 있는 마음으로 하나를 집중하면 그것이 무엇이든 그곳에 새로운 창조가 나타난다. 마음이 가는 곳에 우주천지의 기운은 자연스럽게 따라가고 우주천지의 에너지가 모여든다. 마음을 다하면 우주천지의 기운이 저절로 모이고 밝아지므로 사람의 도리를 저버릴 수 없다. 지성이면 감천으로 하늘도 돕는다. 그것을 한뜻으로 생각하고 주의하여 몰입하면 그것이 무엇이든 현실로 창조되어 경험된다. 이것은 누구에게나 적용되는 지극히 자연스러운 우주천지의 창조법칙이다.

안연이 '자신을 극복하고 사람의 도리로 돌아가는 법'을 물으니, 공자께서 말씀하기를, "예가 아니면 보지 말고, 예가 아니면 듣지 말며, 예가 아니면 말하지 말고, 예가 아니면 행동하지 말라."고 했다. 안연은 이 말을 따르고 실천하여 성인의 경지에 이르렀다. 일반인도 성인의 경지로 나아가려면 반드시 자신을 경계하는 잠(箴)을 지어, 매일같이 읽고 새기면서 스스로 삼가고 조심하면 안연처럼 될 것이다.

* 잠(箴)은 자신을 경계하는 글로써 행동 다짐서다.

위의지칙(威儀之則) 장에서는 행동거지의 법도를 다루고 있다.
위엄이 있어서 두려워할 만한 것을 위(威)라 하고, 거동이 훌륭하여 본받을 만한 것을 의(儀)라고 한다. 예의가 분명하고 도리에 투철한 사람을 위의를 갖춘 사람이라고 한다.

관의에 이르기를, "사람이 사람다움은 예의 때문이다. 예의의 시작은 얼굴과 몸가짐을 바르게 하고, 얼굴빛을 가지런히 하며, 말투를 유순하게 함으로써 저절로 갖추어진다. 그렇게 하면 임금과 신하가 바르고, 부모와 자식이 사랑하며, 어른과 어린이가 화평해지면서 예의가 정립된다."했다.

높은 성 위에서는 손가락질을 함부로 하거나 큰소리로 떠들지 않는다. 객사나 식당에서는 주인에게 무엇을 무리하게 요구하지 말고, 문밖에 신이 두 켤레가 있을 때는 안에서 말소리가 들리면 들어가고 들리지 않으면 들어가지 않는다. 남의 신은 밟지 말고 남의 자리도 밟지 말며, 발걸음은 조심스러워야 하고 응대할 때는 삼가야 한다.

예기에 이르기를, "군자의 용모는 여유가 있고 조용하다. 존경하는 사람을 보면 공경하고 조심한다. 발걸음은 당당하여 무게가 있고, 손모양은 공손하며, 눈 모양은 단정하고, 입 모양은 가지런히 닫혀 있으며, 목소리는 고요하고, 머리 모양은 곧고, 기운은 엄숙하고, 서 있는 모양은 후덕하고, 얼굴빛은 장중해야 한다."했다.

소의에 이르기를, "남의 은밀한 데를 엿보지 않고, 버릇없이 행동하지 않으며, 옛 친구의 허물을 말하지 않으며, 남을 희롱하는 얼굴빛을 하지 않으며, 성급하게 오고가지 않는다.

신을 모독하지 말고, 잘못됨에 굴복하지 말며, 아직 닥치지 않은 일을 억측하지 말며, 이미 만들어진 의복이나 기물을 흠잡지 말며, 기분 나쁜 말을 하지 말아야 한다."했다.

논어에 이르기를, "바르지 않은 자리에는 앉지 않는다."고 했다.

장사숙의 좌우명에 이르기를, "모든 말은 반드시 진실과 믿음이 있어야하고, 행실은 돈독하고 정중해야하며, 음식은 삼가고 절제해야하며, 글자는 반듯하고 바르게 써야한다.

용모는 단정하고 위엄이 있어야하고, 의관은 정중하고 엄숙해야하며, 걸음걸이는 편안하고 의젓해야하며, 한가하게 집에 있을 때도 자세가 바르고 조용해야 한다.

일하려면 반드시 정일(精一)하게 계획하고 시작해야하고, 말하려면 깊이 생각해서 해야 하며, 평소 덕은 굳게 지키고, 허락하려면 신중하게 대답해야하며, 선을 보면 내 일처럼 기뻐하고, 악을 보면 내 병처럼 걱정해야한다. 이 좌우명을 써놓고 아침저녁으로 보면서 경계한다."고 했다. *정일(精一)은 '정밀하게 한결같이'한다는 뜻이다.

의복지제(衣服之制) 장에서는 옷차림새의 제도를 다루었다.

옷차림은 언제나 깨끗하고 단정하며, 자신의 분수에 어울려야 하고, 남의 눈에 거슬리지 않으며, 보기에 아름답고 우아해야 좋은 것이다. 앞의 사자소학을 읽고 참고하면 도움이 될 것이다.

사관례에 이르기를, "관례(冠禮)를 받는 이에게 처음 관(冠)을 씌워주고 축복하기를, '좋은 달, 길한 날에 관복(冠服)하니, 어린 마음을 버리고 너의 덕망을 순조롭게 이루어 오래 살면서 큰 복을 누리라' 말하고 다시 두 번째 관을 씌워 주고 축복하기를, '길한 달, 좋은 때 거듭 네게 관복하니 너의 위엄 있고 엄숙한 몸가짐을 공경하고, 삼가고 조심하여 덕행을 맑히면서 장수하고 길이길이 복록을 누리라 '고 말한다.

세 번째 관을 씌워 주고 말하기를, '좋은 해, 좋은 달에 네게 모두 관 복하니 형제가 두루 건재하여 그 덕업을 성취하라. 늙어서도 오래도록 건강하면서 하늘의 경축을 받으라.'말한다."고 했다.

공자가 이르기를, "도(道)에 뜻을 둔 선비가 초라한 옷차림과 소박한 음식을 부끄러워하면 그런 사람과는 도를 의논할 것이 못된다."고 했다.

음식지절(飮食之節) 장에서는 음식문화의 절도를 다루었다.

배고프면 먹고 졸리면 자는 것이 사람의 생존원칙이다. 옛날부터 '금 강산도 식후경'이라고 하여 삶에 우선순위가 먹는 것이었다. 이와 같이 먹는 것이 중요하므로 식사예법 또한 매우 중요하다. 부모님이나 어른 과 함께 식사를 할 때는 반드시 부모님이나 어른이 수저를 들고 식사 를 시작한 다음에 수저를 드는 것이 식사예절의 기본이다. 사자소학을 읽으면 이와 같은 예법을 배우게 될 것이다.

예부터 예의범절은 '밥상머리 교육'으로부터 시작한다고 하였으니, 가정교육을 제대로 수행하고 아이들의 인성을 바로잡으려면 밥상머리 교육을 잘해야 할 것이다.

소의에 이르기를, "군자와 음식을 먹을 때는 군자보다 먼저 먹어도 뒤에 그친다. 숟가락을 크게 뜨지 말고, 소리 나게 들이마시지 말며, 적게 먹어도 여러 번 씹어 먹고, 입을 크게 벌리고 소리 내어 씹지 않 는다."고 했다.

논어에 이르기를, "공자께서는 밥은 정갈한 것을 싫어하지 않고, 회 는 잘게 저민 것을 좋아했다. 쉬어서 맛이 변한 밥, 썩은 생선, 상한 고 기는 먹지 않았다. 빛깔이 나빠도 먹지 않았고, 냄새가 나도 먹지 않았으며, 잘 익히지 않으면 먹지 않았고, 제철의 것이 아니어도 먹지 않았다. 베어낸 곳이 반듯하지 않으면 먹지 않았고, 양념장이 그 음식과 맞지 않아도 먹지 않았다.

고기가 아무리 많아도 밥보다 많이 먹지 않았고, 술은 정해진 양이 없었으나 취해서 어지러울 정도로 마시지 않았으며, 사온 술과 육포는 웬만하면 먹지 않았다. 생강을 꾸준히 먹었으나 많이 먹지는 않았다."고 했다.

예기에 이르기를, "임금이나 대부일지라도 까닭없이 소나 돼지 등을 죽이지 않았다. 군자는 도살장과 푸줏간을 멀리해서 살아 있는 짐승을 몸소 죽이지 않는다."했다. 권력자이고 힘깨나 쓰는 장사라도 육식만이 즐거운 능사가 아니다.

맹자가 이르기를, "음식을 탐하면 사람들이 그를 천히 여긴다. 그것은 작은 것을 기르기 위하여 큰 것을 잃어버리기 때문이다."고 했다.

가죽주머니(肉體)를 챙기다가 가죽주머니 속의 보물덩어리(精神)를 잃고 마는 것과 같다. 이 어찌 애석한 일이 아니겠는가! 오관(五官)이 탐하는 물질적인 욕망은 본능적인 욕망으로써 대개 무절제 속에 탐닉하게 되므로 자칫하면 자신을 망치고 마는 경우가 많다. 술, 담배, 미식 등은 서서히 자신도 모르게 자신을 혼미하게 하고 병들게 한다. 뒤늦은 자각은 이미 퇴폐(頹廢)하여 병든 다음이니 후회한들 무슨 소용이 있으랴! 그러므로 평소에 절제된 식습관을 기르는 것이 심신건강에 크게 유익할 것이다. 장수자는 대개 소식하는 사람이다. 大

6절
소학(小學)의 계고(稽古) 편

소학의 계고 편에서는 고대 중국의 성현들 언행을 상고하여 입교와 명륜과 경신의 실제사례를 모두 47장으로 선별하여 입증하고 있는데, 다음 사례는 그 가운데서 가려 뽑은 것이다.

맹자는 성선(性善)의 도리에 대해 말했으며, 말할 때는 반드시 요순을 예로 들어 이르기를, "순임금은 천하의 모범이 되어 후세에 전해졌는데, 나는 아직도 시골 촌뜨기를 면치 못하고 있으니 이것은 매우 걱정할 만하다. 이 걱정을 어떻게 할 것인가? 내가 순임금과 같아지는 것뿐이다."고 했다. 이에 옛 어진이들의 행실을 수집해서 가르침의 말들을 실증하며, 이 계고 편을 지어서 읽는 사람으로 하여금 느껴 분발하게 하였다.

주 문왕의 어머니 태임의 성품은 단정하고 한결같았으며, 정성스럽고 엄숙하여 오직 덕을 행했는데, 문왕을 잉태하자 눈으로는 사악한 빛을 보지 않고, 귀로는 음란한 소리를 듣지 않았으며, 입에서는 오만한 말을 하지 않았다. 문왕은 태어나자 총명하고 뛰어나서 태임이 하나를 가르치면 백을 알았고, 마침내 주나라 건국의 기틀을 마련한 문왕이 되었다. 모든 군자들이 이르기를, "태임이 태교를 잘했다."고 했다.

맹자 어머니의 집은 무덤과 가까운 곳에 있었는데, 어린 맹자가 놀면서 묘 쓰는 일을 즐겨하므로, 이곳은 아들이 살 곳이 못된다고 저자거리로 이사했다. 그러자 장사꾼처럼 물건 파는 일을 즐기므로 다시 학교 옆으로 집을 옮겼다. 그러자 배우기를 좋아하고 제사 지내는 예절 놀이 등을 즐기므로, 이곳이 참으로 아들이 살만하다 여기고 그곳에서 살았다. 그리고 비록 빈말이라도 어린 맹자와의 약속은 무엇이든 어기지 않고 지켰다. 그리하여 맹자는 훌륭하게 자라서 인의를 펼친 큰 선비가 되었다. 이것이 맹모삼천지교(孟母三遷之敎)이다.

우(虞)나라 사람 순(舜)은 어머니를 일찍 잃고, 완고한 아버지 고수와 어리석은 계모, 오만한 이복동생 상으로부터 온갖 구박과 모함, 위해를 당해 괴로워도 불평 한마디 안하고 공경을 게을리 하지 않았다. 그리고 궂은일도 마다않고 열심히 일하면서, 지극정성을 다하여 부모를 섬기고 받들어 마침내 부모를 기쁘게 해드린 효자다. 이를 천하 사람이 인정하고 칭송하며 따르니, 천자인 요임금이 순에게 그의 두 딸을 시집보내어 순의 자질을 살핀 다음에, 순의 사람됨을 인정하고 자신의 아들 단주를 비롯한 아홉 아들대신 윤집궐중(允執厥中)의 도를 당부하고 천자의 자리를 넘겨주었다고 한다.

순은 천하의 선비가 따르고 아름다운 아내가 있으며 천자까지 되어 위없는 부(富)와 귀(貴)를 누리면서도 항상 근심걱정을 떨칠 수가 없었으니 그것은 부모에게 순종하고 효도하였으나 사랑받지 못한 것이었다.

순은 자신이 불순(不順)하여 부모의 마음을 얻지 못했노라고 밭에 나가 하늘을 보고 울부짖으며 자신을 책망하였다고 한다. 순은 지극정성을 다하여 효도함으로써 마침내 그 부모를 감복시키고 인정을 받기에 이른다. 순임금은 동이족이었다고 역사는 기록하고 있으며 공자나 맹자가 가장 추앙하여 본받고 싶어 했던 성인이었다고 한다.

중용에서도 순에 대하여 공자가 말씀하기를, "순은 크게 지혜로운 분이었다. 순은 묻기를 좋아했고 평범한 흔한 말도 살피기를 좋아했으며, 볼썽사나운 짓이나 악은 숨겨 주시고 잘하고 좋은 선은 드러내셨으며, 무슨 일이든 그 두 끝을 붙잡아 그 가운데를 백성에게 쓰시니(執其兩端用其中), 이것이 순이 성인이 되고 임금이 된 까닭이다!"고 했다.

초나라 사람 노래자는 두 어버이를 효성으로 섬겼다. 70세의 나이에도 부모 앞에서는 어린애처럼 재롱을 부리고, 오색무늬가 영롱한 옷을 입었다. 물을 들고 마루에 오르다가 거짓으로 벌렁 누워서 어린애처럼 엉엉 울기도 하고, 병아리를 놀리며 낄낄대기도 했다. 모두 어버이를 기쁘게 하려는 행동들이었다. 효자의 진면목이 아닐 수 없다.

한유에게 잘못이 있어서 그 어머니가 매로 때리니 유가 엉엉 울었다. 그 어머니가 "다른 날은 때려도 울지 않더니 지금은 왜 우는 것이냐?"고 물으니, 대답하기를, "유가 잘못하여 매로 때리시면 늘 아팠는데, 이제 어머니의 힘이 약해져서 아프지 않으므로 가슴이 아파 우는 것입니다."고 했다.

증자가 이르기를, "군자는 유능하면서도 유능하지 않은 사람에게 묻고, 식견이 많으면서 식견이 부족한 사람에게 물으며, 있으면서도 없는 것처럼 행동하고, 꽉 차 있으면서 텅 빈 것처럼 행동하며, 권리를 침범해도 즉각 옳고 그름을 따지지 않는다. 옛날에 나의 벗들은 일찍부터 이렇게 했다."고 했다. 참으로 아름다운 겸손이다.

고시가 공자를 만나 본 뒤로는 발로 사람의 그림자를 밟지 않았고, 겨울잠에서 깬 동물은 죽이지 않았으며, 한창 자라나는 초목은 꺾지 않았다고 한다. 이 얼마나 아름다운 덕행인가!

공자가 이르기를, "어질다, 회(回)여! 한 그릇의 맨밥을 먹고 표주박의 물을 마시면서 누추한 거리에 사는구나. 사람들은 그 괴로움을 견디지 못하는데 회는 그 괴로움도 즐거움으로 받아들이고 바꾸지 않는구나. 어질다, 회여!"했다.

회는 안자로써 공자가 제일 사랑하던 수제자로 평소에 호학(好學) 호인(好仁)하였다. 그가 일찍 33세에 세상을 떠나니 그의 스승인 공자께서 땅을 치고 대성통곡하였다고 한다.

위나라 대부인 석작이 장공에게 간언한 말 가운데, "천박한 사람이 존귀한 사람을 훼방하고, 어린 사람이 나이든 사람을 업신여기며, 서먹하던 사람이 가까운 사람을 이간질하고, 새사람이 옛사람을 비난하며, 적은 것이 큰 것 위에 올라서고, 문란한 것이 정의를 파괴하는 것은 이른바 여섯 가지 역리(逆理)입니다. 임금은 의롭고, 신하는 충성하며, 어버이는 자애롭고, 자식은 효도하며, 형은 사랑하고, 아우가 공경함은 여섯 가지 순리(順理)입니다. **사람은 순리를 버리고 역리를 따르면 재앙을 부릅니다.**"고 했다.

형주자사를 지낸 양진이 수재인 왕밀을 천거하여 벼슬길에 나아가게 하였다. 이에 왕밀이 황금 열 근을 가져다가 양진에게 주었다. 양진이 말하기를, "내가 그대를 알아주었는데 그대는 어찌 나를 알아주지 않는 것인가?"했다. 왕밀이 말하기를, "어두운 밤이라 아는 사람이 없습니다."하니, 양진이 말하기를, "하늘이 알고 신(神)이 알고, 내가 알고 그대가 안다. 어째서 아는 사람이 없다고 하는가?"했다. 왕밀이 부끄러워하며 조용히 물러갔다.

왕신민이 일찍이 이르기를, "사람이 항상 쓴 나물의 뿌리를 씹듯이 산다면 무슨 일이든 다 이룰 수 있다."고 했다. 호강후가 이 말을 듣고 무릎을 치면서 "옳거니!"감탄하고 극찬하였다고 한다.

젊은 날 고생은 의미가 있다. 누구든지 힘든 고생을 마다하지 않으면 그것이 무엇이든 이루지 못할 일이 없다. 위대한 업적을 남긴 사람들은 동서고금을 물론하고 한결같이 고생스토리가 있다. 자수성가한 사람들의 고생스토리는 이웃을 감동시키는 내용으로써 그들의 성공스토리가 된다.

경쟁이 치열한 오늘날에도 승패를 결정하는 제일조건이 젊은 날 고생을 극복한 스토리였다. 그러므로 원대한 뜻을 품은 젊은이는 젊은 날 고생을 돈 주고 사서라도 하라는 옛사람들의 말씀을 음미해볼 필요가 있다.

젊은 날에 학습고생, 입영고생, 유학이나 미지(未知)의 탐험고생, 문제탐구를 위한 몰입고생, 본능적 욕구나 놀이의 끌림을 자제하던 고생, 사회봉사활동 고생 등을 체험한 스토리가 있어야한다. 고생이 싫다고 〈안일한 타성〉에 젖어 사는 젊은이에게는 행복을 누릴 수 있는 〈미래의 성공〉이 없다.

고생을 경험하지 않은 젊은이는 세상모르고 편하게 살다가 인생여정에 갑자기 홀로 설 일이나 어려운 시련이 닥치면 감당하지 못하고 쉽

게 포기하거나 절망하다가 맥없이 날개를 접고 추락하고 만다.

고생은 나무의 마디처럼 인생의 비바람을 견디게 하고 희망의 밑거름이 되어 신념의 싹을 틔우고 인생을 아름답게 개화결실 하는 원동력이 된다. 고생에는 그 나름대로 의미와 가치가 있다.

맹자께서 말하기를, "하늘이 장차 큰 임무를 그 사람에게 내리려 하실 적에는 반드시 먼저 그들의 마음을 괴롭히고, 그들의 살과 뼈를 수고롭게 만들며, 그들의 배를 굶주리게 하고, 그들의 생활을 궁핍하게 해서 행하는 일이 어긋나고 어지럽게 만든다. 그렇게 함으로써 그들의 마음을 분발시키고, 성질을 참게 하여, 자기가 해내지 못하던 일도 잘할 수 있게 하기 위함이다."고 했다.

· 격몽요결(擊蒙要訣)의 입지(立志)편.

다음의 글은 조선의 성리학자 율곡 이이선생이 어린이들을 깨우치기 위해 쓴 격몽요결의 '입지편' 글이다.

「처음 배우는 사람은 먼저 뜻을 세워 꼭 훌륭한 사람이 될 것을 스스로 기약해야 한다. 털끝만큼이라도 열등의식을 갖고 물러서면 안 된다.

일반인도 훌륭한 사람과 그 본성은 똑 같다. 비록 저마다의 기질이 맑기도 하고, 흐리기도 하고, 순수하고, 잡스럽고, 중후하고, 경박하고의 차이가 있을지라도 오랜 세월 길들여진 낡은 습관을 버리고 참다운 앎의 실천을 통하여 그 본성을 되찾는다면 털끝만큼의 더함이 없어도 온갖 선이 저절로 갖추어질 수 있을 것이다. 그러니 어찌 일반인도 훌륭한 사람이 될 것을 기약하지 않으랴!

맹자는 성선설(性善說)을 주장하며 말할 때마다, 요순을 들어 말하기를 '사람이면 누구나 다 요순이 될 수 있다'고 하였다. 어찌 우리를 속였겠는가!

항상 스스로 분발하기를 '인성(人性)은 본래 착하여 옛날과 지금 지혜로움과 어리석음의 차별이 없거늘, 어째서 그들은 훌륭한 사람이며 나는 보잘 데 없는 일반인이 되었는가? 이는 오직 뜻이 서지 못함이고, 밝게 알지 못하며, 실천이 믿음직스럽고 성실하지 못한 까닭이다. 뜻을 세우는 일과 밝게 아는 일과 이웃이 믿도록 성실하게 실천하는 일이 모두 내 자신에게 매여 있다. 그러므로 어찌 다른데서 구하겠는가?'고 하였다.

안연은 말하기를, '순은 어떤 사람이며 나는 어떤 사람인가?'라고 했는데, 나 율곡도 안연이 순을 희망하는 바를 목표로 삼으려고 한다.

사람의 용모는 추한 것을 예쁘게 할 수 없고, 체력이 약한 것을 세게 할 수 없으며, 키가 작은 것을 크게 할 수 없는데, 이것들은 모두가 사람들에게 정해진 분수이기 때문에 쉽게 고칠 수가 없다. 그러나 사람의 마음과 뜻은 어리석은 것을 지혜롭게 고칠 수 있고, 못나고 어리석은 것도 현명하게 고칠 수 있다. 이것은 마음의 잡념을 없이하여 신령스럽게 하는 것은 선천적으로 타고난 바에 구애되지 않기 때문이다.

지혜보다 더 아름다운 것이 없고 어진 것보다 더 귀한 것이 없는데, 무엇이 괴로워서 어질고 지혜롭게 되지 못하며, 사람이 선천적으로 타고난 본성을 손상시키겠는가? 사람은 이런 뜻을 굳게 가지고 물러서지 말아야 성인의 도에 가까워진다.

많은 사람들은 스스로 뜻을 세웠다고 말하면서도 즉시 노력하지 않고, 우물쭈물 망설이고 주저하며 세월을 보내니, 입지(立志)를 이름만 세운 것이지 사실은 성의껏 배우겠다는 결심이 서지 않은 것이다.

진실로 나의 뜻이 학문에 있고 선행에 있다면, 스스로 '뜻대로 하면 되는 것'이다. 하고자 하면 뜻대로 되는 것인데 어찌 남에게서 얻으려 하

며 후일을 기다릴 필요가 있겠는가?

　뜻을 세움이 귀하다는 것은 공부를 시작하여 물러서지 말아야 한다는 것이다. 오직 공부에 마음을 집중해야 귀한 것이다. 만약 뜻이 성실하지 못하여 그럭저럭 세월만 허송한다면 죽도록 공부한답시고 궁리한다한들 늙어죽도록 무슨 성취가 있겠는가?」

　남보다 더 나은, 더 좋은 삶을 의미 있게 즐기면서 행복하게 살려면 좋은 뜻부터 세워야한다.
　내가 좋아하며 즐길 수 있는 일을 찾아 뜻을 세워야한다. 진정으로 내가 하고 싶은 일을 선택하고 집중해야 한다.
　언제든지 내가 신나게 잘 할 수 있는 일을 찾아 뜻을 세워야한다. 내가 잘하는 일이 나와 남을 이롭게 할 수 있는 일이면 더욱 좋은 뜻이 된다. 옛사람 이율곡도 그것을 말하고 있지 않은가!
　내가 원하는 대로 가질 수 있고 즐길 수 있는 일. 내가 하고 싶은 일, 가고 싶은 길. 되고 싶은 사람이 될 수 있는 뜻을 세우고 주의해야 한다.
　내가 좋아하면서 잘할 수 있는 일을 선택해야한다. 내가 잘할 수 있고 의미 있는 일을 선택하고 집중해야한다. 하늘이 내게 부여한 사명(職)이나 지금 여기서 내가 마땅히 해야만 할 역할(業)이 가장 좋은 뜻이다. 그리고 보편적인 일이지만 장차 경제적으로 부와 풍요를 보상받을 수 있으면 더욱 좋은 뜻이다.
　이름을 세상에 드러내고, 지극정성으로 길러주신 부모를 즐겁게 해 드릴 수 있는 뜻도 좋은 뜻이다.
　뜻은 자신의 생각대로 선택하고 실행하는 자아의지다. 하겠다는 결의요 결심이며 마음이 지시하고 명령하는 실천에너지다. 바람(願)을 창조하고 경험하는 마음이다. 뜻은 마음의 소리요 마음의 말이다. 마음이 가고 싶은 길이요 마음이 하고 싶은 일이다. 마음이 그리고 싶은 집이요 마음이 머물고 싶은 집이다.

뜻은 훤히 알며 지켜보는, 능히 하며 깨어있는 '순수의식의 잠재적 가능성'을 이끌어낼 수 있는 가장 확실한 신념이며 마땅히 내가 따라가야 할 길이다. 그러므로 꿈이 있는 사람은 큰 뜻을 세우고 살아야한다. **몸이 큰 사람이 대인이 아니라 뜻이 큰 사람이 대인이다.** 뜻을 세우고 사는 사람은 누구든지 자신이 원하는 삶을 살수가 있다. 최선을 다하여 최선의 자리로 나아갈 수가 있다. 지극히 행복한 상태에 머무를 수 있다.

소학(小學)으로 터를 닦고 대학(大學)으로 집을 지어야 한다. 다음의 글은 조선의 대학자 퇴계(退溪) 이황(李滉:1501~1570)선생이 임금의 저녁 강의에 입시(入侍)하였다가 소학 강의를 마치고 아뢴 내용을 당후일기(堂後日記)에서 발췌하여 요약한 것이다.

"이제 소학 강의를 마쳤습니다. 먼저 소학을 강(講)하고 대학을 강하여야 옳겠사온데 먼저 대학을 강하고 소학을 나중에 강하였습니다. 그러나 그 공부로 말하면 소학과 대학은 하나가 되기 때문에 주자의 대학혹문(大學或問) 첫머리에서도 소학을 대학의 근본으로 삼았고, 통합하여 하나로 하는 공부는 공경으로써 큰 근본을 삼았습니다.

소학을 어린아이의 학문이라고 하지만, 대학에 들어간 다음에도 소학을 버리고 대학만 힘쓸 수 없는 것이옵니다. 따라서 성인의 학문은 처음과 끝을 이루는 것이므로 소학으로 처음을 이루고 대학으로는 끝을 이룬다는 것이옵니다. 이것을 집짓는 데 비유하오면 소학은 그 터를 닦고 재목을 준비하는 것이요. 대학은 천만 간의 큰집을 그 터에 짓는 것이옵니다. 그 터만 닦고 집을 짓지 않으면 그 끝이 없는 것이요.

또 천만 간의 큰집을 지으려고 하면서 그 터를 닦지 않으면 집을 세울 수가 없습니다. 성인의 학문은 처음과 끝이 중요합니다. 그러므로 소학제사에서도'그 뿌리를 북돋우고 그 가지를 뻗게 한다.'하였습니다. 소학은 그 뿌리를 북돋우고, 대학은 그 가지를 뻗게 하는 것입니다.

이 밖에 논어, 맹자, 중용이나 시(詩), 서(書) 등의 여러 글들이나 공부는 모두 대학이라는 천만 간의 큰집을 꾸미는 데 쓰이는 것입니다. 이제 강을 마쳤지만 언제나 그 점을 유념하시는 것이 마땅할까 합니다.

옛말에도 공부하는 사람은 앞으로 나아가지 못하는 것을 걱정하지 않고 뒤로 물러나지 못하는 것을 걱정한다 하였습니다. 이 뒤로 물러난다는 것은 뒤로 물러나서 아무것도 하지 않는 것을 말함이 아니옵고, 앞서 배운 것을 항상 돌아보고 익혀서 잊어버리지 않는다는 뜻이옵니다. 전에 배운 것을 익히는 공부가 지극하고 깊으면 새 것을 아는 공부도 거기에서 벗어나지 않는 것이옵니다. 항상 생각을 늦추지 않으시면 매우 다행일까 하나이다.”

소학에서 사람이 지켜야할 인간의 도리와 생활의 질서를 배우고 익힌 다음에, 대학에서 사람이 이뤄야할 도덕원리(道德原理)와 수기치인(修己治人)의 법을 배우고 실천하는 것이 대인의 길이다.

소학은 대학의 근본뿌리이고 집을 지을 때의 터가 되며, 대학은 소학의 말단지엽이고 집터위에 세워진 집이 된다고 퇴계 이황 선생은 가르치고 있다. 그러므로 소학과 대학공부는 서로 불가분의 관계다.

소학을 학습하지 않고 대학을 학습하는 것은 '모래 위에 집을 짓는 것' 과 같다. 대학을 공부하려거든 반드시 소학을 공부하여야 한다. 소학을 공부하지 않고 대학을 공부하였으면 다시 소학공부를 해야만 한다. 소학이 대학의 뿌리이기 때문이다. 大

2장

대학(大學)의
도덕원리(道德原理)

1절
대학장구서(大學章句序)

「대학의 글은 옛날 태학에서 사람들을 가르치던 내용들이다. 하늘이 사람을 세상에 내려 보낼 때부터 이미 인의예지의 본성을 주었건만, 타고난 사람들의 기질은 저마다 한결같을 수가 없으므로 자기의 본성을 알면서도 온전히 할 수가 없었다.

한 사람이라도 총명한 예지가 있어서 능숙하게 하늘이 준 본성을 발휘할 수 있는 사람이 나오면, 하늘은 반드시 그를 수많은 백성들의 임금과 스승으로 삼아서 백성들을 다스리고 가르치게 하여 본래 밝은 본성을 회복하게 하였다.

이것이 복희, 신농, 황제, 요, 순 등이 하늘의 뜻을 이어 법도를 세우고, 사도와 전악 등에게 벼슬을 주어 학교를 설치한 까닭이다.

하(夏), 은(殷), 주(周) 삼대의 융성한 시절에 그 법제가 점차 갖추어지자 왕궁과 나라의 도읍지로부터 시골에 이르기까지 학교가 없는 곳이 없었다.

사람이 태어나서 여덟 살이 되면 왕후장상으로부터 일반서민의 자제에 이르기까지 모두 소학에 입학하게 하여 물 뿌리고 청소하는 법, 부름에 대답하는 법, 나아가고 물러서며 인사하는 예의범절, 노래하고 춤추기, 활 쏘고 말 몰기, 글 쓰고 셈하기 등의 학문을 가르쳤다. 그리고 열다섯 살이 되면, 그들 중에 뛰어난 자들은 모두 태학에 들어가 사물의 이치를 궁구하고 마음을 바르게 하여 자신을 닦고 사람을 다스리는 도리를 배우게 하였다. 이것이 학교교육의 크고 작은 절차가 나누어진 까닭이다.

학교를 광범위하게 설립하고 가르치는 방법의 순서와 절목이 이처럼 자세하였지만, 가르치는 내용은 모두 임금과 스승이 몸소 실천하고 마음으로 터득한 것들에 근거를 두어 백성들이 날마다 사용할 수 있는 것들이었다. 그러므로 그 당시 사람들은 배우지 않는 이가 없었고, 배운 사람들은 자기의 본성을 깨닫고 주어진 직분에 따라 자기가 해야 할 일을 알게 되어 각자가 맡은 바 역할을 다하였다. 이것이 옛날 융성했던 시대에 위에서 정치가 잘 다스려짐이었고, 아래서 풍속이 아름다웠던 까닭으로 후세사람이 따라가기 어려운 점이다.

주나라가 쇠퇴기에 이르러 어질고 성스러운 임금이 나오지 않고, 학교의 운영이 다듬어지지 않아서 교화가 사라지고 풍속은 무너지게 되었다. 그 때에도 공자 같은 성인이 있었지만 임금의 자리에서 정치와 교화를 펼칠 수가 없자 홀로 훌륭한 선왕의 법도를 간추려 외우고 전하여 후세사람들을 깨우쳤다.

곡례, 소의, 내칙, 제자직 등은 어린이들의 배움에서 흘러나온 지엽적인 글들이고, 이 대학의 글들은 소학의 성취도에 따라서 위대한 배움의 밝은 법도를 드러낸 것이다.

밖으로는 그 규모의 큼이 다 밝혀져 있고 안으로는 그 절차와 목록의 자세함이 다 밝혀져 있다.

공자의 삼천 명이나 되는 제자들이 다 대학의 말씀을 듣고 배웠지만 오직 증자가 전한 것은 그 정통성을 증자가 얻었기 때문이다. 이에 해설하는 글을 지어 그 뜻을 드러내고 밝혔지만 맹자가 돌아가시자 그 전통이 끊어져 그 책은 남아 있어도 그 뜻을 바로 아는 사람이 드물었다.

이후부터 속된 선비들이 경서를 암기하고 시문을 짓는 학습노력을 소학보다 갑절이나 더하였어도 쓸데가 없었다. 도가(道家)의 허무(虛無)와 불가(佛家)의 적멸(寂滅)을 가르치는 이단(異端)의 고원(高遠)함은 대학을 능가하였지만 실속이 없고 공허할 뿐이었다. 그 밖에 권모술수로서 공명을 이루려는 온갖 학설과 재주를 다투는 제자백가들의 기술들이 인의를 가로 막으며 잡다하게 섞여 나와 혹세무민(惑世誣民)하였다. 그러므로 불행하게도 군자들은 대도(大道)의 요체를 들어 알지 못하였고 소인들은 지극한 정치의 혜택을 입지 못하였다. 세상은 캄캄하게 어둡고 막히기를 반복하여 바로잡을 수 없는 지경이 되고 말았다. 오대(五代)의 쇠퇴기에 이르러서는 파괴와 혼란이 극도에 달하였다.

하늘의 운수는 돌고 도는 것이어서 가버린 것이 되돌아오지 않는 것이 없다. 송나라에 이르러 덕이 융성하여 다스림과 가르침이 쉬웠다가 다시 아름답게 밝아졌다. 하남에 정씨(程氏) 두 선생이 나와 맹자의 전통을 계승하게 되니 이때부터 이 글을 존중하여 믿고 따르기 시작했으며 그 뜻을 밝게 나타내게 되었다. 또 글의 순서를 바로잡아 돌아갈 곳을 밝히니 옛날 태학에서 사람을 가르치던 법과 성인(聖人)이 지은 경문(經文)과 현인(賢人)이 쓴 전문(傳文)의 뜻이 찬란하게 밝혀질 수 있었던 것이다.

비록 나처럼 불민한 사람도 다행히 사숙(私淑)하여 얻어 들을 수 있게 되었다. 그런데 글의 내용이 사라진 것이 많아 나의 고루함도 잊고 흩어진 것을 가려 모으고 중간에 외람되이 나의 뜻을 덧붙여 빠진 부분을 보충하였다. 그리고 뒤에 오는 군자들의 비판을 기다린다. 몹시 외람되고 분수에 넘치는 짓이라 그 죄를 피할 수 없음을 너무나 잘 알고 있으나 **국가가 백성을 교화하고 풍속을 이루려는 뜻(化民成俗之意) 과, 학자들이 자신을 가다듬고 사람을 다스리는 방법(修己治人之方)에 있어서는 작은 보탬이 될 것이다.」**

순희(淳熙) 기유년(1189) 2월 갑자일에 신안(新安)사람 주희(朱熹)가 서문을 쓴다.

정자가 말하기를 "대학은 공자가 남긴 글이며, 처음 배우는 사람이 덕으로 들어가는 관문이다. 오늘날 옛사람들이 시행하던 학문의 차례와 질서를 발견할 수 있는 것은 오직 이 책이 남아있음에 힘입은 때문이고 논어와 맹자는 그 다음이다.

배우는 사람들이 반드시 여기에서 말하는 가르침에 따라 학문을 닦는다면 거의 오차가 발생하지 않을 것이다."고 했다.

· 대학장구(大學章句)서(序)의 보충자료.

대학장구서에서 이미 밝힌 대로 주희가 예기의 대학편을 대폭 개편하여 장(章)을 나누고, 구(句)를 끊어 주석(註釋)을 붙인 책이 대학이다. 대학은 예기 49편 가운데 제42편의 글이다.

유가(儒家)의 사상체계를 정립한 공자(孔子: BC551 ~ BC479)는, 유교의 창시자로 은(殷), 송(宋)의 후예로 노(魯)나라 사람이다. 이름은 구(丘)이고, 자(字)는 중니(仲尼)이다. 그는 삼천문도에게 인(仁)을 교육하고 예(禮)를 보이면서 수기치인의 도덕원리를 친행(親行)하며 대동일화(大同一和)의 이상세계구현을 지향한 대성(大聖)이었다.

대학(大學)은 공자의 심법으로 공자의 가르침이 주종을 이루고 있는 책으로 대인지학(大人之學)이라고 한다.

태학(太學)은 중국 고대 최고학부의 명칭이다. 순임금 때는 상상(上庠), 하대에는 동서(東序), 은대에는 우학(右學), 주대에는 동교(東膠), 한대(漢代) 이후는 태학(太學: 大學)이라 불렀으며 백제에서도 태학이라고 했다.

복희(伏羲)는 백성들에게 음식을 익혀 먹고, 물고기와 짐승을 사냥하고, 목축하는 법을 가르치고, 문자대신 기호를 사용하는 법을 통치에 이용했다.

신농(神農)은 농사짓는 법을 가르치고, 초목의 특성을 살펴 독성의 유무를 분류하였으며, 기구를 사용하여 농사짓는 법을 가르쳤다.

황제(黃帝)는 궁실, 악률, 문자를 제정하고, 전차를 발명하였으며, 의료(醫療)와 산수(算數)를 가르치고, 여러 가지의 문물을 창시하였다.

이 세 사람을 삼황(三皇)이라고 부르며, 삼대란 하(夏), 은(殷), 주(周), 삼대를 의미한다.

사도(司徒)는 교육을 관장하던 벼슬이름이고, 전악(典樂)은 음악을 관장하던 벼슬이름이다.

곡례(曲禮)는 길흉빈군가(吉凶賓軍嘉)의 다섯 가지 예법이고, 소의(小儀)는 상견(相見), 음식, 잔치 등의 응대에 관련한 예법이며, 내칙(內則)은 집안 내에서 행하여야 되는 예법이고, 제자직(弟子職)은 관자(管子) 가운데의 한편의 책으로 전한다.

증자(曾子: BC506 ～ BC416?)는 노나라 남무성 출생이다. 공자의 삼천문도 가운데 가장 나이어린 늦둥이 제자로, 이름은 증삼(曾參)이고, 자(字)는 자여(子輿)다. 나이는 공자보다 46세가 적다. 공자는 늘 증삼이 둔하다고 했다. 그러나 평범하고 순박한 증자는 27살에 공자를 잃고도 일관된 의지로 공자의 학문을 궁리하고 실천하였다. 그리고 공자 가르침의 종지를 깨우치고 공자의 학통을 계승하였으며 자사(子思)에게 공자의 도를 전하였다. 90세 이상을 장수한 증자는 공자의 언행을 수록한 논어를 17차례나 다듬으며 고쳐 썼다고 한다. 후세사람들은 그를 종성공(宗聖公) 증자라고 부른다.

이단(異端)이란, 노자나 장자의 무위(無爲)사상 및 석가의 적멸(寂滅)사상 등을 일컫는 것으로써 유가의 입장이다.

오계(五季)나 오대(五代)는 당나라 말년에서 송나라 통일까지 난립했던 후당, 후량, 후진, 후한, 후주의 다섯 나라를 가리킨다.

두정자(二程子)는 하남성 낙양태생으로 형의 이름은 정호(程顥 : 1032~ 1085)이고, 자(字)는 백순(伯淳)이며, 호(號)는 명도(明道)다. 동생 이름은 정이(程頤: 1033~1107)로, 자는 정숙(正淑)이며, 호는 이천(伊川)으로 송나라 성리학의 기초를 닦았다. 훗날 정이천(程伊川)의 철학세계는 주희에게로 전해져서 주자사상의 근간이 되었다.

주자(朱子: 1130~1200)의 이름은 주희(朱熹)며, 자는 원회(元晦)이고, 호는 회암(晦巖), 또는 운곡산인(雲谷山人)이다. 공자의 유가정통(儒家正統)은 증자(曾子), 자사자(子思子,) 맹자(孟子)로 계승되었으며, 그 정통이 정자를 거쳐 주자에게로 사숙(私淑)되어졌다고 성리학자들은 믿는다. 주자는 대학의 경문(經文)은 공자가 쓴 글이고, 전문(傳文)은 증자가 쓴 글로 보았는데, 혹자는 자사(子思)가 쓴 글이라고도 한다. 그러나 누구의 글이든 공자의 심법이 담긴 글이 대학이다. 대학, 중용, 논어, 맹자는 유학의 사서(四書)이다. 사서로 유학체계를 정립한 주자는 훗날 중국 성리학의 대종(大宗)으로 추앙받게 된다.

자사자(子思子: BC483-402)는 공자의 손자로 이름은 급(伋)이며 중용의 저자다. 증자의 수제자로 유가의 학통을 이어 받았으며 맹자에게로 그 도통을 전했다고 한다.

맹자(孟子: BC372~BC289?)는 공자가 돌아간 100여년 뒤에 태어났으며 이름은 가(軻)이고, 자는 자거(子車)로 자사자의 문하생에게서 배웠다. 공자의 사상이 인(仁)이라면, 성선설(性善說)을 주장한 맹자의 사상은 인의(仁義)였다. 언제나 맹자는 인의로 도덕정치를 주장했고 제자들에게 호연지기(浩然之氣)를 가르쳤다. 후세사람들은 유교를 '공맹의 도'라고 한다.

사숙(私淑)은 가르침을 직접 받지는 않았으나, 그 사람의 인격이나 학문을 책과 구전으로 배우고 본받아 익힌 경우다. 간접적인 제자다. 주자도 대학을 사숙(私淑)하였다고 한다. 오늘날의 우리도 대학을 사숙하여 성인의 심법을 터득하면 누구든지 수신제가하고 치국평천하할 수 있을 것이다.

사서육경(四書六經)은, 논어·맹자·대학·중용을 사서라 하고, 시경·서경·역경·예기·춘추·악경(樂經)을 육경이라고 한다.

송나라 초기의 사마광(1019~1086)이 대학을 최초로 연구하기 시작하였고 그 후 정자형제가 더욱 본격적으로 연구하였다. 이것을 다시 주희가 그들의 논거를 종합하고 연구하여 대학장구(大學章句)를 지음으로서, 한(韓), 중(中), 일(日) 동양 삼국의 뜻있는 학자들이 늘 연구하는 필독서로 자리매김하게 되었던 것이다. 그리고 천년 세월을 나라의 화민성속(化民成俗)과 학인(學人)들의 수기치인(修己治人)하는 교과서가 되었다.

중용의 내용은 매우 철학적이지만, 대학의 내용은 정치적인 특색이 강하다. 그러므로 내면에 비전과 열정을 갖고 치국평천하를 꿈꾸면서 지도자의 길을 가는 사람은, 반드시 대학을 읽으면서 스스로 원대한 뜻을 세우고 실천하는 삶을 살면서, 이현부모(以顯父母)의 효(孝)를 완성하고, 수기치인(修己治人)의 원(願)을 실현하여, 널리 세상 사람들을 이롭게 하여야 할 것이다.

대학은 스스로 좋은 뜻을 세우고 경험하도록 위대한 사람의 길을 가르친다. 위대한 사람이 되기 위한 배움의 길이 참으로 자상하고 친절하니 누구나 그 길에서 삶의 의미와 즐거움을 찾을 수 있을 것이다. 大

2절
대학지도(大學之道)의 삼강령(三綱領)

大學之道는
<small>대 학 지 도</small>
위대한 사람이 되는 배움의 길은

在明明德하며
<small>재 명 명 덕</small>
밝은 덕을 밝힘에 있고,

在新民하며,
<small>재 신 민</small>
모든 사람을 새롭게 함에 있으며,

在止於至善이니라.
<small>재 지 어 지 선</small>
지극히 좋은 상태에 머무름에 있다.

知止而后에 有定이니
<small>지 지 이 후   유 정</small>
머무름을 안 뒤에 뜻이 정해지고,

定而后에 能靜하며
<small>정 이 후   능 정</small>
뜻이 정해져야 마음이 고요해지며,

定而后에 能安하며
<small>정 이 후   능 안</small>
마음이 고요해져야 몸이 편안해지며,

安而后에 能慮하며
<small>안 이 후   능 려</small>
심신이 편안해야 생각이 깊어지며,

慮而后에 能得이니라.
<small>려 이 후   능 득</small>
생각이 깊어져야 터득하게 된다.

物有本末하고,
<small>물 유 본 말</small>
사물에는 근본과 말단이 있고,

事有終始하니,
<small>사 유 종 시</small>
사업에는 마침과 시작이 있으니,

知所先後면,
<small>지 소 선 후</small>
먼저 할 것과 나중에 할 것을 알면,

즉 근 도 의
則近道矣니라.　　　도에 가까워질 것이다.

　대학(大學)은 소학공부를 마친 다음에, 대인이 되기 위한 학문과정으로써 위대한 사람이 되기 위한 배움의 길이다.

　대학은 소학에서 인간 도리의 예의범절과 생활습관을 제대로 배우고 익힌 다음에 수기치인의 도를 공부하는 것이 원칙이다.

　대인(大人)이란, 남을 다스리는 자, 지위가 높은 자, 또는 대장부나 도덕군자를 일컫는 말이다. 다른 한편으로는 '훌륭한 인품과 탁월한 능력을 갖춘 지도자' 또는 '언행이 일치한 사람'을 대인이라고 한다.

　맹자는 호연지기(浩然之氣)를 가진 자를 대인이라고 가르쳤으며, 왕양명은 천지만물을 일체로 보는 위대한 사람이라고 하였다. 그리고 우리 조상들은 남을 나처럼 사랑하고 챙기는 사람, 즉 홍익인간 하는 사람을 대인이라고 하였다.

　대인은 언제나 '담대한 희망'을 품고, 성(誠)과 경(敬)으로 '절제된 생활'을 하는 사람으로서, '자기에게는 추상같이 엄격하고, 타인에게는 봄바람처럼 부드러운 사람(持己秋霜 待人春風)이다.' 그러나 대학이 가르치는 수기치인의 대인은 정직한 마음으로 밝은 덕을 밝히고, 나와 이웃을 늘 새롭게 하여, 보다 더 나은 최선의 상황을 모두가 누릴 수 있도록 덕으로 교화하여 신민(新民)하는 사람이다.

　나와 이웃사람들의 '일상적인 보편적 가치'를 중시하고, 마음을 다하여 모두에게 헌신할 수 있는 높은 인격을 지닌 사람이다. '진정한 대인은 천하 만민을 섬김'으로써 세상을 밝게 밝히는 지도자다.

· 맹자(孟子)의 호연지기(浩然之氣).

　맹자의 공손추 편에 '크고 넓고 힘찬 기운 호연지기'에 대하여 공손추

가 물으니 맹자가 설명하기를,

"호연지기란 말로 형용하기 어렵다. 그 기운 됨이 지극히 크고 넓고 강하다. 그것을 해치지 않고 올바로 키워 가면 마침내 하늘과 땅 사이에 가득 차게 된다. 그 기운은 바른 마음과 바른 길을 짝하고 있다. 그것은 마치 사람이 밥을 먹고 물을 마시는 것과 같은 이치다. 그러므로 바른 마음을 버리거나 바른 길을 떠나면 그 기운은 곧 힘을 잃고 만다. 사람이 밥과 물을 먹고 마시지 않으면 금방 힘을 잃는 것과 같은 이치다. 그 바른 마음과 바른 길이란 하루아침에 생겨나고 얻어지는 것이 아니다. 또 갑자기 어디서 가져오거나 얻어오는 것도 아니다. 평소 행하는 일과 마음이 하나가 되어 이루어지는 것이다. 그러므로 행하는 일이 조금이라도 바른 마음에 어긋나거나 의롭지 않을 때는 곧 호연지기 기운은 시들게 된다. 호연지기 기운은 누구나 다 가지고 있기 때문에 바른 마음으로 바른 길만 걸으면 스스로 자라나게 된다. 마치 땅 속에 묻혀 있는 씨앗과도 같은 것이 호연지기다. 축축한 기운과 따스한 기운이 씨앗을 감싸면 씨앗은 곧 싹이 터서 땅위로 솟아오른다. 씨앗이 오랜 시간과 한결같은 노력이 계속되고 거듭된 끝에 비로소 돋아나는 것처럼 호연지기도 그렇게 싹이 트고 자란다. 이 때 조심할 일은 서두르거나 조급한 마음을 갖지 않는 것이다."고 했다.

호연지기는 잊어버리지도 말고 억지로 조장하지도 말아야 길러지는 것이라고 거듭 설명하면서 맹자는 벼의 목을 뽑는 송나라의 농부이야기까지 예로 들려준다.

주자가 맹자의 호연지기를 주석(註釋)하기를, "호연(浩然)이란 성대하게 펼쳐지는 모양이다. 기(氣)란 본래 사람의 몸에 가득 차 있는 것으로서 성대하게 펼칠 수 있는데 사람이 수양을 제대로 못하여 부족하게 된 것이다. 맹자는 사람이 이것을 잘 길러 그 본래 상태를 회복해야

한다고 한 것이다.

'말을 알면' 도의에 밝아서 천하의 일에 의심스러운 바가 없고, '기를 기르면' 도의와 합해서 천하의 일에 두려운 바가 없다. 이러하면 큰일을 당하여도 마음이 동요하지 않는다."고 하였다. 내 안에 하늘과 땅을 머금고 부동심(不動心)으로 살다가 필요하면 그 천지의 도를 성대하게 펼쳐야하는 것이 대장부라는 것이다. 호연지기를 제대로 펼치려면 반드시 '기를 기르고 말을 아는 것'이 중요하다.

그리고 조선의 대장부 남이(南怡:1441~1468)장군처럼 웅장하고 담대한 기상이 있어야한다. 그는 나라에 큰 공을 세우고 27살에 병조판서가 되었다. 우리는 그의 시를 통하여 대장부의 기상을 읽을 수 있다.

白頭山石 磨刀盡	백두산 돌은 칼을 갈아 없애고,
豆滿江水 飮馬無	두만강 물은 말을 먹여 없애리.
男兒二十 未平國	사나이 스물에 나라를 평안케 못하면,
後世誰稱 大丈夫	훗날에 누가 나를 대장부라 칭하랴!

맹자는 등문공 편에서 대장부에 대해 말하기를, "천하의 넓은 집(仁)에 살며, 천하의 바른 자리(禮)에 서며, 천하의 큰 길(義)을 걸어가다가, 뜻을 얻으면 백성들과 더불어 자기의 뜻을 실천하고, 뜻을 얻지 못하면 홀로 자기의 도(道)를 행한다. 부귀도 그의 마음을 어지럽히지 못하고, 빈천도 그의 뜻을 변하게 하지 못한다. 그 어떤 위력이나 무력도 그의 뜻을 꺾지 못하는 사람을 일러 대장부라고 한다."고 했다.

삼강령(三綱領)은 성학(聖學)으로 일컫는 유학(儒學)이 지향하는 이상적 인격체인 대인군자가 될 수 있는 세 가지 실천목표이다. 모든 학인의 학문목표 역시 삼강령이다. 본래 밝은 덕을 밝히는 명명덕(明明德), 모든 사람을 새롭게 하는 신민(新民), 또는 모든 사람을 친애(親愛)하여 그들과 하나 되는 친민(親民), 사람들이 지극히 좋은 상태에 머무르는 지어지선(止於至善)이 삼강령(三綱領)이다. 그리고 다음에 나오는 팔조목(八條目)은 목표를 이루기 위한 여덟 가지의 학습단계이며 실천단계이다. 학인(學人)이 대인(大人)이 되기 위한 열망과 목표를 실현해 가는 배움의 과정이며, 사람이 사람답게 꿈을 실현하며 살아가는 법도이다.

명명덕(明明德)은 본래 밝은 것을 더욱 밝게 밝히는 것이다. 본래 밝은 것을 본성이라고 하며, 그 본성을 도(道)라고도 하며, 성(性)이라고도 한다. 어둠에서 밝음을 지향하는 것이 도이며, 그렇게 살려는 마음이 성이다. 지금 여기서 마땅히 밝히고 해야 할 일이 도다.

하늘이 인간에게 내려준 본성은 참되고, 선하고, 아름다운 것으로서, 누구나 지니고 있는 인의예지(仁義禮智)요, 충효(忠孝)이며, 성경신(誠敬信)이다. 필요에 따라 언제나 저절로 피어난다. 즐거운 마음으로 마땅히 따르고 지켜야 하는 사람의 도리다.

본래 밝게 지니고 있는 인성(仁性)이 피어나면 자연스럽게 이웃의 불쌍한 처지를 가엾게 여기고 사랑을 행하며, 의성(義性)이 피어나면 자연스럽게 자신의 잘못을 부끄러워하고 정의를 행하며, 예성(禮性)이 피어나면 자연스럽게 매사에 양보하며 질서를 지키고 절제를 행하며, 지성(智性)이 피어나면 자연스럽게 세상만사의 옳고 그름을 분별하며 지혜를 행한다.

이것은 지극히 선한 사단의 정(四端之情)으로써, 이(理)가 피어나 기(氣)가 따른 것이다. 그러나 저마다 다르게 타고난 기질과 후천적으로 생겨난 습성, 목표부재의 교육환경 등으로 말미암아 본성이 흐려지고, 무지하여 악에 물든 사람들이 많다. 기(氣)가 피어나 이(理)를 타는 희(喜), 노(怒), 애(哀), 구(懼), 애(愛), 오(惡), 욕(欲)의 칠정(七情) 역시 선악을 오가며 밝은 본성을 어지럽히니, 칠정이란 느낌 때문에 많은 사람들이 어둠 속을 헤매는 경우가 많이 생긴다.

이와 같이 본래 마음이 고요하면 움직이지 않던 본성도, 마음이 느낌으로 통하여 움직이면 온갖 감정으로 피어나서 양면성을 띠고 다양하게 작용한다. 어리석음과 탐욕과 분노 두려움 등이 앞을 가리게 되므로 어둠 속을 헤매면서 불선(不善)을 행하게 된다.

인의예지를 실천하여 나라에 충성하고, 부모에 효도하고, 어른을 공경하는 것은 인간의 본성으로 마땅히 행해야할 인간의 도리다. 이것이 독일의 철학자 임마누엘 칸트(Immanuel Kant: 1724~1804)가 말하는 '순수이성(純粹理性)의 정언명령(正言命令)'이기 때문이다.

사람이 인의예지를 저버리고 나라에 불충하고 부모에게 불효하고 어른에게 불경(不敬)하는 불선(不善)을 행하면 그 스스로가 천지간에 설 자리를 잃게 된다. 결국 하늘마저 그를 외면하게 되니 점차 〈어둠의 늪〉으로 빠져들어 불행해질 수밖에 없다. 설혹 그에게 함께 헤매는 의롭지 못한 친구가 있고 연인이 있다한들 무슨 도움이 되겠는가! 함께 추락할 뿐이다.

본래 밝은 도(道)나 성(性)을 밝히고 살리기 위하여, 밝은 덕을 더욱 밝게 갈고 닦아 밝혀야한다는 것이 대학의 명명덕으로서 위대한 지도자가 되기 위한 배움 길의 제일목표인 것이다.

덕(德_{virtue})은 '정직하게 발휘될 수 있는 마음의 능력'으로 본래 밝은 것이다. 정직한 마음의 흐름을 몸이 따르면 덕이 되고, 본능적인 몸의 욕구를 마음이 따라가면 부덕(不德)이 된다. 덕은 실행을 필요로 하기 때문에 실행하지 않는 곳에 덕이란 없다.

그리스의 철학자 아리스토텔레스(Arestoteles: BC384~BC322)도 그의 니코마코스 윤리학Ethika Nikomacheia에서 '덕은 우리가 실천함으로써 획득하게 된다.'고 하면서 '인간다운 존재가 되는 기술'이라고 하였다. 그러므로 우리가 덕을 기르는 지름길은 인의예지나 충효, 성경신(誠敬信) 같은 '사람의 본성과 도리'를 배우고, 갈고닦아 '실천하는 것'이다. 그리고 옳은 생각이나 본래 밝은 본성이 지향하는 바를 습관적으로 자연스럽게 실행하여 혼탁한 세상을 밝히고 가르치는 것이 덕이고 덕업이다.

상하 귀천을 따지지 않고 사람을 대접하고 섬기는 사람을 우리는 덕인(德人)이라고 한다. 남을 나처럼 사랑하는 사람들의 헌신이 보편적인 덕으로서, 인간다운 인간의 가장 아름다운 기술이다.

드러나 보이지 않는 형이상의 도(道)가 드러나 보이는 형이하의 덕(德)으로 피어나고 밝혀지는 것이 바로 명명덕이다.

명덕(明德)은 자리행(自利行)이면서 이타행(利他行)이고, 신민(新民)은 이타행이면서 스스로 배움을 완성하는 자리행이다.

신민(新民)은 모든 사람을 새롭게 하는 것이다. 본래부터 지니고 있는 밝음을 밝힘으로서, 더 나은, 더 좋은 사람으로 새로워지고 높은 인격을 갖추게 된다. 그러므로 밝은 덕을 밝히려면 먼저 자신을 새로워지게 밝혀야 한다. 본래 밝은 덕이 감각기관의 발달과 함께 본능적 욕구와 혼탁한 환경의 영향을 받아 흐려진 본성을 새로워지게 변화시켜야 한다. 자신과 세상의 구태를 혁신시키고, 모든 사람을 새롭게 하는 것이 신민이다. 오래 길들여진 나쁜 습성이나 안일한 타성에 젖은 사람을 좋은 습성이나 새로운 창의성 등으로 개선시키는 교육이 신민교육(新民教育)이다.

그리고 명나라의 왕양명(王陽明: 1472~1528)이나 조선의 정약용(丁若鏞: 1762~1836)등은 고본(古本)대학의 기록 그대로, 친민(親民)을 신민(新民)의 오자(誤字)로 보지 않고, '모든 사람을 사랑한다.' 또는 '모든 사람과 하나 된다.'는 뜻으로 해석하였다. 그러나 정자나 주자는 모든 사람을 단순히 사랑하는 것에서 한 걸음 더 나아가 모든 사람을 새롭게 교화시키는 것이 신민이라고 해석하였다.

본래부터 자신이 지닌 밝은 덕을 밝히면, 그 사람의 높은 덕화능력(德化能力)이 모든 사람들을 새로워지도록 감화시키게 된다. 성심으로 가르치고 다스리어 그들이 새로워지도록 변화시키는 것이 밝은 덕이다.

밝은 덕을 밝혀 나의 심신을 덕으로 가득 채우면 저절로 그 덕은 흘러넘쳐서, 나의 가족과 이웃은 물론 온 나라와 천하 사람들까지 감화시키고 변화시킨다. 진심으로 그들을 사랑함으로써 그들을 교화시켜 새로워진 그들과 하나가 된다.

나의 밝은 덕이 천하 사람들을 사랑하여 밝음으로 이끌고 새로워지게 하면 천하 사람들이 나를 따르게 된다. 그러므로 밝은 덕을 지닌 사람은 저절로 천하의 주인으로 추대될 수밖에 없다.

그러나 천하의 주인이 되려면, 밝은 덕을 갖추어 '정직한 대인'의 길을 가는 것도 중요하지만, 세상의 모든 사람과 천지만물의 아픔을 깊이 들여다보고 그 아픔을 읽고 그들과 하나 되어야 한다. 그들의 아픔을 함께 느끼면서 그들을 희망으로 치유할 수 있어야 한다. 그들을 위해 진심으로 헌신하면서 그들과 공감하여야 한다. 그들의 희망과 미래를 읽고 그들에게 새로운 생명의지를 일깨워줄 수 있는 희망찬 미래를 보여 주어야 한다. 그리고 그들을 지극히 좋은 상태에 머무르게 해야

한다. 이것이 대학이 가르치는 신민의 길이다.

· '새로워지는 놀이'의 의미.

「우주의 천지만물을 살펴보면, 태초이래로 오늘날까지 새로워지는 진화의 놀이를 즐기고 있다. 새로워지는 놀이는 시작과 함께 과정이 있을 뿐 그 마침이 없다. 놀이의 막이 내리고 끝난 것처럼 보여도 일시 멈춤이 있을 뿐, 그 놀이 자체가 끝난 적은 한 번도 없다. 잠시 멈추었다가 또다시 더 새로워지는 놀이로 이어지고 있다. 우주자연의 진화나 인류의 역사는 언제나 새로워지는 놀이의 연속이다. 그러므로 새로워지는 놀이는 영원하다

인간세상의 각종 스포츠는 물론 정치, 경제, 사회, 제도, 문화, 예술, 철학, 과학, 종교까지도 새로워지는 놀이를 계속하고 있다. 성주괴멸하는 자연의 질서 가운데 활동과 정지를 반복하면서 더 나은, 더 좋은 방향으로 새로워지는 놀이를 계속하고 있다. 인간두뇌의 발달은 물론 모든 분야의 창조놀이도 그 궁극의 마침이 없다. 오직 새로워지는 놀이의 과정이 있을 뿐이다. 유정물이든, 무정물이든 모든 존재는 새로워지는 놀이의 과정을 즐기고 있다.

우주자연의 진화놀이는 새로워지는 변화를 즐기는 놀이다. 우주가 특이점의 빅뱅big bang 이후 145억 년을 팽창하고 수축하는 과정을 통하여 스스로 학습하고 예측하며 성주괴멸을 반복한 것도 새로워지는 놀이로 볼 수 있다.

물질우주가 생명우주로 진화하게 된 과정을 살펴보아도 새로워지는 놀이의 연속이었다. 환경변화에 의하여 나타나는 변이(變異)를 수용하고, 자연선택에 의한 적자생존을 용납한 것도 새로워지는 우주자연의 진화놀이였다. 자연법칙의 미세조정(微細調整)과 세대유전(世代遺傳)

의 변화과정을 시비하지 않으며 꾸준히 오늘날까지 새로워진 것도 우주자연의 창조놀이다.

앞으로 영원히 계속될 수밖에 없는 새로워지는 놀이는 마침이 없는 연속극이다. 그러므로 모든 존재는 새로워지는 놀이를 즐길 줄 알아야 한다. 거대한 공룡이 이 지구상에서 사라진 것은 종(種)의 새로워지는 놀이에 적응하지 못했기 때문이다. 새로워지는 놀이의 변화기회를 놓치면 '우주의 자연선택'은 그 종을 새로워지는 놀이의 장에서 퇴장시키고 만다.

우리 인간도 자자손손 영원하고, 나라와 겨레가 다함없이 번영하려면 시시각각 새로워지는 우주적인 진화놀이에 동참해야 한다. 언제나 새로워져야 한다. 새로워지는 조화의 놀이에 불참하고 적응하지 못한 구태의연한 종족이나 국가는, 그들이 한때는 비록 찬란한 문명을 자랑하고 번영을 누렸어도, 오늘날은 이 지구상에서 도태되어 사라졌거나 살아남아도 왜소한 소수민족이나 원시부족으로 전락하여 구차하게 연명하고 있을 뿐이다. 그 찬란했던 옛날의 영광은 오간 데가 없다. 오래오래 발전하고 번영하려면 개인이나 조직, 기업이나 국가 등의 모든 구성원도 새로워져야 한다. 살아남으려면 거듭 새로워져야 한다. 스스로 새로워지지 않으면 반드시 도태되거나 퇴출당하고 만다. 물론 정치, 경제, 사회, 제도, 문화, 예술, 철학, 과학, 종교도 거듭 새로워지지 않으면 안 된다. 언제나 매순간, 매 찰나 새로워져야 한다. 도전하고 참여하며, 융합하고 공유하며 새로워져야 한다.」

이와 같이 새로워지는 놀이를 지속적으로 개발하고 실천하는 개인이나 조직, 기업이나 국가 등은 '최선의 상황'을 설계하고 창조하면 '최선의 발전'을 의도대로 실현하게 되고 '최선의 번영'을 노래하며 즐길 수 있다고 가르치고 있는 것이 대학의 신민사상(新民思想)이다.

지어지선(止於至善)은 지극히 좋은 상태에 머무름을 의미한다. 지극히 좋은 상태는 '최선의 상태'를 말하며 자신이 의도한 소원이 이뤄진 상태다.

지(止)는 그치거나 멈춘다는 뜻도 있지만 머무른다는 주(住)의 뜻도 함께 지닌다. 마치 올바름을 나타내는 '바를 정(正)'자의 합성어인 일지(一止)처럼, 몸이 원하는 하나의 본능적 욕구를 〈멈춘다는 뜻〉과, 본래 밝은 오직 한마음에 〈머무른다는 뜻〉을 같이 지니고 있다.

선(善)은 착한 것을 뛰어 넘는다. 더 나은, 더 좋은 것으로 새로워지는 것이다. 그저 좋은 것이고, 올바른 것이다. 인간의 도덕적 생활이 이를 수 있는 최고의 이상이 선이며 인간이면 누구나 머물러야할 자리가 선이다.

인간에게 선(善)은 인생의 목적이고, 모든 사람들의 목표다.
아리스토텔레스도 니코마코스 윤리학 Ethika Nikomacheia의 첫 장에서, "인간의 모든 기예(技藝 techne)나 탐구(探究 methodos), 모든 행위와 선택은 하나같이 어떤 선(善)을 지향한다. 그러므로 모든 것이 목표로 하는 것을 선이라고 주장하는 것은 당연하다."고 했다.

인간행위의 으뜸가는 목적이 선이 되므로 인간은 항상 고집스럽게 선을 선택하는 것이 당연하다. 수신제가의 목적이나 치국평천하의 궁극적 목적 역시 선이다.

선은 누구나 태어날 때부터 지니고 있는 본성이므로 한마음으로 뜻을 세우고 집중하면 거머잡을 수 있고 머무를 수 있는 것이다.

지선(至善)은 지극한 선(善)이다. 지극히 좋은 상태다. 최선의 실천이요 최상의 경지다. 최고로 좋은, 가장 행복한 상황이다. 본래 밝은 덕을 밝히고 머무르는 곳이 지선이며, 모든 사람들을 새롭게 함으로서 머무르는 곳 역시 지선이다.

지선(至善)의 자리에는 언제나 지복(至福)이 따른다.

명나라의 왕양명은 지선을 조금의 악함도 없는 마음의 본체라고 풀이하면서 '천지만물과 하나 되는 것'이라고 하였다.

지어지선(止於至善)이란 모든 사람이 행복할 수 있는 가장 알맞은 도리에 머무르는 것이다. 하늘의 이치와 자연의 법칙에 가장 합당한 경지다. 어느 한쪽으로 기울거나 치우치지 않고, 지나치거나 모자람이 없는 '중용의 덕이 지어지선'이다. 보편적이고 타당성 있는 가치를 실천하고, 그 '보편적 가치에 머무르는 것'이 지어지선이다. 본래 밝은 덕을 밝힌 대인이 모든 사람들을 새롭게 하고, 새로워진 사람들과 하나 되어 머무르는 곳이 지어지선으로 유가의 이상이 이루어진 대동일화(大同一和)의 세계요 모든 사람이 희망하는 자유롭고 행복한 도덕사회다.

· 대학의 득도(得道)방법과 순서.

득도(得道)하는 방법을 알고 행하면 쉽고도 쉬운 것이 도(道)이고, 알지 못하고 헤매면 어렵고도 어려운 것이 도다. 격물치지(格物致知)하는 배움의 도에서부터 하루하루가 의미 있고 즐거운 일상생활의 도는 물론, 대학이 지향하는 수기치인(修己治人)의 도 역시, 머무를 곳을 알고 터득하려면 반드시 진리를 〈순서대로 실천〉하는 다음의 방법을 알아야 한다. 방법을 알면 도는 지금 여기서 누구나 터득할 수 있는 사람의 길이요, 사람이 해야 할 일이다.

1) 머무름을 안 뒤에 뜻을 정해야 한다.

사람들이 보편의 가치인 중용의 도를 벗어나지 않고 〈지극히 좋은 상태)인 지선(至善)에 머물기가 쉽지 않다. 그러나 사람이면 마땅히 머물러야할 곳이 지극히 행복한 상태이므로, 지선에 머무를 것을 확실하게 알고 머무를 것을 다짐한 다음에 자신이 가야할 뜻을 정해야 한다.

앎이 뜻을 이끄는 근원이 되므로 뜻은 아는 만큼 세우는 법이다. 큰 뜻을 세우려면 먼저 배움을 통하여 앎을 확장해야 한다. 그리고 〈언제 어디서, 누구와 무엇을 하며 어떻게 살 것인가〉를 구체적으로 의도하고 선택하여 설계를 해야 한다. 자신이 가야할 길과 이뤄야할 일을 정하는 것이 뜻을 세우는 것이다.

2) 뜻을 정하면 마음이 고요해진다.

뜻. 즉, 목표가 서지 않은 사람들은 삶의 목표의식이 불명(不明)하므로, 마음이 혼란스럽고 산만하여 이럴까 저럴까? 이리 갈까 저리 갈까? 할까 말까? 고민하고 궁리하며, 갈팡질팡 헤매다가 소중한 세월만 허송하게 된다. 이것저것 세컨더리Secondary 관심이 많으면 주의가 분산되고 집중이 산만해진다. 그런 사람은 결국에는 영국의 희곡작가인 조지 버나드 쇼George Bernard Shaw의 "우물쭈물하다가 내가 이렇게 될 줄 알았다."는 묘비명처럼 허무하게 죽어서 땅속에 묻히고 만다. 그러므로 뜻을 세워야 한다. 의미 있고 즐거운 프라이머리Primary목표를 세워야 한다. 뜻을 세우면 가야할 행동의 방향이 정해지므로 마음이 그 뜻을 따라가게 된다. 뜻이 서면 모든 잡념들이 일념으로 유도된다. 마음이 가야할 방향 〈뜻〉이 정해지면 불필요한 욕망이나 엉뚱한 유혹, 생각의 혼란에 추호의 갈등이나 흔들림이 없이 마음이 잔잔한 호수처럼 고요해진다. 그리고 고요한 마음이 그 뜻을 주의하게 되면, 그 뜻과 마음이 하나가 되므로 그 뜻은 반드시 현실로 창조된다.

3) 마음이 고요해지면 몸이 편안해진다.

뜻이 서고 마음이 고요해지면 불안과 두려움이 사라진다. 몸이 부드럽고 편안해지면서, 호흡이 자연스러워지니 전신의 긴장이 풀린다. 몸과 마음이 편안하여 평정상태를 유지하면 '태풍의 눈'처럼 외부상황에 흔들리지 않고 태연자약하게 사물과 상황을 읽고 처리하는 마음의 능력이 생긴다. 마음이 고요하고 몸이 편하면 정신이 맑아지고 지혜가 밝아지니, 그것이 무엇이든 훤히 알고 능히 행하게 된다.

'물이 맑고 고요하면 먼 산도 비치는 법이다.'

4) 심신(心身)이 편안하면 생각이 깊어진다.

마음과 몸이 편안하고 강건하면 정신이 맑아지고 밝아져서, 매사에 집중이 잘되며 생각이 깊어지고 정밀해진다. 공평무사한 올바른 생각을 하게 되고 올바른 판단을 하게 된다.

심신이 편안하면 사물의 실상을 통찰할 수 있는 직관력이 생기므로 언제든지 몰입이 가능해진다.

심신이 편할수록 생각이 깊어지고, 생각이 깊어질수록 사물의 이치를 밝게 밝힐 수 있으며 앎이 투철해진다.

5) 생각이 깊어져야 진리를 터득하게 된다.

편안한 심신으로 자기의도에 확신을 갖고 생각이 깊어지면, 몰입이 가능해지므로 사물에 대한 지혜가 열린다. 반드시 어떠한 상황에서도 사물의 원리를 깨닫고 최선의 상태에 머무를 수 있는 방법을 터득하게 된다. '최선의 방법으로 최선의 상태'에 머무를 수 있다. 생각을 깊이 하여 진리를 터득한 사람은 저절로 도리를 실천하고 최선의 상태에 머무르게 된다. 그리고 천하 만민을 위하여 일하게 된다.

사물(事物)에는 근본(根本)과 말단(末端)이 있다.

생각을 깊이 몰입할 수 있으면, 본래 밝은 정신이 더욱 밝아져서 무엇이든 훤히 꿰뚫어 볼 수 있는 지혜가 열린다. 지혜가 열리면 모든 존재의 근본과 말단을 아주 쉽게 알아차리게 된다. 무엇이 뿌리이고 지엽인지 정확히 알아차린다.

밝은 덕을 밝히는 것이 근본이고, 모든 사람을 새롭게 하는 것이 말단이 된다는 사실을 알아차린다. 명명덕(明明德)이 뿌리이고 신민(新民)이 줄기와 잎이 된다는 것을 알아차린다. 그리고 지어지선(止於至善)이 꽃이고 열매라는 사실을 알아차리고 점차 도에 가까워진다.

사업에는 시작과 마침이 있다.

모든 일에는 시작과 마침이 각각 따로 있다. 지혜로운 사람은 무슨 일이든 나중의 끝마침을 생각하고 시작을 하며, 어리석은 사람은 마침을 생각하지 않고 시작을 한다. 마침을 생각하고 시작하면 허물이 없고 실수하지 않는다. 〈무엇이든 하고 싶으면 시작하라! 그러나 반드시 끝마침을 생각하고 시작하라!〉 머무를 곳을 아는 것이 시작이 되고 그것을 실천하여 능히 얻는 것은 마침이 된다.

명명덕(明明德)으로 시작하여 신민(新民)으로 마치면 지선(至善)에 머무르게 되니 도에 저절로 가까워진 것이다.

먼저 할 것과 나중에 할 것을 알면 도에 가까워진다.

사물을 인식하고 사업을 실행함에 있어서 지켜야할 원칙은, 근본과 시작은 먼저 실행하고, 말단과 마침은 나중에 실행하는 것이다. 그러므로 본래 밝은 덕을 밝히는 명명덕(明明德)이 먼저이고, 모든 사람들을 새롭게 하는 신민(新民)은 나중이 된다. 그리고 신민(新民)이 먼저이면 지어지선(止於至善)은 나중이 된다.

밝은 덕을 밝히고, 모든 사람들을 새롭게 하며 지극히 좋은 상태에 머무를 줄 아는 사람들은, 자신이 선택하고 계획한 일을 먼저하고 외부의 상황이 만든 일은 나중에 한다.

언제나 배움이 먼저요 놀이는 다음이며, 화해가 먼저요 싸움은 나중이다. 그리고 무엇이든 주는 일이 먼저요, 받는 일은 나중이다. 학생에게는 공부가 먼저요, 연애는 나중이 된다.

수기(修己)가 먼저요 근본이며, 치인(治人)은 나중이고 말단이니, 먼저 수신제가를 하고 나중에 치국평천하를 한다.

이와 같은 이치를 알고 행하는 것이 대학지도(大學之道)에 가까워지는 법이고 대학의 가르침을 깨닫는 길이다. 배우는 사람들은 생각을 깊이 하여 본말(本末)과 시종(始終), 선후(先後)를 알고 실천해야한다. 大

3절
대학(大學)의 팔조목(八條目)

古之欲明明德於天下者는 先治其國하고,

옛날 온 세상에 밝은 덕을 밝히려는 사람은

먼저 자신의 나라를 다스렸고,

欲治其國者는 先齊其家하고,

자신의 나라를 다스리려는 사람은

먼저 자신의 집안을 가지런히 했고,

欲齊其家者는 先修其身하고,

자신의 집안을 가지런히 하려는 사람은

먼저 자신의 몸을 닦았고,

欲修其身者는 先正其心하고,

자신의 몸을 닦으려고 하는 사람은

먼저 자신의 마음을 바르게 하였고,

욕 정 기 심 자　　선 성 기 의
欲正其心者는 先誠其意하고,

자신의 마음을 바르게 하려는 사람은

먼저 자신의 뜻을 성실하게 하였고,

욕 성 기 의 자　　선 치 기 지　　치 지　　재 격 물
欲誠其意者는 先致其知하니, 致知는 在格物하니라.

자신의 뜻을 성실하게 하려는 사람은

먼저 자신의 앎부터 이루었으니,

앎을 이룸은 사물의 이치를 밝게 밝히는 것이다.

　밝은 덕을 밝히어 모든 사람들을 새롭게 함으로서, 지극히 좋은 상태에
머무르게 하려면, 먼저 무슨 일부터 어떻게 실천해야 하는가?

　대학에서는 그 실천단계를 여덟 조목으로 나누어 친절하게 가르치고
있다. 뜻을 세우고 지도자의 길을 가려면 반드시 먼저 알고 행해야 하는
여덟 가지 실천단계를 알아야한다.

　1) 밝은 덕으로 천하를 밝히려면 먼저 자기나라부터 다스려야한다.

　2) 자기나라를 다스리려면 먼저 자기집안부터 가지런히 해야 한다.

　3) 자기집안을 가지런히 하려면 먼저 자기 몸부터 닦아야한다.

　4) 자기 몸을 닦으려면 먼저 자기마음을 바르게 해야 한다.

　5) 자기마음을 바르게 하려면 먼저 자기의 뜻을 성실하게 해야 한다.

　6) 자기의 뜻을 성실하게 하려면 먼저 자기의 앎을 이뤄야한다.

　7) 자기의 앎을 이루려면 먼저 사물의 이치를 밝게 밝혀야한다.

　8) 사물의 이치를 밝게 밝히는 것은 천하를 밝게 밝히기 위함이다.

　그가 대업을 이루려면 먼저 해야 할 일과 나중에 해야 할 일의 차례를

알고 실천해야한다.

物格而后에 知至하고,

사물의 이치가 밝게 밝혀진 뒤에 앎이 지극해지고,

知至而后에 意誠하고,

앎이 지극해진 뒤에 뜻이 성실해지고,

意誠이후에 心正하고,

뜻이 성실해진 뒤에 마음이 바르게 되고,

心正而后에 身修하고,

마음이 바르게 된 뒤에 몸이 닦여지고,

身修而后에 家齊하고,

몸이 닦여진 뒤에 집안이 가지런해지고,

家齊而后에 國治하고,

집안이 가지런해진 뒤에 나라가 다스려지고,

國治而后에 天下平이니라.

나라가 다스려진 뒤에 천하가 태평해진다.

천하 사람들이 지극히 좋은 상태에 머무르도록 새로워지게 하려면, 먼저 자신의 밝은 덕부터 밝혀야 하는데 어떻게 학습하고 실천해야 하는

가? 대학에서는 그 학습순서를 다음과 같이 가르치고 그 순서에 따른 학습효과까지 설명하고 있다.

1) 사물의 이치를 밝게 밝힌 뒤에 앎이 지극해진다.

2) 앎이 지극해진 뒤에 뜻이 성실해진다.

3) 뜻이 성실해진 뒤에 마음이 바르게 된다.

4) 마음이 바르게 된 뒤에 몸이 닦여진다.

5) 몸이 닦여진 뒤에 집안이 가지런해진다.

6) 집안이 가지런해진 뒤에 나라가 다스려진다.

7) 나라가 다스려진 뒤에 천하가 태평해진다.

8) 천하가 태평해져야 격물치지가 이뤄진 것이다.

그가 특출한 대인일지라도 천하를 밝게 밝히려면 사물의 이치를 밝히고 앎을 지극히 하는 것부터 시작해야한다.

自天子로 至於庶人에,

위로는 천자로부터 아래로는 일반서민에 이르기까지,

壹是皆以修身함이 爲本이니라.

한결 같이 다 몸을 가다듬는 것을 근본으로 삼아야한다.

其本이 亂이면 而末治者가 否矣며,

그 근본이 어지러우면 말단이 다스려지지가 않고,

其所厚者이 薄이고

두텁게 할 일을 소홀히 하고,

이기소박자 후 미지유야
而其所薄者에 厚는 未之有也니라.

소홀히 할 일을 두텁게 할 사람은 있을 수 없다.

대학의 삼강령(三綱領)을 학습하고 실천하는 여덟 단계인 팔조목(八條目)의 본말(本末)과 후박(厚薄)은 다음과 같으니, 학인들은 정념으로 배우고 익혀야한다.

수신을 근본으로 삼는 팔조목(八條目)은,

1) 사물의 이치를 밝게 밝히는 격물(格物).

2) 앎을 확실하게 이루는 치지(致知).

3) 성실한 뜻을 세우고 행하는 성의(誠意).

4) 마음을 바르게 사용하는 정심(正心).

5) 몸을 제대로 닦는 수신(修身).

6) 집안을 가지런히 하는 제가(齊家).

7) 나라를 새롭게 다스리는 치국(治國).

8) 천하를 밝게 밝히는 평천하(平天下)이다.

삼강령의 먼저인 명명덕은 격물, 치지, 성의, 정심, 수신을 학습하고 실천함으로써, 대학의 본령인 수기치인(修己治人)의 수기(修己)를 이루는 과정이고, 삼강령의 나중인 신민(新民)은 수신한 뒤에 제가, 치국, 평천하를 실현함으로써, 대학의 본령인 수기치인의 치인(治人)을 이루는 과정이다. 먼저 수기하고 나중에 치인하면 저절로 삼강령의 마지막인 지선(至善)에 머무르게 된다.

언제나 수기가 먼저이고 근본이니 마땅히 두텁게 하여야한다. 그리고 치인은 나중이니 무엇보다 먼저 수기부터 행해야한다.

자신과 가까운 것부터 두텁게 하는 것이 원칙이다. 그러므로 먼저 수신을 두텁게 하고 제가한 다음에 치국하고 평천하를 하여야한다. 대학의 가르침은 치인을 위해서 수기가 먼저 되어야 한다는 것이다.

　　격물을 소홀히 하고 치지를 두텁게 할 수 없으며,
　　치지를 소홀히 하고 성의를 두텁게 할 수 없으며,
　　성의를 소홀히 하고 정심을 두텁게 할 수 없다.
　　정심을 소홀히 하고 수신을 두텁게 할 수 없으며,
　　수신을 소홀히 하고 제가를 두텁게 할 수 없다.
　　제가를 소홀히 하고 치국을 두텁게 할 수 없으며,
　　치국을 소홀히 하고 천하를 두텁게 밝힐 수 없다. 이것이
　　평천하를 위한 대학공부의 순서요 대학의 이상사회론이다.

　　격물치지하여 성의정심으로 수신제가한 다음에, 세상의 부름을 받고 입신양명하여 치국평천하 하는 것이, 충효지사(忠孝志士)의 이현부모(以顯父母)하는 길이었고, 지금까지 성실한 인재들의 출세 길이었다. 그러나 옛날부터 왕가나 명문세가에서는 자질이 훌륭한 어린 선비나 학인들을 가려 뽑아, 그들에게 먼저 치국평천하 하겠다는 뜻을 세우게 한 다음에, 격물치지하고 성의정심으로 수신제가하게 하여 치국평천하하도록 교육하였다.

　　수신제가하다가 치국평천하하는 사람과, 처음부터 치국평천하하기 위해 수신제가하는 사람과는 그 인생역정이 다르다. 의도된 삶을 사는 사람과 아무런 의도 없이 사는 사람의 삶에 모습이 확연하게 다르듯이, 준비된 지도자와 준비가 안 된 지도자는 엄청난 차이가 있다.

　　설계와 절제 속에 준비된 지도자는 고금을 막론하고, 그 어떤 인사청문회나 임명동의과정에서 백성들의 시비가 따르지 않았으며, 모든 사람들을 새롭게 하는데 허물이 없었다. 그리고 오래도록 왕실의 권위와 명

문대가로서의 부귀영화를 누릴 수가 있었다.

　3대를 이어 대제학이 나오고, 6대를 이어 정승을 하였으며, 수 십대를 왕권을 행사해도 세상이 그들을 시기하지 않고 존중하며 인정하고 따른 것도 다 그만한 이유가 있었던 것이다. 大

4절
대학(大學)의 도덕원리(道德原理)

大學之道는　　　　　큰 사람이 되기 위한 배움의 길에 있어서
<small>대 학 지 도</small>

道在明明하며　　　　도는 본래 밝은 것을 더욱 밝히는데 있으며,
<small>도 재 명 명</small>

德在新하며　　　　　덕은 밝은 것을 더욱 새롭게 하는데 있으며,
<small>덕 재 신</small>

民在止於至善이니라. 사람은 지극히 좋은 상태에 머무름에 있다.
<small>민 재 지 어 지 선</small>

대학지도(大學之道)는 위대한 사람이 되기 위한 배움의 길이다.

　도(道)는 길이다. 우주에는 우주가 가야할 길이 있고, 하늘에는 하늘이 가야할 길이 있으며, 땅에는 땅이 가야할 길이 있다.

　물론 사람에게는 사람이 가야할 길이 있는데 그 길이 참으로 많아 '가야할 바른 길을 선택'하기가 매우 어렵다. 밝은 길과 어두운 길이 있으며, 좋은 길과 나쁜 길이 있다. 넓은 길이 있는가 하면 좁은 길이 있고, 쉬운 길이 있는가 하면 어려운 길이 있다. 즐거운 길이 있는가 하면 괴로운 길이 있고, 사는 길이 있는가 하면 죽는 길이 있다. 몸이 걸어야하는 유형의 길이 있고 마음이 걸어야하는 무형의 길도 있다.

길은 여기저기 많은 길이 있지만 내가 가야할 길은 그렇게 많지가 않다. 그러므로 우리는 우리가 가야할 길을 신중하게 선택해야 하고, 자신이 선택한 길은 일념으로 주의하고 가야한다.

잘 먹고 잘 사는 길만이 진정한 길이 아니다. 사람이 사람답게 살 수 있는 길이 진정한 길이다. 세상으로부터 인정받고 행복하게 사는 길이 좋은 길이다. 스스로 신나게 가고 싶은 길을 가는 것이 좋은 길이다.

공자께서 말씀하신 "아침에 길을 듣고 깨달으면 저녁에 죽어도 좋다."는 그 길이 좋은 길이다. 세상의 이치를 훤히 알고, 세상과 하나 되어 함께할 수 있는 길이 좋은 길이다.

훌륭한 사람이 되려면 어둠에서 밝음으로 나아가는 '배움의 길을 선택'해야 한다. 격물치지하고 성의정심으로 수신제가하여, 치국평천하의 길을 가야하는 것이 위대한 배움의 길이라고 대학은 가르친다.

아주 어린아이도 지적욕구인 호기심을 통하여 미지(未知)의 두려움을 이기고 자기를 지식하는 앎의 여행을 하면서 스스로의 길을 간다.

본래 밝은 것이 도(道)요, 밝은 것을 더욱 밝히는 것이 덕(德)이다.

큰 배움의 길은 본래 밝은 우리의 본성을 밝히고, 더욱 빛나도록 밝히는 길이다. 어둠 속에서 찾은 본래 밝은 길이 도다. 밝은 길을 더욱 밝히는 것이 덕이다. 드러나지 않고 있던 본래 밝은 것이 도요, 밝은 것을 더욱 밝게 드러낸 것이 덕이다.

康誥에 曰 克明德이며, 太甲에 曰 顧諟天之明命이니라.
帝典에 曰 克明峻德이니 皆自明也이니라.

서경의 강고(康誥)에서는 "덕을 잘 밝혀라."고 했으며,

서경의 태갑(太甲)에서도 "하늘의 명령이 밝음을 돌아보라."

서경의 제전(帝典)에서도 " 큰 덕을 잘 밝히라."고 했다.

이와 같이 명명덕을 설명한 전문의 옛글도 '도와 덕은 모두 밝히는 것'이라고 설명한다. 무형의 도를 사람이 드러낸 것을 유용의 덕이라고 한다.

'머리로 밝히는 도'는 짜임새요, '가슴으로 밝히는 덕'은 쓰임새이다. 가르침과 배움은 도와 덕을 더욱 밝게 밝히는 방법이다. 그리고 그 도와 덕을 넓게 펼치는 선행이 모든 사람을 새롭게 하는 길이 된다.

'하늘은 본래 밝은 본성을 사람에게 부여한 것이니, 본래 밝은 본성을 따르는 것이 사람의 길이다. 그리고 그 길을 잘 가다듬도록 가르치는 것이 도와 덕을 밝히는 길이다'고 보편의 가치를 가장 잘 가르치고 드러내 보이고 있는 중용의 첫 장에서 자사가 가르치고 있으며 소학에서도 강조하고 있다. 그러므로 사람에게 부여한 본래 밝은 본성을 밝히고, 따르며, 가다듬고, 실천하는 것은 도덕을 배우고 익힌 사람의 당연한 도리이다.

도와 덕을 밝히려면 자신과 모든 사람을 새롭게 해야 한다.

배우는 동물이면서도 본래 밝음을 간직한 만물의 영장인 우리 인간은, 본래 밝은 도를 더욱 밝은 덕으로 밝히기 위하여 사람의 길을 가고 또 가야한다. 스스로에게 묻고 또 물으며 새로워지는 길을 자력으로 찾아가야만 한다.

'나는 어디로 가고 있는가?'

'나는 제대로 가고 있는가?'

'나는 최선을 다하여 가고 있는가?'

자신을 새롭게 한 다음에 모든 이웃들까지 새롭게 하여, 모두가 지극히 좋은 상태에 머무를 때까지, 사람의 도리를 묻고 배우며 행해야한다. 항상 묻고 배우며 행함으로써 배움의 길을 실천해야만 한다.

배움을 이루려면 자신이 배운 것을 많은 이웃들에게 반드시 가르쳐야 한다. 그리고 많은 이웃들을 새롭게 변화시켜 그들 모두가 지극히 좋은 상태에 머무르도록 해야 한다. 이것이 밝은 도를 더욱 밝게 밝힌 덕을 이룬 대인이 펼치는 신민(新民)의 길이다.

그러므로 대학에서의 덕은 모든 사람들을 새롭게 하는 것이며, 또한 모든 사람들과 친애하는 것이다. '모든 사람들을 새롭게 하고, 친애하는 것은 마침내 그들과 하나 되는 것'이다.

사람들은 자신을 더 나은, 더 좋은 방향으로 새롭게 변화시켜주고, 이끌어주는 지도자가 나타나면 그를 따르며 지지한다. 그리고 서로를 믿고 친애하며 하나가 되어 큰일을 도모하고 성사시킨다.

湯之盤銘에 曰 苟日新이어든 日日新하고
又日新이며, 康誥에 曰 作新民이며,
詩에 曰 周雖舊邦이나 其命維新이니라.
是故로 君子는 無所不用其極이니라.

상나라를 건국한 탕 임금은 그의 몸을 씻는 그릇에다가 새겨 놓은 반명에 이르기를, "진실로 하루가 새로워지거든, 나날이 새로워지도록 하고 또 날마다 새롭게 하라." 하였으며, 서경 강고에도 이르기를, "백성들이 새로워지도록 진작시켜라."하였으며, 시경의 대아 문왕 편에도 이르기를, "주나라가 비록 옛 나라지만 그 천명은 새로웠다."고 하였다. 그러므로 군자는 언제나 최선을 다하지 않음이 없는 것이다.

신민(新民)을 설명하는 위의 전문(傳文)은 지금으로부터 수천 년 전의 이야기다. 그 시대에도 탕처럼 어진 임금은 매일 같이 자신을 돌아보고 새로워질 결의를 다졌던 것이다. 몸을 씻을 때마다 스스로 새로워질 것을 다짐했던 것이다. 날마다, 날마다 새롭게 할 것을 다짐하며, 백성을 또 어떻게 새롭게 하여 최선의 상태에 머무르게 할 것인가를 궁리하였다. 그리하여 그 옛날에 벌써 출신과 지위를 불문하고 능력위주로 인재를 기용한 용인(用人)의 대가로써 상나라를 건립한 창업군주가 되었던 것이다.

강고의 가르침 역시, 어느 한순간이라도 새로워진 백성들의 모습에 만족하지 말고, 지속적으로 모든 백성들이 새로워지도록 노력하고 또, 노력하도록 진작하라고 했다. 그럼 주나라 문왕처럼 천명을 바꾸어 유신천하(維新天下)를 이룩하는'최선의 결과'를 이뤄낸다는 것이다. 〈보리 고개〉를 없앤 우리나라의 새마을 운동도 강고의 가르침과 같은 맥락의 신민(新民)운동이었던 것이다.

최선을 다하는 매 순간의 반성을 통하여, 새로워지는 최선의 효과가 최선의 상태라고 대학은 가르치고 있다.

어느 시대의 어느 조직이든 최선을 다하는 지도자가 나타나 자신과 자기조직의 문제점을 성찰하고 개혁하여 더 나은, 더 좋은 조직으로 새롭게 밝혀서 최선의 상태로 이끌면 그는 저절로 그 조직이 필요로 하는 책임자로 우뚝 서게 된다. 이것이 수기치인하는 대학의 도덕원리이고 정치윤리이다.

도와 덕이 이뤄지면 최고의 선에 머무르게 된다.

도와 덕을 밝힌 사람은, 언제나 자신을 성찰하여 새로워진 다음에 이웃들이 새로워지도록 교화하여 악을 버리고 선을 행하게 함으로써 새로워진 모든 사람들이 최고의 선에 머무른다.

도덕을 밝히고, 도덕을 이룬 사람이 최고의 선에 머무른다는 것은,

1) 최선의 생각으로 최선의 선택을 하고,

2) 최선의 집중으로 최선의 창조를 하여,

3) 최선의 상태에서 최선의 경험을 즐기는 것이다.

최선은 적당히 하는 것이 아니다. 마음을 다하는 것이다. 다하지 못한 후회가 따르지 않도록 지극정성을 다하는 것이다. 그리고 최선은 지극히 자연스럽게 마음을 모으는 것이다. 마음이 모이는 그 순간에 우주의 모든 에너지도 함께 모인다고, 파동이론을 주장하는 오늘날의 양자역학자들이 과학적으로 증명해주고 있다.

속물인간 소인배와 인격인간 대인의 차이는

'자기 삶을 최선을 다해 살았느냐?'

'자기 삶을 적당히 살았느냐?'로 결정이 된다.

용감하게 도덕을 밝히며 수기치인에 최선을 다한 사람이, 세상을 원망하고 탓하는 소인배가 되어 헤매는 일은 없다.

최선의 상태가 지선(至善)이다. 지선은 최고의 선이고, 최상의 행복이며, 지극히 좋은 상태다. 사람이면 누구나 머무르기를 원하는 그곳이 최선의 상태다.

사람은 누구나 최상의 행복에 머무를 자격과 권리가 있다. 최고로 행복할 능력도 갖추고 있다. 그러나 마음을 다하여 최선의 방법을 강구하는 노력을 하지 않으면 최선의 행복에 도달할 수가 없다. 그러므로 '자신이 머무르기를 원하는 최선의 상태'인 행복에 이르려면 반드시 최선의 방법을 찾아야 한다. '최선의 상태를 선택하고 집중하는 방법'을 모르고는 그 상태에 이를 수가 없기 때문이다. 최선의 방법은 최악의 상황에서도

찾을 수 있다. 스스로 포기하지 않고 일념으로 주의하고 몰입하면 찾아진다. 그리고 우리 모두가 원하는 최선의 방법을 대학은 친절하게 가르치고 있으니, 우리는 최상의 행복인 지선(至善)에 머무는 방법을 대학에서 배운 대로 실천하면 된다.

詩에 云하되 邦畿千里여 惟民所止라. 詩에 云하되
緡蠻黃鳥여 止于丘隅라 하니 子曰 於
止에 知其所止러니 可以人而不如鳥乎아.

시경의 상송 현조 편에 이르기를, "어진 이가 다스리는 도성 천리는 오직 사람들이 머무르는 곳이라." 시경의 소아 면만 편에 이르기를, "어여쁘게 우는 저 꾀꼬리는 언덕 모퉁이 숲속에 머무르고 있구나." 하였는데, 이를 두고 공자께서 말씀하기를, "다 머무를 곳을 알고 머무른 것이다. 사람이 새보다 못하랴!"하셨다.

詩에 云 穆穆文王이여. 於緝熙敬止라 하니 爲人君엔 止於人하고,
爲人臣엔 止於敬하고, 爲人子엔 止於孝하고, 爲人父엔 止於慈하고,
與國人交엔 止於信하니라.

시경의 대아(大雅) 문왕 편에 이르기를, 훌륭하신 문왕이여!
아! 끊임없이 덕을 밝히고 빛내어 공경스러움에 머물렀다. 하니
남의 임금이 되어서는 인자(仁慈)함에 머무르고,
남의 신하가 되어서는 공경(恭敬)함에 머무르고,
남의 자식이 되어서는 효도(孝道)에 머무르고,
남의 부모가 되어서는 자애(慈愛)에 머무르고,
남의 나라사람들과 사귐에는 신의(信義)에 머물렀다.

詩^시에 云^운하되 瞻彼淇澳^{첨피기오}한데 菉竹猗猗^{녹죽의의}로다. 有斐君子^{유비군자}여.

如切如磋^{여절여차}며, 如琢如磨^{여탁여마}라. 瑟兮僩兮^{슬혜한혜}며 赫兮喧^{혁혜훤}혜니, 有斐君子^{유비군자}여.

終不可諠兮^{종불가훤혜}니라. 如切如磋者^{여절여차자}는 道學也^{도학야}요, 如琢如磨者^{여탁여마자}는 自修也^{자수야}요.

瑟兮僩兮^{슬혜한혜}자는 恂慄也^{순률야}야요, 赫兮喧兮者^{혁혜훤혜자}는 威儀也^{위의야}요.

有斐君子^{유비군자}를 終不可諠兮者^{종불가훤혜자}는 道盛德至善^{도성덕지선}을 民之不能忘也^{민지불능망야}러니라.

시경의 위풍(衛風) 기오지편(淇澳之篇)에 이르기를,

"저 기수의 굽이진 곳을 바라보니

푸르른 대나무가 아름답게 우거졌구나!

문채 빛나는 군자여!

칼로 자른 듯 줄로 다듬는 듯하며

끌로 쫀 듯 숫돌에 문지른 듯하구나.

근엄하고 의연하며, 뚜렷이 빛나고 성대하게,

문채 빛나신 군자여!

끝내 잊을 길이 없구나!"라고 하였으니,

〈자른 듯 문지른 듯하다(切磋)〉는 것은

배움을 말하는 것이고,

〈쫀 듯 간 듯하다(琢磨)〉는 것은

자신을 가다듬는 것을 말함이며,

〈근엄하고 의연하다〉는 것은

안으로 삼가고 조심스러운 모습이고,

〈뚜렷이 빛나고 성대하다〉는 것은

밖으로 위엄과 예의를 보임이며,

〈문채 빛나는 군자를 잊을 길 없다〉는 것은

도덕의 번성과 지선을 백성들이 잊을 수 없다는 말이다.

詩에 云하되 於戱라. 前王不忘이니 君子는 賢其賢而親其親하고,
小人은 樂其樂而利其利니 此以沒世러나 不忘也니라.

시경의 주송 열문지편에 이르기를

"아아, 전왕(前王)을 잊을 수 없구나!" 하였으니,

대인군자는 그들의 현명함을 현명하게 여기고, 그들의 친애함을
친애하는데, 일반백성들은 그들의 즐거움만을 즐거워하며, 그들의
이로움만을 이롭게 여긴다. 이런 까닭에 그들이 떠난 뒤에도 잊지
못하는 것이다.

이상과 같이 대학의 전문에서는 지어지선에 대하여 설명하고 있다. 자
신의 덕을 밝히고 세상을 새롭게 한 다음에 지극히 좋은 상태에 머무른
옛사람들의 사례를 시경의 노래로써 보여주고 있다.

· 대인군자(大人君子)의 오지론(五止論).

지어지선(止於至善)을 이해하고 실천하여 세상 사람들을 이롭게 하려
면, 대인이 마땅히 머물러야 하는 대학의 오지론을 알아야한다.

1) 지지(知止): 대인은 머무를 곳을 안다.

자신을 밝게 가다듬고, 세상을 새롭게 다스린 다음에 머무를 수 있는
자리, 지선을 확실하게 터득하는 길은 스스로 머무를 곳을 아는 것이다.
그리고 머무를 곳과 함께 머무를 때의 흐름을 아는 것도 중요하다.

대학의 가르침에도 머무름을 안 뒤에 뜻이 정해지고, 뜻이 정해져야 마
음이 고요해지고, 마음이 고요해져야 몸이 편안해지고, 몸이 편안해져야
생각이 깊어지며, 생각이 깊어져야 지어지선을 터득하게 된다고 하였다.

격물치지하고 성의정심으로 수신제가함으로써 치국평천하의 대업을

이루는 것도 '머무름을 아는 것'으로부터 시작된다.

"어느 곳에 머무를 것인가?"

"어느 때에 머무를 것인가?"

자신이 머무를 곳과 때는, 자신의 앎이 선택한 최선의 자리다.

만물의 영장인 사람은 지극히 좋은 상태 즉, 최선의 상태에 머무름이 최고로 행복하다. 그러므로 매순간 매사에 대하여

'최선의 선택'을 한 다음에,

'최선의 설계'를 하고,

'최선의 집중'을 함으로써,

'최선의 상태'를 창조하고 경험해야 한다.

자신의 생각과 행동을 냉철한 두뇌와 뜨거운 가슴으로 직시하고,

'자신이 이미 머물렀던 과거의 현재모습을 성찰'하고,

'앞으로 머무르게 될 현재의 미래모습을 예측'하며,

'진정으로 머무르고 싶은 미래의 현재모습을 설계'하려면,

지금 여기서 최선의 선택을 해야 한다. 그리고 스스로 선택한 그 길을 정밀하게 설계하고, 최선을 다하여 한뜻으로 집중해야 자신의 선택이 현실로 창조되고 경험된다. 이렇게 하는 사람이 '머무를 곳을 아는 사람'이다.

"나는 지금 내가 머무를 곳을 알고 있는가?"

"나는 지금 내가 머무를 곳으로 제대로 가고 있는가?"

"나는 지금 내가 머무를 곳에 얼마정도 왔을까?"

"나는 지금 마땅히 머무를 곳에 머무르고 있는가?"

2) 지명(止明): 대인은 밝음에 머무른다.

인자한 임금이 백성을 친애하면 언제나 당당하고 밝다. 집에 들면 부모에게 효도하고, 집을 나서면 어른을 공경하며, 조직에서는 지도자를 존

경하고, 조직의 발전을 위해서 헌신적으로 조직에 충성하는 사람들은 언제나 밝고 믿음직스럽다.

사랑하는 사람끼리 서로를 아끼고 보듬는 곳은 언제나 밝고 아름답다. 어린아이도 저를 아끼고 위해주면 언제나 밝게 웃는다. 강아지도 관심을 갖고 살펴주면 언제나 꼬리치고 반기며 따른다.

아들딸이 되어 학생시절에 학습목표를 갖고 주도적으로 학습정진하면 부모의 표정이 언제나 밝고 집안에 화기(和氣)가 넘치며, 부모가 되어 아들딸을 믿음으로 바라보고 지켜보면서 자존감을 살려주고 기다려주면 아들딸의 표정이 언제나 밝고 자신감과 희망에 부푼다.

모든 사람들은 저마다 자기에게 주어진 직분과 역할이 있다. 주변의 환경여건이 비록 열악하고 최악의 상황일지라도, 마음을 다하여 자기에게 맡겨진 직분과 역할을 충실하게 이행하고, 스스로 할 수 있는 사람의 도리를 다한다면 언제나 떳떳하고 밝은 삶을 살 수 있다.

어둠의 에너지를 알아보고 멀리하며 밝음의 에너지를 알아보고 가까이 하는 것이 밝음에 머무르는 일이다. 수치심, 죄의식, 근심걱정, 두려움, 망설임, 속임수, 자포자기, 약속위반, 방종, 열등감, 아픔, 원망, 증오, 절망, 폭언, 비난, 포악, 쟁투, 살기 등은 어둠의 에너지로 부정적인 사고와 파괴적인 행동으로 나타난다. 그러므로 그것들을 멀리하고 그것들에 머무르지 말아야 한다. 이해, 배려, 위로, 격려, 신뢰, 상생, 협력, 희망, 포용, 수용, 언행일치, 용기, 참회, 인내, 절제, 용서, 사랑, 자비, 은혜, 축복, 깨달음 등은 밝음의 에너지로 긍정적인 사고와 생산적인 행동으로 나타난다. 그러므로 당연히 가까이 하고 그것들에 머물러야한다.

어둠을 멀리하고 밝음에 가까이 나아가 머무는 것을 본래 밝은 덕을 더욱 밝게 밝히는 일이라고 한다. 이것을 두고 밝음에 머무른다고 하는 것이다.

"나는 지금 어둠 속에서 방황하고 있는가?"

"나는 지금 밝은 희망을 신념하고 있는가?"

3) 지신(止新): 대인은 새로움에 머무른다.

어리석은 사람은 구태의연한 삶을 산다. 세상은 급변하는 데 오늘도 어제같이 그날이 그날인 삶을 산다. 발전이 없는 삶을 투덜대며 산다.

지혜로운 대인은 하루하루가 새로운 삶을 산다. 급변하는 세상을 주도하며 창의적인 삶을 산다. 어제와 오늘이 눈을 씻고 바라볼 정도로 새로워지는 삶을 살고 있으므로 하루하루가 눈부시게 발전하고 변화한다. 그러므로 언제나 성심을 다하여 새로운 것에 도전하는 삶을 즐긴다.

시경의 위풍 기욱(淇燠)편에 나오는 시구에서도

〈자른 듯 문지른 듯하다〉는 절차는 배움을 말하고,

〈쫀 듯 간 듯하다〉는 탁마는 자신을 가다듬는 것이며,

〈근엄하고 의연하다〉는 것은 안으로 삼가고 조심스러운 모습이고,

〈뚜렷이 빛나고 성대하다〉는 것은 밖으로 위엄과 예의를 보인다는 노래다. 이것은 새로워지는 주나라 무공의 덕을 칭송한 내용으로써, 예부터 새로워지려면 절차탁마를 하여야 한다고 하였다.

이미 위대한 사람도 매일 매순간 새로워지기 위하여, 지속적으로 체계적으로 반복적으로 배우고 가다듬며, 더 나은 더 좋은 더 새로운 선택을 하기 위해 지식하고, 신념을 집중하는 노력을 게을리 하지 않는다. 일단 선택하면 자신의 선택을 신뢰하고 정진 한다. 그리고 자신의 의도대로 선택하고 집중하여 창조한 새로움에 머무른다. 하루하루가 새로워지는 것이 즐겁기 때문이다.

새로움에 머무르는 사람은, 반드시 많은 이웃을 지금보다 더욱 새로워지게 최선을 다하여 돕는다. 세상은 새로움에 머무르는 사람을 대인으로

숭상하고 동조하며, 따른다. 그는 저절로 지도자로 추대되어 세상 사람들을 한 방향으로 이끌고, 더욱 '살기 좋은 새로운 세상'을 만드는 주체가 된다. 이것을 두고 대인이 새로움에 머무른다고 하는 것이다.

"나는 지금 '바꿔 보기'를 주저하고 있는가?"

"나는 지금 '바로 하기'를 주도하고 있는가?"

"나는 지금 '따라 하기'에 열중하고 있는가?"

"나는 지금 '미리 하기'에 집중하고 있는가?"

4) 지선(止善): 대인은 최선의 상태에 머무른다.

만물의 영장인 사람은 지극히 좋은 최선의 상태에 머무름이 최고로 행복한 삶이 되므로, 언제나 머무름을 안 뒤에 뜻을 정하고, 마음을 고요하게 한 다음에 몸을 편안하게 하고 최선의 상태에 머무른다. 언제나 심신이 상쾌한 최선의 상태에 머물면서, 무엇이든 최상의 기분으로 선택하고, 집중하며, 창조하고, 경험할 수 있는 사람이 대인이다.

대인은 최악의 상태도 최선의 상태로 바꿔놓을 수 있는 능력과 지혜를 길러야한다. 지지(知止)하고 지명(止明), 지신(止新)한 다음에 지선(止善)할 수 있는 대인은, 최악의 상태에 머무를 수밖에 없는 상황도 최선의 상태에 머무를 수 있는 상황으로 바꿔놓을 수 있는 능력자다.

대인은 대인다운 스토리가 있다. 어떤 상황도 바꿔 탈 수 있는 능력과 경험스토리가 있다. 대인의 길은 아무나 가는 쉬운 길이 아니라 어렵고도 힘든 먼 길이다. 그러나 사람이면 누구나 갈 수 있는 길이다.

사람이면 마땅히 머물러야 하는 자리가 지선이므로 모든 사람들이 지선에 머무르는 것은 당연하다. 모든 사람들을 새롭게 교화하여 지선하도록 교화시키는 대인은, 언제나 태풍의 눈처럼 최선의 상태에 머무르는 지혜와 용기가 필요하다. 정념(正念)으로 태풍의 눈이 되어 세상의 문제들을 정시하고, 그 문제를 해결할 수 있는 대인을 '최선의 상태에 머무르는 사람'이라고 한다.

"나는 지금 최선의 상태에 머무르고 있는가?"

"나는 지금 세상 사람들을 최선의 상태에 머무르게 할 수 있는가?"

"나는 지금 지어지선(止於至善)을 위한 비전과 열정을 갖고 있는가?"

5) 지지(止止): 대인은 머무를 곳에 머무른다.

'어진 지도자가 다스리는 나라의 땅에는 천하의 백성들이 머무르고, 우거진 숲속에는 새들이 머무른다.'고 전문(傳文)의 시는 노래한다.

집에 들면 부모에게 효도하고, 밖에 나가선 어른을 공경하며, 나라와 겨레를 보위하기 위해서는 충성을 하며, 조직의 원칙과 규율을 준수하면서 조직의 이익을 위해 최선을 다하는 것도 마땅히 머무르고 행해야할 사람의 도리다. 나라와 나라, 친구와 친구 간에 서로 신의를 지키고 친애하며 신의에 머무르는 것이나, 사랑하는 가족이나 사랑하는 사람끼리 서로를 아끼고 위하며 챙기는 것도 마땅히 머무를 곳에 머무른 사람의 도리다.

뿌리 깊은 나무는 우뚝 솟음에 머무르고, 샘이 깊은 물은 마르지 않음에 머무를 수가 있다. 호랑이는 강맹함에 머무르고, 사슴은 연약함에 머무르며 생존하는 것 또한 자연의 마땅한 이치요, 성실한 모습이다.

어진 마음을 지닌 사람은 천하라는 넓은 집에 머무르며, 예의를 행하는 사람은 천하의 중심 자리에 머무르며, 정의를 실천하는 사람은 천하의 큰 길에 머무른다.

이와 같이 마땅히 머무를 곳에 머무른 대인은 권력이나 부귀영화 앞에서도 마음이 흔들리지 않고 당당하다. 마치 우뚝 솟음에 머무른 뿌리 깊은 나무가 무시무시한 태풍이나 비바람이 몰아쳐도 뽑히지 않듯이 의연하고 당당함이 그와 같은 것이다.

학습목표를 자각한 젊은이는 투철한 배움에 머무르고, 대업을 결심한 기업인은 창의적인 비전과 열정에 머무르는 것도 마땅히 머무를 곳에 머무른 것이다.

자아를 실현하고 부모에게 효도하기 위하여 입신양명에 머무르는 것 또한 마땅히 머무를 곳에 머무른 효자이다.

사람이나 삼라만상은 저마다 마땅히 머무를 곳이 있다. 지극히 당연하게 머무를 곳은 지극히 좋은 마땅함에 머무르는 것이다.

이와 같이 '마땅함에 머무르는 것'을 '대인이 머무를 곳에 머무른 것'이라고 한다.

"나는 지금 마땅히 머무를 곳을 알고 있는가?"

"나는 지금 마땅히 머무를 때를 알고 있는가?"

"나는 지금 여기에 머무르고 있는 것이 옳은가?"

"나는 지금 여기에 머무르며 사는 것이 좋은가?"

· 도덕실천(道德實踐)의 본말론(本末論).

본래 밝은 도를 드러내고 밝은 덕을 더욱 밝혀서, 모든 사람들을 덕으로 새롭게 교화하여 지극히 좋은 상태에 머무르게 하려면, 일의 본말과 먼저 할 일과 나중 할 일을 분명하게 알아야한다.

수기(修己)가 먼저요 근본이며, 치인(治人)은 나중이고 말단임을 알아야한다. 언제나 배움이 먼저요 놀이는 다음이며, '화해가 먼저요 싸움은 나중이다'는 사실을 정확히 알아야한다. 대학 전문의 본말 편에는 논어의 안연 편에 나오는 글이 다음과 같이 실려 있다.

子曰 聽訟이 吾猶人也나 必也에 使無訟乎하니
無情者가 部得盡其辭는 大畏民志니 此謂知本이니라.

공자께서 말씀하기를, "소송을 들어서 판결하는 것은 나도 다른 사람과 같을 것이다. 그러나 나는 반드시 소송을 일으키지 않도록 할 것이다.”

진실함이 없는 사람이 그 하고 싶은 거짓말을 다할 수 없는 것은 백성들의 마음을 크게 두려워하기 때문이다. 이것을 근본을 안다고 하는 것이다.

세상살이는 늘 옳고 그른 시비가 발생할 수 있으나 송사는 어느 한쪽의 강제나 기만, 불의나 폭력, 권리침해, 또는 약속 불이행 등의 불성실함 때문에 발생한다.

이기적 독선과 오만, 탐욕과 편견으로 말미암아 상대방이 일방적으로 손해나 불이익, 불명예나 고통 등의 억울함을 당했을 경우에 일어난다. 사람이 사람을 억울하게 하는 일처럼 나쁜 일은 없다.

돈거래나 사업관계 등에서 남의 재물이나 권리를 빼앗거나 악용하여 상대방을 괴롭히는 일이 있어서는 안 된다. 상대방이 억울함을 호소하는 일이 생겨서도 안 된다.

남에게 피해를 주고도 뻔뻔하게 저만 잘살겠다는 파렴치한 저질인간들이 있어서는 안 된다. 남이 피땀 흘려 이룩한 것을 속임수로 빼앗고 무너뜨려 짓밟고도 확보하는 악질인간으로 살아서는 안 된다. 그런데 서로가 서로를 불신하고 질투하고 진실을 은폐하며, 남의 것을 빼앗으려고 거짓으로 모략음해하고 고발하는 독종인간들이 많다. 이 세상에는 은혜를 원수로 갚는 사람들이 너무 많다. 그러므로 송사시비가 끝이없다.

억울함을 법이나 관청에 해결해달라고 소송하는 일이 발생하지 않는 세상에 머무르는 것이 살기 좋은세상이다. 소송은 악의 세계에서 일어나는 부조리 현상이다. 그러므로 선의 세계로 모든 백성을 교화하여 '소송이 없는 조화로운 세상을 만드는 것'이 도덕군자의 마땅한 사명이요 의무다.

본래 밝은 마음으로 바르게 사는 세상은, 모든 사람들이 억울함이 없는 세상으로 자족하고 감사하며 서로 친애하는 세상이다. 어느 경우든 남의 것을 빼앗거나 갚지 않는 불선(不善)을 행하면 안 된다.

공자는 소송이 일어나면 자신도 다른 현명한 재판관처럼 공평무사하게 판결을 할 수가 있으나, 그 판결은 말단이 되므로 그 소송의 근본인 시비 자체가 발생하지 않게 하겠다고 하였다. 밝은 덕을 밝혀서 모든 백성이 덕화(德化)를 입으면 저마다 새로워지고, 최선의 상태에 머물게 되므로 시시비비 자체가 발생하지 않는다고 보는 것이 공자의 신념이며 대인군자가 다스리는 세상이다. 소송은 진실함이 가려져서 발생하므로 이를 알고 지켜보는 백성들이 있으니 거짓주장은 반드시 탄로가 난다. 그러므로 거짓을 주장하는 사람은 결국 백성들을 두려워하다가 하늘과 세상의 심판을 받고 후회하게 될 것이다.

논어에서 공자가 말하기를 "법령으로써 인도하고, 형벌로써 다스리면 백성들은 형벌을 면하려고 할뿐이요, 수치스러움을 알지 못한다. 덕으로써 이끌고 예로써 가지런히 하면 백성들은 수치를 알게 되고, 또 선으로 나아가게 될 것이다."고 했다.

명덕(明德)으로 백성을 교화하면 선덕(善德)이 쌓여서 백성이 서로 화친(和親)하게 되고, 형벌로 백성을 통치하면 원망이 쌓여서 서로 소송하게 된다. 소송이 많을수록 세상은 살기가 점차 더 힘들어진다.

약자를 대변해 줄 법조인이 없어도 문제지만 이 세상에 직업적으로 법을 다루는 법조인이 너무 많아도 문제가 될 수 있다. 서로 화해하고 타협으로 해결할 일까지도 송사로 이어질 가능성이 높아지고, 송사가 잦으면 유전무죄(有錢無罪), 무전유죄(無錢有罪) 상황이 발생하여 억울함이 더욱 많아질 수 있기 때문이다. 그러므로 21세기 미국의 기적을 일으킨 인권 변호사 출신의 흑인 대통령 버락 H 오바마Barack Hussein Obama도

"미국에서 변호사가 줄어들고 기술자들이 늘어나기를 바란다."고 했다.

소송은 다툼이다. 밝은 덕을 밝게 밝혀서 모든 백성이 새로워진 덕화를 입으면 개인과 개인, 남편과 아내, 이웃과 이웃, 조직과 조직, 나라와 나라끼리 서로 다투거나 소송하는 일이 일어나지 않는다. 그러므로 공자는 '소송이나 싸움이 없는 평화로운 세상을 사람이 마땅히 머물러야 하는 최선의 상태'로 보았던 것이다. 어느 경우든 전쟁이 없는 세상, 억울함과 다툼이 없는 관계, 소송이 없는 사회를 최고의 선이 이뤄진 이상세계로 본 것이다. 싸움과 소송의 결과는 언제나 비정하고 비참하다.

공자맹자의 유가가 지향하는 대동일화(大同一和)의 도덕세계는, 서로를 이해하고 존중하며 무엇이든 대화와 덕으로 서로의 차이를 합의하고 문제를 해결하는 열린 세상이다. 거짓과 불선 때문에 다투는 소송이 없는 세상이다. 이것이 대학이 가르치는 도덕의 근본이고 도덕을 학습하고 터득한 대인군자가 이뤄야할 세상이다.

다음의 격물치지 공부과정에서는 자아를 발견하고, 성의정심 공부과정에서는 자아를 성숙시키며, 수신제가 공부과정에서는 자아를 완성한다. 그리고 때를 기다렸다가 입신양명하여 치국평천하를 함으로서 자아를 실현하는 것이 대학의 도덕공부요 수기치인의 실천방법이다.

자아발견을 위한 격물치지는 3장에서, 자아성숙을 위한 성의정심은 4장에서, 자아완성을 위한 수신제가는 5장에서, 자아실현을 위한 치국평천하는 6장에서 다룬다. 이와 같이 위대한 배움의 길을 배우고 익힘으로써, 스스로 밝은 덕을 밝히고 이웃을 새롭게 교화시키며 최선의 성공과 최상의 행복에 머무르게 될 것이다. 大

3장

대학(大學)의
격물치지(格物致知)

1절
격물치지(格物致知) 전문해설(傳文解說)

소위치지재격물자 언욕치오지지 재즉물이궁기리야
所謂致知在格物者는 言欲致吾之知면 在卽物而窮其理也라.

이른바 '앎을 넓힘은 사물의 이치를 밝게 밝힘에 있다'하니,

나의 앎을 넓혀 궁극에 이르려면 사물의 이치를 궁구하여

그 원리를 확실하게 밝히고 알아야 한다는 것이다.

개인심지령 막불유지 이천하지물 막불유리
蓋人心之靈이 莫不有知요, 而天下之物이 莫不有理언마는,

대체로 사람마음의 영묘함은 앎에 있지 않을 수 없고, 천하의 사물은

이치가 있지 않을 수 없건마는,

유어리 유미궁고 기지 유부진야
惟於理에 有未窮故로 其知가 有不盡也니,

오직 이치를 밝게 궁구하지 않고 있기 때문에 그 앎이 부진한 것이다.

^{시 이} ^{대 학 시 교} ^{필 사 학 자} ^{즉 범 천 하 지 물}
是以로 大學始敎에 必使學者로 卽凡天下之物하여,

그러므로 대학에서 처음 가르칠 때, 반드시 배우는 자들로 하여금

모든 천하의 사물에 대하여,

^{막 불 인 기 이 지 지 리} ^{이 익 궁 지} ^{이 구 지 호 기 극}
莫不因其已知之理에 而益窮之하여 以求至乎其極하나니라.

이미 알고 있는 이치를 바탕으로 더욱 궁리하여

그 궁극에 이르도록 하였다.

^{지 어 용 력 지 구} ^{이 일 단} ^{활 연 관 통 언}
至於用力之久하면 而一旦에 豁然貫通焉이면

이러한 노력을 오래하다 보면 어느 날 아침에 —사물의 이치를—

저절로 환하게 꿰뚫어 알게 된다.

^{즉 중 물 지 표 리 정 조} ^{무 부 도} ^{이 오 심 지 전 체 대 용}
則衆物之表裏精粗가 無不到하고, 而吾心之全體大用이
^{무 불 명 의} ^{차 위 격 물} ^{차 위 지 지 지 야}
無不明矣리니, 此謂格物이며 此謂知之至也니라.

모든 사물의 겉과 속, 정밀함과 조잡함이 드러나지 않는 부분이

없게 하면, 내 마음의 전체적인 큰 쓰임이 밝아지지 않음이 없다.

이러함을 사물의 이치를 확실하게 밝혔다고 말함이고

이것을 두고 앎의 지극함이라고 말한다.

격물치지의 전문(傳文)은 예기 등에 나오는 대학의 고본(古本)에는
망실(亡失)되어 없으나 송나라 시대의 주자가 정자의 뜻을 취해서 보
충한 글이다. 이를 보망장(補亡章) 또는 격물보전(格物補傳)이라고도
부른다. 이 보망장은 주자학(朱子學)의 격물치지 이론을 간결하게 나
타낸 글이지만 주자이후 대학을 배우는 모든 학자들이 경탄하고 인정
하는 명문(名文)이다. 현대인의 시각으로 이 보망장을 이해하고 공감

하여도 수기치인의 도(道)를 얻는데 큰 도움이 될 것이다.

'앎을 넓힘은 사물의 이치를 밝게 밝힘에 있다.'는 것은, 자기 자신의 지식을 넓혀 그 궁극의 지혜를 이루려면 먼저 외부의 사물에 대하여, 그 사물이 지니고 있는 이치들을 철저히 연구하고 분석하여 그 원리나 법칙들을 확실하게 밝히고 알아야한다는 것이다. 사물은 아는 만큼 존재하고 사람은 아는 만큼 창조하고 경험할 수 있기 때문이다.

먼저 격물을 하고 다음에 치지를 해야 한다. 치지하려면 반드시 격물을 해야 한다. 지혜를 이루는 것은 사물을 연구함에 달려 있고 사물을 연구하는 것은 지혜를 이루기 위함이다.

격물(格物)은 사물의 이치를 밝힌다는 말이다. 우주자연의 일물(一物)은 반드시 일리(一理)가 있어 존재하므로 그것을 주의하고 탐구하면 훤히 사물의 이치를 밝힐 수 있다. 그 일물의 짜임새와 모양새를 궁리하여 알아차리면 그 일물의 다양한 쓰임새까지 챙길 수 있다는 것이 격물이다. 그러므로 격물은 모든 사물의 드러나지 않은 것을 드러나게 하는 것이다. 그리고 그 드러남으로 그 사물의 진선미적인 가치와 효용을 발견하고 활용함과 동시에 그 사물을 제대로 보존할 수가 있다. 더 나아가서는 그 사물을 친애하고 그 사물과 하나가 됨으로써 홍익인간 하게 된다.

치지(致知)는 앎을 넓혀 궁극에 이른다는 말이다. 격물을 통하여 사물의 이치를 하나하나 밝힘으로써, 앎을 무한대로 확장하고 궁리를 거듭하여 그 앎을 자신의 능력으로 수렴한다.

격물을 통하여 지식된 앎의 능력이 시공간 속에서 다양한 주변 환경과 상호작용하면서 자아를 발견하고 정립하며 그 앎을 자아라고 주장하고 고집한다. 그리고 그 앎의 시각과 신념이 자아와 자아의 삶을 그리는 잣대가 된다. 자기 앎의 정도가 자기 삶의 창조기준이 되기 때문이다.

격물을 통하여 지식된 그 〈앎의 능력이 자아와 하나 됨〉으로써, 본래 밝은 본성을 밝히고, 도덕을 밝히고, 시비를 밝히며, 선악을 밝힘으로써 나날이 더 좋아지고, 더 새로워지는 자아의 삶을 창조하고 경험할 수 있다.

앎이 자아를 인식하므로 자기창조의 원동력은 앎이다. 뜻이나 느낌도 앎이 선택하고 인식한다. 그러므로 앎을 넓혀 궁극에 이른다는 것은, 사물의 이치를 밝히고 능력을 키우는 일로써 자아를 발견하고, 더 좋은 더 새로운 자아의 삶을 지속적으로 창조하는 작업이 된다.

천지만물과 내가 하나의 이치(物我一理)로 존재한다는 것을 밝히고 깨닫는 지혜 역시 앎의 능력이다. 천지만물과 자아의 이치를 연구하여 밝힘으로써 매 순간 새로운 세상과 자아를 신념하게 되고 경험할 수 있게 된다.

'사람 마음의 영묘함은 앎에 있지 않을 수 없고, 천하의 사물은 이치가 있지 않을 수 없다. 그 앎이 부진한 것은 오직 이치를 밝게 궁구하지 않고 있기 때문이다.'는 것은 사람의 마음이 본래 신령스러워서 밝은 지혜를 이미 갖추고 있다는 의미다. 우주자연의 모든 사물도 그 존재의 본질인 이(理)를 다 갖추고 있기 때문에 본래 밝고 신령스러워 저절로 낳고 자라며 거두고 감추는 것이다. 소소영령(昭昭靈靈)한 것이 본연지성(本然之性)이기 때문이다.

사람은 태어나자마자 생존하는 방법을 배우지 않고도 행한다. 참으로 신통한 존재다. 어린 아이들도 호기심으로 미지(未知)의 두려움을 극복하고 점차 앎을 확장해 나간다. 가려진 본래의 본성을 밝혀나가는 앎의 여행을 멈추지 않는 것이 지혜롭고 영묘한 사람인 것이다.

스스로 사물을 탐구하는 놀이를 잠시도 쉬지 않으며 새로운 앎을 배우고 익혀 나간다. 하루하루가 새로운 앎의 연속이다. 가려져 알 수 없는 본래 밝은 본성을 밝히는 앎의 탐구를 계속하는 것이 사람의 자연스러운 모습이다.

참되고 아름다운 사람의 좋은 뜻은 언제나 사물의 이치를 연구하여 새로운 앎을 밝히고 넓혀간다. 이치란 본래 진실한 것이기에 뜻을 세우고 연구하여 밝혀 가노라면 누구나 훤히 알 수 있다. 그런데 스스로 격물을 포기하고 치지를 위해 노력하지 않으면 앎이 부진하므로 무지의 어둠 속을 헤매면서 세상과 이웃을 원망하게 되고 가난과 부림을 견디며 살게 된다.

사물을 연구하여 앎을 이루는 격물치지는 어느 누구도 대신해 줄 수 없는 나의 길이다.

밝힌다는 격(格)은 지(至)다. 지는 이름을 의미한다. 그러므로 격물을 통하여 가고 또 가노라면 누구나 이를 수 있는 길이 격물치지의 길이다.

'대학에서 처음 가르칠 때, 반드시 배우는 자들로 하여금 모든 천하의 사물에 대하여, 이미 알고 있는 이치를 바탕으로 더욱 궁리하여 그 궁극에 이르도록 하였다. 이러한 노력을 오래하다 보면 어느 날 아침에 사물의 이치를 저절로 환하게 꿰뚫어 알게 된다.'는 것은, 천하의 사물에 대한 이치를 하나하나 배우고 알아가는 과정에서, 이미 그것의 이치를 알고 있을지라도 그 사물의 이치를 확실하게 알려면, 알고 있는 이치를 지속적으로, 체계적으로, 반복적으로 궁리하고 학습하여 체득하여야한다는 것이다. 나와 가까운 사물의 이치부터 깊이 연구하여 통달해야 한다는 것이다. 그것을 일러 진지(眞知)라고 한다.

사물의 이치를 진실하게 알려면, 무엇이든 다 알려고 하지 말고, 지나치게 어려운 것이나 분수 밖의 것을 알려고 하지 말고, 자기의 수준에 맞는 것부터, 자기의 현실과 근접한 것부터, 자기가 꼭 필요로 하는 것부터, 하나하나 연구하고 밝혀가는 것이 중요하다.

논어의 위정(爲政)편에서 공자가 말씀하기를,

"자로야, 내가 너에게 안다고 하는 것을 가르쳐주마! 아는 것을 안다고 하고 모르는 것을 모른다고 해라. 이것이야말로 참으로 안다고 하는 것(眞知)이다."라고 하였다.

모르는 것을 무조건 알려고 하는 것보다, 아는 것을 보다 더 철저하게 아는 것이 중요하며, 모르는 것을 아는 척 하다가는 반드시 큰 재앙을 부르게 된다.

격물치지 과정에서 무엇보다 중요한 것은 아는 것과 모르는 것에 진실해야 함과 동시에 알아야 할 것과 알지 말아야 할 것을 구분한 다음에 적시에 맞춰 배우고 익혀야 한다.

'때 아닌 때에 때의 것을 아는 것'은 불선(不善)이 되므로 자기의 삶에 오히려 고통이 되고 불이익이 된다. 그러므로 적시적소에 맞는 학습이 중요하다. 때에 맞는 학습을 통하여 수기치인 할 수 있는 앎이 진지(眞知)이다. 사물을 궁리하여 진지의 경지에 오르는 격물치지의 방법을 중용에서는, 널리 배우고, 자세히 물으며, 신중히 생각하고, 명확히 분별하며, 독실하게 행동하라고 가르친다.

격물치지하기 위해서는 그 분야의 여러 스승이나 전문가를 찾아가 자세히 묻고 널리 배우거나, 전문서적을 구하여서 정확한 정보나 전문지식을 습득하여야한다. 그리고 어렵게 습득한 정보나 지식을 다시 전문가에게 묻고 확인하여 앎을 정밀하게 종합해야한다.

스스로 신중하게 생각에 생각을 거듭하여 사물의 이치를 명확하게 분별하여 진실한 답을 찾으려면 자기일상의 실제상황에 모든 앎을 적용하여 독실하게 실천해야 한다. 치우침이 없이 있는 그대로 사물의 진실을 바르게 알고 행함이 격물치지의 목적이기 때문이다.

'남이 한 번에 능히 하거든 나는 백 번을 하고, 남이 열 번에 능히 하거든 나는 천 번에 한다.'는 옛사람의 가르침처럼 언제나 자강불식(自彊不息)의 정신으로 쉬지 않고, 오래도록 탐구하고 궁리하노라면 사물의 이치를 어느 날 한순간에 훤히 꿰뚫어 알 수 있게 된다. 하고 또 하면 능하게 되고, 가고 또 가면 이르게 된다.

아침안개가 걷히면 한치 앞도 내다보이지 않던 시야가 환하게 밝아지고 멀리까지 잘 보이듯이, 격물치지를 위해 오래도록 정제엄숙(整齊嚴肅)의 경(敬)에 머물면서 사물의 이치를 탐구하는 궁리(窮理)를 하다보면, 어느 한 순간 훤히 알게 되는 임계점(臨界點)에 도달하게 되고, 그 순간 저절로 무지의 안개가 한 찰나에 걷히면서 활연관통(豁然貫通)하게 된다.

'모든 사물의 겉과 속, 정밀함과 조잡함이 드러나지 않는 부분이 없게 하면, 내 마음의 전체적인 큰 쓰임이 밝아지지 않음이 없다. 이러함을 사물의 이치를 확실하게 밝혔다고 말함이고, 이것을 두고 앎의 지극함이라고 말한다.'는 것은, 꾸준히 학습하고 연구하여 모든 사물의 이치를 밝게 꿰뚫어 볼 수 있는 경지에 이르면 그 사물의 겉과 속, 정밀함과 조잡함, 좋은 점과 나쁜 점, 이성적인 면과 감성적인 면, 긍정적인 면과 부정적인 면 등의 양면성은 물론 변화무쌍한 다양성까지 지식하고 이해하게 된다는 것이다.

개체적인 사물의 이치와 전체적인 우주자연의 이치가 하나의 원리와 법칙으로 연결되어 있음을 깨닫게 되면, 모든 사물의 이치를 논리적으로 다 연구하지 않더라도 모든 사물의 존재원리와 존재형태 등을 직관하는 마음의 눈이 열리게 된다. 풀 한포기가 흔들려도 우주가 흔들리는 이치를 깨닫게 된다.

사물을 부분적인 상대성으로 바라보고 해석하던 마음이 전체적인 통일성으로 이해하게 되고 느끼게 된다. 이와 같이 깨달으면 만사를 추론하고 만물을 직시하는 능력이 생기고, 만물과 공감하게 되며, 만물을 성심으로 포용하고 친애하는 마음이 저절로 우러나게 된다. 이를 두고 옛사람들은 일리통(一理通)이면 만사지(萬事知)라고 하였으며, 활연관통 또는 일이관지(一以貫之)라고 하였다.

그리고 이것을 일러 격물하였다 즉, 〈사물의 이치가 확실하게 밝혀졌다.〉고 하며, 또 이것을 두고 치지하였다 즉, 〈앎이 이루어졌다.〉라고 하는 것이다. 大

2절
격물치지(格物致知) 보충설명(補充說明)

　다음의 글들은 대학을 재편집한 주자가 격물치지 보망장 내용을 보충하기 위하여 성심을 다해 편집한 대학혹문(大學或問)에 주로 실려 있는 내용이다. 주자는 대학혹문에서 많은 지면을 할애하여 격물치지에 대해 보충설명을 하고 있다.

　앞으로 각장의 보충설명 글들은 대학혹문에 나오는 주자나 정자의 주해내용이 주를 이루지만, 율곡선생이 편집한 성학집요의 설(說)들과 사서삼경의 여러 성현들의 말씀도 함께 발췌하여 현대인이 이해하기 쉽게 풀어 쓴 것이니, 마음을 모으고 다독하면 저절로 가야할 학문의 길과 이뤄야할 대인의 일을 깨닫게 될 것이다.

　※질문에 답하는 형식으로 쓴 글을 혹문(或問)이라고 한다.

　"학문에 뜻은 있지만 아는 것이 없고 역량이 모자랄 때 어떻게 하면 되겠습니까?"하고 어떤 사람이 물으니 정자가 답하기를,

　"앎을 확실하게 하면 된다. 아는 것이 분명하면 능력은 저절로 발휘된

다.”고 했다.

“성실성과 신의는 노력을 통해 가능하지만 앎을 깊이 하기가 어렵습니다. 어떻게 하면 좋겠습니까?” 하고 어떤 사람이 물으니 정자가 답하기를, “성(誠)과 경(敬)은 노력하지 않으면 안 된다. 그러나 천하의 모든 이치를 먼저 알지 않으면 힘써 실행할 수 없다. 그러므로 대학에서는 공부의 순서에 대하여 ‘먼저 앎을 깊이 한 다음에 뜻을 성실히 한다.’고 했다.

대개 사람의 본성은 본디 선하지 않음이 없다. 그러므로 사람이 도리에 따라 행동하는 것은 당연히 어려울 것이 없다. 다만 제대로 알지 못하면서 도리를 억지로 실행하려하기 때문에 어렵다하고 고통스러워한다. 만일 제대로 알고 도리를 따르면 즐거울 것이고 그렇지 않으면 괴로울 것이다.

사람이 무엇 때문에 도리를 저버리고 고통스러워하면서 자신의 즐거움을 해치겠는가? 사람이 불선을 행해서는 안 된다는 사실을 알면서도 불선을 행하는 것은, 참된 앎의 도리를 행함으로 느낄 수 있는 즐거움을 모르기 때문에 그러한 것이다.”고 했다.

“사물의 이치를 탐구한다는 것은 모든 사물들의 이치를 하나하나 다 탐구해야 한다는 뜻입니까, 아니면 한 사물의 이치만 탐구해도 만 가지의 이치를 다 알 수 있다는 뜻입니까?” 하고 또 물으니 정자가 답하기를,

“한 사물의 이치만 탐구하면 만 가지 이치를 다 알 수 있다는 것은, 안자와 같이 명석한 사람도 그 경지에 이르지 못했다. 다만 오늘 한 사물의 이치를 탐구하고 내일 또 한 사물의 이치를 탐구하여 나날이 자꾸 쌓아가노라면, 어느 날 환하게 확 트여서 하나로 통하게 되는 그 무엇을 발견하게 된다.” 그리고 또 말하기를,

“한 몸에서부터 만물의 이치에 이르기까지 점차 많이 알게 되면 저절로 크게 깨달아지게 된다.” 또다시 말하기를,

"어느 한 사물의 이치를 극진히 탐구하면 다른 것들도 유추(類推)해 나갈 수 있다. 만일 한 사물의 이치를 알 수 없거든 우선 다른 사물의 이치를 탐구하라. 때로는 쉬운 것을 먼저 하기도 하고 때로는 어렵지만 중요한 것부터 먼저 하기도 한다. 천만갈래의 길이 모두 목적지로 갈 수 있다고 할 때, 하나의 길을 잡아 목적지에 당도하면 나머지는 그를 유추해서 통할 수 있는 것과 같다. 만물은 저마다 하나의 이치를 갖고 있지만, 모두 한 근원에서 나온 것이므로 유추해 보면 모두 통할 수 있는 근거가 여기에 있다."고 했다.

격물치지는 탐구의 계속이고 질문의 연속이며 배움의 실천이다. 효에 대한 주자의 말을 참고하면 이해가 빠를 것이다.

"예를 들어, 효도를 하려고 한다면 당연히 효도하는 도리를 탐구하여 먼저 알아야한다. **무엇 때문에 효를 행해야 하는가? 반드시 질문하여 알아야 한다.** 효를 어떻게 행하면 예절에 맞게 잘 봉양하고 공경할 것인가? 배운 것을 일상에서 실천을 해야 효도를 잘하는 것이지 효도라는 말만 알고 그저 착하게 산다고 효도하는 것이 아니다."

"만물의 이치를 알아내고 나를 살핀다는 말은, 만물의 이치를 돌이켜 자신에게서 찾는다는 뜻입니까?" 하고 어떤 사람이 물으니 정자가 답하기를, "반드시 그런 것은 아니다. '만물'이나 '나'나 이치는 하나이다. 한쪽을 밝히면 곧 다른 쪽을 알게 될 것이다. 그러므로 그것은 안팎을 합한 도이다."

그러자 또 묻기를,

"그렇다면 사단(四端)을 먼저 탐구하는 것이 옳겠습니까?" 하니 정자가 답하기를, "인간의 본성과 감정을 탐구하는 것이야말로 절실한 일임에 틀림이 없으나 다만 풀 한포기, 나무 한그루에도 저마다 이치가 있으므로 살피지 않으면 안 된다."

그리고 또 정자가 말하였다.

"앎을 철저하게 공부하는 요점은 지선(至善)의 소재(所在)를 아는 것이다. 예를 들어, 어버이는 사랑이 있고 자식은 효도하는 마음이 있는 것과 같은 것이다. 만약 지선의 소재를 외면하고 자신의 이익만을 위하여 건성으로 만물의 이치만을 탐구하려 든다면, 이는 마치 대군이 말을 타고 놀다가 너무 멀리 나감으로써 돌아올 길을 잃어버리는 것과 같다." 또 말하기를, "사물의 이치 탐구는 내 한 몸 살피는 것만 한 것이 없다. 내 한 몸의 이치를 터득하는 것이 가장 절실하다."

연평이씨가 말하기를,

"학문을 할 때에는 항상 자기의 마음을 보존하여 바깥 사물에 마음을 빼앗겨서는 안 된다. 그리고 어떤 일을 접했을 때에는 심사숙고하여 그 이치를 탐구하고 그것이 확연히 풀린 다음에, 의도한 순서에 따라 조금씩 나아가 다른 일을 탐구해야 할 것이다. 이렇게 오랫동안 사물의 이치를 알아가다 보면 마음속이 저절로 상쾌하게 확 트일 날이 올 것이다. 이것은 글이나 말로 표현할 수 없는 문리터득이다."

그리고 주자가 말하기를,

"천도가 유행하여 만물이 생겨나고 자라나는데, 하늘과 땅 사이에서 소리와 빛과 모습을 가진 것은 모두 다 사물이다. 어떤 사물이 있으면 그 사물로 하여금 그 사물이 되게 하는 당연한 법칙이 있다. 이는 하늘로부터 부여받은 것으로서 사람이 어떻게 할 수 있는 것이 아니다. 이제 우리에게 아주 절실하고 가까운 것으로 예를 들어 보자.

마음이라는 것은 몸의 중심으로서 그의 본체로는 인의예지의 성이 있고, 그의 작용으로는 측은, 수오, 사양, 시비의 정이 있다. 위의 네 가지 본성은 우리의 마음에 본래부터 순수하게 있다가 외부 사물과의 접촉이 있으면 피어나 작용하니 정으로써 반응한다. 이때 정은 저마다 본성이 주(主)가 되므로 어지럽지 않고 일사불란하게 작용한다. 마치 그 무엇이 지휘하고 있는 것과 같다.

몸이라는 것은 눈, 귀, 코, 입, 팔, 다리 등의 감각작용이 있고, 다음은 인간관계로서 군신(君臣), 부자(父子), 부부(夫婦), 장유(長幼), 붕우(朋友)의 떳떳한 오륜(五倫)관계가 있다. 이것은 스스로 어떻게 할 수 없는 당연한 법칙이다. 자기의 몸 밖으로 확대하면 타인의 이치가 나의 이치와 다르지 않으며, 사물의 이치가 사람의 이치와 다르지 않다. 이(理)를 극대화하면 천지자연 운행과 고금역사의 변화도 이와 같은 이치에서 벗어나지 않는다. 작게는 티끌 하나의 미세함과 숨 한 번 쉴 사이의 순간찰나도 이와 같은 이치를 벗어나지 않는다.

이것은 천지만물이 본래 갖추고 있는 도(道)요 이(理)고, 하느님이 내려준 덕(德)이며, 모든 사람들이 갖고 있는 성(性)이다. 유자가 말하는 천지의 중심이고, 공자가 말하는 인성과 천도이며, 자사가 말하는 천명지위성(天命之謂性)이다. 맹자가 말하는 인의지심(仁義之心)이고, 정자가 말하는 선천적으로 타고난 중(中)이며, 장횡거가 말하는 만물의 일원(一源)이다. 소강절이 말하는 도(道)의 형체 등이 〈다 같은 이(理)〉를 두고 한 말이다.

다만 사람들이 저마다 타고난 기질에 따라 맑은 것과 흐린 것, 바른 것과 치우친 것의 차이가 있고, 동물적 욕구의 심천(深淺), 후박(厚薄), 대소(大小)의 차이 등이 있기 때문에 사람도 동물과 같이 현명한 자와 어리석은 자로 나뉘어 같아질 수가 없다.

이(理)가 같기 때문에 한 사람의 마음으로서도 온 세상 만물의 이(理)에 대하여 알 수 있다. 그러나 기질이 다르기 때문에 이(理)에 대하여 때로는 탐구하지 못할 수도 있다.

이(理)를 탐구하지 못하기 때문에 앎이 지극하지 못하고, 앎이 지극하지 못하면 마음이 피어나되 의리에 순전(純全)하지 못하여 사사로운 물욕에 뒤섞이게 될 것이다. 그럼 뜻이 성실하지 못하고 마음이 바르지 못하며 몸이 닦여지지 못하므로 나아가 온 세상을 잘 다스리지 못한다.

옛날 성인들은 이 점을 우려하여 어린 학생들에게 소학을 엮어 예(禮)를 가르치고 성(誠)과 경(敬)을 익숙케 하였다. 그들이 잃어버린 마음을 되찾고 덕성을 기르고 닦음이 지극하도록 했던 것이다. 그리고 대학에서는 그들이 알고 있는 이치를 토대로 사물들의 이치를 추론하고 탐구하게 하여 앎을 이루도록 하였다. 이에 학자들의 앎 또한 두루 갖추어지고 정밀해져서 지극해지지 않을 수 없었다.

이치를 탐구하는 방법으로는 드러난 일이나 행위에서 찾기도 하고, 미세한 생각 속에서 살피기도 하며, 독서 가운데 구하기도 하고, 강론할 때에 실마리나 방법을 얻기도 한다.

이와 같이 하여 사람들이 심신성정(心身性情)의 도덕과 일상생활의 윤리와 천지귀신(天地鬼神)들의 조화와 새와 짐승, 풀과 나무들의 이치에 이르기까지, 모든 사물의 당연한 법칙과 필연적인 법칙들을 알게 하였다. 그렇게 사물들의 겉과 속, 정밀함과 조잡함의 이치를 확실하게 알고, 더 나아가 다른 사물들을 유추하여 앎을 확장하다보면, 어느 날 모든 것을 뛰어넘어 하나로 꿰뚫어보는 경지에 이르게 되니 온 세상의 만물에 대하여 지극히 정밀한 이치까지 알게 될 것이다. 이렇듯 마음의 본체를 극대화함으로써 자신의 총명예지가 확연해질 것이다."고 했다.

"앎에 대하여 마음에 의문이 있는데, 그 묵은 생각에 가로 막히면 편견에 사로잡히게 되니 새로운 앎이 어디에서 나오겠는가?" 하고 섭씨가 물으니 장자가 답하기를, "의심을 모르는 것은 실제로 공부를 해보지 않았기 때문이다. 실제로 공부를 해보면 언제나 의심이 생겨 공부가 뜻대로 되지 않을 때가 많을 것이다. 이것은 매우 바람직한 의문이다.”고 했다. 주자가 또 답하여 말하기를, “이치를 깊이 생각함에 있어서 혼란스럽고 꽉 막히는 곳에 이르면 마음속의 모든 것을 털어버리고 텅 비게 해야 한다. 그런 다음에 문득 마음을 되돌려 다시 한 번 생각을 더 해보라. 그럼 저절로 깨달아 귀결되는 곳이 있을 것이다.”

주자가 다시 말하였다.

“연평 이 선생께서 일찍이 말씀하기를 〈낮에 도리를 탐구하고 고요한 밤에 조용히 앉아 이치를 깊이 생각하고 생각하면 비록 의문스러운 것까지도 저절로 알게 될 것이다〉라고 하여 내가 그 말씀을 따라 해보았더니 정말 전과 다르게 나아감이 있었다.”고 했다. 정좌사유가 공부에 도움이 된다는 것이다.

“밖으로 물욕에 흔들리지 않으면 마음이 맑아질 것이요, 안으로 평소 덕성을 함양하면 밝은 지혜가 생기므로 앎에 의문도 점차 사라지게 될 것이다.”고 섭씨가 말하니, 이를 듣고 주자가 말하기를, “학인들이 해야 할 공부는 오직 덕성의 함양과 사물의 이치를 연구함에 있다. 그런데 이 두 가지 공부는 상호보완적이다. 사물의 이치를 연구하면 몸과 마음을 성실경건하게 하는 공부가 하루하루 더욱 진보할 것이요, 몸과 마음을 성실경건하게 하면 사물의 이치를 연구하는 공부가 날마다 더욱 치밀해질 것이다.”고 했다. 또 말하기를,

“학문을 닦고 연구하는 데만 힘쓰는 사람은 실천에 아주 소홀하고, 실천만을 위주로 하는 사람은 또 학문을 갈고 닦는 것을 쓸데없다고 여긴다. 그러나 실행을 통해 학문연구를 철저히 하여 앎을 깊게 함으로써 사람의 도리를 지키는 것이 날로 굳세어진다는 사실이 중요하다.”고 했다.

논어의 위정 편에 “배우고 생각하지 아니하면 얻는 것이 없고, 생각하

고 배우지 않으면 위태롭다."고 공자께서 말씀하셨다.

무엇이든 배우면 그것을 깊이 생각하고 실천하여야 하고, 실천할 것을 깊이 생각해보지도 않고 배우는 것은 위험한 일이라는 것이다.

배움은 생각과 실천이 함께해야 올바른 배움이 된다.

3절
학습방향(學習方向)과
격물치지(格物致知)

   사람은 태어나면서부터 배우려는 특성이 있다. 사람은 대체로 미지에 대한 두려움보다 배워 알려는 지적욕구 호기심이 더 강하다. 그래서 사람을 배우는 동물이라고 하며 배움을 사람의 본성이라고 한다.

   배워 앎으로써 짐승 같은 사람이 사람다운 사람이 되고, 가난하여 구차한 환경을 수용하고 살 수밖에 없는 사람도, 그 열악한 환경을 극복하고 부유한 환경을 스스로 창조하는 사람으로 바뀔 수 있다.

   반대로 배워 알지 못하면 사람이 짐승이 되고, 부유한 환경의 사람일지라도 가난하고 천박한 사람으로 점차 전락하고 만다.

   앎의 정도나 내용이 사람의 신분을 격상시키기도 하고 추락시키기도 한다. 사물이나 세상은 자기가 배워 아는 만큼 보이고 느낄 수 있으며, 자기가 아는 만큼 사물이나 세상을 활용하게 된다. 배움을 통하여 앎을 확장하면 그만큼 사물이나 세상이 바로보이고 더 많은 것을 느낄 수 있으며, 필요한 것을 편리하게 이용할 수 있게 된다.

   사람의 앎은 태어나면서부터 아는 앎(生而知之)과 자라면서 점차 배워서 아는 앎(學而知之), 그리고 현실생활의 어려움 속에서 애써 부딪혀 아는 앎(困而知之)이 있다. 사람의 앎은 이와 같이 크게 세 가지가 있다.

중용에서는 이 세 가지 앎이 궁극적으로는 사물의 이치를 탐구하고, 사람의 도리와 명덕(明德)을 행함에는 다 한가지라고 하였다.

나면서부터 앎으로 그 일을 자연스럽게 행함은 슬기로운 사람의 앎이고, 배워서 앎으로 그 일을 헤아려서 행함은 어진 사람의 앎이며, 어려움 속에서 애써 부딪혀 앎 역시 그 일을 있는 힘을 다해 행함이니 용감한 사람의 앎이 된다. 이와 같이 앎들이 공을 이룸은 매일반이라는 것이다.

유가에서는 동서고금의 천하 만민이 함께 가야될 달도(達道)로는 오륜(五倫)을 선택하였고, 함께 이뤄야할 달덕(達德)으로는 지인용(智仁勇)을 택하여 가르쳤다. 그리고 이 달도와 달덕은 그냥 나면서부터 알든, 배워서 알든, 몸으로 부딪혀 알든, 반드시 알아야 하는 사람의 도와 덕이라고 하였으며 격물치지의 목표라고 하였다.

우리가 올바르게 격물하고 치지하여 세상을 주도하려면 크게 다음의 세 가지를 학습하고 그것을 활용하는 방법을 알아야 한다.

〈그것이 무엇이다〉는 지식과 함께,

〈그것을 어떻게 사용해야한다〉는 기술을 익혀야 하고,

〈그것에 관계된 여러 가지 관점이 있다〉는 정보를 수집하고 분석할 줄 알아야한다. 그런 다음에 적극적인 참여와 연구를 통하여 다양한 지식과 지식, 기술과 기술을 융합(融合)하고 또 지식과 기술을 총체적으로 통섭(統攝)하여 신문명과 신문화를 창조해야한다.

지식과 정보를 다각도로 예측하고 분석하여 널리 세상 사람들이 이롭도록 사용해야한다. 그와 동시에 만물의 영장인 사람이 우주자연의 보존과 진화에 기여할 수 있도록, 서로의 앎을 토론하며 교환하고 통합하면서 지속적으로 발전시켜야한다.

밝은 덕을 밝히고, 모든 사람을 새롭게 하면서 최선의 삶을 살려면, 세상이 급변하고 있기 때문에 변화에 따른 신지식, 신기술, 신정보를 습득하는데 결코 게을러서는 안 될 것이다.

세월은 쉬지 않고 구름에 달 가듯 소리 없이 흘러가니, 마음을 다하여 지속적으로, 체계적으로, 반복적으로, 학습하여 두뇌의 가동률을 높이고, 두뇌의 기억장치에 늘 새로운 앎을 각인시켜야한다. 풍부한 지식과 정보를 습득하고 활용하기 위하여 늘 새로워지는 학습을 즐겨야한다.

의도대로 최선의 상태를 누리고 즐기기 위해 우리는 반드시 격물하고 치지하여야한다. 더 나은, 더 좋은 미래를 창조하기 위하여 우리는 반드시 신지식, 신기술, 신정보 학습정진에 성심을 다하여야한다.

'급변하는 오늘 날 가장 올바른 학습방향은 무엇일까?'

(1) 적시학습(適時學習)이 중요하다. 배우고 익혀야할 알맞은 때에 배우고 익혀야한다. 예의와 도덕, 지식과 기술을 제 때에 배우고 익혀야한다.

좌뇌적 논리와 분석, 우뇌적 직관과 공감 방법을 제때에 배우고 익혀 적용해야한다. 그리고 써야할 필요한 때에 다양한 학습 데이터들을 검색하여 쓸 수 있는 수단과 방법들을 습득하여야한다. 필요충족의 제일수단이 적시학습에 의한 적시활용이다.

적시에 학습하지 않으면 필요한 것들을 보고 듣고 느끼며, 만들어 누리고 즐길 수가 없을뿐더러 더 좋은, 더 새로운 곳으로 나아갈 수 없다.

적시에 배우지 않으면 앎이 퇴보하면서 삶이 점차 궁색해지니, 세상을 원망하게 되고 부모를 탓하며 자신을 책망하게 된다. 그리고 궁극에는 좋은 벗들로부터 외면당하고 일상생활의 불편함을 겪으면서 구차한 삶을 살게 된다. 체념과 자학 속에서 우물 안 개구리의 삶을 자초할 수밖에 없다.

살기 좋고 할 일 많은 이 넓은 세상을 사람답게 살려면 적시학습을 해야 하고 더 나아가서는 평생학습을 게을리 해서는 안 된다. 지능의 발달과 함께 세상은 점차 지식사회로 진화하고 있기 때문에 문명인으로 살기 위해서는 배움에 주의하지 않을 수 없다.

배움에는 생물학적으로 민감한 시기가 있다. 사람은 신체적 성숙과정에서 저마다 새로운 지식과 능력을 학습하는데 가장 잘 준비되어 있는 때가 있다. 이때에 학습하지 못하면 나중에 세월이 흘러 점점 나이가 들게 되면 마음만 조급할 뿐 학습이 어려워진다.

학습의 때를 놓치고 뒤늦게 학습하려면 몇 배 더 힘든 수고를 해야 한다. 그리고 자아실현의 때 또한 의도와 어긋나게 되므로 삶의 과정이 고단하고 불편해지게 된다.

학습뿐만이 아니라 정치, 경제, 문화, 예술, 사회생활의 성패나 진퇴 문제 전반이 다 때가 있다. **전 미국 대통령 리처드 닉슨**_{Richard M Nixon}**의 말처럼 '타이밍이 모든 것이다**Timing is everything.**' 무슨 일이든 중요한 것은 타이밍이다. 그러므로 의미 있고 즐거운 '미래의 현재' 삶을 살려면 '제때에 학습'하는 것이 중요하고, '제때에 실천'하는 것은 더욱 중요하다.**

(2) 자문자답(自問自答)이 중요하다. 자신이 선택한 학문과 꼭 알아야 할 문제들을 풀기 위해서는, 때나 곳을 가리지 말고 자세히 물어 답을 찾아야 한다. 학문(學問)이란 중용의 박학(博學)과 심문(審問)에서 비롯한 말이다. 널리 배우기 위해서는 자세하게 물어야 한다. 의문이 생기면 필요한 참고서나 다양한 학습데이터 검색을 통해서라도 답을 찾아야 한다.

스스로 물어 답을 얻지 못하면 현자나 스승을 찾아가 물어서라도 답을 찾아 알아야한다.

공자께서 말씀하시기를, "순임금께서 크게 지혜로우신 것은 무엇이든지 묻기를 좋아하시고 비근한 말도 살피기를 좋아하셨기 때문이다"고 하셨다. 호문(好問) 호찰(好察)이 중요하다고 한 것이다.

준비된 제자 멘티mentee**에게는 반드시 훌륭한 스승 멘토**Mentor**가 나타나는 법이다.** 희망하고 기다리면 필요한 정보를 습득할 기회는 반드시 찾아오는 법이다. 깨어 있는 마음으로 깊이 사유하며 문제를 주의하고 집중하면 원하는 답을 얻을 수 있다. 그러므로 우리는 자문자답하면서 모든 문제를 인식하고 해결하는 능력을 키워야한다. 의도를 일념으로 몰입하는 학습법을 터득하여야한다.

거듭 묻고 사유하며 답을 구하는 것이 학인의 학습 자세다.

"나는 누구인가? 나는 무엇인가?"

"나는 앎을 제대로 학습하고 있는가?"

"내가 지금 하는 일이 의미 있고 즐거운 일인가?"

"나는 훗날 후회하지 않을 삶을 살고 있는가?"

(3) 목표설정(目標設定)이 중요하다. 노란 해바라기는 해를 향해 움직이고, 배고픈 사자는 먹이 감을 향해 돌진하며, 달리는 버스는 목적지를 향해 달리고, 성공을 꿈꾸는 사람은 목표를 향해 용맹정진 한다.

"나는 꿈이 있는가? 나아갈 목표가 있는가?"

"내가 좋아하고 잘 할 수 있는 일은 무엇인가?"

"내가 갖고 싶은 것은 무엇인가?"

"내가 가고 싶은 곳은 어디인가?"

"내가 하고 싶은 일은 무엇인가?"

"내가 되고 싶은 사람은 어떤 사람인가?"

"내가 버릴 것과 원하는 것은 무엇인가?"

"나는 누구와 무엇을 하며 어떻게 살 것인가?"

스스로 묻고 답하여 내가 나아가야 할 삶의 목표를 설정해야한다. 그리고 내가 선택한 목표를 이루기 위한 학습방향을 정해야한다.

'하늘이 내게 부여한 사명(職)은 무엇인가?'

'지금 여기서 내가 해야 할 역할(業)은 무엇인가?'

스스로 묻고 물어서 자신에게 주어진 사명과 역할을 확정해야한다. 그리고 미래직업과 미래인생을 정밀하게 설계한 시나리오를 작성해야한다. 그것이 입신양명의 지름길이다.

목표가 없는 인간은 헤매게 된다. 목표가 없이 10년 이상을 헤매게 되면 그 사람은 자기도 모르게 사이코패스Psychopath인간이 되고 만다고 심리학자들은 말한다. 그러므로 꿈과 비전, 희망과 목표가 분명해야 젊은 날 헤매지 않고 학습할 수 있으며 장차 성취의 기쁨을 누리게 된다.

신나고 즐거운 목표를 찾아라! 나와 나의 세상을 위하여!

가치 있고 의미 있는 목표를 설정하라!

목표를 설정하면 반드시 자신의 내면 깊은 곳에서 뜨거운 열정이 솟구칠 것이다. 〈하겠다! 할 수 있다! 하면 된다!〉는 열정과 자신감이 생길 것이다. 그리고 하루하루의 삶이 의미 있고 즐거워질 것이다.

꿈꾸는 목표점이 찾아지면 자신의 감정과 언행이 선하게 다스려지며, 격물치지 학습이 즐거워지고, 자기창조 학습이 재미가 있다.

꿈을 이루는 사람은 자신의 목표를 정조준하고 살아간다.

(4) 집단지성(集團知性)이 중요하다. 우리는 나보다 더 똑똑하다We are smarter than me는 것이 집단지능(集團知能) · 협업지성(協業知性)과 같은 의미의 집단지성Collective Intelligence이다. 다수의 개체들이 서로 협력하거나

경쟁하는 과정을 통하여 얻게 된 집단의 지적능력을 의미하며, 이는 개체의 지적능력을 넘어서는 거대한 힘을 발휘한다. 아주 작은 미물인 개미가 공동체로서 협업하여 거대한 개미집을 만들어내는 것처럼, 비록 개체로서의 개미는 미미하지만 집단으로 군집하면 높은 지능체계를 형성한다고 보는 것이 오늘날의 집단지성이론의 근거다.

데카르트의 '나는 생각한다, 고로 존재한다'는 명제대신 우리는 참여한다, 고로 존재한다는 참여와 공동체의식이 중요하다. 주제와 공감윤리, 리듬편승(rhythm 便乘)과 공명논리 등이 집단지성의 논거가 된다.

뛰어난 소수들이 독자적으로 주도하고 창조하던 시대는 저물어가고, 평범한 대중들이 모여 지식과 정보를 공유하고 토론하며, 서로를 신뢰하고 소통하며, 적극적으로 참여하여, 통합하고, 융합하는 새로운 패러다임의 세상이 도래하고 있는 것이다.

우리는 이와 같은 집단지성을 이해하고 활용하는 여러 가지 기술(블로그, 위키피디아, 딜리셔스 등의 Web 2.0, 페이스 북, 트위터, 카카오스토리 등의 소셜 네트워크 서비스 등)들을 터득하고, 이것들을 활용하기 위해 적극적으로 오픈소스open source, 참여와 공유, 롱 테일Long tail 전략 등으로 집단지성의 시너지synergy효과를 창출하는 학습에 앞장서야 새로운 시대를 주도하는 주역이 될 것이다.

(5) 전문지식(專門知識)이 중요하다. 학습하고 습득해야할 지식분야는 참으로 다양하고 광범위하다. 평범한 개인의 생각과 상상을 뛰어넘는다.

두뇌가 좋은 사람도 모든 분야를 다 학습하고 지식하여 통달할 수 없다. 그러므로 자기가 좋아하고 잘할 수 있는 하나의 전문분야를 제때에 선택한 다음에 학습하고 지식하는 것이 매우 중요하다.

올바른 격물치지 방법은, 젊은 날 가치 있고 의미 있는 미래지향적인 핵심과제를 선택하고, 그것을 설계하여 핵심역량을 집중하고 발휘하는 것이다.

세상으로부터 인정받고 대접받으려면 높은 수준의 전문지식이 있어야 한다. 사회로부터 충분한 보상을 받고 자아를 실현하려면 남보다 탁월한 전문지식을 학습하고, 습득한 전문지식을 효율적으로 활용할 줄 아는 능력을 갖춰야한다. 가급적이면 신지식, 신정보, 신기술을 학습하고 습득하는 것이 좋다. 반드시 내가 좋아하고 잘 할 수 있으면서 경제적 가치가 있는 전문지식을 선택하고 학습하여야한다. 그리고 그것들을 통합하고 융합하여 적절하게 통섭(統攝)하는 활용의 묘를 살려야한다.

교양학습보다 선택학습이 더 어렵고 힘든 법이다. 교양학습은 일반지식으로 수기(修己)가 되고 인격이 되며, 선택학습은 전문지식으로 치인(治人)의 수단이 되고 성공의 열쇠가 된다.
오늘날 자본주의사회에서 사회적 대우나 경제적 보상을 받으려면 교양학습을 통한 인격함양도 중요하지만, 선택학습을 통한 경제보상을 받을 자격(開物資格)을 갖추는 것이 매우 중요하다.
자기분야의 달인으로 세상이 인정하는 3%안에 드는 전문지식과 능력을 갖춘 사람이 되려면, 자기분야에 대한 오랜 궁리와 탐구, 그리고 뼈를 깎는 절차탁마의 수고와 눈물겹도록 힘겨운 수많은 도전과 시행착오, 모의실험 등이 따라야 한다.
일만 시간 이상의 지속적이고, 체계적이며, 반복적인 노력이 없이는 달인의 경지에 오를 전문지식을 습득할 수 없으며 전문가로 대접받기 어렵다.

세상 사람들을 널리 이롭게 할 수 있는 전문지식이 없는 사람은, 결코 부와 풍요, 귀와 명예를 누릴 수 없다. 설혹 누리고 있다 할지라도 그것은 자기창조가 아니므로 수치스러운 것이고 한시적인 경우가 많다.

(6) 모의실험(模擬實驗)이 중요하다. 어떤 체계나 장치의 구조 그리고 거기서 일어나는 다양한 현상을 알아내기 위하여, 그 모형을 만들고 계산과 실험을 통하여 논리를 입증하는 수법이 모의실험simulation이다. 자신의 연구내용이나 논리적인 전문지식들을 예측하여 사전에 경험하고 분석함으로써 그것을 유용한 현실로 창조하고 활용할 수 있는 것이 모의실험이다.

현실적으로 직접 수행하기 어려운 상황을 대신하여 실제와 비슷한 가상현실(假想現實 virtual reality)을 간편하게 설정하여, 그에 대한 모형들을 만들어 실험함으로써 결과 값이 대충 어떻게 나올지 예측하는 것이다.

본질적으로 같은 실제현상 또는 알기 쉬운 현상의 변화를 컴퓨터나 모형들을 이용해서 다양하게 다루어 봄으로써, 정치, 사회, 경제, 군사, 생물학, 물리학, 기상학 등의 여러 분야에서 엄청나게 소요되는 시간과 경비를 절감하고, 근사해석(近事解釋 approximative solution)을 얻어낼 수 있는 것이 모의실험의 목적이고 효과이다.

자신이 선택한 꿈이나 목표, 또는 사업이나 가치를 현실로 창조하기 위해서, 그것을 실제로 실행하기 전에 긍정적, 부정적, 종합적인 방법 등으로 다양하게 작성한 시나리오를 예측하고 분석하는 예행연습rehearsal이나 모의실험을 해보는 것이 매우 중요하다.

실행하기 전에 의도한 내용의 〈흉내 내기〉를 지속적으로 반복하여 실험함으로서 자신이 선택한 〈의도의 오류〉를 예방하고, 보다 안전하게 〈의도한 목표〉를 현실로 창조하고 경험할 수 있게 된다.

(7) 현실창조(現實創造)가 중요하다. 적시학습이나 자문자답을 통하여, 인생이나 학습의 목표를 설정하여 무엇을 할 것인가? 전문지식이나 집단지성을 활용하여, 가치 있고 보람된 삶의 목표를 세워 무엇을 할 것인가? 깊이 생각하고 궁리하지 않을 수 없다.

그 모든 것은 목표한 의도를 현실로 창조하여 경험하기 위해서가 아닐까! 성취의 기쁨을 누리며 행복한 삶을 살기 위해서가 아닐까! 진지하게 고민하고 사유해보지 않을 수 없다.

자신이 진정으로 원하는 인생이나 학습목표를 설정하고, 다양한 모의실험 등으로 예측하고 분석하여 최선의 답을 구하는 것도, 그것들을 현실로 창조하기 위한 하나의 수단이고 방법인 것이다.

격물치지의 학습목표도 본래 밝은 덕을 밝히고, 모든 백성을 새롭게 하여, 모두가 최선의 상태에 머무르도록 하는 수단인 것이다. 그러므로 가장 의미 있고 즐거운 현실창조가 대학의 궁극적 학습목표다.

오늘날 현대인이 쉽게 실행할 수 있는 현실창조의 기술은 무엇일까?

자기의 앎이 의도한 꿈과 비전, 희망과 목표를 예측하고 분석한 다음에, 그것을 선택하면 종이에다 구체적으로 적는다. 자기가 원하는 것을 종이에 적는다. 조금은 황당하고 엉뚱한 희망사항도 괜찮다. 그리고 그것을 주의하고 집중한다. 한뜻으로 생각하고 또 생각하며 마음속에 새긴다. 원하는 의도를 선명하게 구체적으로 마음에 새긴다. 현실로 창조되어 경험될 때까지 일념으로 주의한다. 원하는 것이 이미 이루어졌다는 생각이 들 때까지 주의한다.

선택한 목표를 시각화하여 바라보고 소리 내어 읽는다. 자기암시를 반복함으로써 자아내면의 마음과 우주심(宇宙心)에 각인이 되도록, 〈의도를 유인하는 창조에너지〉가 우주의 가장자리까지 울려 퍼지도록 큰소리로 선언한다. 그리고 한순간도 잊지 않고 염원한다. 의도한 희망, 선택한 목표가 자기의 신념이 될 때까지 주의한다. '원하는 것이 이미 이루어져서 감사합니다.'는 말이 저절로 나올 때까지 주의한다.

선택한 목표가 이루어졌음을 마음으로 상상하고 느끼면서 감사하라!

선명하게 깨어 있는 의식 가운데 선택한 목표가 이루어지는 한순간의 입체영상hologram**이 현실처럼 가슴 뭉클하게 느껴지는 순간, 그 목표는 반드시 우주에너지와 공명하여 현실로 창조되고 경험된다.**

이것이 정신일도(精神一到) 하사불성(何事不成)의 성공법칙이요, 단군조선 때부터 지금까지 전해오는 천부경(天符經)의 성기원도(聲氣願禱) 창조법칙이다. 그리고 오늘날 서양에서 유행하는 끌어당김의 법칙이다.

학습의 중요성을 인식하고 올바른 학습방향을 선택하여 성실하게 격물치지함으로써, 수기치인이라는 학습목표를 현실로 창조할 수 있는 능력을 얻은 사람은, 일찍이 공자께서 말씀하신 다음의 논어 첫 구절을 음미하며 즐거운 삶을 유유자적하게 될 것이다.

"배우고서 때때로 그것을 익히니 이 또한 기쁘지 아니한가!

벗이 있어 먼 곳으로부터 찾아오니 이 또한 즐겁지 아니한가!

사람들이 나를 알아주지 않아도 성내지 않으니 이 또한 군자가 아니겠는가!"라는 군자삼락(君子三樂)을 즐길 수 있게 될 것이다.

우리들도 공자처럼 배움의 도를 깨달으면 홀로 배움을 익히고 앎을 가꾸면서 유유자적의 삶을 살아도 즐겁고, 좋은 벗들과 집단지성을 공유하기 위해 밤을 밝히면서 담론해도 즐거울 것이다.

자신의 앎을 남이 알아주지 않아도 성내거나 안타까워하지 않고 하루하루가 평온한 삶을 즐길 수가 있으니 이 모두가 배움의 덕이 아니고 그 무엇이겠는가? 그러므로 오늘도 어제같이 학습하는 것이 즐거우면 시중 범용(時中凡庸)을 터득한 대인군자의 삶이다.

　　시중범용(時中凡庸)이란, 어느 한쪽으로 치우치지 않게 중심을 잡고, 그때그때의 비근한 사정에 알맞게 적절하게 행동하는 것이 시중(時中)이고, 늘 평범하면서도 대범하게, 자연스러우면서도 떳떳하게, 행동하는 것이 범용(凡庸)이다. 중용(中庸)은 시중범용(時中凡庸)을 줄인 말이다. **大**

4절
학습방법(學習方法)과
격물치지(格物致知)

사람들은 새로운 것을 발견하고 편리한 것을 발명하기 위해 격물하고 치지한다. 더 좋은 문화와 더 나은 문명사회를 이루어 자유롭고 행복하기 위해서 꾸준히 학습하고 탐구한다.

많은 날을 사유하고 궁리함으로써 선하고 아름다운 삶을 가꾸고 즐길 수 있으며, 가슴 벅찬 자기 삶의 의미와 가치를 창조하고 지선(至善)을 경험하기 위해 수기(修己)하고 치인(治人)한다.

이 모든 과정에 꼭 필요한 것이 폭넓은 앎이다. 그것들을 이루기 위한 전문지식이 필요하기 때문이다. 사람은 그 앎을 통하여 창의적 사고력과 문제해결능력을 기르고, 의도를 현실로 창조하는 기술능력을 갖춤으로써 필요를 챙기고 경험할 수가 있으며, 경제적인 보상을 통하여 편리한 생활을 누리고 즐길 수가 있다.

젊은 날에 앎을 확장하고 능력을 키우기 위한 학습이 무엇보다 시급하다. 학습은 열심히 하는 것만이 능사가 아니다. 특별한 왕도나 지름길이 있는 것도 아니다. 그러므로 우리는 어떻게 학습하는 것이 가장 현명한 방법일까? 고민하고 궁리하여 자기에게 알맞은 방법을 터득할 수밖에 없다.

천하 사람들을 지극히 좋은 상태에 머무르게 하려면 그들이 날마다 새로워지도록 교육하여야 하며, 다양한 신지식과 신기술들을 습득하도록 가르쳐야한다. 자신이 본래 갖고 있는 밝은 지혜를 제대로 밝히려면 어떻게 학습할 것인가? 위대한 학습서이면서 정치서인 대학에서는 그 학습방법과 순서를 다음과 같이 팔조목(八條目)으로 가르치고 있다.

- 사물의 이치를 밝히면 앎이 지극해진다.
- 앎이 지극해지면 뜻이 성실해진다.
- 뜻이 성실해지면 마음이 바르게 된다.
- 마음이 바르게 되면 몸이 닦여진다.
- 몸이 닦여지면 집안이 가지런해진다.
- 집안이 가지런해지면 나라가 다스려진다.
- 나라가 다스려지면 천하가 태평해진다.
- 천하가 태평해지면 격물하고 치지한 것이다.

그가 비록 특출한 수재나 대인일지라도 입신양명하여 치국평천하를 하려면 먼저 학습하고 실천하는 격물치지과정이 필요하다.

올바른 학습방법을 통하여 먼저 사물의 이치를 밝히고, 널리 세상 사람들을 이롭게 하는 지식과 기술을 갖춘 다음에 올바르고 성실한 마음가짐으로 천하를 다스려야 한다.

모든 문제의 원인과 결과를 살펴 아는 전문지식과 더 좋은 문명사회를 건설할 수 있는 정보나 기술습득이 중요하다. 훌륭한 선인(先人)들이나 나보다 똑똑한 우리들이 이룩한 학습정보들을 수집하고 융합하여 활용하는 기술과 능력을 갖춰야한다. 그리고 자기내면의 비전과 신념을 현실로 창조하여 세상으로부터 인정받는 자아실현을 하여야한다. 그러려면 예나 지금이나 현명한 학습방법이 필요하다.

지금까지 많은 사람들이 선택하여 공부했던 가장 쉬운 방법들을 찾아야한다. 대학이 지향하는 대인이 되려는 학인들은 자기에게 맞는 학습방법을 취사선택하여 격물하고 치지하여야한다. 그리고 수기(修己)하고 치인(治人)하여 세상의 빛이 되라!

학습에는 왕도나 지름길이 없으니, 스스로 노력하고 정진하여 뜻이 이뤄질 때까지 배우고 익혀야한다. 지속적으로 체계적으로 반복적으로 배우고 익혀야한다.

'어떻게 학습하는 것이 가장 현명하고 쉬운 공부방법일까?'

(1) 학습동기를 찾으면 공부가 쉬워진다.

스스로 학습을 어떻게 하겠다는 자발적인 동기부여(動機附與 self motivation)를 하면 공부가 재미있고 즐거워진다. 인간의 뇌는 재미를 추구하기 때문에 공부가 재미있으면 누가 시키지 않아도 열심히 반복하여 공부하게 되고, 필요한 내용이 저절로 외워지게 된다.

공부가 놀이가 되고 놀이가 공부가 되면, 주의력이 향상되고 반복학습이 즐거워진다. 새로운 것을 배우고 싶고 알고 싶어 안달이 나며, 기억이 잘되는 기적 아닌 기적현상이 일어난다. 새로운 것을 배우고 앎으로써 호기심을 자극하고 충족하는 기쁨이 차오르게 된다.

재미를 추구하는 인간의 뇌는 가동률을 높이면 높일수록 총명해진다. 모든 뇌기능이 유기적으로 원활하게 작동하기 때문이다.

자신의 현재처지를 자각하고 자문자답하여 자발적인 동기부여를 함으로써, 재미있고 즐거운 자아확장의 학습명분을 찾아야한다. 스스로 학습이 재미있고 학습이 기쁨이라는 학습동기를 만들어야한다. 보다 더 나은 자신의 미래를 위하여 현재의 부정적인 생각이나 소극적인 행동을 성찰하고 과감하게 혁신할 수 있는 학습동기를 찾아야한다.

'누구를 위해 학습하는가?'

'무엇 때문에 학습하는가?'

'학습이 싫은 이유가 무엇인가?'

'훗날 오늘을 후회하지 않을 자신이 있는가?'

'학습하지 않고 적당히 놀며 살아도 미래가 보장되는가?'

'학습하지 않고도 내가 원하는 것을 얻을 수 있는가?'

'내가 원하는 것을 얻기 위해서는 어떻게 학습해야 하는가?'

스스로 자문자답하면서, 조용히 성찰하고 반성하며, 자신을 달래고 설득하여 학습해야한다. 자기내면의 꿈과 비전, 열망과 열정을 깨워야 한다.

'나의 풍요와 명예를 위하여!'

'나의 부모와 가족을 위하여!'

'나의 나라와 겨레를 위하여!'

'의미 있고 즐거운 삶을 창조하고 경험하기 위하여!'

'입신양명하여 부모에게 효도하고 인정받기 위하여!'

학습이 힘들고 귀찮아도 지금 이 순간 나를 관찰하여 학습동기를 부여하고, 학습가치를 찾는 것이 무엇보다 중요하다. 내게 늘 기쁨을 줄 수 있는 드림 리스트dream list를 작성하는 것도 하나의 동기부여 방법이다.

생각만 해도 신나는 드림 리스트를 작성하고 항상 점검하면 학습 성적이 오르게 된다. 그러나 생각만 앞서고 현실성이 없는 동기과잉의 드림 리스트는 부담만 될 뿐 실익이 없으니 경계하여야한다.

"어느 아이든 천재가 될 수 있다고 바라보고 믿으면 천재가 된다."고 헝가리의 교육심리학자 폴가Laszlo Polgar는 말하였다. 그는 지능유전에 의해 천재가 된다는 고정관념을 깨고, 천재성을 이끌어내는 가장 큰 힘은 동기유발이라고 주장하면서, 지극히 평범한 아내가 낳은 자기의 평범한 세 딸을 동기유발로 천재를 만들어 냄으로써, 자기의 신념을 정확하게 현실로 입증해 보였다.

긍정적인 시각으로 자신의 꿈과 자신의 미래를 아름답게 디자인하여, 현실로 경험할 수 있는 나만의 학습동기를 부여하고, 그것을 일념으로 주의하고 학습하면 가슴이 벅차다. 내면에서 할 수 있다는 열정이 솟구친다. 이것이 자각이고 자발적인 학습동기부여이며 진정한 자아사랑이다.

(2) 학습목표를 정하면 공부가 쉬워진다.

학습을 잘하려면 스스로 학습목표를 세우고 학습에 관심을 가져야한다. 인문학이든, 자연과학이든, 예체능이든 관심사에 대해 깊이 생각하고 구체적인 목표를 세워야한다.

학습에의 관심은 학습에 마음을 모으는 것이고 주의를 집중하는 것이다. 마음이 가는 곳에 몸이 따르고 우주기운이 모이기 때문이다. 누구나 자신의 마음이 학습에 무관심하면 공부가 싫어지고, 반대로 관심이 지나치면 그 또한 학습이 귀찮아지는 부작용이 생긴다.

사람은 관심을 먹고 자라지만 지나친 관심은 부담이 되고 제약이 된다. 평소 공부 잘하던 우등생도 주변의 기대치에 부응하려는 초조감이나 긴장이 쌓이면 짜증, 신경질을 부리다가 어느 날 갑자기 성적이 떨어지고 만다. 꾸중을 듣기라도 하면 순간적으로 감정의 홍수상태에 빠져 머리가 멍해진다. 그리고 자포자기상태에서 현실도피성 게임에 중독되거나 놀기 좋아하는 비행친구들과 어울려 다니면서 사고를 치기도 한다. 그러다가 학습을 완전히 포기하고 마는 돌발 상황까지 발생한다.

가족이나 친구의 관심을 받지 못한 학생들은 주위의 관심을 끌기 위하여 고의적으로 사고를 치거나 엉뚱한 행위를 저지른다. 그리고 주변의 무관심에 대항하기 위한 수단으로 맹목적인 게임중독 상태에 빠지거나 반항적인 비행을 저지르고, 유아 발상적인 생각이나 변명, 투정행위를 하기도 한다. 스승이나 부모와의 대화를 거부하고 갈등하며 삐딱하게 반항하는 것도 관심 받으려는 의도인 경우가 많다. 그러나 무엇보다 중요한 것은 타인의 관심이 아니라 자신에 대한 관심이다.

관심은 사랑이 되므로 사람들은 타인으로부터 관심 받기를 좋아한다. 그러나 그 관심도 지나치거나 모자라면 오히려 반작용이 나타난다.

어린이나 학생들에 대한 〈관심의 표현〉은 칭찬과 인정, 그리고 격려이며 한편이 되어서 놀아주는 것이다. 진지하게 들어주고 다독거려야 한다. 이것이야말로 진정한 관심으로 사랑을 주는 것이다. 탐색이나 충고, 판단이나 분별, 비교나 견인은 잘못된 관심이다.

배우는 사람에게 제일 중요한 부모나 스승의 관심은, 그가 어려서부터 무엇을 좋아하며 잘하고 있는가? 그 학생이 가슴에 품고 있는 꿈과 비전이 무엇인가? 함께 살피고 지켜보며, 스스로 꿈을 찾도록 도와주고 격려하며 후원하는 것이다. 꿈이나 비전, 목표는 스스로 정해야하기 때문이다.

'내가 좋아하고 잘하는 일이 의미 있는 일인가?'

'내가 선택하고 집중하는 일이 가치 있는 일인가?'

'내가 사회적으로 대접받고 경제적으로 보상받을 수 있는 일인가?'

따지고 살펴본 다음에 자기 스스로 원하는 꿈과 목표를 선택하고 구체화하는 것이 중요하다. 스스로 선택한 것이 가장 현명하고 위대한 목표다.

학생 자신의 관심이 자신의 꿈을 구체화한 학습목표에 있을 때 공부가 즐겁고 신나는 놀이가 된다. 학습목표가 있어 공부하는 학생은 지치지 않는다. 목표에 도달할 때까지 노력하는 것이 즐겁고 기쁘니 학업성적이 오를 수밖에 없다.

학생에게 학습목표가 없다는 것은 학습에 관심이 없다는 것과 마찬가지다. 목표가 없는 학생은 학습에 게으를뿐더러 부정적이고 소극적이며, 공부에 쉽게 싫증을 느끼게 되고 공부를 노동보다 더 고통스러워한다.

학습목표가 없으면 이것저것 쓸데없는 일Secondary에 관심을 갖게 된다. 〈주의가 분산〉되므로 마음을 모으고 공부를 하려고해도 〈집중이 산만〉해져서 학업성적이 떨어질 수밖에 없다.

그러므로 가까운 시일의 시험이나 1일, 1주간 등의 〈단기목표〉나, 한 학기나 한 학년, 특별목적의 중, 고교 등의 〈중기목표〉. 대학이나 유학, 국가고시 등의 〈장기목표〉를 학생 스스로 구체적인 계획을 세우고 공부하면 공부가 집중이 되고 즐거워지며 쉬워진다.

자신의 학습 목표를 언제, 어디서, 어떻게 실천할 것인가를 구체적으로 계획하고, 그 실천과정을 스스로 점검하면 학습효과가 확실하게 나타난다.

학습목표가 벅차면 그 목표를 잘게 쪼개라. 그러면 학습과정이 즐거워지고 중압감에서 벗어나게 된다. 가벼운 마음으로 학습과정을 즐길 수 있게 된다. 그리고 '한만큼' 확실한 효과를 보게 될 것이다.

스승이나 세상 사람들은 목표를 갖고 스스로 노력하는 사람은 반드시

도와준다. 하늘도 스스로 돕는 자를 돕는다고 했다. 그러나 학습목표나 학습계획이 없이 헤매는 학생은 하늘도 외면하고 스승이나 이웃들도 외면하게 되므로 제대로 설자리가 없어진다. 스스로 자신을 한계지으며 쉽게 체념하고 포기한다.

학습목표가 없는 학생은 참으로 한심하다. 점차 무지와 어둠의 세계로 추락하며 희망을 상실하고 절망을 자초한다. 그리고 나중에는 세상과 부모를 탓하고 원망하는 비굴한 인간이 되어 헤매게 된다.

목표가 있는 학생은 학습에 관심을 갖고 학습목표를 주의하고 집중한다. 그러므로 그 목표가 현실로 창조되고 경험되는 기쁨이 따른다. 하면 할수록 공부가 쉬워지고 두뇌의 가동률이 높아지므로 성적이 오르고 자신감이 생긴다. 가난하고 열악한 환경도 극복하고 목표를 정조준하며 살아가게 된다. 그러므로 격물치지하려면 반드시 신나는 목표를 설정하고 학습하여야 한다.

꿈을 이루기 위하여 목표를 정조준하고 사는 사람은, 언제나 창조적 긴장을 풀지 않고 학습목표를 응시하고 주의한다. 그리고 마침내 목표를 관통하고 기쁨을 만끽하는 승리자의 삶을 즐기게 된다.

(3) 학습계획을 세우면 공부가 쉬워진다.

삶이란, 사람이 보고 듣고 느껴 아는 시간선상의 앎이다. 시간이란, 공간에 존재하는 사람의 앎이고 느낌으로써 삶 그 자체이다.

사람에게 주어진 시간이 삶이 되므로 시간이 곧 그 사람의 목숨이 된다. '삶이라는 자신에게 주어진 시간'을 제대로 알고 쓰는 것이 중요하다. 사람에게 주어진 시간을 무엇을 하며 어떻게 쓸 것인가? 그것을 아는 것이 시간선상에 존재하는 사람이 해야 할 일이다.

모든 사람에게 시간은 공평하게 주어진다. 부족함이 없이 넉넉하게 주어진다. 그러나 우주적인 시간은 시작도 없고 끝도 없으나 우리 사람에게는 생사(生死)라는 시간의 시작이 있고 끝이 있다. 이 한정된 시간을 무엇을 하며 어떻게 쓸 것인가가 매우 중요하다.

시간을 쓸 줄 모르는 사람의 삶은 허무한 삶이다. 바다 위를 표류하는 배와 같이 가야할 목표나 방향이 없다. 아무런 의미도 없이 잡담이나 지껄이고 폭력적이고 자극적인 게임이나 놀이에 빠져 허우적거리다가 부모나 세상을 원망하며 서서히 침몰하고 만다. 그러므로 인생 일대사는 '소중한 시간을 의미 있게 잘 쓰는 법을 앎'이 그 무엇보다 중요하다.

앎으로써 사람이 시간을 자기의 삶으로 창조하고 경험할 수 있기 때문에 사람은 시간선상에서 앎을 배우고 익히지 않을 수 없다.

그러므로 앎을 위하여! 한번 뿐인 삶을 위하여! 행복을 위하여! 사람은 모름지기 지금 여기서 학습해야 한다. 적시에 학습하고, 평생을 학습하며, 죽는 날까지 시간을 의미 있게 쓰는 사람이 되어야한다.

미래의 오늘을 위해 시간을 저축하는 최고의 수단이 학습이므로, 자기에게 주어진 오늘의 시간을 유효적절하게 활용하는 법을 터득하여야 한다.

'의미 있고 즐거운 삶을 창조하기 위하여!'

'가치 있고 신나는 삶을 경험하기 위하여!'

학습시간을 스스로 관리하고 점검하여야한다. 목표를 선택하고 집중하려면 학습시간을 관리할 수 있는 학습계획을 수립하고 공부해야한다. 이것이 자기 주도적 학습이다. 공부는 무작정 열심히 한다고 되는 것이 아니다. 지속적으로 자나 깨나 공부하는 것이 최선이 아니다.

학습시간을 관리하며 공부하는 것이 최선이다. 학습계획을 수립하고 공부하면 공부가 쉬워지고 공부효과가 빨리 나타나기 때문에 공부에 자신감이 생긴다. 공부는 하면 할수록 즐거워지고 쉬워진다.

학습계획은 학생자신이 선택한 학습목표에 맞추어 계획하는 것이 좋다. 자신의 학습수준에 걸맞게 학습목표를 단계별로 세분화하여 구체적으로 세우는 것이 가장 이상적이다. 실현가능하게 계획하되 반드시 배운 것을 익히는 복습계획을 더 치밀하게 세워야한다.

어려서부터 학습계획을 세우고 학습하는 습관을 기르면 세살 버릇이 여든 살까지 가므로, 어른이 되어서도 자신의 인생계획이나 사업계획을 세우고 살아갈 수 있는 능력이 길러진다.

자기 주도적 학습계획을 세우고 실천하는 가장 적당한 시기는 초등학교 1~4학년 사이가 최적기라고 한다. 이때 자기 주도적 학습습관이 몸에 배면 평생을 자기 주도적으로 학습계획을 세우고 공부를 할 수 있고, 사업계획을 세우고 사업을 할 수 있다. 남이 시키지 않아도 자기가 알아서 학습하고 사업하게 된다.

사람은 저마다 자기에게 주어진 성장환경이 달라서, 어린 시절에 학습계획을 세우고 자기 주도적 학습을 할 수 있는 기회를 놓치는 경우가 많다. 그러나 그것을 걱정할 필요는 없다. 결심하면 누구나 자기 주도적 학습을 언제든지 재정립할 수 있다고 교육전문가들은 말하고 있기 때문이다.

중고생이나 대학생은 물론 성인일지라도 언제나 자기 주도적 학습의 출발점은 〈하겠다는 자각의 지금 여기〉로써 6개월이나 일 년 정도 학습계획을 짜고 꾸준히 실천하면 가능해진다. 무슨 공부든 자발적으로 학습계획을 세우고, 1~2번의 예습과 3~5번의 복습을 지속적으로 실행하다 보면 자기 주도적 학습능력이 저절로 길러진다는 것이다.

학습은 배우고 익히는 것이다. 새로운 것을 〈배워 아는 것이 학(學)〉이고, 배운 것을 〈익혀 아는 것이 습(習)〉이다. 그러므로 학(學)과 습(習)

은 그 비중이 2대1 또는 1대1이 되어야 정상이고 최선은 1대2라야 한다. 배움이 앎으로 나와 하나 되는 삶을 창조하려면 배운 것을 익히는 과정이 필요하다. 학(學)을 습(習)하는 과정이 필요하다.

사람의 두뇌는 한꺼번에 많은 것들을 기억하는 기능보다, 그것들을 쉽게 망각하는 기능이 더 발달되어 있다. 그러므로 배운 것들을 거듭 익히는 복습과정을 통하여 두뇌에 각인시키지 않으면 애써 배운 것들을 쉽게 망각하고 만다. 두뇌에 입력하여 각인시키고 저장해야만 필요할 때 다시 꺼내 쓸 수 있는 자기의 앎이 된다. 그런데 오늘날 학생들의 교육환경은 학교나 학원, 개인교습 등의 배움(學)에는 80~90% 이상의 시간을 배정하고 있으면서, 스스로 두뇌에 각인시키는 익힘(習)에는 10~20% 정도의 시간도 제대로 배정하지 않고 있다. 습(習)을 도외시하고 학(學)에만 치우쳐 있는 교육현실이 참으로 안타깝다.

배우고 익히지 않으면 그 배움이 무용지물이 되는 경우가 허다하므로 꼭 익힘이 필요하다. 그러므로 선생이나 멘토의 코치를 받아서라도 주도적으로 학습하는 계획을 세우고, 배움을 자기의 것으로 익힘에 주력해야 점차 공부가 쉬워지고 즐거워진다.

학습계획에는 일간계획, 주간계획, 월간계획, 연간계획, 3년 계획, 10년 계획, 평생계획 등이 있다.

(4) 학습태도를 바꾸면 공부가 쉬워진다.
'태도가 운명이다'는 말이 있다.

그 사람의 모든 것은 그 사람의 태도가 좌우한다. 모든 일의 길흉성패도 그 일에 임하는 태도에서 이미 결정된다고 한다.

매사에 긍정적 시각과 진지한 태도로 임하는 사람은 좋은 결과를 가져오고, 부정적 시각과 불량한 태도로 임하는 사람은 나쁜 결과를 초래하는 것이 당연한 세상이치이기 때문이다.

학생들의 학업성적도 학습태도가 좌우한다. 학생들을 살펴보면 진지한 태도로 공부하는 학생그룹과 불량한 태도로 공부하는 학생그룹으로 나누어지는데, 학업성적이 좋은 학생들은 대체로 학습태도가 진지하다. 불가피한 상황이 아니면 지각하거나 결석하는 일이 없다. 적극적으로 참여하며 자기 주도적으로 예습하고 복습한다. 목표를 향하여 꾸준하게 정진하면 자발적으로 배움과 익힘이 즐겁고 성적도 오른다.

대학생들이 두뇌가 나빠 학사경고나 F학점을 받는 경우는 드물다. 강의에 결강하거나 지각하는 등 학습태도가 불량하여 F학점을 받는 경우가 실제로 더 많다. 학생의 학업성적이 나쁜 것은 대개 불성실한 학습태도 때문이다.

재미나 쾌락만을 추구하며 제멋대로 내달리는 본능적 욕망이나 분수밖의 호기심, 유아발상적인 부정이나 반항, 엉뚱한 관심, 자기과시를 위한 욕설이나 폭력, 게임이나 오락놀이 등에서 이기려는 호승심, 친구관계의 의리나 집단에의 얽매임, 옳지 못한 상황에서 NO나 STOP을 못하는 우유부단함, 적당히 안일만을 추구하며 놀고 즐기려는 타성, 말만 앞서고 실행을 미루는 태도, 쓸데없는 생각걱정이나 열등감, 공부한다고 책상 앞에 앉아 PC나 스마트폰, 휴대폰 문자로 잡담이나 주고받으며 시간을 허비하는 태도, 나와 상관없는 남의 일에 끼어들어 흥분하거나 자극받는 태도, '아 지겨워', '정말 힘들고 귀찮아', '난 머리가 나빠 할 수 없어', '공부 안 해도 먹고 살 수 있어' 등등 사사건건 투정하고 부정하며 해보기도 전에 포기하는 행위는 불량한 학습태도다. 이럴 경우 주의가 산만해져 의도한 목표를 집중할 수가 없으므로 점차 학업성적이 떨어진다. 그러나 학생의 신분으로 어차피해야 하고 피할 수 없는 것이 공부라면,

그 공부를 진지하게 받아들여야한다. 지금 여기서 성실하게 자기계발학습에 임해야한다.

오늘날 많은 학생들이나 젊은이들이 상스러운 욕설에 너무 많은 시간을 빼앗기고 있다. 2011년 어느 조사기관의 통계에 의하면 초등학교 및 중학교 학생들이 평균 75초에 한 번 꼴, 1시간에 49회 정도 욕설을 한다는 것이다. '왜 욕을 하느냐?'고 물으면 '친구들이 다 그렇게 한다.'고 말한다. 욕을 해야 친구들과 동질감을 느낄 수 있고 자기위상이 올라간다고 생각하는 것은 참으로 한심하고 안타까운 일이 아닐 수 없다.

자신의 분노나 고통을 욕설로 해소하고, 자신의 무능과 좌절을 욕설로 포장하는 학생이나 젊은이는, 점차 그 영혼이 병들고 성정이 비뚤어져 건강한 인간상을 형성하지 못한다. 부모나 스승, 어른들이나 친구들에게 막말이나 심한 욕설을 거침없이 내뱉으며, 때로는 반사회적인 폭력이나 패악을 부리는 심각한 문제 학생이 어떻게 〈올바른 인간도리〉나 〈현명한 선택능력〉, 〈탁월한 창조능력〉을 학습할 수 있으며 〈위대한 자아실현〉을 위한 〈훌륭한 인격체〉를 형성할 수 있겠는가?

욕설이나 거친 행동은 학습장애가 되고 성격장애가 되므로 반드시 개선해야한다. 욕설이나 거친 행동이 습관으로 굳어지면 그 사람의 의식수준이 천박해지고, 그의 삶도 천박해진다. 점차 저질인간으로 추락하여 빈천한 소외계층의 삶을 자초하고, 사회악적인 존재가 되고 만다. 순간의 선택이 10년을 좌우한다는 상품광고문구처럼 학생의 오늘 이순간의 학습태도여하가 10년 후, 20년 후 자신의 모습을 결정짓는다. 오늘 이 순간의 학습태도가 자신의 20년 후, 30년 후 미래를 준비하는 역사적 순간이기 때문이다.

30년 후, 40년 후의 미래에 무엇을 하며 어떻게 살 것인가를 준비하고 결정하는 것이 지금 여기 이순간의 학습태도다. 그러므로 자신의 잘못된 학습습관이나 불량한 학습태도를 과감하게 혁신하고 계획학습에 정진해야한다. 오늘의 학습태도가 〈미래의 현재〉를 창조하는 원인이 되고 더 나아가 평생진로나 직업까지 좌우한다. 자신의 미래를 위해 학습하려면 지금 여기서 진지한 태도로 공부해야한다.

올바른 태도로 학습하여 앎을 확장하면 사물과 세상을 보는 눈이 달라진다. 배우고 익히지 않으면 한 차원 높은 것을 보고, 듣고, 느낄 수 있는 식견과 지혜가 열리지 않는다. 학습하여 알지 못하면 깨달음을 통하여 의미 있고 가치 있는 삶을 누릴 수가 없다.

학습하여 앎이 효도요 충성이며, 애국이고 애족이다.

학습하여 앎이 돈이요 재산이며, 성공이고 행복이다.

학습하여 앎이 의미요 가치이며, 기쁨이고 사랑이다.

그러므로 우리는 진지한 태도로 성심을 다하여 학습해야한다. 새로운 앎을 밝히고 넓혀가려면 무엇보다 학습태도가 좋아야한다.

현명한 자신의 삶을 선택하고 설계하려면,

위대한 자신의 꿈을 창조하고 경험하려면,

제멋대로 내달리는 본능적 충동욕구나 놀이욕망을 제어하고, 반항적인 자아를 스스로 달래고 설득하여 성실하게 학습해야한다. 부정적인 시각이나 태도를 긍정적인 시각이나 태도로 전환하고 진지하게 학습해야한다.

진지한 태도로 학습하려면, 기상에서 취침까지 자신을 설득하고 제어할 수 있는 〈행동원칙〉을 정하고, 〈행동다짐서〉를 작성하는 것이 좋다.

행동다짐서를 매일같이 소리 내어 읽으면서 하나의 습관이 되도록 실천하다보면 점차 놀라운 변화가 나타날 것이다.

(5) 학습열정이 있으면 공부가 쉬워진다.

정도의 차이가 있을지 몰라도 사람은 누구나 다 자기내면의 꿈과 비전, 희망과 목표를 이루려는 열망이 있다. 어떤 일에 뜨거운 애정을 갖고 집중하는 마음이 열정이고, 그 열정은 꿈과 비전을 이루려는 열망에서 나온다. 열망은 단순한 소망이 아니고 뜨겁게 원하는 간절한 소망이다.

세계적인 동기부여가 폴 마이어Paul J. Meyer의 말처럼 사람들이 **'자기의 마음속에 그린 꿈을 생생하게 상상하고, 간절하게 열망하며, 진정으로 신념하고, 열정적으로 실행'하면, 그것이 무엇이든지 반드시 현실로 이루어진다.** 학업이든 사업이든, 가슴이 벅차도록 강렬하게 열망하는 목표를 세워라! 자기의 삶이 의미 있고, 보람된 목표를 지닌다는 그 느낌보다 더 신나고 좋은 일은 없다. 자신의 꿈과 비전Vision에 홀릭holic되어 열망하라! 저절로 하겠다, 이루겠다는 열정이 솟구칠 것이다.

그 열정이 열망하는 목표를 반드시 현실에서 경험시켜줄 것이다. 열정은 식지 않는 뜨거운 가슴의 주의력으로 〈성취의 에너지〉다.

긍정적인 시각으로 실현가능한 꿈과 비전을 생생하게 디자인하여 열망하고 신념하라! 그리고 열정적으로 주의하고 학습하라. 자신이 열망한 그대로 〈현실로 창조된 신념을 경험〉하게 될 것이다. 현실이란 자신의 신념을 경험하는 무대이기 때문이다.

사람들은 감정이 불안하거나 흥분될 때, 환경의 변화나 충격이 목표상실감으로 이어질 때, 순간의 재미나 본능적 자극을 탐닉할 때, 학습을 미루거나 시간조절에 실패했을 때, 심신이 피곤하거나 체력이 저하될 때는 일시적으로 학습에의 열정이 식는다.

열정이 식으면 우울해지고 무기력해지며, 사소한 일에 화가 나거나 짜증이 나며, 목표를 쉽게 포기하거나 회의하게 된다. 이와 같이 일상이 재미없는 불청객 슬럼프slump에 빠져들게 된다.

이러한 경우에 열정을 되살리려면 어떻게 해야 할까?

지친 심신에 열정을 재충전하려면 반드시 휴식과 운동이 필요하다. 잠시 멈추고 쉬면서 자신을 성찰하고 사유하며, 자신과 관계된 모두를 긍정적으로 이해하고 관찰하면서, 자기에게 알맞은 운동을 통하여 지친 마음을 달래고 저하된 체력을 강화할 필요가 있다.

지나치게 상대방을 의식하고 경쟁하며 초조하지 않았는가? 긴장된 생활 속에서 자신을 보채고 제약하거나 욕망을 한계 짓지 않았는가? 목표 부담 때문에 갈등하고 고민하지 않았는가? 자신을 점검하고 성찰해 보아야한다.

가능하면 신뢰할 수 있는 멘토나 친구, 또는 전문가를 찾아가 문제나 희망을 대화로 소통하며 해결책을 구하는 것도 좋은 방법이 될 것이다. 최선은 초심으로 돌아가 인생목표와 학습방법을 점검하고 재조정한 다음에 자신과 세상을 믿고 사랑하며 열정을 깨우는 것이다.

학습에 열정이 없는 사람은 자기 삶의 주인공이 될 수 없다. 제아무리 좋은 환경에서 넉넉한 학습지원을 받을지라도 자신의 꿈과 비전, 희망과 목표를 현실로 창조하여 풍요를 경험할 수가 없다. 젊은 날 학습에 열정이 없으면 쉽게 쾌락이나 불의와 타협하게 되고, 타성이나 무능을 합리화하며 적당히 놀이나 게임, 잡담이나 즐기면서 공부 잘하는 친구들을 비난하거나 그들의 들러리나 서는 한심한 사람이 되고 만다.

때로는 폭력을 즐기는 재미에 빠져들어 자신과 타인을 괴롭히는 악마 같은 존재로 전락하기도 한다. 그리고 자신을 바라보고 사는 부모를 실망시키거나 욕되게 한다. 참으로 불효막심한 자식이 되고 만다.

젊은날 자신의 목숨보다 더 소중한 시간을 헛되이 보내면서 자신의 환경이나 세상의 부조리만을 탓하고 원망하며 자기 삶의 방관자로 헤매는 삶을 살아가다가는 사회로부터 격리되는 참담함을 자초하게 된다.

자신의 꿈과 비전, 희망과 목표를 현실로 창조하여 풍요를 경험하는 사람들은, 젊은 날 자신을 절제하고 제어하며 열정적으로 학습한 사람들이다. 열악하고 비참한 환경도 원망하지 않고 수용하며 극복한다. 스스로 세운 학습목표와 인생목표를 향하여 잠시도 허투루 살지 않는다.

자기에게 주어진 시간의 주인이 되어 매순간 순간을 아끼고 쪼개어, 열정적으로 학습하고 노동하며 미래를 위한 수기치인의 꿈길을 걸어간다.

사람은 구차한 생활의 고통 속에서도 의미를 찾고, 감당하기 힘든 절망 속에서도 희망을 거머잡을 수 있다. 좋은 조건의 사람들을 부러워하거나 질시하지 않으며 비굴하게 아부하지 않고 자기의 길을 갈 수 있다. 간간히 흔들리는 마음을 스스로 추스르며 자기 삶의 주인이 되어 삶의 열정을 유지함으로써 자기의 꿈을 현실로 창조할 수 있다.

환경이 좋은 사람이 젊은 날 원대한 꿈과 비전을 갖고 열정적으로 학습 정진하면서, 전략적 겸손을 배우고 다양한 사회봉사 경력을 쌓으면, 그는 위대한 역사의 주인공으로 인류문명을 빛낼 위인이 될 수 있다. 좋은 환경을 활용하여 이웃과 겨레가 존경하고 사랑하는 훌륭한 사람이 될 것이다. 大

격물치지(格物致知)와
자아발견(自我發見)

사물의 이치를 밝히고 앎을 이루어 갈수록 여러 가지로 궁금한 것이 자아문제다. 그러므로 우리는 격물치지하려면 자아 즉 〈나〉를 찾지 않을 수 없다. 가능하면 복잡하고 이해하기 어려운 나의 참모습을 가장 쉽게 이해하고 직관하는 것이 좋을 것이다. 그리하여 의미 있고 즐거운 삶을 창조하고 경험하는 것이다.

〈나〉는 무엇인가? 〈나〉는 누구인가? 〈나〉라는 자각은 어디에서 오는가? 〈나〉는 어떻게 살아야 하는가? 〈나〉의 앎과 뜻은? 〈나〉의 창조와 경험은? 지금 여기서 〈나〉를 제대로 지각하고 인식하여야한다.

나의 인생은 나의 선택인가? 이 세상에 태어난 것은 나의 선택이 아니다. 우주적인 자연법칙에 의하여 태어난 것인가? 위대한 창조자의 피조물인가? 알면 알수록 의문스럽고 궁금한 것이 나란 존재다.

하루하루가 죽음으로 향하고 있는 것도 나의 선택이 아니다. 그런데 나이가 들면서 죽어가고 있다. 죽음을 원하는 사람이 있는가? 없다. 그런데 사람은 죽어가고 있다.

나의 삶은 오직 한번뿐이다. 두 번의 기회가 없다. 오직 한번뿐인 이 소중한 내 삶을 무엇을 하며 어떻게 살 것인가? 고민하지 않을 수 없다.

〈나〉를 자각(自覺)하기란 참으로 어려운 문제다. 나를 모르고 나의 삶을 말할 수 있을까? 많은 날을 고민하고 궁리하며, 사유하고 탐구하지 않을 수 없다. 그러므로 우리는 다양한 나의 모습을 찾아 나서게 된다.

'도대체 나의 진면목은 무엇일까?'

(1)우주적(宇宙的)인 자아.

이 세상에는 시간너머의 공간에서 실제로 자재(自在)하나 〈드러나지 않은 것〉이 있다. 이것을 우리들은 우주만물의 본질적 존재인 이(理)요 정신이며 의식하는 의식아래의 순수의식 또는 무한 잠재가능성을 지닌 근원의식이라고 한다. 과학자들은 소립자의 세계라고도 한다. 혹자는 도(道), 무극(無極), 하늘, 일리(一理), 신성(神性), 불성(佛性), 본성(本性), 자연법칙 또는 우주지성이라고 부르기도 한다.

뚜렷한 형체가 없으면서도 분명하게 작용하는 이와 같은 세계는, 우리 사람의 마음과 같은 것으로서 참으로 오묘하다. 사람을 비롯한 모든 우주만물이 드러나지 않은 순수의식세계의 조화로 말미암아 생겨났다고 많은 사람들은 신념하며 살고 있다.

그리고 이 세상에는 시간선상의 공간에서 고요를 뚫고 생동하고 변화하며 〈드러난 것〉이 있다. 우리 사람들의 눈, 귀, 코, 입, 몸 같은 감각기관이 보고, 듣고, 부딪치며 지각하고 인식할 수 있는 것들로 의식하는 현재의식이 인지하는 것들이다. 우리가 생존하는 이 지구를 비롯한 태양계나 은하계 등의 모든 존재들이 다 〈드러난 것〉이다. 해와 달, 구름과 비,

산과 바다, 풀과 돌, 사자와 사슴, 유정물과 무정물 등의 모든 존재가 다 〈드러나지 않은 일리(一理)가 일물(一物)로 드러난 것〉들이다. 이것을 사람들은 현상적 존재인 일기(一氣) 또는 일물, 한 알의 집합, 온 누리, 현상계, 분자의 결합체, 동식물계, 광물질계, 자연계 등이라고 하며 이와 같이 천지만유의 자연현상은 자연법칙에 따라 성실하게 생멸하며 순환한다고 지식한다.

다양한 형체가 천태만상으로 변화하는 이와 같은 세계는 우리 사람의 몸과 같이 서로가 서로를 머금고 간섭하며 공명하고 있다. 사람을 비롯한 모든 삼라만상은 쉬지 않고 운동하며 성실하게 변화하는 존재다. 생각이 깊은 사람들은 모든 존재가 서로 짝하여 주고받는 관계 속에서 저절로 생겨나는 에너지의 합화작용에 의하여 계속 새로운 것으로 진화한다고 가르친다.

드러나지 않은 것이 드러나고, 드러난 것이 끊임없이 〈새로워지는 것〉은 우주만물이 천태만상으로 변화하는 창조과정으로 법이요 덕이며, 운동이고 놀이며, 말씀이고 신바람이다. 이것을 어떤 학자들은 우주지성의 성실한 원력에 의한 창조법칙 또는 자연법칙이라고 한다.

모양이 있든 없든, 감정이나 의식이 있든 없든, 모든 존재는 다 새로워지는 창조놀이를 통하여 성장하고 번성하며 생존하다가 사라진다.

새로워지는 창조놀이는 우주만물의 진화운동이요 성실한 질서이다. 새로워지는 창조는 더 나은, 더 좋은 것으로 진화하는 놀이다. 이와 같은 조화세계는 우리 사람들 일상의 삶과 같은 것이다.

고요 속에 드러나지 않은 정신세계가 움직이는 물질세계로 드러나서 새로워지는 것이 우주 시공간의 조화세계다. 이것은 고요한 빔(虛空) 속에서 저절로 피어난 바람(願)이 끌어당기는 에너지로 말미암아 창조된 것들로써 이(理)와 기(氣), 정신과 물질의 화합체(和合體)요 자연법칙에 의해 다함없이 새로워지는 조화물(造化物)이다.

이것과 저것은 서로 짝하고 마주하면 저절로 주고받는 놀이를 통하여, 무궁한 시간선상에서 매순간 매 찰나마다 더 나은, 더 좋은 것으로 새로워지고 있다. 그 놀이에 유인되어 나타난 일물들이 우주자연의 삼라만상이고 〈나〉라는 사람이다. 그리고 사람이나 만물은 언제나 서로 주고받으면서 창조하고 진화하는 놀이를 즐기게 되고, 그 주고받는 놀이를 통하여 우주만물이 하나되고 번식하며, 진화하고 영속한다. 이것이 우주와 인류의 근원이요 진화하는 역사의 진실이다.

우주자연의 일물은 반드시 그와 같은 일리가 있어 존재하므로 그것을 주의하고 연구하면, 사물의 이치와 함께 자아의 출현과 존재이유를 밝혀 알 수가 있다.

과학적인 관점에서 우주를 엿보면, 거대한 우주는 특이점의 빅뱅big bang 이후 145억년을 팽창과 수축, 혼돈과 수렴, 분화와 통합, 건기와 빙하기 등을 수없이 거친다. 그와 같이 우주는 무궁무진한 환경변화를 거치면서 나타나는 다양한 변이(變異)를 수용하고, 자연선택에 의한 적자생존의 법칙들을 용납하면서, 일정하게 성주괴멸을 반복하는 가운데 놀이의 질서와 균형을 유지한다. 그리고 우주 스스로 학습하고 예측하며 하나의 자연법칙을 세웠다. 그 **자연법칙에 의하여 〈물질우주가 생명우주로 진화〉한 것이다.** 점차 새로워지는 창조놀이를 즐기면서 어둠에서 빛으로 질서정연하게 진화한 것이다. 이와 같이 새로워지는 우주자연의 놀이는 마침이 없는 연속극과 같이 지금도 계속 진행되고 있다.

드러나지 않은 것이 드러난 것도 창조과정의 놀이요, 드러난 것이 새

로워지는 것도 창조과정의 놀이다. 빅뱅으로 〈열린 우주〉가 거듭 폭발하고 팽창하여 밤하늘의 별처럼 수많은 〈다중우주(多衆宇宙)〉가 생겨나니, 무한량의 은하계가 생겨나고, 무한량의 태양계 행성들이 생겨났다. 이 모든 것이 새로워지는 놀이의 과정이다. 혹자의 염려처럼 우주가 수축을 거듭하다 붕괴되어 빅 크런치big crunch의 오메가 순간이 도래하여 블랙홀로 빨려 들어가고 마는 〈닫힌 우주〉의 종말은 오지 않는다. 그 이유는 드러나지 않는 것이 드러나고, 드러난 것이 늘 새로워지는 이 모든 창조놀이가 하나의 과정이기 때문이다. 설령 현존하는 우주가 블랙홀로 빨려 들어가서 우주의 종말을 고한다고 해도 그것은 새로운 〈아기우주〉의 탄생을 위한 창조과정의 새로운 놀이일 뿐 우주의 종말은 아니다. 이 모든 것이 새로워지는 창조과정의 신나는 놀이일 뿐이다.

〈자연선택에 의한 미세조정(微細調停)의 느린 진화놀이〉가, 오늘날 21세기는 자연법칙의 비밀을 이해하고 활용할 줄 아는 인간신(人間神)의 성숙으로 말미암아 〈인간선택에 의한 기획조정(企劃調停)의 빠른 진화놀이〉로 급변하고 있다. 새로워지는 진화의 놀이 속도가 눈부시도록 빨라지고 있다.

거듭 새로워지는 우주진화의 진실을 함축하고 있는 우리 인간은, 다함없이 변화하는 우주진화의 정점에 존재한다. 모든 창조놀이의 결정체가 곧 우리 인간이기 때문이다. 우주의 만물 중에 가장 자연법칙을 잘 이해하고 순응하며 다룰 수 있는 존재가 우리 인간이다.

옛사람들은 우리 인간을 만물의 영장이라 하였고, 만물지중(萬物之衆) 최위귀(最爲貴)라고 하였다. 조화무궁한 신(神)의 화현(化現)으로 우주창조의 주인공이요, 화신(化神Avatar)인 것이다. 그러므로 우리 인간이 우주자연의 모든 것을 다 머금고 있으므로 소우주이다.

옛날부터 동양에서는 이(理)의 하늘을 정신세계, 기(氣)의 땅을 물질세계, 화(化)의 사람을 조화세계의 주체로 보았다.

동학(東學)에서는 인내천(人乃天)이라고 하여 '사람이 곧 하늘'이라고 하였으며, 천부경에서는 '사람 가운데 하늘과 땅이 하나로 깃들어 있다.(人中天地一)'고 가르치고 있으며, 하늘기운과 땅기운을 머금고 있는 사람인 '내가 다함없는 모든 것의 시작이고 마침'이라고 하였다. 그러므로 내가 우주의 중심이요, 근원이다. 내가 없으면 우주자체를 인식할 수 없다.

우리 인간의 뇌는 우주의 블랙박스다. 빅뱅big bang 이후 145억 년이라는 무한시간의 우주진화과정을 프로그래밍programming하고 있기 때문이다. 그리고 우리 인간의 몸은 우주의 모든 진리와 생명체의 비밀들을 다 간직하고 있다.

수십억 년 동안 아메바에서 파충류, 포유류까지의 생명체 진화과정을 고스란히 간직하고 있는 뇌와 함께, 〈생명체의 비밀지도인 DNA〉를 지니고 있는 우리 인간은, 참으로 위대하고 신비한 존재가 아닐 수 없다. 그러므로 〈나〉는 우주적인 존재다. 〈나〉의 몸과 마음 그리고 숨결을 살피고 밝혀서 바르게 이해하고 깨달으면, 우주의 모든 진실을 알 수 있고 '나와 우주가 하나(宇我一體)'가 될 것이다.

〈나〉라는 인간의 우주적 가치를 자각하고 우주적인 자아의 소중함을 인식하는 순간, 〈나〉는 천지를 머금은 우주의 주인으로 거듭나게 된다. 내 안에 우주가 깃들어 있다고 자각함으로서 우주만물을 보다 더 나은, 더 좋은 차원으로 진화시키는 사명과 역할을 알아차리게 된다.

지금 여기서 무엇을 하며 어떻게 살 것인가를 깨닫고, 대업을 펼치는 대인의 삶을 꿈꾸게 된다. 푸른 지구너머의 태양계, 은하계까지 사랑하고 책임지는 창조놀이의 주인공이 되는 것이다.

대학의 격물치지 이론은 모든 사물의 드러나지 않은 일리(一理)를 밝혀 일물(一物)을 제대로 드러나게 함에 있다. 그 일물의 짜임새와 모양새를 사유하고 궁리하여 알아차리면 그 일물의 다양한 쓰임새를 챙길 수 있다. 그리고 격물을 통하여 〈자아의 참 모습을 발견〉하고, 날이면 날마다 본래 밝은 본성을 밝히고 더욱 새로워져서 최선의 상태에 머무르도록 하는 것이 대학을 학습하는 의도요, 인간 삶의 정도다.

'일리(一理)가 온전하게 드러난 일물(一物)은 과연 무엇인가?'

(2) 본성적(本性的)인 자아.

사람의 마음과 같이 형태나 바탕도 없고 상하, 좌우, 전후도 없이 텅텅 비어 있으면서, 무소부재(無所不在)하고 전지전능(全知全能)하여 무엇이든 지선(至善)으로 유인하여 창조할 수 있는 것이, 우주만물의 본질이고 본성이며 순수의식세계이다.

본성이란 무엇인가? 시작도 없고 끝도 없는 순수의식세계는 함이 없이 지켜보는 고요지만, 유추하여 살펴보면 만물들이 현재에 드러나도록 운화하고 창조하는 근원자리다. 하나에서 시작하여 하나로 끝나는 현재 의식세계를 발현시키는 근원자리다.

본성은 하늘이 갖추고 있는 하나의 이치로 언제나 사람의 마음과 함께 하는 무한가능성이고, 하나의 사물을 드러나게 하는 하나의 빛(一神)이며, 하나의 에너지(一力)로서 천지조화(天地造化)의 근원이다.

중용에서 자사는 "하늘이 명한 것을 본성이라 하고, 본성에 따르는 것을 도라고 하며, 도를 가다듬는 것을 교라 한다.(天命之謂性 率性之謂道 修道之謂敎)"고 가르치고 있다.

우리 사람은 중용의 가르침대로 심신을 가다듬고, 솔성하여, 본성을 깨달은 다음에 본성에 부합된 인격을 완성하는 것이 중요하다. 이것이

나와 세상을 밝히고 새롭게 할 수 있는 현명하고 탁월한 사람 즉, 대인이 되는 길이기 때문이다.

사람의 마음이 정하여 드러나지 않고 고요 속에 움직이지 않으면 본래의 성으로써 마음의 체가 된다. 마음이 외부의 경계를 만나 동하여 드러나면, 그 느낌에 따라 통하는 정이 일어난다. 이것을 일러 무형의 마음이 유용의 정을 거느린다고 하는 것이다.

이 세상 모든 것을 창조하는 한 생각이 움직이지 않고 고요하면 본성자리에 머무르게 되고, 한 생각이 고요함을 벗어나 제멋대로 움직이면 온갖 것이 뒤엉키는 성정자리에 머무르며 무궁한 조화를 일으킨다.

고요한 본성자리의 지선(至善)은 항상 쉬지 않고 운화하고 있는 천지자연과 모든 인간행위의 궁극적 목표가 되므로, 인간에게 본성자리 지선은 사람이 마땅히 머물러야 하는 최선의 상태로써 평온함이다.

사람은 평온함 가운데 격물하고 치지하며, 사유하고 수도하면 누구나 다 현명해지고 탁월해질 수 있다. 본래의 선한 본성과 정합하는 대인이 될 수 있다.

사람의 마음속에 갖춰져 있는 다섯 가지 이치는 하늘이 명한 본래의 성이다. 사랑함의 이치는 어짐이고, 공경함의 이치는 예절이며, 마땅함의 이치는 정의이고, 분별함의 이치는 지혜이며, 성실함의 이치는 믿음으로써 본성이 아름답게 피어난 것들이다.

사람과 천지를 낳아 기르는 것은 서로를 사랑하는 인(仁)이고, 사람과 천지를 가꾸고 기르는 것은 서로를 공경하는 예(禮)이며, 사람과 천지를 다듬어 거두는 것은 서로를 지켜주는 의(義)이고, 사람과 천지를 머금고 챙기는 것은 서로를 밝혀주는 지(智)이며, 사람과 천지를 감싸고 아우르는 것은 서로를 믿어주는 신(信)이다. 이 가운데 으뜸은 〈사랑하는 인(仁)〉이다. 만물을 어여삐 여기고 아끼는 어진 마음이 제일이다.

유학자들은 공자의 가르침과 행적을 기록한 논어의 내용을 한마디로 요약하여 인이라고 하는데, **논어에서 공자는 인을 사랑이라고 항상 가르쳤다.** 이것과 저것이 마주하면 저절로 생겨나는 어진 사랑(仁)이 우주만물과 천하 만민을 낳아 기르므로 본성의 으뜸이라고 하는 것이다. 본성이 그러하므로 천지간의 모든 존재는 서로가 서로를 사랑하는 어진 마음이 최고의 선이다. 사람이 어질지 않으면 많이 배우고 많이 알아도 대인이 될 수 없다.

성(性)이 피어나면 정(情)이 되는데 측은지심은 만물이 소생하는 봄기운인 인(仁)에서 피어나고, 사양지심은 만물이 성장하는 여름기운인 예(禮)에서 피어나고, 수오지심은 만물이 결실하는 가을기운인 의(義)에서 피어나고, 시비지심은 만물이 수장(收藏)하는 겨울기운인 지(智)에서 피어나고, 성실지심은 만물을 조율하는 사계기운인 신(信)에서 피어난다. 이와 같이 내면에서 우러나 피어나는 지선의 정은, 이(理)가 피어나 기(氣)가 따르는 정이라 대체로 좋은 정이요. 기(氣)가 피어나 이(理)를 타고 일어나는 희(喜), 노(怒), 애(哀), 구(懼), 애(愛), 오(惡), 욕(欲) 등의 칠정(七情)은, 외부자극에 반응하여 나타나는 정이므로 선악을 겸한 정이 된다.

성은 고요한 가운데 밝게 이(理)로 있는 마음이라 본래는 피어남도 없는 불변의 도로서 이(理)요 공(空)이나, 언제나 기(氣)를 머금고 함께하니 경계가 나타나면 저절로 피어나 지각하고 인식하는 마음인지라 가변의 도로 기(氣)가 되고 색(色)이 되기도 한다. 그러므로 본체상으로는 이기일원(理氣一元)이고 작용상으로는 이기이원(理氣二元)이 된다. 그러나 이기(理氣)의 실다움은 그대로 사람의 심성일 뿐이고 그 심성은 언제나 우주본연의 선이므로 맹자의 성선설(性善說)이 옳은 것이다.

마음이 본성과 함께하지 않으면 그 피어나기 전의 중(中)에 이를 수 없으므로 본래 선한 성이 무너지기 쉽고, 마음이 정을 다스리지 못하면 피어남의 절도에 맞는 앎을 이룰 수 없어 방탕으로 흐르기 쉽다. 그러므로 어려서부터 성정을 다스리는 마음공부를 통하여 하늘이 부여한 본성을 따르는 인격을 가다듬어야 한다. 변화무쌍한 인정에 휘둘려 괴로워하는 삶으로부터 자유로워야 행복해질 수가 있다. 그 길이 본성적 자아를 사유하고 수행하는 사람의 길이다.

사물의 이치를 밝히고 앎을 이룸으로서 자아의 본성이 무엇이며, 그 본성에서 일물(一物)이 생성되는 이치를 아는 사람은, 언제 어디서나 자기창조의 도구들을 제대로 선택하여 선용할 줄 안다. 자기창조도구인 생각, 언어, 행위, 지식, 기술, 정보 등을 취사선택하여 우주만물의 본성과 하나가 됨으로서 자신의 세상을 아름답게 창조할 수가 있다. 그리고 본래 선한 자기를 사랑하고 만물을 다스리며 화동하게 된다. 지금 여기서 본래 밝은 본성인 인의예지신과 하나가 되는 것이다.

평소 사납고 거친 말이나 욕설, 의롭지 못한 행위, 어질지 못한 생각들을 자행하면 본성에 위배되므로 그 사람의 삶은 자신의 언행 그대로 뒤틀리고 꼬여 엉망이 되고 비참해진다. 그 또한 자기가 선택한 자기창조의 세계다.

본성을 자각하고 마음을 다스리는 공부를 한 사람은 때로는 매우 곤란한 상황이 닥쳐도 한 번 더 생각하고 반응하여, 본래 밝은 본성이 지향하는 행위를 선택하고 실천하는 대인이 됨으로서, 지성(至誠)으로 지선(知善)하고, 지선(至善)을 창조하여, 지선(止善)을 경험하라는 대학의 가르침을 완성하게 된다.

'〈나〉의 모든 생각과 행위의 궁극적 목적은 무엇인가?'

(3) 원초적(原初的)인 자아.

사람은 배고프면 먹고 배부르면 배설하며, 추우면 입고 더우면 벗으며, 힘들면 쉬고 졸리면 잠자는 생명체다. 동물과 똑 같은 생명체다.

외로우면 기댈 곳이나 사랑할 대상을 그리워하고, 두렵고 슬프면 서럽게 울며, 신나고 즐거우면 유쾌하게 웃으면서, 자기에게 주어진 환경에 반응하며 적응한다. 이와 같이 생존의 기술을 익히고 사용하며 어린이에서 어른으로 성장하고 늙어 가는 것이 우리 사람이다. 그리고 성장하면서 지식한 앎과 경험된 느낌을 자아라고 인식하고 고집한다. 이것이 벌거숭이 원초자아(原初自我 id)가 이기적인 현재자아(現在自我 ego)로 성장하고 성숙해가는 진솔한 모습이다.

본래 원초자아는 배우고 익히지 않아도 본능적으로 생존을 위한 행위를 한다. 원초자아는 판단분별을 하지 않고 본능적으로 행동하며, 현재자아는 판단분별을 하며 이성적으로 행동한다. 그러므로 사람들은 성장과 함께 학습을 통하여 현명한 판단분별력을 기르면서 현재자아의 꼴을 갖추어 간다.

사람은 단순하면서도 복잡한 원초적인 욕망과 생물학적인 구조를 갖고, 자연법칙의 프로그램대로 성장하고 성숙하지만, 학습을 통하여 자기만의 현재자아를 창조하고 신념 하는 특별한 존재다.

새가 앞으로 날아가고, 물고기가 앞으로 헤엄치는 것도 본능이며, 사람이 앞으로 달려가는 것도 본능이다. 모든 사람이 항상 보다 더 나은, 더 좋은 삶을 희망하며 앞으로 내닫는 것 역시 본능이다. 다양한 학습과 창조놀이를 즐기면서 오감만족을 구하는 것도 원초자아의 순수한 본능이다.

갓 태어난 어린이는 위대한 영성을 지니고 있어도 원초자아가 지배하는 동물에 가깝다. 그러므로 자연법칙에 의해 반사적 반응, 본능적 탐색, 호기심, 관찰, 수단과 목적을 연결시키고 예측하는 본능행위, 울부짖는 몸부림, 행동의 수정, 〈내 것이다 내 자리다〉라는 애착, 불안, 특히 격리불안, 외로움, 두려움, 수치심을 무언중에 느끼면서 외부의 도움을 수용하는 가운데 유아기를 거치며 점차 홀로서기 할 수 있는 앎을 확장하며 현재자아로 성장한다.

끊임없이 움직이고 종알종알 말하면서 〈아니다, 싫다〉고 거부하고 반항하며 막무가내로 울부짖고 고집부리며 부정하는 자기주장이 강한 어린아이의 원초자아는, 무엇이든 스스로 '경험하는 데' 관심을 갖고 자기의 행위를 정당화한다.

무엇이든 묻고 알려고 하며 자신의 영역을 본능적으로 확장한다. 충분한 사랑을 받으면서 순탄하게 자라면 긍정적인 자아를 형성하고, 학대나 방치 속에 제멋대로 자라면 부정적인 자아를 형성하여 동물에 가까운 본능적인 행위를 서슴없이 결행한다. 다양한 일상의 경험 속에 점차 자의식이 생기고, 새로워지려는 학습욕구가 앎으로 연결되며 현재자아로 고정이 된다.

대상이 눈앞에 없어도 모방할 수 있는 능력, 정신적인 영상을 간직할 수 있는 능력, 상상 속에서 그리고 묘사할 수 있는 능력, 상상놀이를 일상에 적용할 수 있는 능력, 충동을 통제하고 조절할 수 있는 능력, 욕구를 전달할 수 있는 언어구사능력, 언어를 통해서 자기의 감정이나 분노까지 다스리고 비트는 능력 등 다양한 생존기술을 습득하고 단편적인 기억을 나름대로 응용하며 점점 현재자아의 꼴을 갖추어 간다.

이 시기(2살에서 6살 사이)에 파충류나 포유류로부터 진화하면서 아직 정화되지 않고 원초적 자아로 내재하고 있는 폭력적이고 야만적인 〈짐승적인 기질〉을 '우리 아이가 달라졌어요.'라는 TV교육프로그램 방법을 활용해서라도 〈인간적인 기질〉로 바로 잡아야한다. 아이가 사랑스럽고 애처롭다고 바로 잡지 못하고 그냥 넘기면 중고시절의 사춘기에 반드시 성격장애자가 되고 만다. 부모나 스승들이 제어하기 어려운 문제아로 자라 학습장애를 일으킨다.

운동기능이 점점 발달하여 도형을 정교하게 그릴 수 있는 어린이로 자라면서 또래의식이 강화되고, 호기심이 두려움을 극복하고, 앎에 목마른 원초자아가 새로운 배움에 투철해진다.

머뭇거리면서도 미지의 세계에 도전하고 가정 밖에서의 조직인 사회적 집단놀이를 즐긴다. 자극에 충동적으로 반응하고 본능적으로 행동하는 원초자아는 점차 약해지고, 사회질서에 순응하고 제약을 거부하면서도 반복적인 습관에 길들여지며 현재자아가 강화된다.

모든 자극에 적합하게 반응하기 위해 스스로 생각을 정리하며, 새로운 것을 확실하게 지식하고 수용하며, 옳고 그름을 분별하며, 사안을 선험적인 앎으로 추리하고 선택하며, 주어진 환경에 동화하고 대처하면서 기억하고 행동하는 현재자아가 창조된다. 부모에 대한 동일시현상을 자연스럽게 답습하고 경험하며 도덕적 자아, 인격적인 자아를 정립해 간다. **모든 행동에 보상과 처벌이 따른다는 냉엄한 사회적 현실을 인식하고, 편 가르기 같은 이기적 시비와 사회적 질서를 이해한다.** 신체적으로나 정신적으로 감정의 균형을 잡고 세상에 적응할 수 있는 현재자아로 성숙하여 자기 내면의 꿈과 잠재된 끼를 발산하고 가꾸어 간다. 자기 주도적 학습과 적시학습의 필요성을 자각하는 시기이기도 하다.

스스로 생존할 수 있는 자신감과 함께 자아인생관이 정립되면서 〈나는 누구다〉는 현재자아의 꼴이 만들어지고 갖추어진다.

어린이 집이나 유치원 초등학교를 다니며 학습방법과 사회생활을 지식하고 경험한 어린이는 청소년소녀기를 맞으면서 급속한 신체적 변화와 인지적 발달을 통하여, 자아정체감을 확립하고 성인생활을 준비하기 위한 여러 과제들에 집중하게 된다. 원초자아가 지배하는 시기를 벗어났지만 본능적 자아의 욕망을 절제하고 성숙된 현재자아로 독립하기는 아직이른 시기다. 그래도 미숙하나마 노동을 제공하고 사회로부터 수고의 대가를 받을 수 있으므로 국가민족이나 가정환경에 따라서는 생활전선에 나서기도 한다.

신체적으로 성숙하여 생식기능을 갖게 되므로 오히려 성적에너지가 강력해지면서 유아기 때처럼 오이디푸스oedipus적 감정을 다시 느끼게 된다.

스스로 끓어오르는 성 충동적 혈기를 다스리기 위해서 격렬한 운동이나 오락게임에 몰입하기도 한다. 그리고 스피드를 즐기거나 싸움이나 육체노동 등으로 욕구를 발산시키기도 한다. 주체할 수 없는 성적 충동에너지를 제어하려는 현재자아와 원초자아와의 싸움이 자아내면에서 치열하게 전개된다.

이 시기에 자칫하면 수치심을 모르는 삐뚤어진 성격의 짐승인간으로 타락하기도 한다. 이와 같이 원초자아는 사춘기의 성장 통을 겪으면서 다양한 모습의 현재자아로 성장하고 성숙해 가는데 가족이나 친구의 영향을 많이 받게 된다.

청소년소녀기에 꼭 필요한 것은, 부모형제의 충분한 사랑과 정상적인 학습이다. 그리고 서로 아픔을 나누고 문제를 공감하며 격려할 수 있는

좋은 친구를 갖는 것이다.

청소년소녀기에 가장 염려되는 것은, 자신의 신분과 처지를 망각하고 일탈적이고 냉소적인 태도로 사회적 규범이나 도덕적 인륜을 무시하고 비행을 저지르는 것이다. 부모나 스승의 은혜를 저버리고 거칠게 저항하는 행위와 함께 용납할 수 없는 저질욕설 폭력행위 등을 거침없이 행하는 것이다.

〈때 아닌 때에 때의 짓〉을 탐하고 해서는 안 될 일을 행한다. 그리고 긴 시간을 아무런 목표가 없이 정처 없이 헤매다가 자기도 모르게 사이코패스Psychopath가 되어 세상에 죄를 짓고 부모에게 고통을 준다.

아무런 죄의식이나 자책감도 없이 부모나 스승의 가슴에 못질을 하고도 저희들 또래끼리는 서로 잘했다고 큰소리치고 우쭐댄다. 의미 없는 시간을 노닥거리면서 인생의 봄을 소모한다.

가족과의 기본유대를 저버리고 또래들과 어울려 다니면서 공부를 포기한 체 가출이나 하고, 무엇을 하며 어떻게 살겠다는 삶의 목표가 없이 헤매면서 어른에게는 무조건 반항하고 불손하며, 약자에게는 폭력을 자행하고도 반성하는 일이 없이 고개를 쳐들고 다닌다.

자기에게 주어진 불우한 환경만을 탓하고, 남과 비교하고 슬퍼하며 주변사람들을 괴롭히거나 자신을 자책하는 세월을 보낸다. 혹자는 아직 경제자립이 불가능한 자신의 처지를 망각하고, 어른 흉내를 내면서 명품 쇼핑이나 유흥가 출입을 하는 등 탈선행위를 자행하다가 때 이른 파산을 경험하기도 한다. 이렇게 형성된 '꼴불견의 현재자아'는 평생 스스로를 따라다니며 자신을 괴롭히는 괴물이 된다.

배움에는 생물학적으로 민감한 시기sensitive periods가 있다. 사람은 새로운 지식과 능력을 학습하는데 신체적으로 가장 잘 준비되어 있는 시기가 청소년소녀기다. 이때를 놓치고 나중에 배우려면 훨씬 더 어렵고 힘이 든다. 평생학습도 중요하나 더 중요한 것은 제때에 배우는 것이다.

현명한 지혜와 탁월한 능력을 습득해야 하는 학습시기를 놓치고 어둠 속에서 통한의 날을 보내는 많은 사람들을 보라! 훗날 가난 속에서 좌절하고 절망하며 꿈을 포기한 채 막가는 삶을 사는 경우가 많다. 부림당하는 삶이 싫거든 젊은 날 거듭 새로워지는 학습을 통하여 성공해야 한다.

사람은 학습의 때를 알고 지혜와 능력을 키우기 위해 제때에 격물하고 치지하여야 한다. 스스로 학습동기를 부여하고 신나는 목표를 설정하여 일념으로 집중하고 정진하여야 한다.

비록 열악한 환경일지라도 스스로 결심한 〈행동다짐서〉와 〈인생계획서〉를 작성하고 절제된 생활 속에서 '내면의 아름다운 꿈과 비전을 현실로 창조하는 습관'을 길러야 한다.

청소년소녀기에 순수한 원형의 원초자아를 잘 다듬어 '꼴불견의 자아상'을 만들지 말고, 무엇이든 자신의 의도대로 성취할 수 있는 '현명하고 탁월한 자아상'을 만들어가야 한다.

의식주를 해결한 자아는 안전한 자기방어와 함께 다양한 삶의 의미를 창조하고 공유하기 위하여 가족, 사회, 국가 등의 공동체를 만들고 그 공동체의 일원이 된다. 그리고 그 공동체에 소속되어 안전하게 보다 더 나은 삶의 쾌락과 권력을 경험하려고 한다. 살기 좋은 다양한 문화를 즐길 수 있는 문명사회를 창조하기 위해 미지의 세계를 탐험하고 개척하며 생활의 규범들을 만든다.

본능적이고 원초적인 '물질차원의 생존과 쾌락'을 뛰어넘어, 보다 더 고급스러운 본성적이고 이성적인 '정신차원의 문화와 행복'을 추구하는 것이 인간지성이다. 사람들은 생존적인 쾌락과 문화적인 행복을 누리기 위해서 쉬지 않고 신지식, 신기술, 신정보를 습득하며 자신의 품격을 높인다. 의식수준과 문화수준을 고급화한다.

(4) 인간적(人間的)인 자아.

사람은 누구나 혼자이기를 싫어한다. 외로움은 서럽다. 〈나와 너〉가 서로 마주보고 주고받으며 함께하는 것이 좋다. 짝을 이루고 마주보며 주고받는 관계 속에서 위해주고 위함 받기를 원한다. 외면당하고 방치되면 슬퍼진다. 혼자이면 가슴이 허전하고 아리다. 벗이나 짝이 그립고 누군가를 사랑하며 함께 있고 싶어진다. 밤 세워 마음을 열어놓고 꿈을 이야기하며 자신의 끼를 자랑하고 싶은 정감의 소유자가 우리 사람들이다.

관계 속의 사람은 정(情)이란 끈으로 서로 연결되어 있다. 사람은 본능적으로 다른 사람과 함께 정을 나누고 상부상조하며 공감하고 소통하기를 원한다. 부모와 자식, 형제자매, 부부지간, 일가친척은 물론 친구와 동료 등 관계 속의 존재는 서로를 정으로 공유하고 공생하며 공존한다.

정이 끊어지면 서운해 하고 원망하다가 슬퍼하고 분노한다. 누군가를 그리워하는 영원히 슬픈 반쪽이 우리 사람들이다. 비록 풍요 속에 부족함이 없이 살아가는 사람일지라도 그 내면세계는 늘 외롭고 공허하여 정을 그리워할 수밖에 없다.

정은 바람이다. 먼저 주고, 다시 받으려는 바람이 정이다. 주고도 받지 못하면 모든 사람들은 서운해 하다가 원망하게 된다. 주고받는 정이 있기에 인간관계가 아름답고 따뜻하며, 주고받는 정이 끊기면 인간관계가 얼음장처럼 차가워지고 돌처럼 굳어지고 마니 가슴 아프고 한스러워진다.

정은 도리다. 사람의 도리를 나타내는 수단이 정이다. 효도하고 공경하며, 충성하고 봉사하는 것이 다 정이다. 서로를 챙기는 것이 정이다.

정은 배려다. 서로의 입장을 이해하고 위해주는 것이 정이다. 서로의 차이를 인정하고 존중해 주는 것이 가장 아름다운 정이지만, 정은 외골수라 이기적이며 일방적이다. 때로는 자기만의 관점이 우선하므로 상대를 위해주고도 상대를 가슴 아프게 하는 것이 정이란 요물이다.

정은 눈물이다. 서로를 아끼는 마음이 간절할수록 상대방을 생각만 해도 눈물이 난다. 정이 많은 어머니는 눈물이 많고 쉽게 감동한다. 정이 많을수록 마음이 여리고 마음이 여릴수록 잘 삐치고 토라진다. 순수한 어린이나 단순해진 노인들이 잘 삐치고 토라지는 것도 정이 많기 때문이다.

정은 느낌이다. 서로 마주보고 주고받음 하는 관계에서 좋아하고 싫어하며, 사랑하고 미워하는 마음의 희로애락이다. 고운 정만 그리운 것이 아니라 미운 정도 그리운 것은 그 정 속에 현재자아의 희로애락 세월이야기가 녹아들어 있기 때문이다.

인간은 누구나 정에 약하고 정을 반기는 존재다. 정 때문에 웃고 정 때문에 운다. '유정 천리 꽃이 피고 무정 천리 눈이 오네.'라는 유행가 가사처럼 정의 유·무정이 그 사람의 삶을 지배한다. 그런데 서로가 관점의 차이나 오해로 말미암아 진실한 정의 흐름이 왜곡되고 차단되면 순환기관의 자율신경망이 교란되어 심리적 갈등고뇌는 물론 신체적 질병이 발생하기도 한다. 쓰라린 가슴의 아픔을 겪으면서 그리움이 미움으로 변해 분노하게 되면 전신에 독성물질이 분비되어 흐른다고 한다. 때로는 한평생 원망하고 증오하는 〈관계의 불행〉을 초래하는 사단이 발생하고 만다.

현재자아가 한 생각 잘못하여 정의 흐름이 뒤틀리고 막히면, 사랑하는 관계의 기대치가 무너지고 서로를 외면하게 되는 불상사가 일어나게 되므로, 서로를 축복하고 사랑하며 행복을 나눠야할 사람들이 서로를 원망하고 증오하며 괴롭히고 괴로워하는 삶을 살게 된다.

아름다운 관계도 정이 뒤틀려 흐름이 막히면 한(恨)으로 맺히고 만다. 그러므로 오늘을 사는 현재자아는 많든, 적든, 하찮은 것일지라도 상대의 진정성이 깃든 성의나 정을 무시하고 외면하면 안 된다. 반드시 후회가 따르고 훗날 그에 대한 엄청난 대가를 치르게 된다. 그리고 서로가 힘든 한 많은 세상을 살게 된다.

사람은 언제나 정을 나눌 수 있는 친구나 가족이 필요하다. 배고프면 먹어야하고 졸리면 자야하는 원초적인 욕구가 우선하지만, 사람은 그와 같은 생리적인 욕구해결만으로는 살 수가 없다. 삶의 희로애락이란 정을 함께 나누며 즐길 수 있는 동반자를 필요로 하고, 〈나〉를 인간적으로 이해하고 사랑해주는 친구를 필요로 한다. 〈나〉의 아픔을 위로하고 격려해주는 가족을 필요로 하고, 〈나〉를 관심 깊게 지켜봐주는 이웃을 필요로 한다. 〈나〉와 함께 기쁨과 슬픔을 공유하고 반분할 수 있는 친구나, 하찮은 일상일지라도 서로 공감하고 대화할 수 있는 가족이 필요하다. 사람은 항상 잘 주고 잘 받는 관계 속에서 정을 나누며 사는 것이 중요하기 때문이다.

가장 인간적인 자아를 발견한 사람은, 항상 정을 중시하고 좋은 사람들과 서로 정을 나누며 공감하고 사는 사람들이다.

〈나와 너, 가족과 가족, 이웃과 이웃〉이 오순도순 정을 나누면서 서로를 아끼고 챙겨주며, 서로의 아픔은 보듬어주고 희망은 격려하며 정답게 사는 것이 가장 아름다운 사람들의 인간적인 모습이다. 비록 마음이 불편하고 생활이 고단할지라도 희망을 품고 정을 나눌 수 있는 가족이 있는 사람은 하루하루가 의미 있고 즐겁다.

　사람은 억만금이나 천군만마보다 〈나〉를 진심으로 알아주고 〈나〉의 진정을 인정하고 받아주는 지인(知人)을 필요로 한다.

　'당신은 외로움을 달래고 정을 나눌 수 있는 사람이 있는가?'

　사람이 원초적 욕구인 정에 집착하면 허물이 생기기 쉽다. 사람은 태어나면서부터 사람의 정을 그리워하고 무한욕망을 갖는다. 그러나 원초적 욕구나 정은 생존을 위한 수단이고 윤활유이지 진정한 삶의 목표는 아니다. 배가 고프다고 도적질을 할 수 없으며, 좋아 보인다고 남의 물건을 내 맘대로 가질 수 없듯이, 내가 정적으로 외롭다고 남의 정을 일방적으로 뺏을 수도 없다. 내가 외롭다고 남의 정을 이용해도 안 된다. 〈나〉의 정적 쾌락을 위해서 타인을 슬프게 해서도 안 된다. 때로는 고독을 이기기 위해서 이기적인 행위를 할 수도 있지만, 행위에는 도덕적인 원칙과 사회적인 규범이 따르므로 삼가고 조심해야 한다. 본능적인 정욕과 정감이 원칙과 규범을 벗어나면 허물이 된다.

　고의적인 의도가 아닐지라도 분수 밖의 정욕이나 순간적인 쾌락은, 나중에 가슴 아픈 후회와 고통으로 남기에 절제의 미덕이 필요하다. 정을 절제하지 않으면 대인이 될 수 없고 자유롭지 못하다. 큰일을 하는 대인은 대체로 무정하고 비정하다. 인간적인 정에 약한 사람은 공평할 수가 없기 때문이다.

　마음이 여리고 다정다감하여 눈물이 많고 느낌이 풍부할수록, 원초적 본능에 빠져들기 쉬우니 반드시 삼가고 절제하여야한다. 본래 정이란 탐하여 소유하고 즐기는 것이 아니라 주고 또 주고 감사하는 것이어야 한다.

사람은 정적 욕구나 쾌락을 절제할 줄 알아야 한다. 오감만족만이 능사가 아니다. 때로는 오감 불만족일지라도 사회적 도덕질서와 아름다운 인간관계의 정의를 위해서 절제된 삶을 수용하고 실천해야한다. 지나친 식욕, 정욕, 물욕, 명예욕 등을 절제하지 않으면 자신과 함께 사회질서가 무너지고 만다.

순간적으로 느끼는 형이하학적인 정적 쾌락보다 지속적으로 느낄 수 있는 형이상학적인 지적 행복을 선택하는 것이 지선(至善)이기에 용광로처럼 끓는 본능적 욕구, 충동적 욕망, 원초적 행위, 이기적 관점, 집착 등을 절제하고 조정하여야한다. 그 방법이 자각에 의한 준법이요 자제이며, 충효요 예절이다. 그리고 그 강렬한 정적 원초에너지를 격물치지 학습이나 수기치인 덕행으로 주의를 전환하는 것이 대인의 길이다.

사람의 몸은 본래 불안정한 환경조건 속에서 본능적인 자아의 다양한 기본욕구를 충족해야 하고, 시도 때도 없이 일어나는 본능적 충동과 순간적으로 솟구치는 원초적 욕망들을 절제해야한다. 이기적 정감도 중요하지만 모두와 공생하며 공유하는 사회정의와 도덕질서가 더 중요하기 때문이다.

본능적 욕구를 무시하고 생존할 수는 없지만 무절제 속에 원초적 욕망만을 탐닉하면 자신도 모르게 정신이 혼미해져 짐승인간으로 퇴화하고 만다. 사람과 짐승의 차이는 본능적 욕구의 처리여부에 있다.

누구나 본능적 욕구를 이성적으로 절제하고 제어하지 못하면 한순간에 짐승인간으로 전락하게 된다. 정 그리움을 조율하는 것이 무엇보다 중요하며 위대하다. 정에 약한 짐승인간일지라도 올바른 학습과 극기훈련을 통하여 충동적인 본능을 절제하고 제어하는 가운데, 본능과 함께하는 본래 밝은 본성을 밝히고 새로운 사람으로 거듭 난다면, 고요와 평온, 안정과 행복을 누릴 수 있는 인격인간이 된다. 그러므로 인간을 배우는 동물이라고 한다. 도리를 배우고 행함으로서 추한짐승이 착한사람이 되어 차원 높은 도덕적인 자아를 구현하게 된다.

사람은 배움을 통하여 인격을 갖춤으로서, 자신의 정적 욕망을 통제하는 지혜를 터득하고 사회공동체의 일원이 된다. 이웃과 협력하는 가운데 자신의 다양한 욕망을 실현하는 능력을 습득하고, 사회공동체를 책임지는 정의로운 인간이 된다.

(5) 현재적(現在的)인 자아.

사람은 세상천지에 가장 귀하고 위대한 만물의 영장이고, 우주의 모든 것을 다 머금어 지니고 있는 소우주다.

인간의 모든 진리는 인간이라는 생물학적 조건 속에 다 구현되어 있다.
〈나〉라는 인체 속에는 인간의 모든 진리는 물론이거니와 우주의 모든 진리가 감추어지고 갖추어져 있다. 천지자연과 인체를 하나하나 연결하면 참으로 신기하게 일치한다. 소박하고 직관적인 옛사람들은,

'둥근 사람의 머리는 하늘의 태양을 상징하고, 네모난 몸은 땅을, 사물을 밝게 보는 두 눈은 해와 달을, 골격은 쇠와 돌을, 핏줄은 바다와 하천을, 모발은 산과 초목을, 피부는 옥토를, 경락이나 신경분포는 도로망을 닮았으며, 마음이 깃들어 있다는 오장 육부는 오대양 육대주를, 24개의 척추마디는 24절후를, 한 몸에 12개의 대관절과 365개의 중요혈은 1년 12개월과 365일을, 지층은 피부, 지하수층은 혈맥, 암반층은 골격, 용암층은 골수, 사지(四肢)는 사계절을 나타낸다.'고 보았다.

이와 같이 나의 인체는 우주천지의 축소판으로 우주천지의 모든 형질조건과 오행기운 등을 고루 갖추고 있으므로, 우주천지의 기운이 곧 나의 기운이 된다.

사람의 마음은 드러나지 않은 순수의식세계의 무한 잠재가능성을 감

추고 있으며, 사람의 몸은 드러난 현재의식세계의 무한 창조가능성을 갖추고 있다. 사람의 숨결은 무형의 정신이 유형의 물질로 화현하여 생명력을 갖도록 작용하고 있으므로, 인체라는 정밀하고 신비한 몸과 그 몸을 조종하고 다스리는 신령스러운 마음과 사람의 생명을 지배하는 자연스러운 숨을 지식하고 이해하는 것이 무엇보다 중요하다.

다양한 학습을 통하여 현재자아를 알아보려면 반드시 사람의 소중한 〈마음〉, 〈몸〉, 〈숨〉의 짜임새와 쓰임새의 연구관찰과 함께 그 성장과 성숙, 노화과정의 모양새와 흐름을 살펴보아야 한다. 물론 우주적인 자아, 본성적인 자아, 원초적인 자아, 인간적인 자아에 대한 고찰도 중요하지만 마음과 몸, 숨을 사랑하고 다스리는 방법과 신체적인 성장발달과정을 살피는 것이 더 중요하다. 그 깨어나고, 자라나고, 새로워지는 삶의 경험과정이 지금 여기의 현재자아 모습과 인격을 형성하기 때문이다.

현재자아는 원초적 욕망과 더불어 지식한 마음과 숨과 몸의 경험들이 학습하고 창조한 것이지만, 자연법칙이 주도하는 생물학적 요소에 의해서 성장하고 노화하는 생멸과정의 자각이다.

성장하고 성숙하며 노화하는 그 과정에서 지식하고 신념하며 창조하고 경험한 것들을 현재자아라고 심기신(心氣身)은 고집한다.

인간은 삶의 모든 단계에서 자기와 같은 환경에서 교류하는 사람들과 주고받음 하는 상호작용을 통해 현재자아에 대한 사고와 개념이 형성되고 또 변형된다.

현재자아의 개념은 한 개인이 가진 고유한 생물학적 속성 DNA 등과 그 사람이 속한 사회 환경적인 속성, 그 시대나 지역, 이웃 등과의 상호작용을 총체적으로 반영한다.

유아기, 소년소녀기, 청소년소녀기 등의 삶 속에서 각 단계별 관계맺음과 미지(未知)의 두려움을 이겨낸 호기심에 의한 학습을 통해 얻어진 새로운 앎, 느낌, 뜻, 봄, 믿음들이, 원초자아의 본능적 욕구들을 조절하면서 지식한 복합적인 경험들이 현재자아가 된다.

부모와 세상의 보살핌 속에 홀로서기를 준비하는 학습시기를 보내면서 어느 정도 자립할 수 있는 현재자아의 꼴을 갖추게 되면 청년기를 맞이하여 독립한다. 경제적으로 스스로 홀로 선다.

청년기는 신체적, 인지적 측면에서 가장 정점에 이르는 시기로 사회적, 문화적 요소에 의해 현재자아가 삶을 주도할 수 있고 타인을 사랑하고 보살필 수 있는 능력을 갖는다.

청년기 이전의 모든 시기는 자아를 준비하는 시기고, 청년기는 준비해온 자아를 실현하고 구체화하기 위하여 직업을 갖고 돈을 벌며 결혼을 하고 자녀를 거느리며 가정을 이끌게 된다.

스스로 학습하고 준비한 현재자아는, 어린애 같은 환상과 그릇된 가정(假定)들을 버리고, 학습하고 사유하여 준비한 자기식견으로 매사를 선택하고 책임지며, 자기선택을 신뢰하고 집중한다.

청년기의 현재자아는 부모나 타인의 의존에서 벗어나 자신의 삶을 경영한다. 자기의 환경을 수용하고 자기의 분수에 맞게 자기의 미래를 설계하고 하루하루 최선을 다한 삶을 경영한다.

'그 사람의 모든 것은 그 사람 자신이 만드는 것이다.'는 영국의 명상작가 제임스 엘런James Allen의 말을 이해하고 실천하며, 자신이 원하는 현실을 창조하기 위해서 모든 역량을 발휘한다.

현실을 논리적, 합리적, 계획적, 분석적, 창의적, 경제적, 이기적, 경쟁적, 목표 지향적으로 인식한다. 스스로 의도한 부와 풍요, 귀와 명예를 주의하고 집중하여 그것들을 현실로 창조하고 경험하는 장년기는 현재자아가 가장 성숙한 시기다.

무한 성취가능성이 발현되는 장년기는 젊은 날 남들이 놀 때 학습하고 땀 흘려 준비한 자기선택의 결실기로써 수고를 보상받는 시기요, 스스로 지식하고 신념한 것들을 경험하는 시기다.

성공을 위한 직업과 행복을 위한 가정의 균형조화가 중요한 시기다. 앞만 보고 달리는 이 시기에 가장 경계할 일은 '실직과 이혼 그리고 질병'이다. 자칫하면 자아실현의 장년기가 자아상실의 시기가 될 수도 있다.

성취의 기쁨과 함께 봉사의 기쁨을 누리며 즐기는 건장한 장년기는, 자신과 자신이 소속된 조직을 책임지고 발전시켜 사회적으로 인정받고 대접받는 시기다. 그러나 벼가 익을수록 고개를 숙이듯 지위가 높아지고 남보다 더 많은 것을 지니고 누릴 수 있는 장년기의 현재자아는 벼가 고개를 숙이듯 겸손해야 한다. 아닐 경우는 안티anti들로부터 혹독한 공격을 받는다.

사람은 누구나 늙고 병든다. 만물이 결실하는 풍성한 가을이 지나가면 찬바람이 부는 쓸쓸한 겨울이 오듯, 우리 인생도 왕성한 장년기가 가면 늙고 병드는 노년기로 접어든다. 이것은 지극히 당연한 우주질서요 자연법칙이며 인생유전이다. 그런데 오늘날은 평균수명의 연장으로 노년기 사람은 물론 75세를 넘겨 사는 사람들도 급증하고 있다. 고령화 사회가 도래한 것이다.

미래학자나 과학자들은 말하기를, 미래세대는 120년 이상을 사는 트랜스휴먼 Trans human**시대를 거쳐 누구나 300년 이상을 사는 영생에 가까운 포스트 휴먼**Post human**시대가 도래한다고 예측한다.**

앞으로는 세계가 석유 같은 광물에 의해 에너지를 공급받던 시대가 사라지고 원자력이나 태양광 차원을 뛰어 넘어 초고온의 플라스마 Plasma상태에서 우리가 바다에서 쉽게 구할 수 있는 수소를 이용하여 무한량의 에너지를 생산해내는 '핵융합발전시대'가 열린다고 예측한다. 그때는 녹색혁명으로 말미암아 지구환경이 지금보다 훨씬 더 살기 좋은 세상이 된다고 한다. 하지만 그때나 지금이나 한결같이 심각한 문제는 점점 늘어나는 고령인구에 대한 사회적 처우문제다.

노인들은 점차 기력이 떨어져 외부자극에 둔감하게 반응하고, 단기간에 기억력이 쇠퇴하여 건망증이나 치매로 이어지며 병명을 알 수 없는 질환에 시달린다. 그리고 병마보다 더 고통스러운 것은 지인들로부터 외면당하고 소외되는 것이다. 심지어는 자식들까지 바쁘다는 핑계로 멀리할 때 정말 외롭고 비참해진다.

'가난은 나라님도 구할 수 없다.'는 옛말처럼 자활이 어려운 노인들의 복지문제는 국가정책으로도 일괄구제가 어렵다. 선거 때마다 정치인들은 모든 계층의 어린이에서 노인들까지 의료 및 기초생활복지를 완벽하게 구현하겠다고 큰소리들을 치지만 대중을 의식한 포풀리즘 Populism에 불과하다. 자칫하다가는 국가재정의 파탄을 초래할 수 있기 때문이다.

현명한 사람들은, 젊은 날부터 노년기의 다양한 현재자아문제점들을 인식하고 예측하여 인간관계를 정립하고, 노년경제를 설계하며, 심신단련을 통해 건강한 노년을 준비한다. 언제나 평생학습정신으로 자신을 갈고 닦아 훗날 70~90세에도 일할 수 있는 사람으로 현재자아를 무장시킨다. 이것이 자기 삶의 사명과 역할을 정립하고 계획적인 삶을 살아가는 현재자아의 이상적인 모습이다. 누구나 현재자아가 눈높이를 낮추면 평생 직업을 지닐 수 있다.

봉사하면 보상받는 일자리는 얼마든지 있다. 눈앞의 이익과 쾌락, 안

일만을 위하여 젊은 날 노후를 준비하지 않은 사람들은 할 일 없이 빈둥대며 궁색하고 초라한 노년을 보낼 수밖에 없다. 자기인생의 결산표가 노년의 자기모습이다.

(6) 의지적(意志的)인 자아.

사람들은 저마다 타고난 운명요소가 있다. 자기만의 모습과 성격을 타고난다. 성별, 적성, 자질, 체질, 취미, 기호 등 남과 다른 특성을 타고난다.

이와 같이 본인의 자유의지와 무관하게 타고난 자아를 선천적 자아, 또는 운명적 자아라고 한다.

사람들은 저마다 주어진 환경조건이 있다. 자기만의 처지와 생활환경이 주어진다. 부모형제나 가족, 집안형편, 지역문화, 자기민족이나 국가사회, 시대상황 등 사회적 배경이 주어진다.

이와 같이 본인의 취사선택과 무관하게 주어진 자아를 환경적 자아, 또는 사회적 자아라고 한다.

사람들은 저마다 스스로 선택의지가 있다. 자기만의 가치와 인생을 선택할 권리가 있다. 선천적으로 타고난 운명적 성향의 희기, 장단점, 양면성, 다양한 가능성. 불가피하게 주어진 환경의 선악, 조건의 우열, 관계의 이불리, 주변의 길흉, 현재의 미래, 미래의 현재 등을 자유의지로 취사선택할 권리와 책임이 있다.

이와 같이 본인의 자유의지로 취사선택할 수 있는 자아를 후천적 자아, 또는 의지적 자아라고 한다.

사람들은 누구나 자기만의 운명요소가 있기 마련이다. 가문의 혈통이나 DNA 등의 영향을 받아 본인의 자유의지와 상관없이 형성된 개체의식, 개성, 특별한 기질, 취향, 재능 등의 운명요소를 타고난다. 이와 같이 타고난 운명은 자기창조가 아니다. 대체로 불가피한 경우가 많으므로 수용할 수밖에 없으나 의도하면 개선할 수가 있다. 타고난 운명적 자아의 선천 성향을 잘 관찰하여 단점은 보완하고 장점은 강화하여 최선의 상태로 만들 수가 있다.

사회적으로 성공한 사람들은 타고난 자신의 단점보다 장점을 중시하고 개발하여 자기의 역량을 극대화한 사람들이다.

타고난 운명은 반복되는 행위나 관계의 연속성에 의해 길들여진 습관으로 학습되고 고착된다. 그렇지만 뼈를 깎는 각오로 운명을 개선하려고 노력하면 새롭게 변화시킬 수 있다. 운명을 전환할 수 있다. 그런데 타고난 운명을 탓하면서도 스스로 체념하고 포기하는 사람은 반복되는 운명의 굴레를 벗어날 수가 없다. 많은 사람들은 무엇이든 힘들고 어려우면 운명이라고 자위하며 자신의 무능과 열등함을 합리화한다. 도전과 혁신을 포기한 체 운명의 틀 안에 자신을 가두고 스스로 바꿀 수 없다. 받아들여야 된다. 불가능하다. 이대로 삶이 다행이다.라고 자신을 한계 지으며 살아간다.

시련과 역경을 극복하기 위한 고행과 새로운 변화를 두려워한다. 불합리한 현실, 가난한 현실을 개선하려고 도전하지 않는다. 조상과 세상의 위정자들을 탓하고, 사회의 부조리나 불평등을 불평하면서도 불만투성이 자기 현실은 운명이라고 체념하며 받아들이는 사람이 의외로 많다.

타고난 운명적 자아를 살펴보면 성격, 자질, 재능 등이 대체로 양면성내지 다면성을 띠거나 장단점을 갖고 있는 경우가 많다. 동적인 자질과 정적인 자질, 소극적이고 내성적인 성격과 적극적이고 외향적인 성격. 부정적이고 비관적인 기질과 긍정적이고 낙천적인 기질. 호기심이 두려움을 누르고 새로운 것을 학습하고 경험하려는 성향과 두려움이 호기심을 누르고 새로운 것을 외면하고 기피하려는 성향 등을 복합적으로 지니고 있다.

잘못이나 문제점을 타인의 탓으로 돌리고 타인을 원망하는 성질과 잘못이나 문제점을 자신의 탓으로 돌리고 자신을 개혁하는 성질, 자기 진화를 위해 미지에 도전하는 용기, 자기 편안만을 위해 안일한 타성에 젖어 소일하려는 성향 등을 다양하게 갖추고 있다.

좋아하는 일과 싫어하는 일. 잘할 수 있는 일과 잘할 수 없는 일. 의미 있는 일과 의미 없는 일. 자신의 좋은 점과 나쁜 점, 자신의 타고난 강점과 약점, 하면 할수록 신바람 나는 일과 맥 빠지는 일 등 선천적 관심사나 취향 역시 저마다 다르다.

이와 같이 사람은 획일적으로 정해진 운명을 타고나는 것이 아니라 선악, 희기, 강약, 장단점 등의 자질과 재능 등을 다양하게 지니고 태어난 〈다면성 존재〉다. 성장과 함께 이러한 운명적인 자아가 깨어나고 자라나서 습관으로 길들여지고 굳어진다.

현명한 사람이나 지혜로운 멘토mentor**의 지도를 받은 사람들은 자기 운명의 강점, 장점, 좋은 점, 긍정적인 면만을 선택하고 집중한다.** 자기의 약점, 단점, 나쁜 점, 부정적인 점, 애매모호한 점 등은 개혁하고 개선한다. 더 좋은 것을 주의한다. 자기가 원하지 않는 것은 과감하게 버리고 원하는 것은 용감하게 선택하고 집중함으로서 그것을 현실로 창조하고 경험한다. 본 대학의 삼강령 가르침대로 스스로를 밝히고 새로운 사람이 됨으로서 지선의 삶을 누리는 대인이 된다.

사람들은 누구나 남과 다른 환경조건이 있기 마련이다. 관계 속의 모든 존재는 저마다 다른 개별구성요인과 환경조건을 지닌 채 성장하고 반응하며 살아간다.

자연적 환경이나 사회적 문화는 생존의 기본조건으로써 생장과 성패의 터가 되므로 매우 중요하다. 환경이 사람을 만들기 때문이다. 그러므로 사람을 환경의 동물이라고 한다. 맹모삼천지교가 이것을 잘 말해주고 있다. 같은 씨앗이라도 강남에 심으면 유자가 열리고 강북에 심으면 탱자가 열리며, 난세에는 구국의 영웅도 태평시대에는 나라를 망치는 간웅이 될 수가 있기 때문이다.

오늘날 학생들도 국내에서는 하위권 학생이 미국으로 유학을 가서는 상위권 우수학생이 되기도 하고, 국내서는 상위권 학생이 미국으로 유학을 가서는 하위권 학생으로 밀리기도 한다.

관계 속에 존재하는 사람들은 저마다 남과 다른 개체의식성향 속에서 서로 다른 환경조건을 지닌 채 그 차이를 이해하고 수용하며, 적응하고 진화한다. 그리고 그 환경을 활용하며 자기만의 앎과 뜻, 신념을 현실로 창조하고 경험한다.

사람들에게 주어진 '자연적 환경이나 지역적 문화나 시대적 상황'은 제각기 다르다. 주의나 이념이 다른 국가들의 사회적 환경이 다르고, 경제나 문화가 다른 지역사회에 소속된 가문의 배경이 다르며, 부모의 사회적 위상이나 경제적인 집안의 형편이 다르고, 배움에 민감한 시기의 학습 분위기나 학습의 조건 등이 다르다. 이와 같이 서로 다른 환경조건 속에서 많은 사람들은, 지금보다 나은 미래사회의 주인공이 되기 위해 자신의 꿈과 끼, 희망과 비전을 가꾸고 기른다.

나쁜 환경을 극복하고 좋은 환경을 활용하여, 격물치지하고 수기치인하기 위해 노력한다. 그런가 하면 다른 한편에서는 많은 사람들이 생존의 무게에 짓눌려, 꿈을 가꾸고 끼를 기르는 여유조차 없는 절박한 환경 속에서 연명에 급급한 삶을 살기도 한다.

세상은 불공평하지만 선택의 기회는 공평하다. 관계의 제약을 탈피하지 못하는 종손이나 장남, 조실부모한 사람이나 부모가 이혼한 결손가정의 자녀, 만리타국으로 입양된 사람, 열악한 환경 속에서 학대받거나 방치된 사람들, 배워야 할 시기에 생활전선에 투입될 수밖에 없는 가난한 집 자손, 가문이나 나라의 형편이 곤궁하고 위태로워 생존을 위협받는 사람들에게도 불우한 환경을 극복하고 난국을 타개할 수 있는 기회의 순간은 찾아온다.

21C는 기회균등사회라 겨울이 가면 봄이 오듯이 운명역전의 기회, 환경전환의 기회는 누구에게나 균등하게 주어진다. 그러나 행운의 기회는 소년 반기문이나 손정의처럼 스스로 포기하지 않고 늘 깨어 준비하고 노력하는 사람에게만 찾아온다. 기회는 자신을 사랑하고 행운을 희망하는 사람에게만 찾아온다.

누구나 한 생각이 깨어 있으면 새로워지는 기회가 반드시 찾아온다. 가난을 탈피하고 소망을 이룰 수 있는 성공의 기회가 찾아온다. 희망을 붙잡고 때를 기다리며 준비한 사람은, 기회가 도래할 때 자신의 신분을 격상시키고 자신의 꿈을 실현할 수 있다.

메마른 자갈밭에서도 민들레꽃은 피어나고, 황량한 사막에서도 선인장은 자라며, 더러운 연못에서도 아름다운 연꽃이 피어난다. 무서운 사자가 지배하는 초원에서도 연약한 사슴이 개체수를 늘리며 평화롭게 살아갈 수 있다.

불우한 환경은 그 사람을 강하게 연단시키는 성공스토리의 재료가 된다. 목표가 없이 희망을 포기하고 스스로 체념한 채 삶을 살면 변화의 기회는 결코 오지 않는다. 꿈이 있고 깡이 있어야 운명전환의 성공 기회가 온다. 그러므로 꿈과 깡이 없는 사람은, 목숨보다 소중한 시간을 좀 벌레처럼 갉아 먹고 사는 벌레인간으로서, 세월이 갈수록 그 삶이 구차해질 수밖에 없다.

역사적으로 성공하여 위대한 업적을 남긴 사람들은, 젊은 날에 불우한 가족관계와 열악한 가정환경을 극복한 사람들이 많다. 스스로 가난과 절망을 이기고 그 가운데서 삶의 의미와 희망을 찾은 사람들이 대업을 이루었다.

중국의 요임금이나 순임금, 공자나 맹자, 유방이나 주원장, 모택동이나 등소평. 한국의 고주몽이나 온조, 박혁거세나 김수로, 설총이나 장영실, 퇴계나 율곡, 이승만이나 박정희, 김대중이나 노무현, 정주영이나 반기문. 몽고의 태무진이나 프랑스의 나폴레옹, 일본의 토요도미나 도꾸가와, 료마나 손정의. 미국의 링컨이나 루즈벨트, 클린턴이나 오바마, 에디슨이나 스티브 잡스 등의 생애를 보라! 불우하고 열악한 환경이 그들의 꿈과 희망을 훼방하고 제약할 수 없었다.

자신의 처지를 자기보다 나은 사람과 비교하면서 세상을 부정적 시각으로 바라보고 매사에 비관적인 사람들은, 꿈과 희망을 상실한 채 자기만이 지니고 있는 탁월한 끼를 제대로 활용해보지도 못하고, 평생을 고뇌하다가 고통스러운 삶을 마감하게 되니 참으로 안타까운 일이다.

부활하는 자, 변환하는 자, 성취하는 자의 기쁨을 누리려면 '나는 꿈이 있다.I have a dream'는 연설로 미국인의 가슴을 때린 유명한 흑인 인권운동가 마틴 루터 킹Martin Luther King목사의 '세상의 모든 일은 꿈과 희망이 있기에 이루어진다.'는 말을 긍정적으로 이해하고 신념 해야 한다.

사람은 누구나 자신이 선택한 간절한 꿈이나 담대한 희망을 뜨거운 열

정을 갖고 신념하고 주의하면 그것을 현실로 창조하여 경험할 수 있다.

부모를 잘 만나 풍요로운 환경 속에서 부족함이 없이 자란 사람일지라도, 무엇을 하며 어떻게 살겠다는 목표의식이 없으면 결코 행운의 기회를 거머잡지 못한다. 세월이 가면 부자 집 거지가 되어 바닥이 보이지 않는 고통 속으로 추락한다. 고생을 싫어하고 안일한 타성 속에 짜릿한 쾌감이나 추구하는 젊은이들 역시 부모의 재산이나 축내다가 패가망신하고, 늙어서 서울역전 지하도로 갈수도 있다.

세상에 무통분만이란 없다. 누구든지 자신을 가로막는 환경장애나 원초욕망, 인간적 고뇌나 갈등, 안일한 타성들을 극복하고 10년 내지 20년 세월을 일념으로 목표를 집중해야 자아실현이란 옥동자를 낳을 수 있다. 자기분야에서 3%안에 들 수 있는 지도자나 달인이 되는 길은 결코 쉬운 길이 아니다. 오랜 세월을 각고하며 격물치지하고 수신제가하는 내공(內功)을 길러야한다. 그래야 치국평천하의 영광을 부모에게 돌리는 효를 완성하고 자기 삶의 의미와 기쁨을 누리게 된다.

쥐덫 위에 공짜 치즈가 있을지 몰라도 세상에 공짜란 아무 데도 없다. 의도하고 땀 흘려 노력하지 않으면 원하는 것을 얻을 수 없다.
공짜나 요행을 바라는 것은 어리석은 소인배들의 허망한 꿈이고 착각이다.
젊은 날 돈 주고 사서라도 고생을 해야 훗날 위대한 자아를 실현할 수 있기에, 비록 그 길이 고생스러워도 지금 여기서 격물하고 치지하며 수신제가해야한다.
사람들은 자유의지로 자기의 삶을 선택하고 책임져야 한다. 획일적으로 영원불변한 삶을 살도록 확정적인 운명을 갖고 태어난 사람은 아무도 없다. 양면성내지 다면적인 운명으로 태어나 변화무쌍한 삶을 사는 것이 우리들의 운명이다. 시시각각 움직이며 변화하는 것이 운명이다. 태어나자마자 고정된 것이 아니라 매순간 깨어나고 자라고 새로워지는 것이 운명이다. 그러므로 누구나 의도하면 비록 타고난 운명요소가 있다할지라도 나의 삶을 더 좋도록 개선시킬 수 있다.

환경이란 순환하는 경계이다. 어느 것 하나 고정된 것은 없다. 순간순간 바뀌고 변화한다. 매순간 바뀌고 새로워질 수 있는 것이 환경이고 운명이다. 자연적 조건이나 사회적 상황도 시시각각 변화한다. 환경 역시 운명처럼 영원불변한 것은 없고 춘하추동 사계절처럼 변화하고 있을 뿐이다. 우리 인간은 외부의 환경조건이나 자극에 반응하면서 그 환경조건을 더 좋도록 얼마든지 개조하며 살 수 있다.

사람의 자유의지가 운명을 개선하고 환경을 개조할 수 있다. 본래 밝은 본성의 자유의지는 다양하고 복잡하게 주어진 운명이나 환경을 자유롭게 선택할 수 있다. 그 누구의 구속이나 제약을 받지 않고 자신이 원하는 꿈과 희망, 신념과 목표를 선택하고 실행할 수 있다.

그 사람의 자유의지는 그가 신불(神佛)이고 부모나 스승일지라도 간섭하고 제약할 수 없다. 자유의지는 무엇이든 스스로 선택할 수 있는 특권이다. 그리고 자유의지의 선택은 무한책임이 따른다.

선택한다는 것은 그것을 주의한다는 것이다. 사람의 자유의지가 그것을 선택함으로써 비로소 그것에 주의를 집중하게 되고, 주의를 집중함으로써 그것을 현실로 창조하여 경험할 수 있다.

가난이 싫거든 풍요를 선택하고 일념으로 그 풍요를 주의하라! 반드시 풍요를 창조하고 경험하게 될 것이다.

한심한 자아상이 싫거든 훌륭한 자아상을 선택하고 일념으로 주의하라! 반드시 훌륭한 자아상을 창조하고 경험하게 될 것이다. 모든 이치가 이와 같으니 누구든지 이것이 싫거든 저것을 선택하라. 그리고 자기 선택이 옳거든 그 선택을 믿고 주의하라! 집중하라! 반드시 그대로 되는 것이 위대한 자기창조법칙이요, 우주자연법칙이다.

선택권을 가진 사람은, 자기의 타고난 운명요인과 주어진 환경조건을 관찰하여 취사선택함으로서, 얼마든지 자기의 운명을 전환하고 재창조 할 수 있다. 환경을 극복하고 개조할 수 있다. 불행에서 행복으로, 소인에서 대인으로 자기운명을 개선하고 재창조 할 수 있다.

의지적인 후천자아가 선택권을 행사하여, 선천적인 운명자아나 환경적인 현재자아를 개선하고 개조하여 자기가 원하는 삶을 살 수가 있다.

모든 창조와 경험은 자기의 의지가 선택하고 주의한 것이다. 大

4장

대학(大學)의
성의정심(誠意正心)

1절
성의정심(誠意正心) 전문해설(傳文解說)

주자는 격물치지가 대학의 요체라고 하였으나 왕양명이나 한유는 성의정심이 대학의 요체라고 하였다. 사물의 이치를 밝히려면 앎이 피어나야 하고, 앎이 피어나려면 먼저 뜻을 성실하게 하고 마음을 바르게 모아야 한다. 뜻이 성실하지 못해 마음이 분산되면 앎이 피어나지 않는다. 뜻을 세우고 마음을 집중하면 앎은 저절로 피어난다.

세상을 밝히고 백성을 새롭게 하기 위하여 자아를 가다듬는 두 가지 방법이 수레의 두 바퀴와 같은 〈격물치지와 성의정심〉공부다. 이것은 결코 둘이 아닌 하나이다. 〈격물치지라는 자아발견〉과 〈성의정심이라는 자아성숙〉공부는 불가분의 수기(修己)방법이므로 둘 다 온전하게 학습해야 한다.

대인군자는 마땅히 격물치지와 성의정심 공부를 마침으로써 수신제가를 하고 치국평천하를 할 수 있다.

소 위 성 기 의 자　　무 자 기 야
所謂誠其意者는 毋自欺也니

이른바 그 뜻을 성실하게 한다는 것은 자기 스스로를
속이지 않는 것이다.

여 오 악 취　　　　여 호 호 색
如惡惡臭하며 如好好色이라,

(악을 미워하기를) 나쁜 냄새를 싫어하는 것처럼 하며
(선을 좋아하기를) 좋은 빛을 좋아하는 것처럼 하는 것이다.

차 지 위 자 겸　　　고　　군 자　　　필 신 기 독 야
此之謂自謙이니 故로 君子는 必愼其獨也니라.

이것을 스스로 만족한다고 하는 것이므로 군자는 반드시
그 홀로 있음을 삼가는 것이다.

소 인　　　한 거　　위 불 선　　　무 소 부 지
小人이 閒居에 爲不善하되 無所不至하다가,

소인은 (남들이 보지 않는 곳에) 혼자 한가로이 있을 때에
좋지 않은 짓을 행하다가

견 군 자 이 후　　　염 연 엄 기 불 선　　　이 저 기 선
見君子而后에 厭然揜其不善하고 而著其善하나니,

군자를 보면 슬그머니 좋지 못한 점은 감추어 가리고
좋은 점만 드러낸다.

인 지 시 기　　　여 견 기 폐 간 연　　　즉 하 익 의
人之視己는 如見其肺肝然이니 則何益矣리요.

(그래도 결국은) 남들이 자기를 알아봄이 (보이지 않는 뱃속의)
폐나 간을 꿰뚫어보듯 하리니 (감추고 숨긴다 한들) 무슨 보탬이
되겠는가?

차 위 성 어 중　　　형 어 외　　고　　군 자　　　필 신 기 독 야
此謂誠於中이면 形於外니 故로 君子는 必愼其獨也니라.

이것을 일러 속마음이 성실하면 밖으로 (그 성실한 모습이)
드러난다고 하는 것이다. 그러므로 군자는 반드시
그 홀로 있을 때를 삼가고 조심한다.

曾子曰 十目所視며 十手所指니 其嚴乎인져.
증자왈 십목소시 십수소지 기엄호
증자께서 말씀하시기를 "열 눈이 보는 바이며 열 손가락이
가리키는 바이니 그야말로 무섭고 두렵구나!"하셨다.

富潤屋이고 德潤身이니 心廣體胖이라.
부윤옥 덕윤신 심광체반
故로 君子는 必誠其意니라.
고 군자 필성기의
(뜻을 성실하게 하여) 부(富)를 쌓으면 집안이 윤택해지고, 덕을
쌓으면 일신이 윤택해지니 마음은 넓어지고 몸은 편안해진다.
그러므로 군자는 반드시 그 뜻을 성실하게 해야 한다.

성기의(誠其意) 무자기(毋自欺)는, 본래 밝은 자아를 가다듬고 가꾸
려면 우선 자신의 뜻을 성실히 하는 것이 무엇보다 중요하다. 그 뜻을
성실히 하려면 자기 자신을 속이지 말고 자기의 뜻을 실행해야 한다.
  뜻을 세우기란 어렵지 않다. 그러나 그 뜻을 실행하기란 어렵다. 비
록 좋은 뜻을 천번만번 세우고 그 뜻을 반드시 행하겠다고 천번만번
다짐한들 그것을 실행하지 않으면 무슨 소용이 있으랴! 자신을 속이는
행위일 뿐이다.
  뜻을 세우고 그 뜻을 이루려면 자신을 속이지 말고 자기와의 약속을
성심을 다해 실행해야 한다.
  **자신을 아는 것이 격물치지의 출발점이고, 자신을 속이지 않는 것이
성의정심의 출발점이다.** 그러므로 자기수양과 자기경영의 첫걸음이

성기의(誠其意)요 무자기(毋自欺)다.

선행을 외면하고 악행을 자행하는 것은 자신의 좋은 뜻을 속이는 행위일 뿐 아니라 본래 타고난 자기의 밝은 본성을 가리는 행위다. 자신을 속이는 사람은 언제나 남을 식은 밥 먹듯이 속인다.

정직한 사람은 자기 자신도 속이지 않고 남도 속이지 않으므로 천하 사람들이 그를 믿고 따른다. 정직한 사람은 허물이 없으므로 언제나 당당하게 큰일을 도모할 수가 있다.

마음의 뜻과 몸의 행위가 악을 미워하기를 가장 싫어하는 냄새를 대하듯 미워하고, 선을 좋아하기를 가장 아름다운 경치나 여인을 좋아하듯 좋아하는 것이 자신을 속이지 않는 대인군자의 길이다.

자겸(自謙)은 자족(自足)이다. 뜻을 성실하게 하여 스스로를 속이지 않고, 악을 멀리하며 선을 가까이 함으로서, 저절로 그 마음이 뿌듯하고 보람찬 것을 이른 말이다. 항상 기분이 상쾌하고 스스로 만족스러운 감정이 자겸이다. 스스로 선을 좋아하고 악을 미워하는 자기감정에 충실한 것이 자겸이다.

처세에 능한 사람들은, 전략적 겸손이 몸에 배어 경쟁자나 적으로부터 자신을 보호하고 최후의 승자가 되기도 하므로, 의도적 겸손도 일상생활에는 매우 유익하다. 하지만 대인군자의 자겸은 스스로 뿌듯하고 푸근한 자족감정으로써 아름다운 자기마음의 표출이요, 자기인격의 발현이다. 그러므로 성인이나 대인군자들은 지족(知足)자를 천하제일부자라고 한다.

이스라엘 사람들의 명언에 "이 세상에서 가장 부유한 사람은 자기가 가진 것에 만족하는 사람이다."는 말이 있다.

신독(愼獨)은 홀로 있을 때에 삼가고 조심하는 것이다. 대인군자는 언제나 그 뜻을 성실히 하고, 스스로 속이지 않으며, 스스로 겸허하게 만족하면서 그 '홀로 있음'을 삼가는 법이다.

남이 보지 않고 듣지 않는 은밀한 곳에서도 나쁜 생각이나 추한 행위를 하지 않는 것이 신독이다. 홀로 있어도 윤동주의 시처럼 '하늘을 우러러 한 점 부끄러움이 없는 사람'이 되는 것이 신독이다. 홀로 있어도 언제나 단정하고 중후하며 정의롭고 인자하며 추악하지 않고, 그 고결함이 시냇물이 흐르듯 자연스러운 사람을 신독을 행하는 대인군자라고 한다.

신독을 행하는 사람은 경(敬)이 몸에 밴 사람으로 홀로 있어도 마음가짐이 언제나 자신과 이웃을 공경하고 행동거지는 엄숙하다.

사마온공의 말처럼 '자신이 다른 사람보다 특별히 뛰어 난 것이 없을지라도 평생을 남에게 털어놓지 못할 일을 하지 않는 것'이 군자다.

소인배들은 남이 보지 않는 곳이나 혼자 있을 때는 온갖 몹쓸 짓을 거침없이 행하다가도, 떳떳하게 행동하는 군자나 남이 나타나면 언제 그랬느냐는 듯이 천연덕스럽게 악행은 가리고 선행만을 드러낸다. 그러나 말은 안 해도 남들이 그 사람의 속내를 훤히 다 들여다보고 있으니 무슨 이로움이 있겠는가? 시커면 자기 속만 내보일 뿐이다. 감추려고 해도 사람의 속마음은 겉모습에 다 나타나고 만다. 그러므로 대인군자는 늘 깨어 있으면서 〈반드시 그 홀로 있음을 삼가는 법〉이다.

"열개의 눈동자가 지켜보고 있고, 열 개의 손가락이 가리키고 있으니 참으로 무섭고 두렵구나!"라고 말씀한 증자의 말처럼 비록 은밀한 곳에서 홀로 행하더라도 그 선악의 본질을 은폐하는 것은 불가능하니 크게 두려워하지 않을 수 없다. 엄하다는 것은 계신공구(戒愼恐懼)를 이른 말로써 '무섭고 두렵기에 삼가고 경계한다.'는 의미다.

중용에서도 "도란 잠시라도 떠날 수 없는 것이므로 떠날 수 있다면 그것은 도가 아니다. 그러므로 군자는 보이지 않는 데서 무서워하고 경계하며 들리지 않는 데서 염려하고 두려워한다. 숨은 것처럼 잘 드러나는 것이 없으며 미세한 것처럼 잘 나타나는 것이 없다. 그러므로 군자는 그 '홀로 있음을 삼가는 것'이다."고 했다.

성실한 뜻을 실천한 사람의 넉넉한 부(富)는 집안을 윤택하게 만들고, 정직한 덕(德)은 일신을 윤택하게 하므로, 마음은 너그럽게 확 트이고 몸은 푸근하고 편안해진다. 그러므로 심광체반(心廣體胖)을 위해서 대인군자는 반드시 그 뜻을 성실하게 해야 한다.

필성기의(必誠其意)란, 늘 깨어 있으면서 자신을 살피기를 스스로 속이거나 감춤이 없고 부끄러움이 없도록 그 뜻을 성실하게 세우고 행하는 것을 이름이다. '반드시 그 뜻을 성실하게 하라'는 것이다.

중용에서 성(誠)을 설명하기를 "성실함은 만물을 이루는 시작과 끝이니 성실하지 못하면 만물이 이루어지지 않는다."고 했다.

신독의 궁극은 홀로 있음에도 나쁜 생각이나 언행을 삼가는 것이고, 성의의 궁극은 어떤 어려움 속에서도 좋은 생각이나 언행을 행하는 것이다. 그러므로 대인군자는 필성기의(必誠其意)하여 만물과 만사를 이루는 법이다.

'나는 지금 성실한 삶을 살고 있는가?' 大

2절
정심수신(正心修身) 전문해설(傳文解說)

정심(正心)으로 수신(修身)하려면 앎과 뜻, 그리고 느낌을 밝히고 살펴서 거기서 그것들과 하나 된 다음에 더 새로워져야한다.

앎은 격물치지다. 사물의 이치를 밝혀 미지의 호기심문을 활짝 열고 다양한 앎을 이룸으로서 만물의 가치와 진위(眞僞)를 분별하고 그것과 하나 되어 그것들을 활용하는 진화의 기쁨을 챙기는 것이다.

뜻은 성실로 세우고 행하는 정직한 덕행이다. 스스로 다짐하고, 스스로 속이지 않으며, 스스로 기꺼워하며 만족하고, 스스로 홀로 있음에도 늘 깨어 있으면서 저버리지 않고, 스스로 마음을 집중하여 그것과 하나 됨으로서 그것들을 실현하는 성취의 기쁨을 챙기는 것이다.

진화의 기쁨과 성취의 기쁨을 온전하게 챙기려면 앎과 뜻만으로는 어렵다. 흔쾌히 따라주는 느낌이 함께 해야만 한다. 충분한 느낌의 동조가 없이는 그 어떤 진화나 성취도 무의미하다. 느낌이 동의하지 않는 앎과 뜻은 주의력을 상실하고 물거품이 되고 만다. 내면에서 자연스럽게 동조하고 유인하는 뜨거운 느낌이 수반되어야 의도한 앎, 뜻과 더불어 진화와 성취 그리고 사랑의 기쁨을 제대로 챙길 수 있다. 그러므로 심신의 느낌을 바르게 다루고 가다듬는 공부를 함께 하는 것이 무엇보다 중요하다.

所謂修身에 在正其心者는
<small>소위수신   재정기심자</small>

이른바 '몸을 닦음은 그 마음을 바르게 함에 있다'고 한 것은

身有所忿懥하면 則不得其正하고,
<small>신유소분치   즉부득기정</small>

자기 몸에 노여워하는 바가 있으면 그 마음에 바름을 얻지 못하고,

有所恐懼하면 則不得其正하고,
<small>유소공구   즉부득기정</small>

몸에 두려워하는 바가 있으면 그 마음에 바름을 얻지 못하고,

有所好樂하면 則不得其正하고,
<small>유소호요   즉부득기정</small>

몸에 좋아하는 바가 있으면 그 마음에 바름을 얻지 못하고,

有所憂患이면 則不得其正이니라.
<small>유소우환   즉부득기정</small>

몸에 근심하는 바가 있으면 그 마음에 바름을 얻지 못하느니라.

心不在焉이면 視而不見이며,
<small>심불재언   시이불견</small>

마음이 대상에 있지 아니하면 보아도 보이지 않고,

聽而不聞하고 食而不知其味니라.
<small>청이불문   식이부지기미</small>

들어도 들리지 않으며, 먹어도 그 맛을 알지 못하느니라.

所謂修身에 在正其心이니라.
<small>소 위 수 신　　재 정 기 심</small>

이것을 일러 '몸을 닦음은 그 마음을 바르게 함에 있다'고 한 것이니라.

마음과 몸은 하나이다. 보이지 않는 순수의식세계의 근원인 성(性: 마음으로 피어나기 전의 상태)과 보이는 의식세계의 현상인 정(情: 마음으로 이미 피어난 상태)을 비롯하여 참을 추구하는 앎, 선을 추구하는 뜻, 아름다움을 추구하는 느낌 등 여러 가지 마음이 있다. 그 중에서 가장 참되고 선하고 아름다운 마음은 이 모든 마음이 하나 된 마음이다.

본래 일심(一心)이란 하늘이 명한 본성에서 진선미(眞善美)를 추구하는 지정의(知情意)란 세 마음이 하나로 통합되어 작용하기 때문이다.

몸에 있는 다양한 감각기관의 느낌에서부터 마음이 열리는데, 이것은 보이지 않는 마음의 모든 것이 보이는 몸의 60조가 넘는 세포 낱낱에 깃들어 있다가 정으로 피어나기 때문이다. 그러므로 몸이 보고 듣고 느끼는 모든 것이 곧 마음의 작용이 되므로 몸과 마음은 분리할 수 없는 하나의 유기적 공동체다. 언제나 몸과 마음은 서로 다른 둘이면서 공명하는 하나이다.

올바른 마음(在正其心)이란, 성을 다하여 하나로 모으는 마음이고, 그 하나에 머무른 마음이다. 어느 한쪽으로 치우침이 없는 마음이다. 언제나 거기서 그것과 하나된 마음이 올바른 마음이다. 이 생각 저 생각 온갖 생각에 들떠 있는 마음은 올바른 마음이 아니라 그릇된 마음이다. 주의력을 상실한 즉흥적인 감정이나 쓸데없는 망상, 잡념, 분노 등은 올바른 마음이 아니기 때문에 우리를 괴롭히고 병들게 한다. 그릇된 마음은 의도나 주의를 분산시키고 우리들의 소중한 시간과 목숨 에너지를 소모시킨다.

몸을 바르게 수양하려면, 먼저 그 마음이 올바른 상태, 지극히 좋은 상태에 머무르고 있어야 한다. 마음의 대상이나 경계와 하나되어 있는 것이 좋은 상태다. 마음이 가는 곳에 언제나 몸이 따라가고 마음이 머무는 곳에 언제나 몸이 머문다. 마음이 흔들리면 몸이 흔들리는 것은 마음이 그 사람의 주인이기 때문이다. 그러므로 '몸을 닦음은 마음을 바르게 함에 있다'라고 한 것이다.

우리의 몸속에 〈노여움〉〈두려움〉〈좋아함〉〈근심걱정〉이 자리 잡고 있으면 올바른 마음의 상태를 얻지 못한다.

우리의 감정이 노여움, 두려움, 좋아함, 근심걱정에 사로잡혀 있으면 마음은 치우쳐 있으므로 정상상태를 유지하기가 어렵다. 감정에 휩쓸리면 갈팡질팡 허둥대면서 사리분별을 잃게 되므로, 모든 일이 엉망이 되고 주의력이 분산되며 의식이 혼미한 감정의 홍수상태가 발생하고 만다.

학생이 공부를 하려고 해도 자신의 감정상태가 분노에 치가 떨리고 두려움에 오금이 저린다면 어찌 공부집중이 되겠는가? 그 놀이가 좋아서 미칠 지경이고, 그 일의 근심걱정이 태산일 경우 어찌 공부신명이 나겠는가?

이와 같은 사실은 학생뿐만이 아니라 모든 분야의 사람들에게 적용되는 공통된 감성반응일 것이다.

우리의 감정이 노여움, 두려움, 좋아함, 근심걱정을 잘 다스려야 학업이나 사업에 좋은 성과를 기대할 수 있으며 선택을 집중하여 성취의 기쁨을 즐길 수 있다.

마음을 바르게 하려면 성심으로 감정을 조율하여 절도 있게 다스리는 것이 무엇보다 중요하다. 어느 한쪽으로 치우치지 않게 중심을 잡고 그때그때의 사정에 맞게 적절하게 다스려야 올바른 마음의 상태를 유지하며 몸을 가다듬을 수 있다.

무엇이든 올바르게 선택하고 집중하려면 정심상태가 되어야 한다.

동양의학에 의하면 마음의 상태가 질병의 원인이 된다고 하였다.

노즉기상(怒則氣上)이라, 지나치게 노여워하면 목기(木氣)가 위로 솟구쳐서 상간(傷肝)하므로 간, 담의 이상이나 혼절, 혈전사고 등이 발생하고,

공즉기하(恐則氣下)라, 지나치게 두려워하면 수기(水氣)가 약해져서 상신(傷腎)하므로 배출이 거북해지고 정력은 저하되며 야뇨증, 대인기피증, 신부전증 등이 생긴다.

희즉기완(喜則氣緩)이라, 지나치게 좋아하고 기뻐하면 화기(火氣)가 풀려서 상심(傷心)하므로 심혈관 이상이나 집중산만, 무기력증 등이 나타나며,

우즉기울(憂則氣鬱)이라, 지나치게 근심걱정이 많으면 숨결의 기가 가라앉고 막혀서 상식(傷息)하므로 우울, 짜증, 의기소침, 불안, 호흡곤란, 자폐증상 등이 나타난다.

사즉기결(思則氣結)이라, 지나치게 생각을 많이 하면 토기(土氣)가 엉키어서 상비(傷脾)하므로 비위가 무력해지고 소화불량에 심신이 허약해지며,

비즉기소(悲則氣消)라, 지나치게 슬퍼하면 금기(金氣)가 끊기어 상폐(傷肺)하게 되니 하체와 의욕이 무력해지고 해소, 천식으로 고생하게 된다.

경즉기란(驚則氣亂)이라, 지나치게 놀라면 기혈의 흐름이 어지러워져서 상기(傷氣)를 하니 손발이 마비되고 가슴이 답답하며, 전신에 기

운이 없고 건망증, 치매현상까지 나타난다.

이와 같이 마음이 어느 한쪽으로 치우치면 몸에 이상이 생기므로 정상적인 건강을 유지할 수가 없다. 그러므로 '몸을 닦음은 그 마음을 바르게 함에 있다'고 하는 것이다.

'마음이 거기에 있지 아니하면, 보아도 보이지 않으며, 들어도 들리지 않으며, 먹어도 그 맛을 알지 못한다. 이것을 일컬어 몸을 닦는 것이 그 마음을 바르게 하는데 있다.'라고 하는 것이다.'

대상이 그곳에 실재해도 마음이 그것을 주의하지 않으면 인지할 수가 없다. 무엇이든 그 대상에 마음을 모으고 그것과 하나 되어야 그것이 그곳에 존재하기 때문이다.

마음을 모으고 그것과 하나되는 것이 주의고 집중이며, 성의고 정심이다. 유리창에 마음을 모으면 창밖의 풍경은 보이지 않고 창만 보이며, 유리창 밖의 풍경에 마음을 모으면 창은 보이지 않고 창밖의 풍경만 보인다.

다리의 난간에 마음을 모으면 난간너머의 강물은 보이지 않고 난간만 보이며, 난간너머의 강물에 마음을 모으면 난간은 보이지 않고 난간너머의 강물만 보이는 이치와 마찬가지다.

순자의 해폐 편 첫머리에서도 "마음을 집중하도록 부리지 않으면 흑과 백이 눈앞에 놓여 있어도 눈이 그것을 인지하지 못하고, 천둥소리 북소리가 바로 귓전에 들려도 그 소리가 들리지 않는다. 그런데 하물며 마음이 올바르지 못한 사설(邪說)따위에 놀아나는 사람이야 더 말할 나위가 있겠는가!"라고 했다.

몸을 닦고 일을 이루려면 마음이 거기에 있어야 하고, 마음이 거기에 있으려면 그 마음을 바르게 하여야 한다.

그 마음을 바르게 하려면 그 마음이 늘 하나를 주의하고 있어야 한다. 깨어 있는 마음이 한곳으로 모여야 바른 마음이다. 선택한 한 가지 일을 분명하게 집중하고 거기서 그 일과 하나가 되어야 바른 마음이다. 이것을 주일무적(主一無適)의 한마음이라고 한다.

이 생각 저 생각 제 멋대로 내달리는 마음은 바른 마음이 아니다. 쓸데없는 생각걱정, 주의분산, 집중산만, 염려불안, 잡념부침이 많으면 바른 마음이 아닌지라 참마음이 거기에 있지 아니하다.

언제나 거기서 그것과 하나 되어 있는 마음이 정심이요, 생각이나 대상은 물론 사물이나 사업 등과 하나 되어 있는 마음이 정심이다.

이 세상 모든 일은 정심이 목표와 하나가 될 때 현실창조로 이어진다. 이것을 정신일도(精神一到) 하사불성(何事不成)이라고 한다.

본래 밝은 본성을 타고난 사람이 이와 같은 정심으로 격물치지하고, 수신제가하면 무엇이든 훤히 알고, 능히 하는 능력을 지닌 대인군자가 된다. 그리고 세상을 밝히는 빛이 되어 참으로 아름다운 자기 삶의 주인공이 된다. ❀

성의정심(誠意正心) 보충설명(補充說明)

"**사회 초년생이 가져야할 마음가짐은 격물치지와 성의정심이다.** 격물치지는 '사물의 이치를 통찰하여 지식을 확고히 한다.'는 뜻이며, 성의정심은 '뜻을 성실히 하고 마음을 바르게 가진다.'는 뜻이다."고 말하면서,

"대학을 졸업하는 것은 배움의 끝이 아닌 또 다른 배움을 향해가는 관문이다. 자기분야에서 진정한 전문가가 되고 능력자가 되고자 한다면, 인터넷에서 보고 듣는 지식만을 좇아서는 안 되고 현장에서 몸소 체험하는 격물치지 자세로 부딪쳐야 한다. 그래야 살아있는 지식이 쌓이고 거기에 남다른 창의력과 상상력이 더해질 때 세상을 바꿀 수 있는 힘이 생기는 것이다. 그리고 성의정심은 진지하고 바르게 최선을 다하는 삶의 자세이자, 초심을 잃지 않고 날마다 새롭게 자신을 돌아보며 스스로 힘쓰고 노력하는 마음가짐이다."고 하면서 또 이르기를,

"**'공짜 치즈는 쥐덫 위에만 있다'**는 러시아 속담이 말해주듯이, 세상에 노력 없이 이룰 수 있는 일은 아무것도 없다. 한 번 품은 뜻은 기필

코 이루겠다는 굳은 의지를 가지고 진력하되 편법을 멀리하고 우직하게 정도를 가야한다. 그리고 **누구에게나 새로운 시작은 불안하고 첫걸음은 서툴게 마련이지만 뜨거운 가슴을 안고 용기 있게 앞으로 나아가고, 실패하더라도 좌절하지 말고 다시 일어나서 도전해야 한다.**"고 구자경 엘지명예회장이 임진년 2월에 격물치지와 성의정심을 주제로 하여, 연암대학 졸업생들을 격려한 졸업치사다.

유충정공이 사마온공에게 물었다. "마음을 다하고 몸소 행하는 요지로서 죽을 때까지 이행할 만한 것이 무엇입니까?"

사마온공이 대답하였다. "성(誠)이다."

맹자가 말하였다. "성(誠)은 하늘의 길이고, 성실하려고 생각(思誠)하는 것은 사람의 길이다."

주염계가 말하였다. "성실이란 성인(聖人)의 근본이다."

이율곡이 성학집요에서 말하기를, "성실은 자신을 수양하고 남을 다스리는 근본입니다. 만약에 성실함이 없다면 뜻을 세울 수 없고 깨달을 수 없으며 기질을 변화시킬 수 없습니다."고 했다.

공자가 말씀하였다. "뜻을 도에 두어야 할 것이다."

주자가 말하였다. "뜻을 도에 둔다는 것은 마음이 그곳으로 향하게 됨을 말한다. 도란 일상생활에서 인륜상 마땅히 실행해야할 것을 이른다. 이 도를 알아서 마음이 반드시 그리로 향한다면 행하는 일이 바르게 되어 다른 길에 마음을 빼앗기지 않을 것이다."

북계 진씨가 말하였다. "도에 뜻을 둔다는 말은 온 마음이 도로 향한다는 뜻이다. 그러므로 뜻이 있다 없다가 한다든지, 또는 다른 데로 쏠리기라도 하면 그것은 뜻을 두었다고 말할 수 없다."

진씨가 말하였다. "뜻이란 덕을 향상시키는 토대이다. 성현들은 여기에서부터 시작하여 아무리 멀어도 도달하고 아무리 단단해도 뚫고 들어간다. 선악의 두 갈래 길은 도(道)와 이(利)일 뿐이다.

도에 뜻을 두면 의리가 뜻의 주인이 되어 물욕이 그를 움직이지 못할 것이요, 이에 뜻을 두면 물욕이 뜻의 주인이 되어 의리가 그에 끼어들 수 없을 것이다. 성인인 요임금과 포악한 걸왕, 성인인 순임금과 악독한 도척이 서로 구별되는 것은 바로 이 점에서이니 어찌 조심하지 않을 수 있겠는가?"

안연이 말하였다. "순은 어떤 사람이며 나는 어떤 사람인가? 나 또한 노력하면 그와 같이 될 것이다."

맹자도 성선설을 주장하며 말할 때마다 요순을 들어 말하기를, '사람이면 누구나 다 요순이 될 수 있다'고 하였다.

조선의 선비요 대학자인 율곡 선생도 '나 율곡도 안연이 순을 희망하는 바를 목표로 삼으려고 한다.'고 격몽요결에서 말하고 있다.

주자가 말하였다. "사람이 순과 같이 할 수 있다면 모든 사람들이 순과 같이 된다."고 하였다. 순과 같이 뜻을 세우고 성실하게 효(孝)와 도(道)를 행하면 평범한 사람도 천명을 받아 하늘이 인정하는 효자가 될 수 있고 어진 임금으로 추대될 수 있으며 춘추만세에 성인으로 추앙을 받을 수 있다.

주자가 말하였다. "대학의 경에 이르기를, '그 뜻을 성실하게 하려면 먼저 앎을 극진히 하라'하고, 또 이르기를, '앎이 극진해진 뒤에야 뜻이 성실해진다.'하였으니, 무릇 마음의 본체가 조금이라도 밝지 못한 점이 있으면 그것이 드러남에 반드시 그 힘을 충실히 쓸 수가 없어 구차하게 자신을 속이게 된다. 그러나 마음과 몸이 이미 밝더라도 여기에서 삼가지 않으면 그 밝은 것도 자기 것이 되지 않아 덕으로 나아가는 터전이 될 수 없다. 그러므로 그 차례를 바꿀 수 없고 노력을 빠뜨릴 수 없다."

주자가 말하였다. "성실하지 않으면 사물이 없다는 것은, 만약 보아도 성실하지 않으면 사물을 볼 수가 없고, 들어도 성실하지 않으면 사물을 들을 수 없으며, 효도를 하면서도 성실하지 않으면 효가 없는 것이요, 공손하면서도 성실하지 않으면 공손함이 없다는 것이다. 이와 같이 미루어 궁구하면 그 뜻을 알 수 있다."

정자가 말하였다. "배우는 사람은 성실하지 않을 수 없으니 성실하지 않으면 선을 행할 수 없고 군자가 될 수 없다. 학문을 닦을 때에 성실하지 않으면 그 학문이 올바르지 못해 일을 할 때에 그 일을 그르치게 된다. 스스로 어떤 일을 이루려 할 때에 성실하지 않으면 이것은 자신의 마음을 속이는 것이 됨으로서 스스로 충실함을 포기하는 것이고, 남과 어울릴 때에 성실하지 않으면 그 덕을 잃는 것으로서 다른 사람의 원망만 사게 된다. 지금 자질구레한 도의나 정통이 아닌 도에서도 성실해야만 가능하거늘 하물며 군자가 되려고 함에 있어 서랴! 그러므로 '배우는 사람은 성실하지 않을 수 없다'고 했다. 그러나 성실이란 올바른 도의 근본을 알아 그것에 마음을 모으는 것일 뿐이다."

'뜻을 성실하게 하는 사람은 스스로를 속이지 않는다. 악은 악취를 싫어하듯 멀리하고 선은 미색을 좋아하듯 가까이 하면 스스로 만족할 수 있다. 그러므로 군자는 반드시 그 홀로 있을 때를 삼간다.'는 대학의 가르침에 대하여 주자가 말하기를,

"그 뜻을 성실하게 한다는 것은 자신을 수양하는 기초가 된다. 스스로를 속인다는 것은 선을 행하고 악을 제거해야 한다는 것을 알면서도

마음에서 우러나오는 것이 성실하지 못하여 행하지 못함이다. 겸(謙)은 유쾌하고 만족스러운 것이다. 독(獨)이란 다른 사람은 알지 못해도 자신은 아는 것이다.

이것은 스스로 수양하려는 사람이 선을 행하고 악을 제거해야 할 것을 알았으면 마땅히 그 힘을 다하여 스스로를 속이는 것을 금해야 한다. 악을 미워하기를 악취를 미워하듯 하고, 선을 좋아하기를 미색을 즐기듯 하여, 악을 없애고 선을 얻어내어 스스로 자신이 유쾌하고 만족해야지, 구차하게 밖으로 들어내어 남에게 알려지려고 하면 안 된다. 자신이 성실하고 성실하지 않은 것은 다른 사람은 결코 알지 못하고 〈나만 홀로 아는 것〉이다. 그러므로 스스로 삼가는 것에서 그 낌새를 살펴야 한다."고 했다.

범양 장씨가 말하였다. "한 생각이 선하면 하늘의 신, 땅의 신, 상서로운 바람, 화평한 기운이 모두 여기에 있고, 한 생각이 악하면 요망한 별, 귀신, 전염병 등이 모두 여기에 있다. 이 때문에 군자는 홀로 있을 때 삼가야 한다."

'자기 몸에 화내고 노여워하는 것이 있거나 무서워하고 두려워하는 것이 있으면 그 마음에 바름을 얻지 못하고, 기뻐하고 즐거워하는 것이 있거나 근심하고 걱정하는 일이 있어도 그 마음에 바름을 얻지 못하게 된다.'는 대학의 가르침에 대하여, 정자나 주자는 〈몸〉을 마땅히 〈마음〉으로 써야한다고 주장하나 고대 언어는 심신이원론(心身二元論)이 없고 심신일원론(心身一元論)만이 있었으니 몸과 마음을 분별할 필요가 없다. 몸과 마음은 하나이니 부동불이(不同不異)라, 몸이 가는 데에 마음이 따라가고 마음이 가는 곳에 몸이 따라간다.
정자도 말하기를, "마음은 내 몸 속에 있다."고 했다. 그러므로 몸이

사라지면 마음도 오간데 흔적이 없이 사라지고 만다.

중용에 이르기를, "희로애락이 아직 피어나기 전(未發: 감정이 발동하여 행동으로 나타나기 이전)의 상태를 일컬어 중(中)이라 하고, 그것이 피어나서 모두 절도에 맞는 것을 화(和)라 이른다. 중(中)은 천하의 대본(大本)이고 화(和)는 천하의 달도(達道)이다."라고 했다. 미발의 중(中) 즉 대본은 천명의 본성을 이름이고, 이발(已發:이미 피어난 것)의 화(和) 즉 달도는 본성의 순환으로 천하에 통용되는 도리이다.

다산 정약용선생이 대학공의에서 이르기를, "희로애락에는 원래 두 가지 종류가 있다. 절도에 맞는 것이 그 하나요, 절도에 맞지 않는 것이 다른 하나이다. 대체로 공정한 기쁨, 공정한 노여움, 공정한 근심, 공정한 두려움은 그것이 천명에 근원하여 발동되므로 마음의 병이 되지 않을뿐더러 몸을 망치지도 않는다. 기쁨과 노여움이 오래되어도 그가 지닌 어린아이의 순수한 마음을 손상하지 않을 것이요 걱정하고 두려워함 역시 오래되어도 그가 지닌 호연지기를 꺾지 못할 것이다. 다만 그의 기쁨, 노함, 근심, 두려움이 재물과 여색, 욕망과 같은 사사로움에서 발동된다면 이는 한 물결이 움직이자마자 솥이 부글부글 끓어오르고 안개가 일어나 하늘이 새까맣게 되는 것과 같을 것이니, 결국 물욕에 이끌려 난동하므로 한 몸의 바름을 잃어버리게 된다. 어찌 이 두 가지가 같은 종류이겠는가!"고 했다.

정자가 말하였다. "자신을 죄책(罪責)하는 일은 없을 수 없으나 가슴 속에 오래 담아두는 것은 부당하다."

자신이나 자신과 관계된 일의 미래사에 대한 기대치를 가슴에 담아두고 지나치게 고뇌하거나 불안해하고 걱정하는 것은 옳지 못하다. 그러나 그보다 더 부당한 것은 지나가버린 과거사에 대한 일이 이미 종결이 되었는데도, 마음에 담아두고 두려워하고 근심하는 것이다. 잘못에 대한 대가를 이미 치르고 끝나 버린 일을 두고두고 뉘우치고 탄식하며 회한에 젖어 무기력한 인간이 되는 것은 옳지 못하다.

뉘우치고 새롭게 거듭나는 것이 생산적이며 죄를 탕감하는 일이고 바람직한 일이다. 그리고 의미 있고 즐거운 현재를 선택하고 집중하여 좋은 의도를 창조하고 경험함으로서 널리 세상 사람들을 이롭게 하는 것이 올바른 죄책이고 가치 있는 일이다.

서경에 이르기를, "아무리 성인이라도 생각하지 않으면 미친놈이 되고 아무리 미친놈이라도 잘 생각하면 성인이 된다."고 했다.

채씨가 말하였다. "성인이 쉽게 되는 것은 아니지만 미친놈도 생각을 잘 할 수 있다면 성인의 공을 이룰 수 있다. 성인의 생각이 성실하지 않음이 없으나 조금이라도 어긋난 생각이 있으면 비록 미친놈이 아닐지라도 미친놈이 되고 마는 이치가 여기에 있다."

'마음이 거기에 있지 않으면 보아도 보이지 않으며 들어도 들리지 않으며 먹어도 그 맛을 알지 못한다. 이것을 일컬어 〈몸을 닦는 것이 그 마음을 바르게 하는데 있다.〉'는 대학의 가르침에 대하여,

주자가 말하였다. "만일 마음이 거기에 있지 않다면 곧 주재하는 것이 없어서 몸을 검속할 수 없다. 이 마음의 신령스러움은 한 몸의 주(主)가 된다. 진실로 마음을 바르게 하여 늘 바른 마음의 상태를 유지하면 이목구비와 팔다리와 온 몸이 그 명령을 듣고 그 일을 받들게 된다. 따라서 움직임과 고요함, 말하고 침묵함, 들어오고 나감, 앉고 일어섬이 오로지 내가 시키는 대로 되어지니 이치에 모두 합당한 것이다. 만일 그렇지 않으면 몸은 여기에 있어도 마음은 저기로 달아나므

로 피와 살로 된 몸을 다스리고 단속할 수가 없다."

배움이나 사업이 크게 발전하지 않는 것은, 마음이 그 일에서 떠나 있기 때문이다. 배움에 투철하고 사업에 번창하려면 모름지기 지금 하는 일과 마음이 함께 있어야 한다.

남헌 장씨가 말하였다. **"마음이 함께 있는 것을 경(敬)이라고 한다."** 우리가 보이는 것을 보고, 들리는 것을 듣고, 느끼는 것을 느낄 수 있는 것은 그 대상을 마음이 성(誠)을 다하여 주의하기 때문이다. 성을 다하여 한 곳에 모인 마음이 절도에 맞게 나타난 모습이 경이다. 삼가는 마음이 그것과 하나 되어 굳건하고 엄숙한 것이 경이다.

예기에 이르기를, "불경(不敬)하지 말고, 엄밀하게 생각하고, 안정되게 말을 하면 백성이 모두 편안해질 것이다."고 했다.

정자가 말하였다. "불경스러움이 없어야 하느님을 마주할 수 있다. 마음이 안정된 사람은 말이 편안하고 부드러우며 안정되지 못한 사람은 말이 가볍고 빠르다." 경은 삼가고 조심하며 두려워하고 섬기는 마음의 자세이다.

또 말하였다. **"마음이 하나로 집중되는 것을 경이라고 하며 다른 데로 가지 않는 것을 일(一)이라고 한다."** 이것을 주일무적이라고 한다. 주의분산이나 집중산만은 주일무적이 아니다.

각헌 채씨가 말하였다. "정신을 한 곳에 집중하는 것은 움직임과 고요함을 다 겸하는 것이니, 일이 없을 때 마음이 조용하여 잘 보존되어 있으면 이것은 고요하면서 한 곳에 집중한 것이요, 일이 있을 때 마음이 움직여서 일에 응하되 다른 일과 섞이지 않으면 이것은 움직이면서 한 곳에 집중한 것이다."

주자가 말하였다. "일이 없을 때에는 경이 마음속에 있고, 일이 있을 때에는 경이 하는 일에 있으므로, 일이 있든 없든 나의 경은 중단된 적이 없었다. 그러므로 정자는 '배움이란 한 가지로 되었을 때라야 바야흐로 좋다'하였으니, 무릇 한 곳에 집중할 수 있으면 일이 있든지 없든지 모두 이와 같이 좋은 것이다."

정자가 말하였다. "단정하고 가지런하여 엄숙하면 마음은 스스로 하나가 되며 하나가 되면 그르거나 치우친 것의 방해를 받지 않는다. 엄격하고 위엄이 있는 것이나 근엄하고 삼가는 것이 경의 도는 아니지만, 경에 이르려면 반드시 이로부터 들어가야 한다."

상채 사씨가 말하였다. "경이란 항상 또렷또렷하게 깨어 있는 것(常惺惺)이다." 마음이 어둡거나 어리석지 않고 초롱초롱 밝은 상태가 경(敬)이다. 항상 지금 여기서 깨어 있는 마음이 경(敬)이다.

화정 윤씨가 말하였다. "경이란 마음을 수렴하여 한 물건도 용납하지 않는 것을 말한다. 경에 무슨 형체와 그림자가 있으랴? 심신을 거두어들이기만 하면 정신을 한 곳에 집중할 수가 있다. 예컨대 사람이 신(神)을 경배할 때 마음을 가다듬어 털끝만한 잡념도 없게 한다면 이것이 정신을 집중하는 것이 아니고 무엇이겠는가?"

정자가 말하였다. "경(敬)하여 주일(主一)하면 실(實)하게 되어 외부의 근심이 들어올 수 없고, 경하여 주일하면 허(虛)하게 되어 삿된 것이 들어올 수 없다." 경하면 내부의 욕심이 싹트지 않아 외부의 유혹이 들어오지 못하므로 허(虛)라 하고, 외부의 욕심이 들어오지 못하면 저절로 내부가 장중해지니 실이라고 한다. 경하면 허허실실이 자유로워 어디에도 걸림이 없다.

주역 문언전(文言傳)의 곤괘해설에 이르기를, "군자는 경건으로써 안을 곧게 하고, 의리를 지킴으로써 밖을 반듯하게 하는 것이다. **경(敬)과 의(義)가 서게 되면 덕이 외롭지 않다.**"고 했다.

정자가 말하였다. "군자는 경을 주로 하여 안을 곧게 하고, 의를 지켜 밖을 반듯하게 한다. 경이 서면 안이 곧게 되고 의가 나타나면 밖이 반듯하게 되는 것이다. 경과 의가 이미 서게 되면 덕이 무성하게 자라므로 그 덕은 외롭지 않다."

대대례의 무왕천조 편에 이르기를, "경건이 게으름을 이기는 사람은 길하여 흥하고, 게으름이 경건을 이기는 사람은 흉하여 망한다."고 했다.

주자가 말하였다. "경건으로써 안을 곧게 한다는 것(敬以直內)은, 털 끝만한 사욕도 없이 가슴속이 환하게 아래위로 통하여 안팎이 하나가 되는 것이고, 의리를 지킴으로써 밖을 반듯하게 한다는 것(義以方外)은, 옳다는 것을 알았으면 반드시 그와 같이 하고 옳지 못하다는 것을 알았으면 그와 같이 하지 않아서 자른 듯이 반듯하게 하는 것이다."

정자가 말하였다. "경건과 의리를 겸비해야 위로 하늘의 덕에 통할 수 있다." 경건은 본체요, 의리는 그 작용이다.

정자가 말하였다. "경은 모든 간사함을 이긴다." 간사함은 사악함이다.

또 말하였다. "생각에 간사스러움이 없는 것이 곧 성실함이다."

또 말하였다. "생각에 간사함이 없다(思無邪)와 경건하지 않음이 없다(毋不敬)는 두 구절을 따라 행하면 어찌 어긋남이 있겠는가? 어긋남이 있는 것은 모두 경건하지 않고 바르지 않은 것에서 비롯되는 것이다."

소자(邵子)가 말하였다. "경을 입으로 말하는 것은 몸으로 실천하는 것만 못하고, 몸으로 실천하는 것은 마음을 다하는 것만 못하다. 입으로 말하는 것은 남이 들을 수 있고, 몸으로 실천하는 것은 남이 볼 수 있으며, 마음을 다하는 것은 신(神)이 알 수 있다. 사람의 총명함도 속일 수가 없는데 하물며 신의 총명함이야 말할 것이 있겠는가? 그러므로 입에 부끄러움이 없는 것은 몸에 부끄러움이 없는 것만 못하고, 몸에 부끄러움이 없는 것은 마음에 부끄러움이 없는 것만 못하다. 입의 허물이 없는 것은 쉬우나 몸의 허물이 없는 것은 어려우며, 몸의 허물이 없는 것은 쉬우나 마음의 허물이 없는 것은 어렵다."

주자가 말하였다. "경은 사람을 붙들어주고 격려하는 도리이다. 사람이 나태해지고 게으를 때에 경하게 되면 곧 이 마음을 붙들어주고 격려하게 된다. 항상 이와 같이 하면 간사하고 사치스러운 생각이 조금 있더라도 스스로 물러나게 된다. 그리고 경은 사람의 허욕과 맞서는 수단이다. 사람이 항상 경하면 천리가 스스로 밝아져 허망한 욕심이 올라오지 못하게 된다."

율곡선생이 성학집요에서 "성실함이란 하늘의 이치요 마음의 본체이니, 사람이 그 본심을 회복할 수 없는 것은 사사로움과 간사함이 있어 가려지기 때문이다. 그러므로 경건을 주(主)로 삼아 사사로움과 간사함을 다 없애면 본체는 곧 온전해진다. 경건은 공부하는 요령이요, 성실은 공부가 이루어지는 바탕이니 경건으로 말미암아 성실에 이르게 된다."고 했다.

또 말하였다. "마음의 본체는 담담하게 텅 비고 맑아서 거울의 텅 빔과 같고 저울의 평평함과 같은 것이나 외부사물에 감응되어 움직이면 칠정이 발동하니 이것은 마음의 작용이다. 다만 기에 구속되고 욕망에 가려 마음의 본체가 올바르게 작용을 못할 수도 있으니 그 마음의 병폐는 어둠과 어지러움이다.

어둠의 병폐는 첫째가 지식적인 어두움이니 제대로 궁리하지 못하여 시비에 어두운 것이고, **둘째는 기질적인 어두움**이니 게으르고 느리어 언제나 놀고 잠잘 것만 생각하는 것이다.

어지러움의 병폐는 첫째가 나쁜 생각이니 외부사물에 유혹되어 사사로운 욕망을 헤아리며 탐하는 것이고, **둘째는 뜬구름 같은 생각**이니 쓸데없는 산란한 생각들이 끊임없이 일어나는 것이다. 비록 좋은 생각일지라도 그때에 알맞은 것이 아니면 다 뜬 구름 같은 생각들이다.

배우는 사람이나 군자는 모름지기 경을 주로 삼고 일을 만났을 때는 성심을 다하여 마땅히 머물러야할 곳에서 머물고, 아무 일이 없을 때에 어둡고 어지러운 생각이 고개를 들면, 반드시 무슨 생각인가를 밝게 살피고 살펴서 어둡고 어지러운 나쁜 생각이면 단호하게 끊어내고, 밝히고 새로워지는 좋은 생각이면 인의에 합당한가를 살펴 그 생각과 하나 되어야 한다."고 했다. 그리고 마음을 바로 하는 것은 평생의 사업이니 매순간 유념하고 또 유념하여야 한다. 大

성학십도는 조선의 대표적 유학자인 퇴계 이황선생이 노년 68세에, 경륜이 부족한 17살의 어린 임금 선조를 성인(聖人)의 길로 인도하고자 유학의 핵심내용들을 수집하고 발췌하여 지어올린 글과 그림이다. 도설(圖說)에 대한 설명은 퇴계나 주자의 해설에 충실하려고 노력하였으나 일부분은 임의로 가감하였음을 밝혀둔다. 그리고 난해한 그림은 모두 생략하였다. 성학십도는 자연과학과는 구별되는 인문학적, 또는 도학적(道學的)인 진리이므로 성의정심 즉, 마음공부차원에서 이해하고 접근하여야한다.

이 성학십도는 대학의 전체논리와 마찬가지로 제왕(帝王)학이다. 나라를 위하고 다스리는 사업은 물론, 유학의 목표와 학습방법을 두루 갖추고 있다. 특히 퇴계의 경(敬)철학과 천인합일(天人合一)사상이 잘 정리되어 있다. 하늘과 사람을 별개로 보던 옛 학자들의 천인관(天人觀)을 혁신하여, 하늘이 진리이나 하늘과 사람은 상응하며 하늘의 진리가 사람을 통하여 온전하게 나타나고 이루어진다는 새로운 천명사상(天命思想)까지 내포하고 있다.

심성을 전제로 하여 유학체계를 새롭게 구성해 놓은 퇴계의 성학십도는, 유가의 우주론적 존재론과 세계관 및 인간의 마음과 성경(誠敬)에 대해서 철학적으로 다루기 어려운 문제점들을 이해하기 쉽게 다루고 있다. 그리고 유가의 마음공부 방법을 더없이 친절하고 자세하게 다루고 있다.

후세 한·중·일 학자들의 연구결과 그 가치가 높이 평가되고 있는 이 성학십도는 쉬우면서도 매우 어렵다. 그 당시에도 선조임금이 홍문관 학자들에게 강의하라고 어명을 내리면 신하들이 아뢰기를, "이 글은 비록 평소에 학문연구를 깊이 하였어도 정밀하지 못하면 알기가 지극히 어렵습니다. 하물며 홍문관에서 미처 연구하지 아니하였는데 어찌 감히 어전에서 강의할 수 있겠습니까?" 말하고 어전강의를 사양했다고 한다.

퇴계가 임금께 성학십도와 함께 올린 글에서 그 의의를 보충하여 아뢰기를, **"제가 듣자오니 맹자가 말하기를, '마음이 맡은 일은 생각이다. 생각하면 얻고 생각하지 않으면 얻지 못한다.'하였고, 기자가 무왕을 위하여 홍범(洪範)을 진술할 때에도 '생각의 덕은 사려의 밝음이니 사려가 밝게 되면 진리에 통달한 성인이 된다.'고 하였습니다.** 대체로 마음은 가슴에 갖춰져 있지만 텅 비고 신령한 것이요, 진리는 글에 나타나 있지만 뚜렷하고 알찬 것입니다. 〈텅 비고 신령한 마음으로 뚜렷하고 알찬 진리〉를 구한다면 얻지 못할 까닭이 없습니다. 생각하여 얻음으로써, 사려가 밝게 되어 진리에 통달한 성인이 됨을 어찌 오늘날이라고 징험할 수 없겠습니까?

마음이 텅 비고 신령하지만 경(敬)으로 주재함이 없으면 일이 눈앞에 닥쳐도 생각하지 못하게 되고, 진리가 뚜렷하고 알차지만 밝게 비추지 못하면 눈으로 날마다 접하고도 보지 못하게 됩니다."

또 아뢰기를, "공부하는 방법은 반드시 '가지런하고 엄숙하며 고요하고 전일(專一)한 가운데 마음을 다하여, 배우고 묻고 생각하고 변별'하면서 진리를 궁구해야 합니다. 다른 사람이 보지도 듣지도 않는 곳에서도 삼가고 두려워함이 더욱 엄하고 공경스러워야 하며, 혼자만 있는 은밀한 곳에서의 마음의 낌새일지라도 더욱 정밀하게 성찰해야 합니다."

또 아뢰기를, "처음에는 공부가 마음대로 안 되고 어긋나거나 짜증나며 때로는 지극히 괴롭고 불쾌한 일도 있겠지만, 이것은 옛사람들이 말한 앞으로 크게 나아질 징조요 좋은 소식의 단서가 될 수 있습니다. 힘들다고 스스로 그만두지 마시고 더욱 자신을 채찍질하여 참된 것을 배우고 익혀 오래도록 힘써 나아가면 자연히 진리가 쌓이고 마음이 진리를 머금게 되어 자신도 모르게 마음과 진리가 융회(融會)하여 관통하게 됩니다. 그렇게 배움과 일이 함께 익숙해지면 차츰 모든 행동이 순탄하고 자연스러워질 것입니다. 처음엔 한 가지 일만 전념하였으나 나중에는 모든 일을 하나로 아우를 수가 있습니다. 이것은 실로 맹자가 말한 '학문을 깊이 파고들어 스스로 깨닫는 경지'이니, 살아 있는 동안에는 그만둘 수 없는 경험입니다. 계속 부지런히 힘써 자신의 재주를 다하면 '안자가 석 달 동안 인(仁)을 어기지 않은 뒤에 나라를 다스리는 사업'을 물은 것이 그 속에 있습니다.

증자가 '충서일관(忠恕一貫)의 도(道)'를 전한 것처럼 도를 전할 책임이 자기에게 있으므로 경외함이 일상생활에서 떠나지 않고, '중화(中和)가 극진하게 이루어져 천지가 제자리에서 운행되고 만물이 육성되는 공(功)'을 이룰 수 있으며, 덕행이 일상의 윤리를 벗어나지 않는 가

운데 천인합일(天人合一)의 오묘한 이치를 얻을 수 있습니다."고 진언
하고 있다.

(1) 태극(太極) 공부.

「무극(無極)이 태극(太極)이다. 태극이 움직여서 양을 낳고, 움직임이
다하면 고요해져서 음을 낳는다. 고요함이 다하면 다시 움직이게 된
다. 한 번 움직임과 한 번 고요함이 서로 뿌리가 되어 음과 양으로 나
누어지니 양의(兩儀)가 성립된다.

음양이 변하고 합하여 수(水)·화(火)·목(木)·금(金)·토(土)를 낳
고, 이 다섯 가지 기운들이 순차적으로 펼쳐져서 춘하추동 사계절이
운행된다.

오행(五行)이란 하나의 음양이고 음양이란 하나의 태극이며 태극은 본
래 무극이다. 오행이 생겨남에 저마다 그 성(性)을 하나씩 갖추고 있다.

하나인 무극의 진리와 둘로 나뉜 음양과 다섯으로 운화하는 오행의
기운들이 오묘하게 합하고 응결되니 건도(乾道)는 남성을 이루고 곤도
(坤道)는 여성을 이룬다. 이 두 가지 건곤의 기운이 서로 교감하여 만
물을 태어나게 하니 만물이 끊임없이 생겨나와 그 변화가 다함이 없
다. 그 중에서 오직 사람만이 가장 빼어나서 영특하다.

형체가 생겨나자 정신이 지각을 일으키면서, 인의예지신 오성(五性)
이 감동하니 선과 악이 나누어지면서 만사가 생겨난다. 이에 성인은
중정(中正)과 인의(仁義)로써 만사를 안정시키고, 고요함을 주로 하여
사람의 표준을 세우고, '천지와 덕성을 함께하고, 일월과 밝음을 함께
하며, 사계절과 질서를 함께하며, 귀신과 길흉을 함께한다.' 군자는 이
렇게 덕성을 닦아 길하지만 소인은 이것을 거슬러서 흉하다.

그러므로 "하늘의 도를 세워 음과 양이라 하고, 땅의 도를 세워 부드

러움과 굳셈이라 하며, 사람의 도를 세워 인과 의라 한다."고 하였다. 또 이르기를 "시작의 근원을 살펴서 그 마침을 깨치므로 죽음과 삶의 이치를 안다."고 하였으니 위대하도다. 역(易)이여! 이것이 지극함이로다.」

'무극이 태극이다.'는 것은 드러나지 않은 것이 드러남을 이른 말이니, 영(零)에서 일(一)이 화생(化生)하고, 무(無)에서 유(有)가 화현하는 우주자연의 근원자리요, 모든 진리와 질서의 출발점이 된다. 하늘, 이(理), 일신(一神)의 조화원리로도 본다.

'극(極)'은 궁극 즉 끝을 나타내면서 표준을 의미하기도 한다.

1) **무극(無極)은 끝이 없다,** 다함이 없다는 말로써 이치는 있지만 동정(動靜)이 없는 무형의 진리요, 무형의 표준이다. 열자의 '사물의 시작과 끝은 애초에 다함이 없었다.' 도덕경 28장의 '다함이 없는 데로 돌아간다.'에서도 무극이란 말이 사용되고 있다.

2) **태극(太極)은 궁극적 진리로서, 이치도 있고 동정도 있는 〈위대한 표준〉이다.** '태극'이란 말은 주역 계사 상 11장에서 "역에는 태극이 있으니 이것이 양의를 낳고, 양의가 사상(四象)을 낳고, 사상이 팔괘(八卦)를 낳았다."는 데서 처음 나온 말이다. 유학에서는 모든 현상의 궁극적 진리를 의미하는 개념으로 주로 사용한다.

3) **인극(人極)은 사람의 궁극, 또는 사람의 진리란 말로서, 사람의 최고표준을 의미한다.** 주돈이는 표준을 세우려면 '고요함을 주로 함'이라고 하면서 '삿된 욕심이 없으면 정(靜)에 들 수 있다.'고 하였다. 사욕이 없으면 인간내면의 본성이 곧 궁극적 진리인 태극이 되므로 인극은 곧 태극이 된다. 그러므로 '인극을 세운다.'는 말은 '인간윤리생활의 최고 표준을 세우는 것'임과 동시에 '우주의 궁극적 진리의 표준을 세우는 것'이 된다.

'오직 사람만이 가장 빼어나서 영특하다.'한 것은 사람이 순수하고 지극히 선한 본성을 지니고 있으므로 태극의 결정체라는 것이다. 드러나지 않은 것이 드러난 것 중에서 가장 고귀하고 오묘한 것이 사람이다.

유가의 성리학에서 가장 중요한 자리를 차지하고 있는 태극 도표는 주돈이(1017~1073, 호 濂溪)가 지은 것이고, 태극도설은 주자가 해설한 것이다. 그러나 그 근원은 주역의 계사 상 11장 내용이라고 보는 것이 정설이다.

주자는 태극 도에 대해 이르기를 "모든 도리의 핵심이요, 백세도술(百世道術)의 연원이다."고 했다.

퇴계는 이르기를 "성인을 배우는 자는 태극 도에서부터 단서를 찾고, 소학과 대학공부에 힘쓰면 그 효과가 나타나게 되니 '자연조화의 지도리이며 만물의 뿌리인 하나의 근원자리'까지 올라가게 된다. 이 경지를 이른바 '도리를 궁구하고 본성을 다하여 천명에 이른다.'고 하는 것이며, '정신을 궁구하고 조화를 알아 명덕이 성대해진다.'고 하는 것이다."고 했다.

(2) 건곤(乾坤) 공부.

「하늘을 아버지라 부르고, 땅을 어머니라 부른다. 〈나〉는 아주 작은 존재로 그 가운데에 뒤섞여 있다.

천지사이에 가득 찬 것은 〈나〉의 몸이요, 천지를 이끄는 것은 〈나〉의 본성이다.

더불어 산다는 인(仁)의 입장에서 보면 모든 사람들은 〈나〉의 동포요, 만물은 〈나〉와 함께 사는 무리이다. 미루어 행하는 인의 입장에서 보면 임금은 내 부모의 종자(宗子: 종가집의 맏이)요, 대신(大臣)은 종자의 가상(家相: 執事 또는 심부름꾼)들이다.

　나이 많은 사람을 높이는 것은 〈나〉의 어른을 어른으로 대접하는 것이요, 외롭고 약한 사람을 불쌍히 여기는 것은 〈나〉의 어린이를 어린이로 보살피는 근본이다.

　성인은 천지와 덕을 합한 사람이요, 현인은 남보다 빼어난 사람이다.

　천하의 병들고 허약하여 고통 받는 사람, 부모나 자식이 없는 사람, 홀아비와 과부같이 의지할 데 없어 외로운 사람들도 모두 다 〈나〉의 형제자매다. 어려움을 당해도 호소할 데가 없는 사람들이다.

　하늘의 뜻을 지킨다는 것은 천지의 자식으로서 천지와 같은 부모를 공경하는 것이요, 매사에 즐거워하고 근심을 들어내지 않는 것은 효(孝)에 순전(純全)한 사람이다.

　불효하여 천지의 뜻을 어기는 것을 패덕(悖德)이라 부르고, 인(仁)을 해치는 것은 적(賊)이라고 한다. 악한 일을 일삼는 자는 선한 재질이 없는 부재(不才)니, 그가 천성대로 행동하는 것은 그 부모를 닮아 그런 것이다.

　천지조화를 아는 사람은 그 부모의 일을 잘 이어 이루는 사람이요, 천지조화의 신묘함을 궁구하는 사람은 그 부모의 뜻을 잘 이어 받드는 사람이다.

　잘 보이지 않는 방구석에서도 부끄럽지 않은 것이 부모를 욕되게 하지 않는 일이요, 마음을 보존하고 본성을 기르려면 부모를 섬기는데 게을리 하지 않는 것이다.

　맛좋은 술을 싫어하는 것은 숭백의 아들 우가 부모를 돌보는 행동이요, 영재를 기르는 것은 영고숙 같은 효자를 이어가게 하기 위함이다.

　고생스러워도 효성을 게을리 하지 않아 부모를 마침내 기쁘게 한 것은 순의 공적이요, 도망가지 않고 죽음을 기다린 것은 신생(申生)의 공손함이다. 부모가 주신 몸을 온전하게 지니고 살다간 사람은 증삼이요, 용감하게 부모의 뜻에 따르고 명령에 순종한 사람은 백기(伯奇)이다.

부귀와 복록은 〈나〉의 삶을 풍요롭게 하는 것이요, 빈천과 근심걱정은 〈나〉를 옥성(玉成)시키는 것이다.

살아있는 동안에는 천지부모를 공순하게 섬기고, 죽음에 이르러서는 천지부모에게 되돌아가 안부를 묻는 것이 사람의 도리다.

이 모든 것이 도를 알고 마음을 다하여 도를 이루는 모습들이다.」

건곤 공부는 성학십도의 두 번째인 서명(西銘)에 대한 공부다. 서명은 북송의 학자인 장재(1020~1077, 호는 橫渠)가 옛사람들의 언행을 모아 지은 것으로, 본래 이름은 어리석음을 바로잡는다는 뜻의 정완(訂頑)이었는데 정자가 서명(西銘)으로 고쳤다. 이를 다시 필자가 건곤 공부라고 하였다.

서명 도(圖)는 원나라시대의 성리학자인 정복심(1279~1368, 호는 林隱)이 그렸다. 서명에 대하여 정자는 말하기를 "그 뜻이 지극히 완벽하니 이것은 인(仁)의 체(體)이다. 다 가득 채우면 성인이 된다."고 하였다.

성학(聖學)의 목적은 인(仁)이고 그 인을 깊이 체득하여야 내가 천지만물과 한 몸임을 알 수 있는데 그 방법을 친절하게 가르치고 있는 것이 서명공부 즉 건곤공부인 것이다.

귀산 양씨는 말하기를 "서명의 이(理)는 하나인데 다양하게 나뉘는 것을 말하고 있다. 그 이(理)가 하나임을 아는 것은 인(仁)을 실행케 하는 것이고, 그 이(理)가 다르게 나뉨을 아는 것은 의(義)를 행하게 하려는 까닭이다. 이것은 마치 맹자가 "어버이를 사랑한 뒤에 백성들을 사랑하고, 백성들을 사랑한 뒤에 사물을 사랑한다.(親親而仁民 仁民而愛

物)"고 한 말과 같다. 그 분수가 같지 않은 까닭에 내가 베푸는 일에도 차등이 없을 수 없다."고 했다.

유학은 자아를 발견하여 자아를 성숙시키고, 자아를 완성하려는 위기지학(爲己之學)이다. 천지만물이 나와 하나이므로, 천인합덕(天人合德)하여 천하 만민을 새롭게 가르치고 최선의 상태로 인도하려는 거룩한 뜻이 있을지라도, 자신의 마음과 본성 가운데 그와 같은 원리가 있다는 것을 스스로 인식하고 자각하지 못하면 위기지학은 아무런 쓸모가 없다.

서명 즉 건곤 공부에 '나'라는 말이 10번이나 나온 것은, 천지만물이 비록 나와 한 몸이지만 반드시 자기 자신을 만행의 근본으로 삼고 주재자로 삼아야 한다고 장재가 생각하였기 때문일 것이다.

언제나 자아완성의 주체는 〈나〉 자신이다. 그리고 자아를 성숙시켜 자아를 완성시키는 방법은, 천지건곤과 같은 부모를 섬기고 받드는 효로부터 시작하고 다시 효에서 마치게 된다.

'부모가 주신 몸을 온전하게 지니고 살다간 사람은 증삼이다.'에서 증삼은 대학을 지은 공자의 막내제자 증자를 이른다.

예기 제의에 "부모가 온전하게 낳아 주신 몸이니 자식은 마땅히 온전하게 가지고 돌아가야 한다."라고 하였다. 효경에서는 공자가 증자에게 "신체와 머리카락과 피부는 부모에게서 받은 것이니 감히 손상시키지 않는 것이 효도의 시작이요, 몸을 세워 도를 행하여 이름을 후세에 남겨 부모를 드러나게 하는 것이 효도의 완성이다."라고 가르쳤다.

증자는 이 가르침을 지키고 90세가 넘어 죽을 때 제자들을 불러 놓고 "나의 발을 펴보고 나의 손을 펴보아라 어디 한 곳이라도 상한 곳이 있는가? 젊은이들아! 이제야 나는 불효를 면한 줄 알겠노라."라고 말

했다고 한다. 이 몸을 소중하게 간직해야 하는 이유를 알겠다.

(3) 소학(小學) 공부.

「원형이정은 하늘진리의 법칙이고, 인의예지는 인간본성의 벼리이다.
모든 사람의 본성은 원래 착해서 타고난 품성인 인의예지의 느낌에
따라 드러난다. 어버이께 효도하고 형을 공경하며, 나라에 충성하고
어른을 공손하게 대하는 것을 사람의 도리라 부르니 억지로 행하는 것
이 아니라 자연스럽게 행하는 것이다.

오직 성인은 저절로 본성대로 행하는 사람이라 하늘처럼 넓고 거룩
하여 털끝만큼 더하지 않아도 모든 행위가 선하다.

일반 대중은 어리석어 물질과 감각적 욕망에 그 본성이 끊임없이 가
려져서 도리를 무너뜨리고 자포자기 상태로 괴로워하며 살아간다.

옛날부터 성인은 이를 측은하게 생각하여 학문을 만들고 스승을 가
려 세워 그 본성의 뿌리를 북돋아주고 가지가 잘 뻗어가게 가르쳤다.

어린이들의 배움의 방법이란, 물 뿌려 청소하고 부름에 대답하며, 집
에 들어와서는 효도하고, 나가서는 어른을 공경하는 행동이 사람의 도
리에 어긋남이 없게 하는 것이다.

도리를 행하고 남은 힘으로는 시를 외우고 글을 읽으며, 노래하고 춤
추며, 모든 생각이 도리에서 벗어나지 않게 하는 것이다.

사물의 이치를 깊이 연구하고, 마음을 바르게 해서 몸을 가다듬는 것
이 어린이 배움의 큰 뜻이며 목적이다.

하늘의 깨우침은 밝기에 차별과 안팎이 없다. 어린이일지라도 생각
을 키우고 덕을 높이어 학업에 힘쓰면 그 본래의 성품으로 돌아간다.
옛날에도 배움에는 부족함이 없었으니 이제라고 어찌 넉넉하지 않겠
는가! 뜻을 세우고 정진하면 누구나 훌륭한 사람이 될 수 있다.

세월이 멀리 흘러와서 어진 사람들이 드물고 경전들이 사라져서 가르침이 해이해지니 어린이들이 바르게 배우고 훌륭하게 자라지 못하고 있다. 배우지 못하고 막 자라면 천박해져서 상스러운 행동을 제멋대로 하게 된다.

마을에 좋은 풍속이 사라지고 세상에 좋은 인재가 부족하니, 사리사욕에 사로잡혀 서로 싸우고, 이단의 괴이한 말들에 현혹되어 세상을 어지럽게 한다.

그러나 다행히 사람의 본성은 하늘이 다하도록 없어지지 아니하니, 이에 예부터 들은 것을 주워 모아 뒤에 오는 사람들을 깨우치고자 이 글을 엮어 전한다. 아! 어린이들이여! 삼가 받들어 이 글을 배우고 익혀라, 이것은 어른의 잔소리가 아니라 옛 성인들의 가르침이다.」

위의 글은 앞의 제1장 1절에서 이미 다룬 주자의 소학제사이다. 소학제사는 소학의 서문에 해당하는 글로서 소학의 핵심을 잘 설명하고 있다. 물 뿌려 청소하고 부름에 대답하며, 집에 들어와서는 효도하고, 나가서는 어른을 공경하는 행동 등 여러 가지 사람의 도리와 그 도리를 행하고 남은 힘(行有餘力)으로 시를 외우고 글을 읽으며, 노래하고 춤추며, 모든 생각이 도리에서 벗어나지 않게 하는 것이 어린이들의 배움에 대한 요강이다.

본서의 제1장을 반복하여 학습하면 예의범절과 사람의 도리를 훤히 알게 되고 무엇을 하며 어떻게 살 것인가? 하는 천명도 깨닫게 될 것이다.

어떤 사람이 물었다. "그대는 사람들에게 대학의 도를 말하려 하면서 소학의 글을 상고하려고 하는 것은 무슨 까닭인가?"하니,

주자가 대답하기를, "학문의 크고 작음은 같지 않으나 도를 위함은

매한가지이다. 그러므로 어렸을 때 소학을 익히지 않으면 그 흐트러진 마음을 거두고 덕성을 길러서 대학의 기본을 갖출 수 없다. 또한 자라서 대학을 배우지 않으면 성현의 의리를 밝히고 모든 일을 행함에 소학이 의도한 성공을 거둘 수 없다. 이제 배우는 어린 선비로 하여금 반드시 먼저 쇄소, 응대, 진퇴와 예, 악, 사, 어, 서, 수 육예(六藝)를 다 익히게 하고, 자란 뒤에는 명덕(明德), 신민(新民)으로 나아가 지선(至善)에 머물도록 하는 것이 당연한 순서인데 어찌 안 된다는 말인가?" 하였다.

나이가 들어 소학공부를 놓친 사람은 성심을 다하여 경(敬)으로써 소학의 여러 과제들을 보충하여야 한다. 소학이 대학 공부의 뿌리가 되기 때문이다.

본래 소학은 그림이 없었는데 퇴계선생이 성학십도를 지으면서 그려 넣었고, 주자의 대학혹문 글을 인용하여 소학과 대학을 통론하고 있다.

(4) 대학(大學) 공부.

① 「위대한 사람이 되려는 배움의 길은, 밝은 덕을 밝힘에 있고, 모든 사람을 새롭게 함에 있으며, 지극히 좋은 상태에 머무름에 있다.

머무를 곳을 안 뒤에 뜻이 정해지고, 뜻이 정해져야 마음이 고요해지며, 마음이 고요해져야 몸이 편안해지며, 몸이 편안해야 생각이 깊어지며, 생각이 깊어져야 능히 실천하게 된다.

사물에는 근본과 말단이 있고, 사업에는 마침과 시작이 있으니, 먼저 할 것과 나중에 할 것을 알면 도에 가까워질 것이다.

옛날 온 세상에 밝은 덕을 밝히려는 사람은 먼저 자신의 나라를 다스렸고, 자신의 나라를 다스리려는 사람은 먼저 자신의 집안을 가지런히 했고,

자신의 집안을 가지런히 하려는 사람은 먼저 자신의 몸을 가다듬었고,

자신의 몸을 가다듬으려는 사람은 먼저 자신의 마음을 바르게 하였고, 자신의 마음을 바르게 하려는 사람은 먼저 자신의 뜻을 성실하게 하였고, 자신의 뜻을 성실하게 하려는 사람은 먼저 자신의 앎부터 이루었으니,

앎을 이룸은 사물의 이치를 밝게 밝히는 것이다.

사물의 이치가 밝게 밝혀진 뒤에 앎이 지극해지고, 앎이 지극해진 뒤에 뜻이 성실해지고, 뜻이 성실해진 뒤에 마음이 바르게 되고, 마음이 바르게 된 뒤에 몸이 닦여지고, 몸이 닦여진 뒤에 집안이 가지런해지고, 집안이 가지런해진 뒤에 나라가 다스려지고, 나라가 다스려진 뒤에 천하가 태평해진다.

위로는 천자로부터 아래로는 일반서민에 이르기까지 한결같이 다 몸을 닦는 것을 근본으로 삼아야 한다. 그 근본이 어지러우면 말단이 다스려지지가 않는다.

두텁게 할일을 소홀히 하고 소홀히 할일을 두텁게 할 사람은 없다.」

② 〈대학의 도(道)는, 밝은 덕을 밝힘이 본(本)이 되고 체(體)가 되며, 그 덕으로 모든 사람을 새롭게 함은 말(末)이 되고 용(用)이 된다.

자신을 밝히고 모든 사람을 밝히며, 자신을 새롭게 하고 모든 사람을 새롭게 하는 것은, 자신은 물론 모든 사람이 지극히 좋은 곳에 머물기 위함이다.

밝은 덕을 밝히려면, 사물의 이치를 밝히고 앎이 지극해져야 지극히 좋은 것이 있는 곳을 알 수가 있으며, 뜻을 성실하게 하고 마음을 바르게 하여 몸을 닦으면 스스로 지극히 좋은 일에 머무를 수가 있다.

모든 사람을 새롭게 하려면, 집안을 가지런히 한 다음에 나라를 잘 다스리고 천하를 편안하게 하여야 하고, 모든 사람들을 새롭게 하는

일은 모두를 지극히 좋은 일에 머무르게 하는 일이다.

사물이 밝게 밝혀지면 앎이 이루어지고, 밝은 덕이 밝혀지므로 지극히 좋은 곳이 있는 곳을 이미 알게 되며, 뜻이 성실해지고 마음이 바루어져서 몸이 닦여지므로 지극히 좋은 곳에 머무르는 질서를 알게 된다.

집안이 가지런해지고 나라가 잘 다스려져서 천하가 편안해진 것은, 모든 사람들이 이미 새로워져서 지극히 좋은 곳에 머무르는 질서를 터득하고 실천하기 때문이다.

밝은 덕을 밝히고 모든 사람을 새롭게 하여, 지극히 좋은 곳을 알게 된 공효(功效)의 시작은 머무를 곳을 앎이고, 공효의 끝은 머무를 일을 실천하는 것이다. 공효의 맥락은 뜻이 정해지고, 마음이 고요해져서 몸이 편안하므로 생각을 깊이 할 수 있는 것이다.〉

위의 첫 글①은 공자의 말씀인 대학경이고, 그 아래의 글②은 대학경을 그림으로 그린 퇴계선생의 대학도를 그림의 순서대로 해석한 것이다. 본래 이 대학도는 고려 말, 조선 초의 학자인 양촌 권근(1352~1409)이 그린 그림이었는데 이를 퇴계선생이 수정하여 성학십도에 넣은 것이라고 한다.

(5) 백록동규(白鹿洞規) 공부.

「아버지와 아들 사이에는 친함이 있고, 임금과 신하 사이에는 의리가 있고, 지아비와 지어미 사이에는 각별함이 있고, 어른과 어린이 사이에는 차례가 있고, 벗과 벗 사이에는 믿음이 있다.

이와 같은 오륜(五倫)을 실행하기 위한 다섯 가지 방법은, 널리 배우고, 자세히 묻고, 깊이 생각하고, 밝게 분별하고, 독실하게 실행하는 것이니 이것이 궁리의 요체다.

오륜을 독실하게 실행하려면, 말은 충실하고 미더워야 하며, 행동은 분노를 삼가고 욕망은 절제해야 하며, 선을 따르되 잘못은 고쳐야 한다. 이것은 수신의 요체다.

정의(正義)를 바로잡되 이익만을 도모하지 않으며, 도리를 밝히되 공적만을 헤아리지 않는다. 이것은 처사의 요체다.

자기가 하기 싫은 일을 남에게 시키지 않으며, 행하여 뜻한 바를 얻지 못할지라도 그 이유를 자신에게서 찾는다. 이것은 대인관계의 요체다.

위의 오륜은 요(堯)·순(舜)이 설(契)을 사도(司徒)로 삼아 백성들에게 가르치게 한 오교(五敎)이다. 학문이란 이것을 배움일 뿐이다.」

백록동규는, 남강군(중국 강서성 성자현)에 있던 백록동서원의 학자들을 가르치기 위하여 주희가 지어 서원 현판아래에 게시한 학규이다.

퇴계선생이 이 학규의 목차를 도표로 만들고, 그 백록동규도를 통하여 오륜의 인식과 실천이 유학의 요체라는 것을 밝힌 것이, 성학십도의 제5도인 백록동규도다. 위의 글은 그 그림의 요점을 풀어 쓴 것이다.

(6) 심통성정(心統性情) 공부.

「임은 정복심이 말하기를 "마음이 성정을 다스린다는 것은, 사람이 오행의 빼어난 기운을 받아서 태어남에 그 기운으로 오성(五性)이 갖추어지고, 오성이 움직이므로 칠정(七情)이 나온다는 것이다. 대체로 성정을 다스리는 것은 마음인 것이다.

그러므로 그 마음이 고요하여 움직이지 않으면 성(性)이 되니 마음의 본체요, 마음이 움직여 느낌이 통하면 정(情)이 되니 그것은 마음의 작용이다. 장횡거가 '마음은 성과 정을 다스린다.'고 한 말은 이를 두고 한말이다.

마음이 다스리는 인·의·예·지를 성(性)이라 하고, 또 '인의(仁義)의 마음'이라고도 한다. 마음이 다스리는 측은·수오·사양·시비를 정(情)이라 하고, 또 '측은한 마음' 등이라고도 한다.

마음이 성을 다스리지 못하면 그 '미발지중(未發之中: 희로애락이 아직 피어나기 이전의 선한 본성인 中의 상태)을 이룰 수가 없어서 성이 무시되기 쉽고, 마음이 정을 다스리지 못하면 그 중절지화(中節之和: 희로애락이 이미 피어나 절도에 맞는 和의 상태)를 이룰 수 없어서 정이 방탕하기 쉽다. 배우는 사람들은 이것을 알고 반드시 먼저 그 마음을 바르게 하여 성을 기르고 정을 절제한다면 배우는 방법을 얻게 될 것이다."라고 하였다.」

심통성정 공부는, 퇴계의 성학십도 제6도인 심통성정 도(圖) 내용으로, 상도·중도·하도로 이루어져 있다. 상도는 정복심(程復心 13세기 원나라 때 사람으로 평생 은거한 四書章圖의 저자다.)이 그린 것이고 중도와 하도는 퇴계선생이 그린 것이다. 위의 글은 상도를 설명한 글이고 중도와 하도에 대한 설명은 퇴계선생이 임금께 올린 다음의 글을 참조하면 공부에 도움이 될 것이다.

퇴계가 임금께 올린 글에 이르기를, "상도는 정복심이 그린 것으로 그가 직접 설명하였고, 중도와 하도는 성현의 말과 뜻을 미루어 생각하고 제가 그렸습니다.

중도는 본성이 기품에 나아가도 섞이지 않는다는 것을 가리킨 것입니다. 자사가 '하늘이 명했다는 성(性)'이나, 맹자의 '본성은 선하다는 성'이나, 정자의 '성(性)이 곧 이(理)라는 성'이나, 장 횡거의 '천지의 성'이 모두 이것입니다.

성(性)을 말함이 이와 같기 때문에 그것이 피어나 정(情)이 되는 것도 선한 것만 가리켰습니다. 자사의 중절지정(中節之情), 맹자의 사단 지정(四端之情), 정자의 '어찌 선하지 않다고 이름 할 수 있겠는가?' 할 때의 정(情), 주자의 '성으로부터 흘러나와 본래 선하지 않을 수 없다'는 정(情)과 같은 것입니다.

하도는 이(理)와 기(氣)를 합하여 말한 것으로서 공자가 '서로 비슷하다'라고 했을 때의 성(性), 정자가 '성이 곧 기요, 기가 곧 성'이라는 성, 장횡거가 '기질의 성'이라는 성(性), 주자가 '비록 기(氣) 속에 있어도 기는 기대로 성은 성대로 서로 섞이지 않는다.'는 성이 다 이것입니다.

성(性)이 이와 같기 때문에 '성이 피어나 정이 되는 것도 이와 기가 서로 의존하고 간섭하는 것'으로 말하였습니다.

사단(四端)과 칠정(七情)은 같은 것입니다. 사단의 정은 이(理)가 피어나 기(氣)가 따르는 것이니 본래 순선(純善)하여 악이 없습니다. 그러나 이(理)가 피어나 온전하게 이뤄지지 않고 기(氣)에 가려지면 불선(不善)으로 흘러갑니다.

칠정은 기(氣)가 피어나 이(理)를 타는 것이므로 불선한 것이 아닙니다. 그러나 기가 피어나 중화를 이루지 못하고 이를 어그러뜨리면 방탕해져 악이 될 수도 있습니다. 그러므로 정자는 말하기를 '성을 논하면서 기를 논하지 않으면 충분치 못하고, 기를 논하면서 성을 논하지 않아도 분명치 못하므로 둘로 나누면 옳지 않다.'고 하였습니다.

맹자와 자사가 이(理)만 가리켜 말한 것은 충분치 못한 것 같으나, 기(氣)를 함께 말하면 성(性)의 본래 선(善)함을 드러낼 수 없기 때문입니다.

요약하면 이기(理氣)를 겸하고 성정을 통합하여 다스리는 것이 마음입니다. 성이 피어나 정이 되는 그 경계가 바로 마음의 낌새요, 온갖 변화의 지도리로서 선악이 여기에서부터 갈라집니다.

배우는 사람은 경(敬)의 태도로 마음을 삼가고 조심하여 이기적 사욕에 현혹되지 말고, 마음이 피어나기 전에는 존양의 공부를 깊이하고, 마음이 이미 피어난 뒤에는 성찰의 공부에 힘써 진리를 쌓으면, 서경 상서(尙書)에 **이른바 '정밀하게 살피고 한결같이 지켜 진실한 그 가운데를 거머잡는 성학과 본체를 보존하고 만사를 응용하는 심법'**을 다른 데에서 구하지 않아도 여기에서 모두 얻을 수 있을 것입니다.”고 했다.

(7) 인설(仁說) 공부.

「주자가 말하기를 “인(仁)이란 천지가 만물을 낳는 마음이다. 사람이 이것을 얻어서 마음으로 삼은 것이다.

피어나기 전 마음에는 사덕(四德)이 구비되어 있는데 오직 인(仁)만이 이 사덕을 다 포함한다. 그러므로 인은 생명을 온전하게 함양하고 육성하여 거느리지 않음이 없다. 이른바 '생명의 성'이니, '사랑의 이치'이니, '어짐의 본체'니 하는 것이 이것이다.

피어난 다음의 마음에는 사단이 나타나는데, 오직 측은만이 이 사단을 다 관통한다. 그러므로 측은이란 정이 두루 흐르면서 관철하여 통하지 않는 곳이 없다. 이른바 '심성의 정'이니, '사랑의 피어남'이니, '어짐의 작용'이니 하는 것이 이것이다.

전체적으로 말하면 〈미발(未發)은 체(體)〉요, 〈이발(已發)은 용(用)〉이다. 부분적으로 말하면 〈인(仁)은 체〉요, 〈측은은 용(用)〉이다.

공(公)이라는 것은 인의 바탕이니 '자기를 극복하여 예로 돌아감이 인을 행하는 것'이다. 대체로 공은 인이요, 인은 사랑이다.

부모에게 효도하고 형제간에 우애하는 것은 인의 작용이고, 남을 용서하는 것은 효제(孝悌)를 펼쳐 나가는 일이다. 앎을 깨치는 것은 마침내 이것을 아는 일이다.”라고 하였다.

또 말하기를 "천지의 마음에는 그 덕이 네 가지가 있으니 원(元)·형(亨)·이(利)·정(貞)이다. 그 가운데 원(元)은 어디에고 다 통한다. 이것이 운행하면 봄·여름·가을·겨울의 차례가 된다. 여기서 봄의 생동하는 기운은 통하지 않는 곳이 없다는 것이다.

마찬가지로 사람의 마음에도 네 가지 덕이 있으니 바로 인·의·예·지다. 이 가운데 인은 다른 덕을 다 포함한다. 네 가지 덕이 피어나면 사랑·공경·마땅함·분별의 정이 되는데 여기서도 사랑의 정즉 측은히 여기는 마음이 다른 정을 관통한다.

인(仁)의 도(道)는, 천지가 만물을 낳는 마음으로 바로 만물에 갖추어져 있다. 정이 피어나기 전에 이미 본체에 갖추어져 있다가 정이 피어나면 그 작용이 다함이 없다.

진실로 인을 체험하여 보존하면 모든 선의 근원과 백가지 행실의 근본이 다 여기에 있음을 깨닫게 된다. 이것이 유학의 가르침을 배우는 사람들이 인을 구함에 최선을 다하는 까닭이다.

'자기를 극복하여 예로 돌아가면 인이 된다.'는 공자의 말씀은, 이기적 사욕을 버리고 천리(天理)에 돌아가면 마음의 본체를 보존하고 마음의 작용을 자유롭게 실천하게 된다."고 했다.

또 말하기를 "가만히 있을 때는 공(恭)의 태도를 지니고, 일을 할 때는 경(敬)의 태도를 지니고, 남을 대할 때는 충(忠)의 태도를 지니는 것이 마음을 보존하는 길이다." 또 "효도로 어버이를 섬기고 공손함으로 형을 섬기며, 서(恕)로서 사물을 다루는 것이 마음을 자유롭게 실천하는 길이다."

"이 마음은 어떤 마음인가? 천지에는 만물을 낳아 기르는 넓은 마음이요, 사람에게는 이웃을 사랑하고 이롭게 하는 따뜻한 마음이다. 언제나 사덕(四德)을 머금고 사단(四端)을 행하는 것이 마음이다."고 했다.」

위의 인설(仁說)은 주자의 설이다. 인도(仁道)를 남김없이 밝힌 글이다. 대학의 전(傳)에 이르기를, " 남의 임금이 되어서는 인에 머물러야 한다."고 하였다. 임금이 어질지 않으면 천하가 혼란스러워진다.

'집안에 아내가 어질면 그 남편에게 평생 재앙이 생기지 않고, 그 가장이 어질면 그 가족에게 일체 재앙이 생기지 않는 법이다.'는 옛말도 있다.

오늘날도 아내와 남편은 물론, 모든 조직의 지도자는 반드시 어진사람이어야 한다. 지도자가 어질지 못하면 그는 물론 그 조직의 구성원까지 모두 불행해지고 만다.

다음 (8)의 심학공부는 (6)의 심통성정을 밝힌 신안사람 정복심이 성현들의 명언들을 모아 지은 것이다. 읽고 깊이 사유하고 이해한 다음에 이를 실천하면 성인의 경지에 오르게 될 것이다.

(8) 심학(心學) 공부.

「임은 정복심이 말하기를 "갓난아이의 마음은 사람의 욕망에 물들기 전의 양심(良心)이요, 인심(人心)은 욕망에 눈을 뜬 마음이며, 대인의 마음은 의리가 다 갖추어진 본심이요, 도심(道心)은 의리를 이미 깨친 마음이다.

마음이 두 가지가 있는 것은 아니다. 형기(形氣)에서 발생하면 인심(人心)이 되고, 성명(性命)에서 근원하면 도심(道心)이 될 뿐이다.

'정밀하게 살펴 한결같이 하고, 선을 가려 굳게 거머잡는 것'이 '인욕을 막고 천리를 보존'하는 공부의 시작이 된다. 그리고 마음공부를 아래와 같이 경(敬)으로 하는 것이다.

'홀로 아는 마음을 삼감' '자기를 극복함', '마음이 거기에 있음', '흩어진 마음을 찾음', '깨어있는 마음' 등은 인욕을 막는 공부이니, 반드시 '40살이 되어 마음이 함부로 움직이지 않는' 경지에 이르면 '부귀가 마음을 어지럽히지 못하고, 빈천이 마음을 바꾸게 하지 못하며, 위세와 무력이 마음을 굴복시키지 못하게 되므로 그 도가 밝아지고 덕이 세워짐을 볼 수 있을 것'이다.

'경계하고 두려워 함', '조심하며 살아있음', '마음을 부림', '마음을 수양함', '마음을 다함' 등은 천리를 존양하는 공부이니, 반드시 '70살이 되어 마음이 바라는 대로 행하여도 허물이 없는' 경지에 이르면 '마음이 곧 본체요, 바라는 것은 마음의 작용이 된다. 그러므로 본체가 도가 되고, 작용이 의가 된다. 말소리는 음률이 되고 몸은 법도가 되므로 생각하지 않아도 얻을 수 있고 힘쓰지 않아도 들어맞게 됨을 볼 수 있을 것'이다.

언제나 공부하는 요령은 그 태도가 '하나의 경(敬)'을 떠나지 않는 것이다. 대개 마음이란 '한 몸을 다스리는 것(一身主宰)'이요, 경(敬)이란 '한 마음을 다스리는 것(一心主宰)'이니, 배우는 이들이 〈마음가짐을 오로지 하나로 하여 추호의 흐트러짐도 없이 한다는 주일무적(主一無適)의 설(說)〉과 〈몸가짐을 가지런히 하고 마음가짐은 엄숙히 한다는 정제엄숙(整齊嚴肅)의 설(說)〉. 〈그 마음을 거두어 다잡는다는 기심수렴(其心收斂)의 설(說)〉과 〈늘 깨어 초롱초롱하다는 상성성법(常惺惺法)의 설(說)〉을 깊이 궁구하면 그 공부가 절로 넉넉해져 성인의 경지에 들어가는 것이 어렵지 않을 것이다."고 하였다.」

(9) 경재잠(敬齋箴) 공부.

「의관을 바르게 하고 시선을 존엄하게 하며, 마음을 가라앉히고 하느님을 마주 대하듯 고요히 하라.

正其衣冠 尊其瞻視, 潛心以居 對越上帝.
발걸음은 중후하고 손놀림은 공손하며, 땅을 가려서 밟아야 하니
개미집은 밟지 말고 돌아가거라.

足容必重 手容必恭, 擇地而蹈 折旋蟻封.
문을 나서면 손님을 대하듯 일을 할 때는 제사를 모시듯,
조심조심 혹시라도 안이하게 행하지 마라.

出門如賓 承事如祭, 戰戰兢兢 罔敢或易.
입을 지킴은 병마개 같이 뜻을 막기는 성문처럼,
성실하고 정확히 하며 잠시라도 경솔함이 없게 하라.

守口如瓶 防意如城, 洞洞屬屬 罔敢或輕.
마음이 동서·남북으로 왔다 갔다 하지 말고, 일을 당하면 거기에만
마음을 두고 다른 데로 가지 말라.
不東以西 不南以北, 當事而存 靡他其適.

두 가지 일이라고 둘로 세 가지 일이라고 셋으로, 마음을 나누지
말고 오직 한 마음으로 만변을 살펴라.
弗貳以二 弗參以三, 惟心惟一 萬變是監.

이렇게 종사함이 〈경을 지니는 것〉이니, 동할 때나 정할 때도
어기지 말고, 겉과 속을 다 바르게 하라.

從事於斯 是曰持敬, 動靜弗違 表裏交正.
잠깐 사이라도 틈이 생기면 온갖 사욕이 일어나,
불길이 아니라도 뜨겁고 얼음이 아니라도 차갑다.

須臾有間 私欲萬端, 不火而熱 不氷而寒.
털끝만큼이라도 차이가 있으면 하늘이 무너지고 땅이 바뀌어,
삼강이 멸하고 구법이 썩어버린다.

毫釐有差 天壤易處, 三綱旣淪 九法赤斁.
아아! 어린이들이여! 유념하고 공경하라! 글로 써서 경계를 삼고
감히 영대(靈臺)에 고하노라!
於乎小子 念哉敬哉, 墨卿司戒 敢告靈臺.」

잠은 교훈이 되고 경계가 되는 뜻을 담은 짧은 글이다. 경재잠은 경의 경계가 되는 잠언들을 모아 놓은 글이다.

주자가 설명하기를, "장경부의 주일잠(主一箴)을 읽고 그 남은 뜻을 주워 모아 경재잠을 짓고, 이를 서재의 벽에 써 붙이고 스스로 경계하였다."고 했다.

서산 진씨가 말하기를 "경(敬)의 뜻은 여기에서 더 이상 설명할 것이 없으니, 성학에 뜻을 둔 사람은 마땅히 이것을 되풀이해서 익혀야 할 것이다."라고 하였다.

(10) 숙흥야매잠(夙興夜寐箴) 공부.

「닭이 울어 깨어나면 생각이 점차 내달리기 시작하니,

어찌 그 사이에 마음을 고요하게 정돈하지 않겠는가!

鷄鳴而寤 思慮漸馳, 盍於其間 澹以整之.
잠시 지나간 허물을 살피고 새로 얻을 것의 실마리를 찾으면,
순서와 조리를 세워 또렷하게 인식하게 된다.

或省舊愆 或紬新得, 次第條理 瞭然黙識.
근본이 서면 기분 좋게 일찍 일어나, 세수하고 머리 빗고 의관을
정제하고 단정히 앉아 몸 모습을 다잡는다.

本旣立矣 昧爽乃興, 盥櫛衣冠 端坐斂形.
이 마음을 솟구치는 태양처럼 끌어 모으고, 몸을 엄숙하게 정제하면
마음이 고요히 밝아지고 정일하여진다.

提掇此心 曒如出日, 嚴肅整齊 虛明精一.
이에 책을 펴고 성현들을 마주하면, 공자께서 앉아 계시고 앞과
뒤에는 안자와 증자가 서 있게 될 것이다.

乃啓方冊 對越聖賢, 夫子在坐 顔曾後先.
성현과 스승의 말씀은 친절히 경청하고, 제자들의 묻고 따지는
말은 반복하여 참고하며 바로잡아야 한다.

聖師所言 親切敬聽, 弟子問辨 反覆參訂.
일이 생기면 그것을 상대하여 하여본 경험이 곧, 본래 밝은 목숨을
빛나게 하니 살려면 항상 눈 여겨 보라.

事至斯應 則驗于爲, 明命赫然 常目存之.
일에 대응함이 끝나고 나면 나는 곧 예전과 같이, 마음을 고요히
하여 정신을 모으고 생각을 쉬게 하라.

事應旣已 我則如故, 方寸湛然 凝神息慮.
동과 정이 순환할 때 마음이 이를 살펴, 정하면 보존하고 동하면
성찰하여 마음을 두세 갈래로 나누지 말라.

動靜循環 惟心是監, 靜存動察 勿貳勿參.
글을 읽다가 쉬는 여가를 틈내어 노닐면서, 정신을 잘 피어오르게
가다듬고 이 몸의 성정을 잘 길러야 한다.

讀書之餘 間以游泳, 發舒精神 體養性情.
해가 저물고 고단하면 어두운 기운이 쉽게 타고 들어오니,
몸을 재계하고 정제하여 깨끗하고 밝게 만들어라.

日暮人倦 昏氣易乘, 齋莊整齊 振拔精明.
밤이 깊어져 잠에 들 때는 손을 가지런히 하고 발을 모은 뒤에,
생각을 일으키지 말고 심신을 잠들게 하라.

夜久斯寢 齊手斂足, 不作思惟 心身歸宿.
밤에 정기를 기르라, 정하면 다시 원으로 돌아간다.
이러한 이치를 생각하면서 밤낮으로 부지런히 힘쓰라.
養以夜氣 貞則復元, 念玆在玆 日夕乾乾.」

숙흥야매잠은 남송의 진무경이 지은 것이고, 송나라 학자 왕노재가 태주의 상채서원 교수로 있으면서 이 잠을 학인들에게 외우고 실천하도록 가르쳤다고 한다. 최근까지도 조선의 선비들은 이 숙흥야매잠을 암송하고 실천하였다.

태극의 도와 건곤의 덕을 배우고, 소학의 예의범절과 대학의 수기치인(修己治人)을 익힌 다음에, 유가의 여러 가지 성학공부를 쉬지 않고 꾸준히 하면 누구나 성인(聖人)의 길을 깨닫고 인의를 행할 수 있다.

쉬지 않고 지성으로 경(敬)을 지키면서 마음을 바르게 하여 자족하고 살면, 그는 대인군자로 성인의 자리에 나아간 것이다. 그러나 그가 성인의 자리에 올라 정(靜)할 때엔 존양하고, 동(動)할 때엔 성찰함에 게으르지 않는 삶을 살아도 그 마음은 항시 물이 흐르듯 흐르는 법이다. 그리고 그의 마음이 텅 비어 밝고 고요함이 한결같을지라도, 그 삶은 평범한 일반사람들과 다를 바가 없는 것이다. 그도 일에 시달려 몸이 고달파지고 날이 저물어 밤이 깊어지면 심신을 잠으로 돌아가 쉬게 하여야한다. 언제나 정좌사유(正坐思惟)를 즐길지라도 배고프면 먹고 졸리면 자야 하는 것이 사람이다.

성인(聖人)도 다 나와 같은 사람이다. 大

5절
성의정심(誠意正心)과
자아성숙(自我成熟)

　사물의 이치를 밝히고 앎을 이룸으로써 본래 밝은 자아를 발견하고, 그 자아의 뜻을 성실하게 하고 마음을 바르게 함으로써, 본래 밝은 자아가 더욱 새로워지고 항상 밝게 빛나면서 세상을 두루 밝히도록 성숙시키는 것이 중요하다.

　자아를 발견하기 위해서는, 두뇌를 개발하는 학습과정을 통하여 격물하고 치지하여야한다. 자아를 성숙시키기 위해서는, 마음을 수련하는 학습과정을 통하여 성의를 다하고 정심하여야한다.

　성(誠)이 점차 성장하여 경(敬)을 꽃피우고 인(仁)을 열매 맺는 것이, 자아성숙과정을 통하여 자아를 완성하는 길이다. 그것이 대학의 삼강령을 실현하고 수기치인 하는 유가의 공부차례이다.

　다음의 내용들은 마음공부의 요체로서, 대학과 중용의 여러 주해(註解)들을 참고하여 현대인이 이해하기 쉽게 통론한 것이다.

(1) 성의정심(誠意正心).

성(誠)이란? 스스로 동(動)하고 정(靜)하는 우주의 질서이며 자연의 법칙이다. 드러나지 않은 것이 드러나게 한 원동력이고, 드러난 것이 주고받음 하는 작용력이다. 이것과 저것이 서로 끌어당기고 받아들이는 에너지원으로서 사물의 시작이고 끝이 되므로 성실하지 않으면 사물이 없다.

성(誠)은 곧 성(聖)으로서 하늘의 도(道)이다. 그 사람이 이미 성실한 사람은 반드시 성인으로서 하늘의 길을 깨달은 사람이며, 성실하려고 노력하는 사람은 속인이지만 사람의 길을 알아차린 사람이다.

사람이 성(誠)하려면 마음을 다하여 그것과 하나 되어 생각하고 행동하여야한다. 매사에 성실하지 못할뿐더러 성실하려는 생각조차 하지 않는 사람은, 만물의 영장으로서 우주의 질서에 무지하여 자연의 법칙을 위배하는 사람이다. 내가 어리석은 짐승처럼 생각이 없는 사람이 아니고 옳고 그름을 생각할 수 있는 사람이라면, 지금 여기서 무슨 일이든지 성심을 다하여 생각하고 행동하지 않을 수 없다.

성(誠)은 자신을 닦고 타인을 다스리는 근본(修己治人之本)이다. 그러므로 성실하지 않으면 뜻을 세울 수 없고 뜻을 세워도 이뤄지지 않는다.

성기의(誠其意)란? 사람이 그 뜻을 성실하게 하려면, 먼저 앎을 극진히 하고 뜻을 도(道)에 두어야 한다. 앎이 극진해진 뒤에야 뜻이 성실해지는 것은, 아는 만큼 도가 보이고 알아야 뜻을 세울 수 있기 때문이다. 도란 사람이면 누구나 지금 여기서 마땅히 행해야할 충효와 인의 같은 일상생활의 도리이다.

뜻을 세우고 성실하려면, 스스로를 속이지 말고, 악을 미워하며 선을

좋아해야한다. 그리고 스스로 만족하고, 그 홀로 있을 때를 삼가는 것이다.

정기심(正其心)이란? 사람이 그 마음을 바르게 하려면, 뜻에 마음을 주의하는 것이다. 성실하게 마음을 하나에 집중하는 것이다. 마음이 나뉘지 않고 언제나 거기서 그것과 하나 되는 것이 올바른 마음이다.

어느 한쪽으로 치우치지 않는 마음이 정심이다. 노여움, 두려움, 좋아함, 근심걱정에 사로잡혀 있는 마음은 치우쳐 있는 마음이므로 올바른 마음이 아니고 그것과 하나 될 수 없는 마음이다. 거기서 그것과 하나 될 수 있는 마음이 올바른 마음이고 성실한 마음이다.

그러므로 마음이 올바르고 성실하지 못하면 마음이 거기에 없으므로 사물도 거기에 없다. 보아도 보이지 않고, 들어도 들리지 않으며, 먹어도 그 맛을 알지 못하고, 느껴도 느끼지 못하며, 배워도 알지 못한다.

그 마음이 거기에 있지 않으면, 부모에게 효도를 해도 효도를 한 것이 아니고, 나라에 충성을 해도 충성을 한 것이 아니며, 어른에게 공경을 해도 공경을 한 것이 아니고, 열심히 사업을 해도 사업을 한 것이 아니며, 공부를 한다고 많은 날을 책상 앞에 앉아 있어도 공부를 한 것이 아니다. 그러므로 마음이 거기에 있지 않으면 모든 일이 건성으로 노닥거리는 것에 불과하니 결국 헛일이 되고 만다. 그 마음이 뜻을 세우고 정심으로 그 일과 하나가 되는 것이 무엇보다 중요하다.

대인군자가 그 뜻을 성실히 하고 그 마음을 바르게 하려면, '은미한 것을 찾아다니며 괴상한 짓거리를 즐기는 색은행괴(索隱行怪)를 피하고, 매사를 경계하고 삼가며 두려워하고 어렵게 여기는 계신공구(戒愼恐懼)의 삶'을 살아야 한다. 다음의 글은 성의정심을 위한 공부 자료로서, 정조와 다산의 문답이다. 다산이 지은 중용책에 나오는 글이다.

「임금 정조가 질문한다. "어이해 세상의 격은 점점 낮아지고 학술은 밝아지지 않는가? 색은행괴 자가 있고 그들과 함께 휩쓸려 다니면서 같이 더러워지는 자가 많다. 천인성명(天人性命)의 근원에 대해 말은 하늘 꽃처럼 어지러이 쏟아지지만 그 행동을 살펴보면 책속의 의리와 맞아떨어지는 것이 하나도 없다. 일이 생기기 전에 존양할 줄 모르고, 숨어 혼자 지낼 때는 성찰할 줄 모른다.

고요할 때는 어두워져서 단단한 돌처럼 되고, 움직였다 하면 제멋대로 굴어 고삐 풀린 사나운 말의 기세가 된다. 심지어 잘못을 행하고도 아무 거리낌이 없는 소인배가 되기도 한다. 이제 옛 습관을 과감히 버리고 좋은 것을 가려 굳게 붙들고, 덕을 닦아 도가 응축되게 하려면 어찌해야 하는가?"

개혁과 개방을 통하여 부국강병을 주장한 실학자인 다산이 대답한다. "어찌된 셈인지 후세의 배우는 사람들이 앎만 서두르고 행(行)은 힘을 쏟지 않습니다. 자취만 찾을 뿐 마음은 구하려 들지 않습니다.

중용의 가장 중요한 핵심인 '성(誠)'공부는 계신공구를 벗어나지 않는 것입니다. 마음속에 감춰진 허물과 은밀한 곳에서의 어둡고 사특한 짓은 밝은 임금도 살피지 못하고 어진 관리도 밝혀낼 수가 없습니다. 형법으로도 쉽게 징벌하지 못하고 훼방으로도 공격하지 못합니다. 몰래 자라고 싹터서 은밀히 퍼지고 야물게 결속되어 금하거나 막을 사람이 없습니다.

어째서입니까? 사람의 마음이 어리석고 완악해서 천지에서 이치를 환히 밝힐 능력이 스스로에게 없다고 여겨 오만방자하게 아무 거리낌이 없이 행동하고 겉으로는 선한 체 하면서도 속으로는 간악하기 때문입니다."」

오늘날도 때 아닌 때에 야동을 즐기고 무례와 폭력을 즐기는 비리학생이나 젊은이들의 색은행괴는 물론, 어른들도 사기와 폭리, 이기적 독점과 부정축재 등을 기탄없이 일삼으며 기만과 쾌락을 즐기는 사람들의 파렴치한 색은행괴 행위들이 도처에 범람하고 있다. 사회지도계층들도 막말과 속임수로 정의를 주장하고, 매관매직은 물론 매신(賣神), 매불(賣佛), 매조(賣祖)까지 서슴지 않는 탐욕과 색은행괴 행위가 공공연히 자행되고 있으니 개탄하지 않을 수 없다. 200년 전이나 지금이나 이를 지켜보고 알고 있으면서도 개선하거나 징계하지 못하는 위정자나 당국자의 안일한 대처 또한 한심하기 짝이 없다. 예나 지금이나 참으로 계신공구가 절실히 요구된다.

대인군자는 필성기의(必誠其意)하여, 무자기(毋自欺)하고, 오악호선(惡惡好善)하며, 자겸자족(自謙自足)하고, 필신기독(必愼其獨)하는 가운데, 원칙과 정직, 근면과 봉사로 부(富)를 쌓아 집안을 윤택하게 하여야 하고, 덕(德)을 쌓아 일신을 윤택하게 하여야한다. 그리하여 마음이 넓어지고 몸이 편안해지면 천지간에 한 점 부끄러움이 없고, 자신의 모든 것을 남에게 떳떳하게 드러내 보여줄 수 있는 올곧은 삶을 즐기게 된다. 이것이 대학의 성의정심 학습요체이다.

(2) 주일무적(主一無適).

경(敬)이란? '마음이 한 가지 일에 집중되어 다른 데로 흩어지지 않는 것'을 이르니, 이것을 주일무적이라고 한다. 경은 성실한 마음이 한 곳에 모여 절도에 맞게 나타난 것이고, 올바른 마음이 그것과 하나 되어 위엄을 갖추고 나타난 모습이다. 본래의 한마음이 아름답게 피어나는 모습이 경(敬)이다.

모든 사(事)와 물(物)을 마음이 주의하고 집중하여 함께 하는 것이 경이다. 집중이 산만하거나 주의가 분산되는 일이 없이, 언제나 마음이 거기에 함께 있어 경건하고 위풍당당한 것이 경이다. 진정한 대인군자의 모습이다.

경(敬)은 자신을 닦고 타인을 다스리는 모습이다. 그러므로 성이 있어도 경이 없으면 위엄이 서지 않는다. 그러나 성실하면 저절로 경건해진다.

안으로 마음을 모으고 집중하여 그것과 하나 되는 것이 성(誠)이고 성실함이라면, 밖으로 마음을 모으고 집중하여 그것과 하나 되는 것은 경(敬)이고 경건함이 된다. 그 성과 경은 부동불이(不同不異)로 동전의 앞뒤와 같다.

주자의 경재잠에 이른 대로 '의관을 바르게 하고 시선을 존엄하게 하며, 마음을 가라앉히고 하느님을 마주 대하듯 고요히 하는 것'이 경(敬)이다.

예기에 이르기를 "군자의 몸가짐은 여유가 있고 침착해야한다. 그리고 윗사람을 뵐 때에는 공손해야 하며 방종해서는 안 된다.

발걸음은 무게가 있어야하고, 손놀림은 공손해야 하며, 눈매는 단정하고, 입매는 다물고 있으며, 목소리는 차분하고, 머리는 한쪽으로 기울어짐이 없이 똑바로 쳐들어야 하며, 호흡은 마치 숨 쉬지 않은 것처럼 편안해야 하며, 서 있는 모양은 의젓하고 점잖되 어디에 기대지 말아야 하며, 얼굴빛은 씩씩하여야 한다."고 하였으니, 이는 절도와 위엄이 있는 군자의 경건한 모습이다. 그러므로 주자는 "경의 자세를 유지하는 것이야말로 진리탐구의 근본이다. 경의 자세를 갖지 않으면 앎에 이를 도리가 없다."고 말하였다. 그리고 "이미 경에 이른 자라도 경이 아니면 그의 앎을 지킬 도리가 없다."라고 말하였다.

정자도 "도(道)를 알고 행하는 데에는 경(敬)만한 것이 없다. 앎을 극진히한 사람치고 경의 자세를 갖지 않은 사람이 없다. 경과 의리가 서면 그는 덕이 갖춰짐으로써 외롭지 않을 것이다."고 말하였다.

퇴계선생이 성학십도 대학도에서 말하기를, "경은 위에서부터 아래까지 다 통하니 공부를 시작하는 데서나 공부의 효과를 거두는 데서나 항상 실천하여 잃지 말아야한다. 성학십도는 모두 경을 주로 삼은 것이므로 주자의 대학혹문을 인용하여 경에 대한 설명을 보충하겠다."고 하면서 다음과 같이 설명하였다.

「어떤 사람이 묻기를, **'경이란 어떻게 공부해야 하는가?'**하니 주자가 답하기를, 정이는 일찍이 '마음을 오로지 하나로 하여 추호의 흐트러짐이 없도록 하는 것이다.'라고 말하였으며, 또 '몸가짐을 가지런히 하고 마음가짐을 엄숙히 하는 것이다.'라고 말하였다.

정자의 제자인 사량좌는 말하기를, '항상 초롱초롱 깨어 있는 법이다.'라고 하였으며, 정자의 제자 윤돈도 말하기를, '그 마음을 다잡아 한물건도 용납하지 않고 거두는 것(其心收斂 不容一物)이다.'라고 하였다.

경(敬)이란 마음의 주재요, 만사의 근본이다. 그러므로 예의범절을 배우는 소학공부를 경(敬)에서부터 시작하지 않으면 안 된다는 것을 알 수 있다. 소학공부를 경에서 시작해야 한다는 것을 알면 대학공부도 이 경에 의존하지 않고는 그 공부를 마칠 수 없다는 것이 분명해진다.

바른 마음이 이미 서 있으면 이것으로 사물을 밝히고 앎을 이루어 만사를 궁리하는 것이니, 이것이 이른바 '덕성을 높이고 학문을 일삼는 것'이다.

경에 의하여 뜻을 성실히 하고 마음을 바르게 하여 몸을 가다듬으면, 이것이 이른바 '먼저 큰 것을 세우면 작은 것이 빼앗지 못한다.'는 것이다.

경에 의하여 집안을 가지런히 하고, 나라를 다스려 천하에까지 미치면, 이것이 이른바 '자신의 몸을 닦아 백성을 편안하게 한다.'는 것이며, '공손함을 돈독히 해서 천하를 태평하게 한다.'는 것이다. 이 모든 것이 하루라도 경을 떠나면 이룰 수 없으니, 경이란 한 글자가 어찌 성학의 처음과 나중을 이루는 요체가 아니겠는가?」라고 퇴계선생이 말하였다.

어떤 사람이 주일무적에 대하여 물으니 주자가 답하였다.

"한 곳에 모인 마음이 다른 곳으로 달려가지 않음이다. 예를 들자면 요즈음 사람들이 한 가지 일을 끝내기도 전에 또 다른 일을 하려고 마음이 천 갈래 만 갈래로 갈라지는데 이것은 주일무적이 아니다. 학문도 오직 한 곳을 집중해야 이룸이 있다." 한마음을 두 곳에 나누어 쓰지 말라는 것이다.

설씨가 말했다. "첫걸음을 걸으면 마음이 첫걸음 위에 있고, 두 번째 걸음을 걸으면 마음이 두 번째 걸음 위에 있는 것을 경이라고 한다. 만일 첫걸음을 걸을 때 마음이 두 번째, 세 번째 걸음 바깥에 있고, 두 번째 걸음을 걸을 때 마음이 다섯, 여섯 번째 바깥에 있다면 이것은 경이 아니다. 글씨를 쓴다든가 일을 할 때도 마찬가지이다. 첫 글자를 쓰면 마음이 첫 글자 위에 있고, 첫 일을 할 때면 마음이 첫 일 위에 있어서 날마다 한 곳을 집중할 수 있으면 그것이 바로 경이다."

이것이 하나를 주의하고 일의화행(一意化行)하는 방법이며, 논어 이인(里仁)편의 일이관지(一以貫之)와 상통한다. 이 경이야말로 주일(主一)하는 성인의 도행(道行)이며 대인군자의 조화능력인 주의력이다.

충(忠)이면 충, 효(孝)면 효, 서(恕)면 서, 공부면 공부, 놀이면 놀이. 설거지면 설거지, 밥이면 밥, 변이면 변으로서 마음과 몸이 '거기서 그것과 하나 된 삶의 성실한 모습'이 경(敬)이다.

주자가 24살에 연평 이동선생을 만나 불가(佛家)의 선(禪)공부에서 유가(儒家)의 이(理)공부로 학문의 길을 바꾸고 성리학의 대가가 되었듯이, 16살에 어머니 신사임당을 잃고 19살에 금강산에 출가하여 승려가 되려고 했던 조선의 유학자 율곡 이이도, 23살에 58살의 퇴계 이황선생을 찾아뵙고, 만법귀일 일귀하처(萬法歸一 一歸何處)란 불가의 선(禪) 화두(話頭)를 내려놓게 된다. 12살에 이미 '모든 사물에서 마땅히 그래야할 시(是)가 이(理)다.'는 문리(文理)를 깨친 퇴계선생의 지도로, 유가의 '모든 것은 하나로 돌아가는데 그 하나는 바로 이(理)이며, 그 이(理)를 주일무적하면 다시 경(敬)으로 돌아간다.'는 성인의 심법을 깨치고, 율곡은 긴 방황을 멈추고 평생을 유학자로 정진하며 살게 된다.

다음의 글은 율곡과 퇴계선생의 문답이다.

"대학의 도는 인간의 밝은 덕을 밝힘에 있으며, 백성을 새롭게 함에 있으며, 지극히 좋음에 머무름에 있다. 이를 안 뒤에 뜻의 정함이 있으니, 뜻이 정해진 뒤에는 마음이 능히 고요하고, 마음이 고요해진 뒤에는 그 처한 바에 능히 편안하고, 편안해진 뒤에는 능히 사려가 깊고, 사려가 깊어진 뒤에는 능히 얻는 바가 있다는 것에서, 능히 얻기 위하여 가장 나아가기 어려운 것은 무엇입니까?"하고 율곡이 물으니, 퇴계가 답하기를, "그것은 이(理)다"고 하였다.

"그러면 어떻게 해야 이(理)를 터득할 수 있겠습니까?"하고 율곡이 다시 물으니, 퇴계가 답하기를, "그것은 마음이 이(理) 하나만을 집중하여 흩어지지 않도록 하는 것이다"고 하였다.

"그럼 스승님! 주일무적하려면 몸은 어떻게 가져야 합니까?"하고 율곡이 물으니, 퇴계가 답하기를, "마음이 주일무적하려면 몸은 오직 경(敬)에 머물러야한다"라고 하였다. 그리고 덧붙여서 퇴계가 설명하기를,

"움직이지 않는 것 가운데에서 주일무적 한 것은 경의 체요. 움직이는 것 가운데서 온갖 변화에 대응하지 않고 그 주재자를 잃지 않는 것은 경의 쓰임새이다. 오로지 경(敬)이 아니면 지선(至善)에 머무를 수가 없으니 경 가운데에 지선이 있다. 그렇다고 해서 정(靜)은 마른나무나 죽은 재가 아니며, 동(動)은 분분하고 소란스러운 것을 의미하는 것만은 아니다. 동정이 한결같고 체용이 그것과 하나 되어 서로 떠나지 않는 그것이 바로 지선이다."라고 친절하게 가르쳤다. 거경궁리(居敬窮理)하며 주일무적 함으로써 지선(至善) 즉, 최선의 상태, 행복한 상태에 머무를 수 있다고 가르친 것이다.

(3) 극기복례(克己復禮).

극(克)은 이긴다는 뜻이고, 기(己)는 자기의 사사로운 욕구를 말한다. 그러므로 극기(克己)한다는 것은 자기의 사사로운 감정이나 욕구 따위를 마음이 알아차리고 이것을 다스려 이긴다는 것이다.

복(復)은 돌아간다는 뜻이고, 예(禮)는 천지자연의 이치에 알맞게 절도를 세우기 위해 꾸며낸 사람의 도리를 말한다. 그러므로 복례(復禮)한다는 것은 하늘의 이치에 부합하기 위하여 예로 되돌아간다는 뜻이다.

극기복례란? 사사로운 감정이나 욕망에 치우치기 쉬운 자기를 이겨내고, 사람마음의 본성자리인 천리에 부합하기 위하여 예로 되돌아간다는 뜻이다.

자기를 극복할 수 있는 최고의 수단이 예를 행하는 것이기 때문이다.

안연이 인(仁)에 대해 물으니 공자가 말씀하기를 "자기의 사사로운 욕망을 이겨내고 예로 돌아가는 것이 인이다. 하루라도 자기의 사사로움을 이겨내고 예로 돌아가면 온 세상이 다 인으로 돌아올 것이다. 인을 행하는 것은 자기에게 달린 것이지 어찌 남에게 달린 것이겠는가?"
고 했다.

또 공자가 말씀하기를 "인은 멀리 있는 것이 아니다. 내가 인을 베풀
고자 한다면 인에 이를 것이다."고 하였다.

인은 마음 밖에 있지 않으니 내 마음으로부터 시작된다. 내가 어질기
를 원하면 지금 여기서 어질게 된다.

**인(仁)이란? 본심의 온전한 덕으로 사랑이다. 인은 곧 어진 마음이요,
어진 마음은 곧 남을 내 몸같이 사랑하는 마음이다.** 남을 내 몸같이 사
랑하는 마음은 이웃과 만물을 언제나 측은지심으로 어여삐 여기고 내
몸 챙기듯이 챙기는 마음이다.

**남을 내 몸같이 사랑하는 방법은 내가 하기 싫은 일을 남에게 시키지
않는 것이라고 성인은 가르친다.**

**인(仁)은, 예(禮)와 의(義)와 지(智)를 머금고 그것들이 자라게 하는 사
랑의 마음이다.** 의리와 지혜에 밝고 투철한 것이 인을 행하는 일이지
만, 그보다 본성을 자라게 하는 예를 행하는 것이 인을 행하는 지름길
이 된다. 그러므로 극기하고 복례하는 것이 곧 인을 행하는 일이다.

안연이 물었다. "그 극기복례의 조목을 묻고자 합니다."

공자가 답하여 말씀하였다. "예(禮)가 아니면 보지 말고, 예가 아니
면 듣지 말고, 예가 아니면 말하지 말고, 예가 아니면 움직이지 말라."

안연이 이 말을 듣고 말하기를 "제가 비록 영특하고 민첩하지 못하지
만 이 말을 받들겠습니다."고 했다.

보고, 듣고, 말하고, 움직임에 있어서 예가 아니면 즉시 그만두고 인
(仁)을 행하는 사람은 거룩한 사람이 되고, 예가 아닌 데도 그만두지
않고 사사로운 욕망을 좇는 사람은 미친 사람이 된다고 주자는 말하고

있다. 이와 같이 성인과 광인의 차이가 털끝만한 차이일 뿐이니, 배우는 사람이 그 몸가짐을 삼가지 않을 수 없다.

정자가 말하기를 "보고, 듣고, 말하고, 움직이는 이 네 가지는 몸의 작용이지만 마음으로부터 나와 밖으로 대응하는 것이니, 밖을 대응하는 것은 마음을 기르기 위한 것이다."고 하였다. 그리고 스스로 다음과 같이 네 가지 잠(箴)을 지어 자신을 경계하였다.

시잠(視箴) 〈마음은 본래 텅 빈 것이어서 사물과 응하여도 자취가 없다. 마음을 잡는데 요령이 있으니 보는 것이 그 법칙이다. 물욕이 눈앞을 가리면 중심이 흔들리니 밖의 것을 다스려서 안을 안정되게 해야 한다. 자신의 사사로운 욕구를 이겨 예로 되돌아가 오래되면 성실해진다. 마음이 흔들릴 것은 처음부터 보지 않는다.〉

섭씨가 말하기를 "눈은 한 몸의 밝은 거울이요, 오행의 정화가 모인 곳이니 마음에서 가장 절실한 곳이다. 눈이 움직이면 마음이 반드시 따르고, 마음이 움직이면 눈이 반드시 쏠린다. 텅 비고 신령한 마음은 온갖 변화와 조화를 이루는데, 그것을 단속하려면 먼저 보는 것으로써 준칙을 삼아야 한다."고 했다.

청잠(聽箴) 〈사람에게는 떳떳한 인륜이 있으니 이는 천성에 근본을 둔 것이다. 그런데 지각이 사물에 유혹되면 드디어 그 올바름을 잃어버리지만, 뛰어난 선각자들은 그칠 데를 알아서 안정됨이 있었다. 요사스럽고 간사함을 막고 성실을 보존하기 위하여 예가 아니면 듣지 않는다.〉

언잠(言箴) 〈마음의 움직임은 말로써 드러난다. 조급하게 함부로 말하지 않는다면 마음은 고요하고 온전하다. 말이란 싸움도 일으키고 좋은 것을 불러낼 수 있다. 길하고 흉하고, 영예롭고 욕된 것도 말이 불러들인다. 지나치게 쉽게 하면 미덥지가 않고, 지나치게 번거롭게 하면 지루하다. 내가 함부로 막말을 하면 상대편을 거슬리게 되고, 내가 도에 어긋난 말을 하면 어긋난 결과가 따른다. 법도에 맞지 않으면 말하지 말아야 한다.〉

시경 대아 편에 이르기를 "말을 할 때에는 조심하고 몸가짐을 삼가서 화평함과 아름다움을 지녀라. 흰 구슬의 티는 갈아내면 되지만, 입 밖에 낸 말의 잘못은 다시 어찌할 수 없는 일이니라. 경솔하거나 구차하게 말하지 말지어다. 나의 혀를 잡아주는 사람이 없는지라 말 한 마디라도 함부로 해서는 안 되느니라!"고 했다. 언제나 말에는 책임이 따른다.

말이란 마음의 소리요, 행동이란 마음의 자취이다. 모든 조화의 근원이 말로 말미암은 경우가 허다하니 말이 씨앗이 되고, 창조신이 되며, 극기복례의 수단이 된다. 그러므로 말은 반드시 마음을 담아야한다.

동잠(動箴) 〈밝은이는 낌새를 알아차리고 생각을 성실히 하고, 큰 뜻을 품은 선비는 행실을 바르게 가다듬어 실행에 옮긴다. 이치에 따르면 느긋하고 욕망에 따르면 위태롭다. 잠깐 사이라도 전전긍긍 잘 생각하여 자신을 지켜라. 습관이 천성처럼 이루어지면 성현과 같아질 것이다.〉

주자가 말하기를 "생각이란 움직임의 낌새이고, 행위는 움직임의 나타남이다. 생각은 안에서 움직이는 것이고, 행위는 밖에서 움직이는 것이다."고 하였다.

사람이 가장 다스리기 힘든 것은 분노와 욕심, 그리고 습관이다.

극기하고 복례하는 수양과정에서 본성을 밝혀 몸을 닦아가노라면 분노와 욕심은 점진적으로 다스릴 수가 있다. 분노와 욕심을 다스리겠다는 뜻을 세우고, 성실하고 올바른 마음가짐으로 꾸준히 예를 실천하노라면, 만물을 어여삐 여기고 사랑하는 인(仁)이 봄풀 자라듯 자라 삶의 모습이 경건해진다. 그때 자연스럽게 이기적인 분노와 욕심은 사라진다. 자기만이 옳다는 독선과 이기적인 관점을 알아차리고, 치우친 사욕을 절제하다보면 분노와 욕심은 점차 다스려진다. 그러나 오래도록 가랑비에 옷 젖듯이 스며들어 길들여진 습관은 쉽게 고쳐지지 않는다. 지금부터 그 습관에 대하여 자세히 관찰하고 이해하는 가운데 그 습관을 바로잡을 방법을 찾아본다.

사람은 대체로 부모의 DNA를 받아 이 세상에 태어남으로서 부모의 특성이 유전되어 부모를 닮은 존재로 살아간다. 그 모습도 닮았고 그 성정도 닮았다. 그러나 비록 선천적으로는 부모의 자질과 성정을 이어받아 서로 닮게 태어났다고 하지만, 같은 부모의 형제자매끼리의 자질과 성정도 깊이 들여다보면 저마다 약간씩 다르다.

사람은 저마다 독특한 개성을 지닌 존재이기에 궁극적으로는 서로 다를 수밖에 없지만, 대개 후천적으로 살펴보면 사람마다 주어진 성장환경과 자아의지의 선택여하에 따라 그 '길들여진 습관'이 달라지기 때문에 그 자질과 성정도 저마다 다를 수밖에 없다.

어려서부터 보고, 듣고, 배우고, 익힌 행위가 오랜 세월동안 반복되고 반사되어 굳어진 것이 습관으로써 사람들의 행동방식이요, 생활양식이다. 습관은 자동적으로 외부의 자극에 반응하는 행위다. 그러므로 후천적인 자아요, 제2의 천성으로써 나의 성격이 되고 운명이 된다.

습관에는 좋은 습관과 나쁜 습관이 있다. 매일매일 '저절로 반복되는 일상적 행위'가 좋은 습관에 따라 좋은 행동으로 이어지면 그는 좋은 성격을 지닌 좋은 사람으로 좋은 운명의 주인공이 된다.

언제나 나쁜 습관에 따라 나쁜 행동을 하면 그는 나쁜 사람으로 나쁜 삶의 주인공이 되어 고생스럽게 살아간다. 그러므로 사람은 의도적으로 좋은 습관을 선택하고 학습하여, 좋은 성격과 문화를 형성하고, 의미 있고 즐거운 생활을 누려야 한다. 나의 현실은 나의 습관이 창조하기 때문이다.

한국 속담에 '세 살 때 버릇 여든 살까지 간다.'는 말이 있다. 습관은 아주 어릴 때부터 길들여지고 부모나 성장배경의 영향을 받아 많은 것을 닮아나게 된다. 무엇을 보고 들으며, 무엇을 배우고 익히느냐가 매우 중요하다. 그 사람이 오래도록 경험한 성장환경이나 성장문화가 그 사람의 습관이 되고 성격이 되며 운명이 되기 때문이다.

다 스스로의 습관으로 말미암아 소인이 되기도 하고 대인이 되기도 한다. 학문을 멀리하고 어리석은 사람이 되어 무지하고 궁핍하게 살라고 어느 누구도 강제하지 않는다. 안일한 타성에 젖어 배움을 멀리하고 사노라면 가난하고 천해질 수밖에 없는 습성이 길들여져서 궁핍하게 살뿐이다.

그 사람의 언행이나 습관은 그 사람의 신분을 나타낸다. 온화하면서도 위엄 있고 절도 있는 말이나 행동이 습관화된 사람은, 선비나 귀족처럼 관대하고 중후하며 우아하고 품위 있게 행동한다. 사람들은 그와 같은 사람들을 좋아하고 존경하며 따른다. 거칠고 사나운 언행을 습관적으로 사용하는 사람은 누구나 싫어하고 기피한다.

사람이 귀(貴)하게 되고 천(賤)하게 되는 것도 자기 자신의 습관에 달렸다. 보고 듣고 말하고 행동하는 습관에서부터 식생활을 비롯한 여러 가지 생활습관들이 자신의 미래를 창조한다. 그러므로 좋은 습관을 갖느냐 나쁜 습관을 갖느냐가 자신의 귀천명운(貴賤命運)은 물론 수요장단(壽夭長短)까지 좌우하게 된다.

나의 운명이 되고만 '오래된 습관'을 바로잡아 고치려면 어떻게 하여야 할까? 극기하고 개선하겠다는 결심도 중요하지만 소학과 대학의 가르침을 배우고 익혀 극기복례하고 인의를 행하는 것이 급선무다.

사람이 오래된 습관을 극복하고 밝은 덕을 지닌 성실한 사람으로 사람답게 살려면, 반드시 사물의 이치와 사람의 도리를 알아야한다. 그 도리를 가장 잘 밝혀놓은 글이 있으니, 그 글은 어린이들이 꼭 배워야 하는 소학(小學)이다. 동서고금 가운데 예의도덕과 생활습관을 가장 친절하게 가르치고 있는 책이 바로 소학이기 때문이다.

소학은 나라에 충성하고, 어버이께 효도하며, 어른을 공경하고, 부부간에 각별하며, 붕우 간에 유신(有信)하는 인륜을 밝히고, 행주좌와(行住坐臥), 어묵동정(語默動靜), 쇄소응대(灑掃應對), 출입진퇴(出入進退), 의관배례(衣冠拜禮)하며 몸을 닦는 사람의 기본 도리를 상세하고 엄격하게 가르치고 있다. 소학을 배우고 익히면 누구나 다 사람이 사람답게 살 수 있는 예의범절과 좋은 습관을 기를 수 있다.

소학을 읽고 배워 생활 속에서 하나하나 실천하고 익혀가노라면, 가랑비에 옷 젖듯이 좋은 향냄새가 서서히 몸에 배듯이, 좋은 습관이 몸에 배어 익숙해지니 그 삶이 점차 고급스러워진다.

소학을 배운 다음에는, 대학의 삼강령(三綱領)과 팔조목(八條目)을 배우고 익혀 일상생활에 활용함으로써, 좋은 습관이 몸에 익게 되므로 나쁜 습관이 저절로 고쳐지게 되고 대인군자의 길을 가게 될 것이다.

때로는 한쪽으로 치우친 것이 나쁜 습관으로 굳어져서, 매우 고치기 힘든 성격이 되고 운명이 되기도 한다. 그러나 반드시 잘못된 습관은 세월을 두고 고쳐가야 한다. 언행이 지나침도 잘못된 습관 때문이고, 모자람도 잘못된 습관 때문이니, 언제나 양극단으로 흐르지 말고 보편타당성이 있는 그 가운데 중(中)을 선택하고 실천하여, 올바르고 성실한 삶을 살아야 한다.

잘못된 습관이 오래되면 그것을 고치기가 쉽지 않다. 그런 경우는 자신에게 꼭 필요한 잠언이나 〈새로운 행동다짐서〉를 작성하고 하루에 2~3번씩 소리 내어 읽는 것이 나쁜 습관을 고치는 방법이 된다.

역사적으로 훌륭한 삶을 산 사람들도, 새로운 행동다짐서를 작성하고 매일같이 아침저녁으로 읽으면서 자신을 경계하였다고 한다.

(4) 허명정일(虛明精一).

허명(虛明)이란? 마음의 원상(原象)으로 '텅 비어 맑고 밝은' 모습이다. 마음이 움직이기 이전의 가능태로서 '순수한 고요'이며, 어느 것 하나 부족함이 없이 갖춰진 것을 머금고 있으면서도 드러나지 않은 상태를 허명이라고 한다. 그곳을 이(理), 신성, 또는 본성이라고도 한다.

정일(精一)이란? 서경 상서의 '진실하게 그 가운데를 거머잡고, 정밀하게 살피고 한결같이 지켜야 한다.'에서 유래한 유학의 심법을 이르는 말이다. 이것을 집중정일(執中精一)이라고도 한다. 도의 본체를 보존하고 만사를 응용할 수 있는 내용이다.

중용장구 서에도 나오는 말인데, '진실로 그 가운데를 잡아라.'는 말은 요임금이 순임금에게 전수한 말이요, '사람의 마음은 오직 위태롭고 진리의 마음은 미묘하니, 오직 정밀하게 살피고 한결같이 지켜서, 진실로 그 가운데를 거머잡아라'는 말은 순임금이 우임금에게 전수한 말이다. 이것이 유학의 시원이었고, 도통전수의 출발점이었다고 한다.

옛날 요순시대는 이 한마디를 이해하고 실천하는 어진 이를 찾아 천자(天子)의 대권(大權)을 전수했다고 한다.

허명정일이란? 텅 비어 맑고 밝은 마음이 양극단으로 흐르거나 치우치지 않도록, 정밀하게 살피고 한결같이 한마음을 지킨다는 뜻이다. 정밀하면 양극단의 사이를 살펴서 뒤섞이지 않을 수 있고 그 가운데를 거머잡을 수 있다. 한결같으면 본심의 올바름을 지켜내어 거기서 떠나가지 않고 그것과 하나 될 수가 있다. 그렇게 하면 자신의 본래 밝은 덕을 밝히고, 날마다 새로워져서 지극히 좋은 상태에 머무를 수가 있다.

만물의 영장인 사람은, 무엇이든 자유롭게 그릴 수 있고 촬영하여 현상할 수 있는 〈허명(虛明)하고 순백(純白)한 무한창조 가능태인 마음〉을 갖고 있다. 우리는 그 마음에다가 오직 정밀하고 한결같은 방법으로 우리가 원하는 자아를 창조할 수 있다.

누구나 그 마음에다가 보고, 듣고, 느낀 모든 것을! 배우고, 익힌 모든 것을! 소망하고, 신념한 모든 것을! 고요 속에 움직이며 떴다가 가라앉는 생각은 물론 모든 말과 행동까지! 성찰하고 회상하며, 예측하고 상상하는 의식까지! 하나하나 빠뜨리지 않고 그리고 촬영하여 느낄 수가 있다.

텅 비어 맑고 밝은 마음에다가 우주만물상과 자아상을 그리고 또 그린다. 스스로 취사선택하여 그리고 새긴다.

현명한 사람은 참되고 선하고 아름다운 승자의 그림을 그리면서 음미하고 감상한다. 그리고 진화의 기쁨, 사랑의 기쁨, 성취의 기쁨과 하나 되어 느낀다.

우매한 사람은 거짓되고 악하고 추한 패자의 그림을 그리면서 판단하고 분노한다. 그리고 방황하고 절망하는 가운데 미워하고 원망하며 고통을 느낀다.

사람들은 이와 같이 자신이 그린 다양한 그림들을 연결하여 의미를 부여하고, 자신이 그리고 촬영한 인생스토리에 울고 웃는다.

더 나은, 더 좋은 그림을 그리려면, 사물을 밝히고 앎을 이뤄야하며, 성의정심으로 주일무적하고 극기복례하여 충효와 인의를 실천하는 사람이 되어야한다.

주자가 말하기를, "이치를 깊이 생각함에 있어서 혼란스럽고 꽉 막히는 곳에 이르면, 마음속의 모든 것을 털어버리고 텅 비게 해야 한다. 그런 다음에 문득 마음을 되돌려 다시 한 번 생각을 더 해보라. 그럼 저절로 깨달아 귀결되는 곳이 있을 것이다." 주자가 다시 말하였다.

"연평 이 선생께서 일찍이 말씀하기를, '낮에 도리를 탐구하고 고요한 밤에 조용히 앉아 이치를 깊이 생각하고 생각하면 비록 의문스러운 것까지도 저절로 알게 될 것이다.' 라고 하여 내가 그 말씀을 따라 해보았더니 정말 전과 다르게 나아감이 있었다."고 했다.

정좌사유(正坐思惟)하며 거경궁리(居敬窮理)하는 방법을 잘 보여주고 있다. 大

5장

대학(大學)의
수신제가(修身齊家)

1절
수신제가(修身齊家)
전문해설(傳文解說)

　천하를 다스리려면 자신의 몸부터 닦고 자신의 집안을 가지런히 해야 한다. 사물의 이치를 밝히고, 앎을 이뤄가면서 그 뜻을 성실히 하고, 그 마음을 바르게 가지는 마음공부를 통하여 스스로를 속이지 않고, 주어진 현실을 수용하고 만족할 줄 알며, 그 홀로 있음에도 매사를 삼가고 조심하는 가운데 자아성숙이 원만해지면 세월과 함께 자아가 완성된다. 먼저 몸부터 닦고 자기집안을 가지런히 한 다음에 치국평천하의 뜻을 펼치는 것이 지도자의 길이다.

　　　　소위　제기가　　재수기신자　　인
　所謂 '齊其家를 在修其身者'는 人이

　이른바 '그 집을 가지런히 함은 그 몸을 닦는데 있다'고 한 것은, 사람이

　　　　지기소친애이벽언
　之其所親愛而辟焉하며,

　자기가 친하게 여기고 사랑하는 것에 대해서 치우치게 굴며,

之其所賤惡而辟焉하며,
<small>지 기 소 천 오 이 벽 언</small>

자기가 천하게 여기고 미워하는 것에 대해서 치우치게 굴며,

之其所畏敬而辟焉하며,
<small>지 기 소 외 경 이 벽 언</small>

자기가 두렵게 여기고 공경하는 것에 대해서 치우치게 굴며,

之其所哀矜而辟焉하며,
<small>지 기 소 애 긍 이 벽 언</small>

자기가 가엽게 여기고 슬퍼하는 것에 대해서 치우치게 굴며,

之其所敖惰而辟焉하나니, 故로
<small>지 기 소 오 타 이 벽 언　　　고</small>

자기가 소홀히 여기고 노닥대는 것에 대해서 치우치게 굴므로,

好而知其惡하며 惡而知其美者는 天下에 鮮矣니라.
<small>호 이 지 기 악　　오 이 지 기 미 자　　천 하　　선 의</small>

사람관계에서 좋아하되 그 나쁜 점을 알고, 싫어하되 그 좋은 점을
아는 사람은 천하에 드문 것이다.

故로 諺에 有之曰 '人이 莫知其子之惡하며 莫知其苗之碩이니라.'
<small>고　　언　　유 지 왈　 인　　막 지 기 자 지 악　　　막 지 기 묘 지 석</small>

그러므로 속담에 이런 말이 있다. '사람들은 자기 자식의 나쁜 점을
알지 못하고, 자기 묘목의 싹이 크게 될 것을 알지 못한다.'

此謂 '身不修면 不可以齊其家니라.'
<small>차 위 신 불 수　　불 가 이 제 기 가</small>

이것을 일러 '몸이 닦여지지 않으면 그 집안을 가지런히 하지
못한다.'고 하는 것이다.

수신(修身)이란? 자기완성을 위하여 몸을 닦는 것이다. 몸과 마음은

불가분의 관계이다. 몸을 닦는 것이 곧 마음을 밝히는 것이고 마음을 밝히는 것이 곧 몸을 닦는 것이다.

사물을 통찰하고 앎을 확고히 하는 것이나, 그 뜻을 성실히 하고 그 마음을 바르게 하여, 그 가운데를 거머잡고 어느 쪽으로 편벽되지 않게, 나라에 충성하고 부모에 효도하는 것들이 다 몸을 닦아 자기를 완성하는 길이다.

제가(齊家)란? 집안을 가지런히 한다는 뜻이다. 몸을 갈고 닦아 자기를 경영할 수 있는 원만한 인격을 갖춘 다음에 자기가족을 사랑하고 일가의 화평을 도모하면서, 자기에게 주어진 역할과 책임을 다하면 그는 반드시 세상의 부름을 받고 남을 다스리는 자리로 나아가게 된다.

군자는 먼저 부모에게 효도하고 집안어른들을 공경하며, 가족구성원들을 편애하지 않고 두루 은애하면서 성심을 다하여 식솔들의 의식주를 풍족하게 한다. 그는 반드시 세상에 나가 나라에 충성하고 사회원로들을 공경하며 국가구성원들을 차별하지 않고 골고루 기용하면서 백성들의 의식주도 풍요롭게 할 것이다.

수신제가(修身齊家)란? 치국평천하의 전단계로서 그 집을 가지런히 하기 위해 먼저 그 몸을 닦는 것이다. 격물치지 하고 성의정심(誠意正心)하여, 극기복례(克己復禮)하고, 인의와 지혜로 사물을 자유롭게 운영하는 능력을 기를 때 그는 자기집안을 가지런히 할 수 있다.

그가 사서삼경을 읽어 학문에 능통하고, 석사박사로 학덕을 갖췄을지라도 그 수신의 요체가 제가(齊家)에 있으므로, 제가의 근본인 효가 실종되거나 가족관계가 공평하지 못하고 편벽된다면 그 배움은 물론 그 수신노력이 헛수고일 뿐이다. 그러므로 수신자(修身者)는 그 마음을 내어 자기집안부터 가지런히 하는 것이다.

어느 경우든 자기감정이 편벽되어 공평하지 않으면 가치의 양면성을 전관(全觀)하고 통찰하는 덕성이 자라지 않게 되므로 자기감정이 편벽되지 않도록 수신에 철저해야할 것이다.

덕을 길러 제가를 잘하려면 편벽된 감정의 극단을 경계하고 중정(中正)을 잃지 말아야한다. 언제나 공평무사하고 공명정대해야한다.

좋아하여 친하게 여기고 사랑(親愛)할수록 치우치게 잘해주면, 다른 사람들의 마음을 다치기 쉽고 그들이 질시하기 쉬우니 조심해야한다.

싫어하여 천하게 여기고 미워(賤惡)할수록 치우치게 깔보면, 다른 사람들의 마음을 다치게 하거나 상대가 반발하기 쉬우니 조심해야한다.

존경하여 두렵게 여기고 공경(畏敬)할수록 치우치게 겸양하여 다른 사람들의 마음을 다치게 하면, 존경이 아부가 되기 쉬우니 경계해야한다.

불쌍하여 가엽게 여기고 슬퍼(哀矜)할수록 치우치게 동정하여 다른 사람들의 마음을 다치게 하면, 그들이 오히려 불편하게 되므로 조심해야한다.

자만하여 가볍게 여기고 나태(敖惰)할수록 치우치게 노닥대다 다른 사람들의 마음을 다치게 하면, 자기가 해야 할 일을 망치고 후회하게 된다.

이와 같은 친애, 천오, 외경, 애긍, 오타 같은 인정은 인지상정이지만 매우 조심스럽다. 자칫하면 집안의 화평과 질서를 파괴할 수 있고, 가족들의 마음을 다치게 하거나 원망을 사게 된다.

한 집안에는 처자식과 같이 친애하는 사람, 부모와 같이 극진하게 공경해야 하는 사람, 속 썩이는 형제나 말썽부리는 일가와 같이 천박하고 미운 사람, 홀로된 형수나 고아가 된 조카같이 애긍하여 살펴야 하는 사람, 제멋대로 행동하고 노닥대며 밥만 축내는 일꾼이나 개념 없는 오타족속까지 여러 부류의 사람이 섞여 살게 마련이다. 이들을 공명정대하게 위하고 부리는 지혜와 덕성이 있어야 그 집안을 가지런히 다스릴 수가 있다.

그러므로 그 사람들을 좋아하고 공경하더라도 그들이 고쳐야할 나쁜 점을 파악하고 바로잡아야 하며, 그 사람들을 싫어하고 불쌍히 여길지라도 그들이 지니고 있는 아름다운 점을 파악하고 격려하여 사람도리를 다하도록 이끌어야한다. 그런데 오늘날 천하에는 그렇게 대처하는 큰 인물이 참으로 드물다. 안타까운 일이 아닐 수 없다.

속담에 이른 대로 세상 사람들은 '자기 자식의 나쁜 점을 알지 못한다.' 그렇다. 남의 자식의 못된 점은 쉽게 알아차리고 나무라면서도, 자기자식은 아무리 못났어도 정에 치우쳐서 그의 잘못이나 문제점을 알아차리지 못하며, 알아도 단호하게 바로잡지 못하고 두둔한다. 이는 참으로 어리석은 짓이 아닐 수 없다.

그리고 어리석어 보여도 장차 크게 될 자기 집 젊은이의 싹수는 알아보지 못하고 남의 집 젊은이만 크게 될 것으로 부러워하는 것 역시 참으로 어리석은 짓이 아닐 수 없다. 이를 두고 '자기 묘목의 싹이 크게 될 것을 알지 못한다.'고 하는 것이다.

많은 사람들이 '자기 묘목의 싹이 크게 될 것을 알지 못한다.'는 속담처럼 자기 집의 값진 재물이나 농사는 알아보지 못하고 소홀하게 다루면서, 남의 집 재물이나 농사만을 부러워하는 경우도 많다. 내 농사 잘된 줄은 모르고 남의 농사 잘된 것만 배 아파하는 것이다. 이 또한 참으로 어리석고 한심한 노릇이 아닐 수 없다. 그러므로 대학의 수신제가 전문에서는 이것을 일러 '몸이 닦여지지 않으면 그 집안을 가지런히 못한다.'고 하는 것이다.

어느 경우도 치우치지 않고 공평하게 인정하고 수용하며 다스리는 덕이 수신의 요체요, 제가의 핵심이다. 大

제가치국(齊家治國) 전문해설(傳文解說)

치국의 기본이 제가에 있으므로, 제가를 통하여 남을 다스리는 치국으로 나아갈 수 있음을 가르치고 있는 전문(傳文)이다. 그리고 수신의 완성이 제가라는 사실을 보여주고 있으며 수기하면 치인은 저절로 이뤄진다는 것을 가르치고 있다.

所謂 治國이 必先齊其家者는,

이른바 '나라를 다스리려면 반드시 먼저 자기집안을 가지런히 한다.' 함은

其家不可敎로 而能敎人者가 無之로다.

자기집안을 교화하지 못하면서 남을 교화할 수 있는 사람은
없기 때문이다.

故로 君子는 不出家而成敎於國하나니라.

그러므로 '군자는 집을 나서지 않고도 나라의 교화를 이룰 수가 있다.'

孝子는 **所以事君也요,**
효 자　　소 이 사 군 야

부모에게 효도를 잘하는 것은 임금을 잘 섬기는 도리가 되고,

弟者는 **所以事長也요,**
제 자　　소 이 사 장 야

형을 잘 공경하는 것은 어른을 잘 섬기는 도리가 되며,

慈者는 **所以使衆也니라.**
자 자　　소 이 사 중 야

자식을 사랑하는 것은 여러 백성을 잘 부리는 도리가 된다.

집안에서 부모에게 효도하는 것이 나라의 임금에게 충성하는 것이 되고, 형을 공경하는 것이 어른에게 공경하는 것이 되며, 자식을 사랑하는 것이 백성을 사랑하는 것이 된다. 이와 같은 이치는 오늘날 기업이나 일반 조직운영에도 그대로 적용된다.

부모에게 불효하고, 형제간에 불화하고, 자식을 자애하지 않는 사람이 자기가 속한 회사나 조직, 나라에 어찌 충성하고 헌신하며 상사를 공경하고 부하를 사랑할 수 있으랴!

불효자가 회사나 나라에 충성하고, 상사나 어른을 공경하고, 부하나 백성을 사랑하는 것을 보았는가? 있다면 그는 위선자로 간신이며 장차 회사나 나라를 배신하고 망칠 사람이다. 유능한 불효자는 반드시 훗날 사욕을 채우는 역적이 되고 자기조직을 파멸시키는 배신자가 되었으니 역사가 그것을 증명하고 있다. 그렇다. '집안에서 세는 바가지는 나가서도 센다.'

그 사람의 됨됨이를 살피려면 그 사람의 가족관계를 살펴라. 그 사람의 됨됨이는 그의 가정생활을 보면 훤히 알 수가 있다 그러므로 나라

를 잘 다스리고 회사를 발전시킬 수 있는 인재는 자기집안을 가지런히 한 사람이다. **눈 밝은 사람은, 화목한 가정의 효자를 골라 중책을 맡기므로 후회가 없다.**

康誥에 曰 如保赤子라 하니,

강고에 말하기를 '갓난아기를 돌보듯 하라.'하였으니,

心誠求之면 雖不中이나 不遠矣니,

성실한 마음으로 찾으면 비록 적중하지 않더라도 멀지는 않을 것이니,

未有學養子而后에 嫁者也니라.

자식 기르는 법을 배우고 나서 시집가는 사람은 있지 않다.

자식을 사랑하는 것이 여러 백성을 잘 부리는 도리가 된다는 것을 설명하고 있다. 평소에 자신을 잘 수신한 위정자나 지도자가 '갓난아기를 품에 안은 듯, 등에 업은 듯' 지극히 성실한 마음을 다하여 백성을 돌보고 부하직원들을 돌보면 그 나라나 그 조직은 반드시 잘되어진다.

젊은 여인이 아기를 낳아 기르는 법을 다 체험한 다음에 시집을 가는 것이 아니다. 예의범절을 제대로 익힌 건강한 여인은 '애 길러본 경험'이 없어도 시집을 가서 아기를 낳으면, 지극정성을 다하여 자신의 아기를 사랑으로 보살피기 때문에 갓난아기를 잘 키울 수가 있다. 이와 마찬가지로 정치나 조직을 다스려 본 경험이 없는 사람일지라도 제대로 가정을 가지런히 할 수 있는 사람이라면 그 어떤 중책이 주어져도 성심을 다하여 백성과 부하들을 최선의 상태로 이끌 수가 있다.

家仁^{가 인}이면 一國^{일 국}이 興仁^{흥 인}하고,

한 집안이 인자하면 온 나라에 인자한 기풍이 일어나고,

一家讓^{일 가 양}이면 一國^{일 국}이 興讓^{흥 양}하며,

한 집안이 겸양하면 온 나라에 겸양하는 기풍이 일어나며,

一人^{일 인}이 貪戾^{탐 려}하면 一國^{일 국}이 作亂^{작 란}하니,

한 사람이 탐욕스럽고 도리에 어긋나면 온 나라에 난리가
일어나게 된다.

其機如此^{기 기 여 차}하니 此謂^{차 위} 一言^{일 언}이 僨事^{분 사}며 一人^{일 인}이 定國^{정 국}이니라.

그 동기가 이와 같으니, 이것을 일러 '말 한마디가 큰일을 그르치고,
한 사람이 나라의 운명을 결정한다.'고 하는 것이다.

사물의 이치에 통달하고 앎을 확고히 하여 인격을 갖춘 위정자나 지
도자는, 그 사람의 덕이 그 집안의 덕이 되고 기풍이 되며, 그 집안의
인자함이나 겸양함의 덕은 온 나라의 덕이 되고 기풍이 된다. 치국의
근본이 제가와 수신에 있기 때문이다.

한 사람의 위정자나 지도자의 가정생활이 도리에 어긋나고 탐욕스
러우면 온 나라에 부정부패가 만연하여 국가기강이 한순간에 무너지
고 마니 나라 전체가 혼란에 빠진다. 가정윤리와 사회윤리는 이와 같
이 밀접한 연관성이 있다. 이것을 일러 책임지는 자리에 있는 위정자
나 지도자의 '말 한마디가 큰일을 그르치고, 그 한 사람이 나라의 운명
을 결정한다.'고 하는 것이다.

^{요 순} ^{솔 천 하 이 인} ^{이 민} ^{종 지}
堯舜이 帥天下以仁하자 而民이 從之하고,

요순임금이 천하를 어진 덕으로 통솔을 하자 백성들이 그대로 따랐고,

^{걸 주} ^{솔 천 하 이 폭} ^{이 민} ^{종 지}
桀紂가 帥天下以暴하니 而民이 從之니라.

걸주임금이 천하를 포악함으로 통솔을 하자 백성들이 그대로 따랐으나,

^{기 소 령} ^{반 기 소 호} ^{이 민} ^{부 종}
其所令이 反其所好면 而民이 不從이다.

그 명령을 자기가 좋아하지 않고 반대하는 백성들은 따르지 않게 된다.

^{시 고} ^{군 자} ^{유 제 기 이 후} ^{구 저 인}
是故로 君子는 有諸己以后에 求諸人하며,

그러므로 군자는 자기가 갖춘 뒤에 남이 갖출 것을 요구하며,

^{무 저 기 이 후} ^{비 저 인}
無諸己而后에 非諸人하니,

자기에게 잘못이 없고 난 뒤라야 남의 잘못을 비난한다.

^{소 장 호 신 불 서}
所藏乎身不恕요,

자신이 간직한 것이 한결같은 마음으로 어질지 않고서는,

^{이 능 유 제 인 자} ^{미 지 유 야}
而能喻諸人者 未之有也니라.

능히 남을 깨우치게 한 사람은 있을 수가 없다.

^고 ^{치 국} ^{재 제 기 가}
故로 治國이 在齊其家니라.

그러므로 '나라를 다스림은 그 집을 가지런히 함에 있다'고 하는 것이다.

앞에서 '그 한 사람이 나라의 운명을 결정한다.'고 밀한 것을 어진 임

금 요와 순, 포악한 임금 걸과 주를 들어 설명하고 있다.

　백성이나 부하들은 요순같이 훌륭한 지도자의 인정(仁政)하에서나 걸주같이 포악한 지도자의 폭정(暴政)하에서도 그 통솔에 잘 따른다. 하지만 자신이 좋아하지 않는 위선자의 명이면 따르는 척해도 결국은 따르지 않고 돌아선다. 그러므로 위정자나 지도자는 자기가 먼저 한결같은 마음으로 어진 덕을 갖추고, 집안을 가지런히 한 뒤에 남을 다스리고 깨우치게 해야 한다. 이것을 일러〈나라를 다스림은 그 집을 가지런히 함에 있다〉고 하는 것이다.

　오늘날도 자신의 이득이나 권력을 쟁취하려는 사욕에 찬 독재자나 정치가의 위선적인 국가정책이나 선거공약은 백성들이 따르는 척해도 결국은 냉엄하게 심판하고 만다. 특히 국민들을 분노케 하는 위정자들 친인척이나 지인들의 부정부패 비리사건들을 보면서 자기집안 하나 가지런히 못하고 지도자가 된 사람들이 참으로 측은하고, 그들을 선출한 국민들도 한없이 서글프다.

　그러므로 수신제가 이후에 치국하는 이치를 모르고 정치하는 지도자들의 잘난 척하는 모습이 보면 볼수록 꼴불견이 아닐 수 없다.

　詩에 云, 桃之夭夭나, 其葉蓁蓁이로다.

시경에 이르기를, "복숭아나무의 앳되고 고움이여! 그 잎은 무성도 하구나.

　之子于歸나, 宜其家人이로다. 하니,

이 고운 아가씨가 시집을 가니 그 집 사람들과 잘 어울리네." 하니

　宜其家人而后에 可以敎國人이니라.

그 집 사람들과 잘 어우러진 뒤에 나라사람들을 가르칠 수 있다는 것이다.

詩^시에 云^운, 宜兄宜弟^{의 형 의 제}라 하니,

시경에 이르기를, "아우는 형을 잘 섬기고, 형은 아우를 잘 보살피네."하니

宜兄宜弟而后^{의 형 의 제 이 후}에 可以教國人^{가 이 교 국 인}이니라.

형을 잘 섬기고 아우를 잘 보살핀 뒤에 나라사람들을 가르칠 수 있다는 것이다.

詩^시에 云^운,, 其儀不忒^{기 의 불 특}이라, 正是四國^{정 시 사 국}이라. 하니,

시경에 이르기를, "그 거동이 법도에 어긋남이 없으니 사방의 나라들을 바로잡네."하니

其爲父子兄弟^{기 위 부 자 형 제} 足法而后^{족 법 이 후}에 民^민이 法之也^{법 지 야}니라.

그 아버지와 아들, 형과 아우들의 거동이 본받을 만한 뒤에라야 백성들 이 그것을 본받게 된다는 것이다.

此謂^{차 위} 治國^{치 국}이 在齊其家^{재 제 기 가}니라.

이를 일러 '나라를 다스림은 그 집을 가지런히 함에 있다.'하는 것이다.

시경에 나오는 노래들을 모아 치국 이전에 수신제가가 중요하다는 것을 강조하고 있다.

"복숭아나무의 앳되고 고움이여! 그 잎은 무성도 하구나.

이 고운 아가씨가 시집을 가니 그 집 사람들과 잘 어울리네."

이 노래는 국정에 참여하거나 조직을 관리하는 위정자나 지도자를 시집가는 아가씨에 비유하여 자기집안이 화목한 후에 치국할 수 있음

을 노래하고 있다.

"아우는 형을 잘 섬기고, 형은 아우를 잘 보살피네."

이 노래는 위정자나 지도자가 먼저 자기집안의 형제끼리 잘 지내야 나라나 조직을 시끄럽지 않게 잘 다스릴 수 있음을 노래하고 있다.

"그 거동이 법도에 어긋남이 없으니 사방의 나라들을 바로잡네."

이 노래는 위정자나 지도자의 부자간, 형제간의 모든 행동거지가 법도에 어긋남이 없고 모범적이라, 이웃한 사람들이나 사방의 나라들이 이를 본받아 따르고 있음을 노래하고 있다.

이 모든 것을 일러 '나라를 다스림은 그 집을 가지런히 함에 있다.'고 하는 것이다. 大

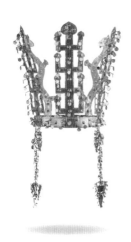

3절
수신제가(修身齊家) 보충설명(補充說明)

대학의 전문에 "자기집안을 교화하지 못하면서 남을 교화할 수 없다. 그러므로 군자는 집을 나서지 않고도 나라의 교화를 이룰 수가 있는 것이다. 부모에게 효도를 잘하는 것은 임금을 잘 섬기는 도리요, 형을 잘 공경하는 것은 어른을 잘 섬기는 도리가 되며, 자식을 사랑하는 것은 여러 백성을 잘 부리는 도리가 된다."고 했다.

주자의 통서에 "천하를 다스리는 데에 근본이 있다 함은 〈자신을 다스림〉을 말하는 것이요, 천하를 다스리는 데에 법도가 있다 함은 〈집안을 다스림〉을 말하는 것이다.
근본은 반드시 단정해야 하니, 그 근본을 단정하게 하는 것은 마음을 성실하게 하는 것뿐이다.
법도는 반드시 선해야 하니, 그 법도를 선하게 하는 것은 친족 간에 서로 화목 하는 것뿐이다."고 했다.
사람의 마음이 성실하지 않으면 몸을 바르게 할 수 없고, 친족이 화목하지 않으면 그 집안을 다스릴 수가 없다.

자신을 다스리고 집안을 다스리려면 부모와 자식, 형제와 부부가 반드시 〈효도와 공경과 자애〉를 실천해야한다.

온갖 행위의 근본이 효가 되므로 효를 떠나서는 근본을 단정하게 할 수 없고 마음이 성실해질 수 없기에 온갖 선이나 화평, 복덕이 효로부터 시작되는 것이다.

효도라는 것은 마음을 다하여 부모를 섬기고 사랑하는 것이다. 부모의 자식으로 태어나 부모를 섬기고 사랑하면서, 처음부터 끝까지 마음을 다하여 효도를 다하지 못하면 재앙이 자신에게 필연적으로 미친다. 역사적으로 살펴보아도 천자나 임금에서 일반백성에 이르기까지 자식된 자가 효도를 다하지 않으면 그에게 재앙이 미치지 않은 경우가 없었다.

부모를 섬기는 〈치사랑〉에 소홀하고 자식을 아끼고 보듬는 〈내리사랑〉에 치중하게 되면, 자신의 일신은 잠시 편안하고 즐거울지 몰라도 반드시 훗날 자기자식으로부터 불효의 아픔을 겪게 된다. 이것은 역사의 교훈이요, 진실이다.

논어에서 공자가 말씀하기를, "부모를 섬기는 데는 은근히 간(諫)해야 하는 경우가 있다. 만약 부모가 따르지 않더라도 더욱 공경하여 부모의 뜻을 어기지 않으며, 부모가 깨달을 때까지 여러 번 간하는 수고가 따르더라도 원망하지 아니한다."고 했다.

'은근히 간한다.'는 것은 부모에게 잘못이 있어도 흥분을 가라앉히고 얼굴빛을 부드럽게 하여 부드러운 목소리로 알아듣기 쉽게 여러 가지로 비유하여 간한다는 것이다.

'여러 번 간하는 수고가 따르더라도 원망하지 아니한다.'는 것은 부모가 어리석어 옳고 그름을 분별하지 못하고, 진실을 알아듣지 못하여 오히려 버럭 화를 내거나 회초리를 들어 피가 나게 때릴지라도, 그 부모를 원망하거나 포기하지 않고 알아들어 깨달을 때까지 간하고 또 간하는 수고를 마다하지 않는다는 것이다. 그것이 진정한 효자라는 것이다.

일찍이 순임금이 그 아버지 고수를 지극정성으로 간하여 하늘을 감동시켰다는 아름다운 이야기가 오늘날까지 전해오고 있다.

맹자가 말하기를 "순이 부모 섬기는 도리를 다하니 고수가 기뻐하게 되었고 고수가 기뻐하게 되니 온천하가 이에 감화를 받았다. 고수 같이 완고한 사람이 기뻐하게 되니 온 세상의 부자(父子)의 도리가 안정되었다. 이것을 일러 대효(大孝)라고 하는 것이다."고 했다.

고수는 한때 순을 죽이려고까지 했으나 순은 부모의 잘못을 생각지 아니하고, 부모 섬기는 도리를 다하여 자식이 해야 할 정성을 다함으로써 그 부모를 감화시키고 마침내 기쁘게 할 수 있었다고 한다.

문왕은 그 아버지 왕계를 하루에 세 번씩 문안을 드렸는데, 아버지가 편안하면 크게 기뻐하였고 불편해 하시면 크게 슬퍼하며, 성심을 다하여 보살펴 드렸다. 그의 아들 무왕도 아버지 문왕처럼 효도를 다하였다고 하니 후세에 귀감이 아닐 수 없었다. 주나라를 개국한 문왕과 무왕은 이와 같이 효로써 수신제가를 하고 치국평천하를 하였던 것이다.

예기에서 악정자춘이 말하기를, "하늘이 낳고 땅이 기른 것 중에서 오직 사람이 가장 위대한 것이다. 부모가 온전하게 낳아 주신 것을 자식이 온전하게 보존하여 돌아간다면 효도라고 말할 수 있다. 몸을 훼손하지 않고 그 자신을 욕되게 하지 않는다면 온전하다고 말할 수 있다.

군자는 발걸음을 내디딜 때에도 감히 효를 잃지 않고 한 발자국을 옮길 때에도 감히 부모를 잊지 않는다. 그러므로 급해도 큰길을 가되 지름길로 가지 아니하고, 배를 타되 헤엄치지 아니하여 부모가 물려주신 몸을 위태롭게 하지 않는다.

말 한 마디도 부모를 잊지 않으므로 나쁜 말을 하지 않고 화난 말이 내 몸에 돌아오지 않는다. 자신을 욕되게 하지 않고 부모를 수치스럽게 하지 않는 것이 효도다."고 했다.

율곡이 말하기를 "자식의 몸은 부모가 나았으니 피와 살과 정신까지 모두 부모가 물려준 것이다. 낳고 길러주신 은혜는 높은 하늘처럼 끝이 없다. 그러므로 어린아이가 부모를 사랑하는 것은 천성이다. 다만 물욕에 가려져 그 본심을 상실하였기 때문에 부모가 물려주신 몸을 자기의 소유라 착각하고, 부모와 자식 간에도 너와 나를 구별하여 낳으시고 기른 수고를 생각지 아니하며, 한때 보살핌의 은혜가 적은 서운함만 탓하고 원망한다.

그러므로 효도와 사랑의 뿌리는 심어지지 않고 자기의 사사로운 욕망의 싹만 자라서 자기를 먼저 내세우고 부모를 뒤로 하는 자가 많다. 이것은 자신의 몸이 부모로부터 생겨났으며, 부모가 아니면 자신의 몸이 없었을 것이라는 것을 알지 못해서고 알아도 애써 외면하는 불효 때문이다.

이 몸은 나의 것이 아니고 부모의 것이다. 물건을 물려주어도 고마워할 줄 아는데 하물며 몸을 물려주었으니 힘을 다하고 목숨을 다하여도 그 은혜를 다 갚을 수 없다. 사람의 자식 된 자로써 이 이치를 알 수 있다면 사랑하고 공경하는 도를 반 이상은 터득했다고 할 수 있다.

세상 사람들이 효도를 하는 것은 혹은 사랑할 줄은 알면서도 공경할 줄은 모르고, 사랑하고 공경할 줄은 알면서도 끝까지 그 마음을 다할 줄 모른다.

반드시 사랑은 그 인(仁)을 온전하게 실현하는 데 이르고, 공경은 그 의(義)를 온전하게 실현하는 데 이른 뒤에라야 낳아 주신 분을 욕되게 하지 않는다고 할 수 있다."고 하였다.

그리고 '마음을 다하여 오직 부모를 사랑하고 공경하여, 몸가짐을 삼가고 그 정신을 공명정대하게 가진다면, 위로는 하늘의 도를 본받고 아래로는 땅의 덕을 본받아 부모를 천지 섬기듯 섬기게 되면 어딜 가나 지극히 성실한 표준이 될 것이니, 사람의 자식으로서 어찌 마음이 유쾌하지 않겠는가?'고 율곡은 가르치고 있다.

주역 가인(家人)괘의 단사에 이르기를, "부모가 부모답고 자식이 자식다우며, 형이 형답고 동생이 동생다우며, 남편이 남편답고 아내가 아내다우면 집안의 도리가 바로 서고, 집안이 바르게 되면 천하가 안정된다."고 했다.

또 이르기를, "여자는 안에서 바르게 자리를 지키고, 남자는 밖에서 바르게 자리를 지킨다. 남녀가 바른 것은 천지의 대의(大義)이다."고 했다.

또 이르기를, "가인(家人)은 여자의 곧음이 이롭다."고 했다.

정자도 '가인의 도는 여자가 바른 것에 이로움이 있다'고 했으며,

주자도 '먼저 아내부터 바르게 해야 제가치국을 할 수 있다'고 했다.

아내라는 가인이 다스려져야 부모에게 효도하게 되고, 형제간에 원만함을 유지할 수 있으며, 집안을 화목하게 하고 장차 나라를 경영할 수가 있다.

시경의 주남 관저장에 "다정하게 지저귀는 물수리는 강가의 모래톱에 있고요, 요조숙녀는 군자의 좋은 짝이 되는 것이다."고 노래했다.

물수리는 원앙처럼 다정하게 헤엄치며 노는 새이고, 요조숙녀는 얌전하고 정숙한 여인으로 문왕 같이 훌륭한 군자의 좋은 배필이 된다는 노래이다. 좋은 배필은 가정을 이루는 기본조건(基本條件)으로서, 천하 백성의 시초가 되고 만복의 근원이 되므로, 혼인의 예가 바르게 되어야만 인간의 품격이 이루어지고 천명이 온전한 가정이 성립된다.

군자의 길을 가려면 요조숙녀를 만나야 하고, 요조숙녀는 군자를 만나 원만한 가정을 이뤄야 정겹고 의미 있는 일생을 누리면서 제가치국을 한다. 천하를 경영할 수 있는 비전이 있는 성인도, 질투 때문에 패악을 부리는 아내를 내칠 수밖에 없었다. 동서고금을 막론하고 좋은 배우자를 맞이하는 것이 인생일대사 가운데 제일중대사가 아닐 수 없다.

· 좋은 배우자를 선택하는 법.

「한 남자와 한 여자가 서로 만나 부부가 되어 삶을 살아가려면, 반드시 예를 갖추어 결혼을 하고 모든 사람의 축복을 받는 것이 매우 중요하다. 이것이 짐승과 사람의 크게 다른 점이기 때문이다.

결혼은 서로에게 자신의 모든 정보를 공개하여 동질성을 발견하고, 공감대를 형성하며, 가정과 사회의 역할을 분담하고, 서로의 장점을 살려 아름다운 조화를 모색하고, 서로의 단점이나 부족함을 보완하며, 희로애락과 비전을 공유하면서, 서로 소통이 잘되고 신뢰하는 가운데, 사랑의 기쁨을 주고받을 수 있는 짝을 선택하는 일이다.

진정으로 내가 원하는 좋은 배필은 과연 어떤 사람일까?
첫째는 성격이 좋은 자다. 언제나 너그럽고 침착하며, 명랑하고 친절하며, 부드럽고 이해심이 많은 사람으로, 가족과 이웃을 배려하고 아픔을 보듬으며 화목하게 지낼 줄 아는 사람이 좋다. 평생을 피곤하지 않으려면 남을 탓하고 원망하며 잘 토라지는 성격을 지닌 사람이나, 이기적 사고방식 때문에 남을 쉽게 의심하고 남들과 불화하며 다투는 사람은 반드시 경계해야 한다.

둘째는 도리를 아는 자다. 무엇보다 중요한 것은 배우자 될 사람이 인륜의 소중함을 이해하고, 충효와 인의로써 사람의 도리를 행할 수 있는 덕성이 있어야한다. 위아래를 알아보고 공손하게 어른을 섬길 줄 알며, 양가의 부모에게 마음을 다하여 효도할 수 있는 사람이어야 한다. 부모에게 못된 며느리, 못된 사위는 결국에 파경을 부르고 마니, 관계의 소중함을 알고 인내와 자애로 화평을 도모할 줄 아는 배우자를 찾아야한다.

셋째는 건강이 좋은 자다. 마음이 따뜻하고 늘 얼굴에 건강한 미소를 띤 사람으로 자기의 맡은 바 역할을 성실하게 수행하며, 솔선수범하여 가족의 건강을 챙길 줄 아는 사람이어야 한다. 주기적인 운동을 통하여 자기의 건강을 관리할 줄 아는 사람이 좋다. 그리고 투철한 자녀관을 가진 사람이면 더욱 좋다. 평생 고통 받지 않으려거든 애초에 병약한 배우자는 반드시 경계해야 한다.

넷째는 사랑을 주는 자다. 인간의 도리를 학습한 자로서 자아정체감(自我正體感)이 분명하고 언제나 상대의 가문과 문화를 존중하며, 자기부모로부터 충분히 사랑을 받고 성장한 사람이 바람직하다. 자신과 타인의 차이를 충분히 인정하고, 자신이 받은 사랑을 남에게 넉넉하게 줄줄 아는 어진 사람으로서, 매사에 감사하고 당당하며 열등의식이 없는 사람이 좋다.

다섯째는 행동이 바른 자다. 언제나 언행이 일치하고 품행이 단정한 사람이 좋다. 사람을 바라보되 정시하고, 남의 말을 듣되 경청할 줄 알며, 말을 하되 가려할 줄 알며, 걷거나 앉을 때에 반듯한 사람이 좋다. 머리나 몸이 옆으로 기울어져 있거나, 곁눈질을 하며 엉덩이를 흔들고 걷거나, 항상 불안하여 뭔가 초조한 사람은 피하는 것이 좋다. 중후한 몸가짐에 부드럽고 도톰한 손을 지니고 부지런하며, 자애롭고 온화한 낯빛을 지닌 사람이 최고의 배우자다. 세월과 함께 복록이 무궁할 것이다.

여섯째는 능력이 좋은 자다. 언제나 원칙과 정직으로 부와 풍요, 귀와 명예를 주도적으로 성취할 수 있는 비전과 자신감이 있는 사람이 좋다. 스스로 모든 이에게 평생 묻고 배울 수 있는 성실하고 현명한 사람이 좋다. 배우자가 성공하게 전문지식과 능력을 갖추도록 도와주는 사람이면 더욱 좋다. 그리고 남편은 가족의 경제를 책임지고, 아내는 가족의 정신을 책임질 수 있어야한다.

일곱째는 느낌이 좋은 자다. 언제나 상대의 시간이 무료하지 않고 공허하지 않도록 함께 놀아주는 열정적인 사람이 좋다. 언제나 함께 있으면 가슴이 따뜻하고, 함께 있으면 기분이 좋은 사람이 이상적이다. 늘 대화가 즐거운 사람으로 느낌이 좋으면 최고다. 의사소통이 잘되고 항시 믿을 수 있는 사람이면 더욱 좋다. 만나면 우울하고 답답하며 피곤하거나 대수롭지 않은 일에 신경질을 잘 내거나, 지나간 일을 곱씹으며 기분을 상하는 사람은 반드시 피하는 것이 좋다. 의심이 많고 질투가 심한 사람은 평생 나를 괴롭힐 것이다. 황홀한 감정을 좇다가 저주받은 악연의 덫에 걸리지 않도록 조심해야한다.

오늘날의 많은 젊은이들은 배우자를 선택할 때, 성격이나 도리보다 느낌이나 외모를 중시하고 가문이나 경제능력을 우선시하는 경향이 많다. 객관적인 이성적 판단을 무시하고, 주관적인 감정위주로 배우자를 선택하면 많은 이가 결혼하고 얼마가지 않아 후회하게 된다. 성격대립이나 문화차이로 결국은 거울을 깨고 만다. 그러므로 위와 같은 이상적인 배우자를 만나기란 그렇게 쉽지 않다. 젊은 날 옆구리가 시려도 많은 날을 참고 기다리며 충효와 인의를 학습하고 덕성을 기르면서 가슴에 아름다운 염원을 간직하고 기다리면, 반드시 자기염원에 이끌리어 좋은 배필이 나타난다. 좋은 배우자는 평소 자기신념의 반영이기 때문이다.」

예부터 전해오는 이야기에, '많이 알고 똑똑한 지아비가 성실하고 덕이 있으면, 성(城)을 이룩하고 나라를 다스리는 세상의 주인이 된다고 하였으며, 아름답고 똑똑한 부인이 수다스럽고 이기적인 성품으로 덕이 없으면, 성(城)을 기울게 하는 재앙의 사다리가 되어 시가나 나라를 패망에 이르게 한다.'고 하였다. 이는 모든 재앙이 하늘에서만 내리는 것이 아니라 배우자에게서도 얼마든지 생긴다는 것을 말해주고 있다.

한 집안의 흥망성쇠와 행불행은 그 집안 가장(家長)의 능력이 좌우하겠으나 때로는, 그 집안의 처나 며느리 한사람으로 말미암아 흥망성쇠의 사단이 발생할 수 있다. 되는 집안은 삼대(三代)가 한마음으로 화합하고 협력하는 집안이며, 내당의 덕이 강물처럼 흐르는 집안이다.

옛날에는 부모나 가문이 배우자를 정해주었지만, 오늘날은 스스로 교제하며 관찰한 다음에 선택하는 연애결혼이 주류를 이루고 있다.

궁핍했던 자신과 부모의 지난 삶이 서러워 '혼인을 통하여 신분격상'을 하기위해 부자 집의 데릴사위나 명문가의 신데렐라를 꿈꾸는 사람이 있는가 하면, 평강공주나 요석공주처럼 자기 삶의 희생을 자초하는 경우도 있다. 그리고 자신들의 기득권을 지키기 위하여 당사자들의 감정은 아랑곳하지 않고, 자녀의 혼처를 상류 1%에 해당되는 명문가만을 고집하다가 딸을 40이 넘도록 데리고 사는 사람들도 있다. 명문가의 기준이 무엇인지 일반인들은 잘 모르지만 그들만의 기준은 엄격하다. 그러나 많은 사람들은 서로가 서로에게 어울리는 걸맞은 대상을 선택하여 고생하고 인내하며 살아간다.

언제나 선택에는 막중한 책임이 따르지만 인간의 행불행을 좌우하는 배우자 선택의 책임은 어디까지나 자신들의 몫이다. 그러므로 선택에는 현명한 지혜가 필요하다. 평소 자기신념의 반영이 배우자로 나타나기 때문이다.

배우자는 스스로 선택하여 스스로 책임지고 사랑하는 것이 가장 바람직하다. 그러나 명심할 것은 사람의 도리를 아는 착한 자를 선택해야한다.

느낌이 좋고 착하지만 피터 팬Peter Pan처럼 철부지하고 제멋대로인 남편을 만나, 한평생 웬디Wendy처럼 피터남편을 위해 엄마처럼, 누나처럼 희생하고 헌신하며 사는 것도 자신의 선택이다. 워킹 맘working mom이나 싱글 맘single mom으로 사는 것도 역시 자신의 선택이다. 어느 삶이든 스스로 좋아서 선택하지만 자신의 선택이 후회 없는 삶이어야한다. 언제나 선택에는 책임이 따른다.

옛날에는 여인이 임신을 하면 옆으로 누워 잠자지 않았고, 비스듬히 앉지도 않았으며, 한 발로 서지도 않았고, 이상한 맛이 나는 것은 먹지 않았으며, 썬 것이 반듯하지 않아도 먹지 않았으며, 자리가 반듯하지 않아도 앉지 않았다.

주나라 문왕의 어머니요, 고공단보의 셋째 아들인 계력의 아내인 태임의 성품은, 단정하고 한결같았으며 정성스럽고 엄숙하여 오직 덕을 행했는데, 문왕을 잉태하자 눈으로는 사악한 빛을 보지 않았고, 귀로는 음란한 소리를 듣지 않았으며, 입에서는 오만한 말을 하지 않았다. 문왕은 태어나자 총명하고 뛰어나서 태임이 하나를 가르치면 백을 알았다. 마침내 주나라 건국의 기초를 다진 군주가 되었으며 무왕이나 주공 같은 어진 효자자손들을 거느렸다. 모든 군자들이 이르기를 "태임이 태교(胎敎)를 잘했다."고 했다.

조선의 대학자 이율곡의 어머니 또한, 문왕의 어머니 태임(太任)을 사모하여 스스로 이름을 신사임당(申師任堂)이라고 지었다고 한다.

· 태교(胎敎)를 잘하는 법.

「소학의 입교(立敎) 편에는 부인이 아이를 잉태하였을 때 행해야할 행주좌와(行走坐臥) 등에 대한 태교의 생활규범이 여러 곳에 자세히 나온다. 인간의 배움과 가르침은 태교로부터 시작된다고 보았기 때문이다. 그러므로 '알받이 아버지와 얼받이 어머니가 하나 됨'으로서 잉태된 새 생명 태아를 가르치는 일이 치국평천하보다 우선하는 일이다.

145억년을 진화하여 출현한 인간의 새 생명체는, 참으로 거룩하고 신비하다. 그 위대한 인간의 새 생명은 우주자연의 축복이요 무궁무진한 천지조화의 결정체가 아닐 수 없다.

사람들은 누구나 행복하기를 희망한다. 행복은 사람들의 당연한 권리이다. 그러므로 너도나도 행복하려고 학습하고 궁리하며 부귀영화를 꿈꾼다. 많은 재물을 모으려고, 높은 지위에 오르려고, 어려움을 마다않고 도전한다. 열심히 노력정진 한다. 그러나 자신의 의도대로 성공하여 돈을 모으고 지위가 높아졌다고 행복한 것은 아니다. 그렇다고 사회의 보편적인 지위와 역할을 상실하고 가난한 현실 속에서 일상의 궁핍을 감당하는 것 역시 행복과는 거리가 멀다.

의식주를 자급자족할 수 있는 모든 사람들이 인정하고 느낄 수 있는 진정한 행복은 무엇일까? 그 첫째가 생명을 느끼는 기쁨이 아닐까? 생각해본다. 사람에게는 생명보다 더 고귀한 가치가 없기 때문이다. 사랑과 평화, 자유와 정의, 격물과 치지, 수신과 제가도 생명을 위한 필요선(必要善)에 불과하다.

자아실현의 기쁨도 행복이지만 생명교감의 기쁨은 그 이상의 감동이요, 원초적이고 근원적인 행복이다. 생명을 사랑하고 생명을 창조하여 그 생명의 아픔과 기쁨을 교감하는 지금 여기, 이 순간의 행복보다 더 값진 행복은 이 지구상 어디에도 없다. 생명을 느끼는 그 순간만은 모든 사람들이 거룩해지고 순수해지며 아름다워진다. 따뜻해지고 자애로워지며 맑고 밝아진다. 맹자의 주장처럼 본래 선한 자신을 깨닫게 된다.

생명을 느끼고 생명과 하나 되는 순간 인간은 누구나 선하다.

세상에서 가장 훌륭하고 고마운 분은 내게 생명을 주고 그 생명을 사랑하며 길러주신 분이다. 바로 부모님이다. 그러므로 사람은 효도가 모든 행위의 으뜸이요 근본이다. 진심으로 생명을 주신 부모님께 효도하는 일이 지선(至善)에 이르는 길이다. 세상천지에 불효하고 행복한 사람은 없으며 그 불효자를 선하다고 하지 않으며 결코 존중하지도 않는다.

세상에서 가장 행복하고 선한 일은, 내가 사랑으로 생명을 낳고 그 생명을 사랑으로 기르고 가르치는 일이다. 바로 부모 되는 일이다. 그리고 자신을 닮아 나온 자녀를 무조건의 사랑으로 바라보고 지켜보며, 가르치고 양육하는 일이 가장 기쁜 일이요! 가장 위대한 선행이요! 덕업이다! 자녀와 함께하는 시간보다 더 의미 있고 즐거운 시간은 이 세상 어디에도 없다.

모든 사람이 부모가 되어 사랑의 마음으로 가장 먼저 자녀를 가르치는 일이 태교다. 선남자와 선여자가 부부가 되어 가정을 이루고, 사랑하여 임신한 사실을 확인한 순간부터 태교는 시작된다. 그 순간부터 생명교감의 기쁨이 시작되고 진정한 행복이 차오르며 완벽한 사랑을 느끼게 된다. 얼받이 어머니는 물론 알받이 아버지 역시 마음을 모으고 새 생명 태아와 하나가 되어 태교를 행할 때 비로소 행복한 어버이가 된다.

소학의 계고(稽古) 편에 주나라 문왕의 어머니 태임이 행한 태교처럼, 새 생명을 임신한 어머니의 성품은 단정하고 한결같아야 하며 매사에 정성스럽고 엄숙하여 오직 덕을 행해야한다. 그리고 눈으로는 사악한 빛을 보지 않고, 귀로는 음란한 소리를 듣지 않으며, 입에서는 오만한 말이나 남을 원망하거나 해치는 말을 하지 않아야한다. 먹어서는 안 될 음식은 먹지 않아야 하고 느껴서는 안 될 부딪침도 삼가야한다. 어느 경우든 남의 생명을 다치지 않아야하고, 남의 물건을 빼앗지 않아야하며, 남의 사랑도 괴롭히지 않아야 한다. 언제나 정신을 차리고 부주의한 행동을 하지 않으며 잠시라도 부모 된 도리를 망각하지 않아야한다. 그래야 세상이 꼭 필요한 훌륭한 인격을 지닌 문왕이나 무왕, 공자나 맹자, 이율곡이나 이퇴계 같은 인재를 낳아 기를 수 있게 된다.

태아가 건강하고 총명하게 잘 자라 이 세상의 빛과 소금이 되도록 축복하고 은애하는 방법은 산모와 태아가 태담(胎談)을 나누는 것이다.

태담은 아이의 장래를 축복하고 설계하는 가장 좋은 방법이다. 임신 초기에는 태아의 청각기관이 아직 완성되지 않아 태아가 엄마의 말을 알아들을 수 없을 것이라고 생각하지만 사실은 그렇지 않다. 임신한 그 순간에 이미 태아는 우주천지기운을 머금은 하나의 독립된 생명체로서 우주만유의 모든 소리와 사념의 파장까지 청취할 수 있는 영성을 갖춘 존재가 되었다. 그러므로 임신한 사실을 인지한 그 순간부터 엄마와 아이의 대화는 가능하다. 태아에게 엄마의 소망과 사랑이 생생하게 전해진다. 비록 조그만 생명체에 불과하지만 그 태아의 활기찬 생명력을 엄마 또한 생생하게 느낄 수 있다.

"아가야! 사랑한다."

"엄마는 우리 아가가 보고 싶단다."

"아가야! 참되고 선하고 아름답게 자라다오."

"아가야! 건강하게 태어나 세상의 빛이 되어라."

태아가 분명하게 알아듣는다고 믿고 손으로 복부를 어루만지면서 마음을 집중하고 또박또박 말해주는 것이 태담이다. 아이는 엄마의 목소리를 들으면서 서로의 파장과 파장의 주파수를 맞추고 리듬편승하며 공감하게 된다. 무한한 사랑의 진동 장(場)이 공명현상을 일으키니 태아는 태동(胎動)으로 화답하고 산모는 생명교감의 기쁨으로 사랑의 화신(化神)이 된다. 거룩하고 순결한 여인이 된다.

마음속으로만 생각하고 대화하면 엄마가 또 다른 망상을 하기 쉬워지므로 태담의 연속성과 집중력이 떨어지고 대화가 끊기게 된다. 그러므로 태담은 엄마가 소리 내어 말하는 것이 가장 좋다.

'아가야! 사랑한다.'고 그냥 말하는 것보다는 부모의 소망, 사랑, 믿음을 담은 태명(胎名)을 지어 불러주고 대화하면 태아의 실체가 더욱 뚜렷해지고, 태아가 더욱 사랑스러워지며, 태아와 대화하기가 쉬워진다.

"우람아! 사랑한다."

"우리들의 보람인 우람아! 우렁차고 씩씩하게 자라다오."

"우람아! 참되고, 선하고, 굳세고, 아름답게, 자라서 이 세상을 더 좋은 세상으로 새롭게 밝히고, 살리고 위하는 사람이 되어다오."

"그래, 그래, 우리 씩씩하고 고귀한 우람이가 건강하게 자라고 있구나. 이 엄마는 언제나 우리 우람이를 사랑한다."

이와 같이 대화의 소재가 많아지므로 태명이 담고 있는 좋은 뜻이 전달되어 태아에게 안정감을 주고, 영성을 고양시켜 정서를 순화시키게 된다.

태명을 지닌 태아는 단순한 생명체가 아니라 하나의 인격체로 인정을 받게 된다. 태명을 부르면서 태아와 대화하는 엄마가 태동하는 아이와의 생명교감에서 느끼는 기쁨은 참으로 지고지순한 것이다.

태아를 위하여 태아부모는 부정하고 삿된 것을 함부로 보고, 듣고, 먹고, 느끼고, 말하지 않는다.

항상 깨어 있는 마음으로 태아를 알아차리고, 언행을 삼가며, 태아를 챙긴다. 마음을 다하여 태아를 집중하고 충분히 사랑한다. 태아와 하나가 된다. 이 과정에서 태아의 부모는 혈기에 넘친 젊은 날의 탁기를 정화하고, 매사를 새로운 시각, 긍정적 시각, 정직한 시각으로 바라보고 선택하며, 적극적으로 인간의 도리를 지키고 절제하는 성숙한 사람으로 거듭나게 된다.

태아의 부모는 태아에게 자신들이 원하는 사랑과 소망을 들려주고, 위인이나 현자의 이야기를 들려주며, 창의적인 상상력이 넘치는 동화책을 열심히 읽어줘야 한다. 그리고 태교음악이나 명상음악, 정서를 순화시켜주는 좋은 음악도 꾸준히 들려줘야 한다. 국제사회나 미래세계를 위하여 영어동화책이나 중국어동화책 등도 읽어주는 것이 좋다.

모든 자식은 부모의 DNA를 닮아 나옴과 동시에 그 부모의 의도에 영향을 받는다. 태아부모의 의도전달이 곧 태교가 되므로 태아부모는 태교를 잘해야 한다.

태아가 장차 이 세상에 와서 밝은 세상 만들기의 주인공이 되도록 태아부모는 충효와 인의로 수신제가하면서, 마음을 다하여 아이를 축원하고 사랑하며 태교에 정성을 쏟아야한다. 자녀는 그 부모의 거울이 되기 때문이다.

'콩 심은데 콩 나고, 팥 심은데 팥 나는 것이 자연의 법칙이다'」

옛날 사람들은 자식을 낳아 그 자식이 밥을 먹고 말을 할 때부터 소학의 예(禮)를 가르쳐서 그 사람의 외면을 닦았고, 음악을 가르쳐서는 그 사람의 내면을 닦았다.

어려서 미처 깨닫지 못하여도 예법을 가르친 것은, 귀에 들어 머리에 새김으로써 저절로 마음에 차오르게 하여 자연스럽게 익히게 함이었다.

어려서 소학의 예법을 배우고 익히지 않으면, 훗날 나이가 들어 마음이 사욕과 편견에 물들어 흐려지게 되므로, 제아무리 훌륭한 스승을 붙여 배우고 익히게 해도 온전히 익혀지지 않기 때문이다.

내면을 닦는다는 것은 마음을 평온하게 가다듬고 조율하는 것을 이름이요, 외면을 닦는다는 것은 충효(忠孝)와 같은 예의범절을 지키는 것을 이름이다.

형제가 화목하지 않으면 집안의 분위기가 편안하지 못하니 이것을 천륜관계가 불편하면 인륜관계도 불편하다고 하는 것이다. 그러므로 수신제가의 기본은 아내와의 화목도 중요하지만 형제와의 화목이 더 중요하다.

그리고 그보다 더 중요한 것은 천륜의 근원인 부모에게 마음을 다하여 효도하고 사랑을 받는 것이다.

사마온공이 말하기를, "금은보화를 많이 모아서 자손에게 남겨준다 해도 자손이 반드시 다 지키지 못하고, 좋은 책을 많이 모아서 자손에게 남겨준다 해도 자손이 다 읽지를 못하니, 남모르는 가운데 음덕을 쌓아서 자손을 위한 계책으로 하는 것만 같지 못하다."고 했다.

한나라 사람 소광이 말하였다. "어진 사람이 재물이 많으면 그 뜻을 손상하게 되고, 어리석은 사람이 재물이 많으면 그 허물을 더하느니라."

명심보감에 이르기를, '만족함을 아는 사람은 가난하고 천하여도 즐거울 것이요. 만족함을 모르는 사람은 부하고 귀하여도 근심하느니라.'고 했다. 적어도 만족하면 넉넉한 것이 재물이고, 많아도 불만이면 부족한 것이 재물이다. 재물이란 다다익선(多多益善)이 아니라 필요충족이다.

공자가 말하기를, "우임금은 나로서는 조금도 흠잡을 것이 없다. 먹는 음식은 소박했으나 조상에게는 지극정성으로 효도를 다했으며, 평소에 입는 옷은 거칠었으나 모든 예복은 아름다움을 다했으며, 사는 궁실은 보잘 것이 없었으나 나라의 하천정비에는 온 힘을 다하였으니 우임금에 대해서는 나로서는 조금도 흠잡을 것이 없다."고 했다.

사람이 검소하면 그것으로 이미 덕을 갖추었으니 언제나 마음이 안으로 즐겁고 평온하여 방탕하지 않으며, 사람이 사치하면 그것으로 이미 부덕한 것이니 마음이 항상 밖으로 치달려 방자해지고 허욕에 사로잡혀 공의(公義)를 저버리게 된다.

선대의 조상이 옷 한 벌을 10년이 넘게 입고, 신 한 켤레를 10년이 넘게 신는 검소한 생활 속에서, 목표를 희망하고 주의하며 부지런히 피땀 흘려 이룩한 재산을 그 자손이 현명하여 근검절약으로 지키면, 그가업이 경주 최 부자 집처럼 10대 이상을 전하여도 그 부와 덕망이 쇠하지 않고 흥한다. 그런데 그 자손이 사치하고 방종한 사람이 나와 안일한 타성에 젖어 향락을 일삼으면 부모가 가시고 몇 해만에 가산을탕진하고 가업을 파하게 된다.

그러므로 천자에서 일반 서민에 이르기까지 그가 검소하고 근면하면그 집안과 그 나라가 흥왕하였고, 그가 사치하고 방종하면 그 집안과그 나라가 반드시 쇠망하고 말았다.

그 나라를 세우고 이 세상을 발전시킨 사람들은 대개가 다 소박하고겸손한 인품에 근검한 삶을 산 사람들이었다. 타인에게는 자애롭고 관후해도 자신에게는 냉철하고 엄정하였다. 언제나 위대한 지도자는 절제된 삶의 위엄이 자연스러운 사람이었다. 🐬

4절
수신제가(修身齊家)와
자아완성(自我完成)

(1) 효도(孝道)와 수신제가(修身齊家).

「대체로 천하를 다스리고 나라를 다스린다는 것은 반드시 근본을 먼저 살핀 다음에 나중을 살피는 것이다.

근본이란 무엇인가? 논밭을 갈고 김매고 파종하고 가꾸는 것을 일컫는 것이 아니다. 그 사람들이 힘쓰는 것은 가난한 사람을 부자로 만들고 적게 가진 자를 많이 갖도록 돕는 것이 아니라 그 본바탕을 깨닫도록 힘쓰게 하는 것이다. 그 본바탕을 깨닫도록 하는데 효도보다 더 귀한 것은 없다.

사람의 주인된 자로서 효를 근본으로 삼으면 이름이 영예롭게 드러나게 되고 아랫사람들이 그를 믿고 그의 지시를 경청하며 복종한다.

사람의 신하된 자로서 효를 근본으로 삼으면 임금을 충성으로 섬기게 되고 벼슬을 청렴하게 하며 나라가 어려울 때는 죽음으로 방어한다.

선비나 일반 백성들이 효를 근본으로 삼으면 농사를 지어도 부지런하고 전쟁에 나가서도 최선을 다해 나라를 지키며 도망가지 않는다.

효는 다스리는 자의 본래의무이며 모든 일의 벼리이다.

증자가 말하기를, "우리의 몸은 부모가 물려주신 것이니 부모와 연결된 이 몸을 다룸에 있어서 감히 공경하지 않을 수 있겠는가? 일상의 기거함에서도 장엄하고 중후하지 않으면 그것은 불효이다." 또 말하기를, "부모님께서 애쓰시고 낳아주신 이 몸, 자식 된 자로서 어찌 감히 그 생명을 잃게 하랴! 부모님께서 당당히 서도록 키워주신 이 몸, 자식 된 자로서 어찌 감히 그만둔다 하리오! 부모님께서 온전하게 주신 이 몸, 자식 된 자로서 어찌 감히 손상게 하리오!

그러므로 강을 건널 때는 위험하게 헤엄쳐 건너지 않고 배를 타고 안전하게 건너며, 길을 갈 때도 위험한 샛길로 다니지 않고 안전한 큰길로 걸어간다. 내 몸의 사지육체를 신성한 종묘를 지키듯 온전하게 지키는 것이 올바른 효도이다."고 했다.

일반백성에게 가장 근본이 되는 가르침을 효라고 하며 그 효를 실천하는 것을 봉양이라고 한다. 봉양은 쉬우나 공경은 어렵고, 공경은 쉬우나 편안케 해드리기는 더욱 어렵다. 편안하게 해드리기는 쉬워도 돌아가실 때까지, 그리고 돌아가신 뒤에까지, 그 마음을 다하여 효도하기란 더더욱 어렵다. 부모가 돌아가신 후에라도 부모가 주신 몸을 온전하게 보존하고, 부모를 욕되게 하지 않는다면 비로소 효도를 완수했다고 할 수 있다.

인의예지신을 다듬고 가꾸어 마땅히 행하는 것이 효도이며, 이에 순응하며 노력하는 것이 인생의 가장 큰 즐거움이다.

나라에 불충도 불효이고, 어른에 불경도 불효이며, 부부의 불화도 불효이고, 친구를 배신하는 것도 불효이며, 언약의 위반도 불효이며, 남을 괴롭히는 것도 불효이다. 모든 부주의로 말미암아 내게 잘못이 발생해도 부모를 욕보이는 불효가 되고, 몸이 병들어도 부모에게 걱정을 끼치게 되므로 불효가 된다.

상서(尙書)에 이르기를, "형벌에 삼백 가지가 있어도 그 죄가 불효보다 중한 것은 없다."고 했다.」

위의 글은 〈여씨춘추의 효행 편〉에 실린 글을 발췌하여 다듬은 글이다.

공자께서 말씀하기를, "이 몸은 부모에게서 물려받은 것이니 감히 훼손하지 않는 것이 효도의 시작이요. 입신하여 후세에까지 아름다운 이름을 떨침으로써 부모의 이름을 드러나게 하는 것은 효도의 마침이다. 대체로 효도는 부모를 섬기는 일에서 시작하여 나라의 임금이나 백성을 섬기는 일이 중간이 되며 입신양명하는 것이 마지막이 된다."고 했다.

이 몸은 부모로부터 물려받은 것이니 감히 손상시키지 않는 것이 효도의 출발이다. 아끼고 조심하여 상하지 않도록 몸을 잘 간수해야한다. 어느 경우든 남의 생명을 죽이거나 자기목숨을 폐하는 일이 있어서도 안 된다.

내 몸을 상하게 하는 것은 곧 내 부모의 몸을 상하게 하는 것이고, 남의 몸을 상하게 하는 것은 곧 그 사람 부모의 몸을 상하게 하는 것이 되니, 함부로 내 몸이나 남의 몸을 다치지 않도록 삼가고 조심하는 것이 효행의 기본이다. 이웃을 내 몸 같이 사랑하고 아끼는 것은 효도의 최고 덕목이다.

애써 격물하고 치지하여 뜻을 성실하게 갖고 마음을 바르게 가다듬어, 인간의 도리를 실천하고 입신양명함으로서 그 이름이 후세에 전해지면, 자기를 낳아 기르고 가르쳐준 부모의 이름이 저절로 세상에 드러나게 된다. 이것이 효도의 마지막 완성이니 사람의 자식으로서 마땅히 행해야할 도리다.

이웃에게 이와 같은 도리를 가르쳐서 모두가 입신양명하고 홍익인간 하도록 이끈다면, 그 사람은 하늘이 낸 사람으로 대효(大孝)를 실천하는 대인이요 군자일 것이니, 그가 비록 일반서민일지라도 순임금처럼 반드시 나라를 다스리는 지도자로 추대되고 역사는 그를 기억할 것이다.

예나 지금이나 효성이 지극하면 순임금처럼 일반서민이 임금이 되고, 가난한 젊은이도 그 부모를 부자로 만들어 드릴 수 있다.

미장일 하는 아버지 양관권 씨와 공장일 하는 어머니 기숙향 씨와 함께 비닐하우스 단칸방서 어렵게 살면서도 서로를 믿고 사랑하며, 불굴의 투지와 치열한 훈련으로 체조의 신기술을 개발하여, 세계최고의 자리에 오른 20살의 효자체조선수가 있으니 그는 양학선이다. 그는 선수촌에서 나오는 일비를 쓰지 않고 착실히 모아 부모님께 드렸으며, 부모님이 사실 집을 마련해드리겠다는 일념 하나로 2012년 런던 올림픽에 참가하여, 체조에서 금메달을 획득하고 입신양명함으로써, 한국의 체조역사를 새로 씀과 동시에 이현부모(以顯父母)한 효자가 되었다. 평소 효성이 지극한 LG그룹의 구 본무회장은, 양학선의 지극한 효심과 모든 젊은이의 귀감이 되어준 그 열정에 감동하여, 앞으로 마음껏 운동에만 전념하라고 5억 원의 격려금을 전달하였다. SM그룹에서도 광주의 우방아파트를 선물하는 등 각계에서 지원금이 답지하였다. **효자는 효자들이 알아보고 지원하는 법이다. 그러므로 효도는 가장 강력한 성공에너지가 되므로 효자의 소원은 반드시 이루어진다.**

공자께서 말씀하기를, "아버지를 섬기는 기본 도리는 효도이고, 어머니를 섬기는 효도는 사랑(愛)이며, 지도자(君)를 섬기는 효도는 공경

(敬)이다.”고 했다. 그 어떤 도리보다 효가 우선이며 천자에서 일반서민에 이르기까지 효를 실천하는 덕목은 사랑과 공경이다. 지도자의 최고덕목은 효를 가르치는 것이다.

증자에게 공자께서 말씀하기를, “무릇 효란 하늘의 벼리요, 땅의 마땅함이며 사람이 살면서 실천해야할 올바른 행동이다. 효란 하늘과 땅의 벼리이고 하늘의 질서이니 사람이 따라야 하는 준칙이다. 이것은 하늘의 밝음을 밝히고 땅의 이로움을 살려 천하 만민을 기르는 법칙이다.
이렇게 효도하는 지도자는 그 ‘백성을 가르침이 엄숙하지 않아도 스스로 이루어지게 하고, 다스림이 엄형을 내리지 않아도 잘 다스려지게 한다.’는 것이다. 옛 어진 임금들께서는 효도로써 만백성을 가르치면 만백성이 감화되는 것을 이와 같이 보아왔던 것이다. 그러므로 지도자는 솔선수범하여 부모를 사랑하는 마음을 백성들에게로 넓혀 나가야 한다. 그러면 백성들이 그 부모를 소홀히 하는 일이 없다.
만백성들의 지도자는, 부모와 백성을 섬기고 사랑하는 덕으로 본을 보이면 백성들도 그와 같이 따라하게 된다. 공경과 겸양으로 솔선수범하면 백성들은 서로 다투지 않으며, 예의와 음악으로 인도하면 백성들은 서로 화목하며, 옳고 그름을 명쾌하게 보이면 백성들은 하지 말아야할 것을 스스로 알게 된다.”고 했다.

오늘날 뜻을 세운 젊은 지도자들이 청춘 콘서트나, 희망 콘서트, 자기혁신 콘서트 등을 통하여 많은 사람들과 소통하며, 자신의 지지기반을 확장하는 간접적인 정치행위들을 많이 하고 있는데, 그보다 더 효과적인 방법은 ‘효도와 사랑’ 콘서트가 될 것이다.
효도와 사랑 콘서트를 주도할 수 있는 사람은, 반드시 자기부모에게

성심을 다하여 효도하는 사람이어야 한다. 효자는 어른을 공경하고, 형제나 친구를 두터운 우애로 감싸며, 언제나 이웃과 동료를 내 몸같이 사랑하고 아끼는 사람이다. 그 마음은 인자하고 그 행동은 경건하며 그 처사는 공정하다. 그리고 시간을 사랑하고 아끼는 사람이다. 하루하루를 허투루 보내지 않고 항상 시간을 지배하고 활용하는 사람이다. 예부터 효자(孝子)는 애일(愛日)하는 사람이라고 했다. 시간을 사랑하지 않고 쓸데없이 허비하며 우왕좌왕 방황하는 사람치고 효자는 없다. 시간을 쓸 줄 모르는 불효자는 언제나 후회하며 고통스럽게 산다.

효자는 부모의 입장에서 생각하고 행동한다. 부모가 혹시라도 섭섭해하지 않는가? 자신의 평소 언행이나 처자의 행동이 부모의 마음을 아프게 하지 않는가? 성인이 되어서 홀로서지 않고 지나치게 부모에게 의존하고 있지 않는가? 조심스럽게 부모의 입장에서 생각하고 행동하는 효자는 어디를 가도 당당하고 무엇을 해도 떳떳하다.

부모형제와 화목한 사람은, 사랑하는 가족의 전폭적인 신뢰와 협력이 따른다. 모든 부모는 자식에게 자신의 전부를 주려고 한다. 자식을 위해서 자신의 목숨까지도 내놓으려고 한다. 자신의 병이나 고통을 감추면서 자식이 잘되기만을 기원한다.

그런데 부모의 진심을 이해하지 못하는 세상의 자식들은, 스스로 부모를 지극정성으로 섬기거나 봉양할 궁리는 않으면서, 나이가 들어서도 부모의 지원이나 협력을 기대하고 있으니 참으로 안타까운 일이다. 자식을 변함없이 돕는 그 부모의 힘든 현실을 그 자식이 한 번쯤 헤아려본 적이 있을까?

하늘을 우러러 한 점 부끄러움이 없는 효자는, 남을 가르칠 능력이 있고 천명을 부여받을 자격이 있다. 불효자가 이룩한 사업은 역사를 뒷

걸음질 치게 한다. 임금이나 지도자는 물론 기업주는 반드시 효도로 수신제가하고 치국평천하의 길을 가야 백성들과 종사원들이 진심으로 따른다.

큰 꿈이 있는 지도자는, 효도와 사랑 콘서트를 통하여 많은 사람들과 소통함으로서 땅에 떨어진 도덕과 인륜을 바로 세우고, 그들과 아픔을 공유하며 그들의 아픔을 치유하고, 그들을 새로운 사람으로 교화시킴으로써 그들 민중의 공경과 추대를 받게 될 것이다. 이는 예나 지금이나 한결같은 현상이다. 물론 기업을 하는 사업가들도 효도와 사랑 콘서트로 사원가족과 화동(和同)하고 효자를 포상하고 중용한다면 정도경영의 본보기로 매우 고무적인 효과를 얻게 될 것이다.

불효하고 불목한 사람에게 재앙이 미치지 않는 경우는 문명역사 이후로 지금까지 없었다. 불효하고 불목한 정치인이나 기업인이 자자손손 번창한 경우는 절대 없다. 세상은 반드시 그들 불효자를 엄하게 벌하고 도태시킨다.

수신제가의 으뜸이 부모를 섬기는 효도이다. 겨울에는 따뜻하게, 여름에는 시원하게, 잠자리는 편안하게, 음식은 맛깔스럽게 정성을 다하고, 인사는 깍듯하게, 안부는 아침저녁으로, 얼굴빛은 언제나 온화하게, 외출할 때는 나간다고 여쭙고, 들어오면 들어왔다 아뢰고, 하문(下問)하면 성심으로 답하고, 나무라면 반성하고, 놀 때는 노는 장소를 미리 알리고, 배우는 학습과정은 성실하게 따르고, 아무리 힘들어도 부모 앞에서 말할 때는 '늙었다'는 말이나 '죽겠다'는 말을 하지 않으며, 마음을 다하여 부모의 마음을 헤아리되 어느 경우든 부모의 마음이 서운하거나 아프지 않도록 하는 것이 효자다.

어려서부터 부모에게 효도하는 습관이 몸에 배어야한다. 어린 시절에 부모로부터 경제지원을 받아 격물치지하는 것은 당연하나 그 학습이나 성장과정을 부모와 함께 공유하는 것이 중요하다.

집을 떠나 있으면서 바쁘다는 핑계로 부모에게 소식을 전하지 않는 것은 부모에게 걱정을 끼치는 행위요, 부모를 무시하는 행위가 되므로 불효다. 언제나 안부를 자주 전하는 것이 효도다.

성인이 된 다음에는 스스로 자기의 삶을 책임지고 개척하는 것이 효도요, 스스로 홀로 섬이 효도의 완성이다.

부모가 병이 들어 치료 중에는 얼굴이나 몸치장을 삼가고, 언행을 각별히 조심하며, 잇몸이 드러나도록 웃지 않고, 지나치게 큰소리로 떠들거나 슬퍼하지 않으며, 남과도 크게 다투지 않고, 하고픈 일이 있어도 잠시 미루고 간병하는 것이 효도다. **자기에게 중요한 배움이고 사업일지라도 간병이 우선이며,** 주색잡기 같은 일로 절대 놀아나지 말아야하고, 친구들과 쓸데없이 노닥대며 시간을 낭비해서도 안 된다. 한 번 가시면 영원히 다시 뵐 수 없으므로 부모님 건강에 정성을 쏟아야 하는 것이 자식 된 자의 으뜸도리다. **부모가 살아서는 섬기고 죽어서는 제사지내는 것이 자식의 마땅한 도리이다.** 부모의 지난날 잘못을 원망하거나 탓하면서 섬김에 게으르거나 제사에 불참하는 것은 불효다. 그런 사람은 장차 자기자식에게 효를 바랄 명분이 서지 않을 뿐더러 자식의 잘못을 나무랄 자격도 없다. 훗날 자식위주의 〈내리사랑〉의 허망함을 깨닫게 될 때, 부모를 위하는 〈치사랑〉의 도리를 다하지 못한 불효를 후회하며 슬퍼하게 될 것이다. **강태공이 말하기를, "내 자신이 어버이에게 효도하면 내 자식이 나에게 효도를 하고, 내가 어버이에게 효도를 하지 않는다면 내 자식이 어찌**

나에게 효도를 하겠는가?"고 하였다.

　명심보감에 이르기를, '부모에게 효도하고 순종하는 사람은 또한, 순종하고 효도하는 아들을 낳고, 부모에게 불효하고 거역하는 사람은 또한, 불효하고 거역하는 아들을 낳는다. 이 말을 믿지 못하겠거든 처마 끝의 낙수를 보라. 한 방울 한 방울 떨어짐이 제자리를 어긋나지 않고 떨어진다.'고 했다.

　돌아가신 부모를 마음을 다하여 예로서 모시고 선대의 조상을 진심으로 추모하면, 자신의 덕은 두터워지고 자손의 복은 넉넉해질 것이다. 그런데 이 세상에는 자신을 존재하도록 낳아주고 길러주신 부모나 조상은 모시지 않으면서, 엉뚱한 신(神)이나 신물(信物)을 모시고 지극 정성으로 받드는 사람들이 많으니 이는 마땅히 불효가 아닐 수 없다.
　"모든 종교의 뿌리는 조상에 대한 제사이다"라는 허버트 스펜서Herbert Spencer의 말처럼 제사문화에서 생겨난 것이 종교이다.
　'모든 신은 알고 보면 조상귀신의 변형태'인 것이다. 그런데 많은 사람들이 실재했던 자기의 조상신(祖上神)을 섬김은 소홀하면서도, 가상 세계의 신념신(信念神)을 섬김에 극성이니 참으로 안타까운 일이 아닐 수 없다.

　사람의 자식은 부모가 시키면 기록하여 몸에 지니고 때때로 살펴서 빨리 실행하여야 하며, 그 일을 마치면 반드시 결과를 아뢰어야한다. 부모가 실행할 수 없는 일을 시키면, 온화한 얼굴과 부드러운 말소리로 일의 옳고 그름과 처음과 나중, 그리고 이로움과 해로움을 여쭈어서 부모의 허락을 받은 뒤에 다시 고쳐 행하도록 해야 한다. 만약 허락하지 않더라도 크게 해로울 것이 없다면 마땅히 내 뜻은 굽히고 부모의 말씀에 따라야한다.

부모가 시키는 일이 옳지 않다고 해서 바로 반박하거나 내 뜻대로 행한다면, 내 생각이 비록 모두 옳다고 해도 오히려 순종치 못한 불효자식이 되는 것이다. 그리고 객관적으로 내 뜻이 반드시 옳다고 볼 수도 없다.

많은 세월이 흘러 부모가 이 세상에 계시지 않을 때에 비로소 부모의 깊은 뜻을 헤아리고 이해하게 되는 날, 불초자식은 어디에 그 불효를 빌 것인가!

오늘날 나이든 부모들이 사랑하는 아들딸들에게 많이많이 미안해하고 있다. 그것은 지난날 어려운 시대환경과 치열한 생존경쟁 속에서 열심히 사느라고 아들딸들에게 사람의 기본 도리인 효를 가르치지 못했기 때문이다.

사랑하는 아들딸들에게 의식주와 학비를 제공하고, 열심히 공부하여 좋은 학교를 나오고 좋은 직장에 다니도록 최선의 뒷바라지를 하였으나, 정말로 가르쳐야할 효도와 예의는 가르치지 못하여 그 자식들이 사람의 도리를 모르니 진실로 안타깝고 미안하다는 것이다.

효의 도리를 모르는 아들딸들이 남의 집의 사위가 되고 며느리가 되어, 자신들의 이기적인 사욕이나 편견에 사로잡혀서 그 부모들에게 불효하고, 그 어른들에게 불경하며, 그 가족들과 불화하면서 제 남편, 제 마누라, 제 자식만을 챙기며 살아가고 있으니 이를 지켜보는 부모는 늘 가슴이 미어지고 슬프다!

평소는 물론이거니와 명절이나 부모기념일에 꽃 한 송이커녕 안부전화 한통 없이 부모를 무시하고 살다가, 경제적으로 필요시는 어쩌면 그렇게도 당당하게 지원을 요구하는지 알다가도 모를 일이다.

말로는 부모신세 안진다고 큰소리치면서 홀로 설 나이가 넘어서도 부모에게 생활비를 의존하는 자식들! 차라리 서양문화처럼 대학시절부터 학자금을 대출받게 하여 일찍이 자립정신을 길러주었으면 좋았을 것을! 이미 때가 늦었으니 안타까울 뿐이다.

이 모두가 미래의 자식들 행동을 예측하지 못하고 효도와 자립을 가르치지 못한 부모들의 잘못이다. **자식이 의존하게 만든 것 또한 부모의 허망한 사랑 때문이었으니, 오히려 그 부모가 많이많이 미안한 것이 당연한지 모른다.**

어쩌다 부모가 자식의 잘못을 지적하고 꾸중하거나 경제지원을 거부하면, 그 자식은 깊이 반성하고 자립의 대안을 강구하기는커녕 오히려 얼굴을 붉히면서 소리치고 대어드니, 부모는 그 상황을 어찌 감당하며 그때의 심정을 어찌 말로 다 표현할 수 있으랴!

부모자식의 인연을 끊을 수 없는 많은 부모들의 가슴은, 세월과 함께 퍼런 멍이 들며 점차 심장이 퉁퉁 부어오르는 병이 들고 만다. 그러면서도 아들딸들에게 오히려 많이많이 미안해하면서 자신의 어려움을 감추고 그 자식들이 진심으로 잘되기만을 기도한다. 나이 들어 부모가 자식에게 미안하고 섭섭하지 않으려거든, 반드시 어려서부터 자식들에게 효도와 자립을 미리 가르쳤어야한다.

현명한 부모는 일찍이 자식들을 홀로서기 하도록 가르친다. 자식들이 힘들어해도 무심의 사랑으로 음미하고 감상하며, 바라보고 지켜보며 기다린다. 저희들 스스로가 자립을 선택하고, 그 자립을 집중하도록 기다려준다.

어려서부터 공부하라고 나무라지 않으며, '무엇을 하며 어떻게 살 것인가?'를 고민하라고 지도한다. 스스로 격물치지하고 취업하여 자립하라고 격려한다. 그들이 대학을 나오고 어려워해도 손을 내밀어 돕지 않는다. 자력으로 직업을 갖고 가정을 갖도록 지켜보고 기다려준다. 성심으로 수신제가하여 입신양명하도록 바라보고 기다려준다.

어리석은 부모는 자식을 판단하고 분별하며 근심하고 걱정한다. 올바르고 완벽하게 살라고, 좋은 대학가서 출세하라고, 항상 충고하고 책망하며, 비교하고 견인한다.

자식의 '선택의 자유'를 존중하지 않고, 언제나 사사건건 탐색하고 간섭하며, 무엇이든 부모가 임의로 판단하고 결정한다. 공부 잘하라고 다그친다. 혹자는 자식의 고생이 안타까워서 자식의 문제점들을 돈으로 미리미리 해결해주기도 한다. 평소에 자식의 의견은 들어주지 않고 일방적으로 지시만 한다. 때로는 지나치게 기대하면서 자기대리만족의 대상으로 삼고 자식을 압박한다. 그렇게 정 많은 부모의 지나친 사랑이 자식을 무능한 불효자로 만들고 만다. 그러므로 부모는 자식을 후원은 하되 견인은 하지 말아야한다.

좋은 부모는 자식을 판단분별하지 않고 음미감상하며 기다린다.

천하를 다스리며 세상에 인의(仁義)를 세울 수 있는 일등효자는, 부모가 화를 내고 꾸짖어도 마음에 담아두지 않고 얼굴빛이 바뀌도록 들어내 보이지 않으며 순종한다. 그리고 자신의 잘못이 무엇인가? 깊이 뉘우치며 꾸중을 듣지 않도록 언행을 삼가고 조심한다.

그 다음의 효자는 부모가 화를 내도 마음에 담아두거나 얼굴빛이 바뀌도록 들어내 보이지 않으며 계속 꾸중해도 그냥 미련한 곰처럼 수용한다.

부모가 화를 내고 꾸짖으면 얼굴빛이 바뀌도록 들어 내놓고 투덜대거나 소리치고 대들며, 마음에 오래도록 담아두고 기억하는 자식은 어떤 자식일까?

가없는 부모은혜를 모르고 자기주장의 정당성만을 주장하는 자식은, 반드시 '사람도리 효'를 배우고 익히는 수신을 통하여 예의바른 사람이 되어야 세상에 나가 제몫을 다하는 사람이 될 것이다. 개과천선하지 않고 계속 불효자로 살다가, 훗날 정성과 사랑으로 키운 자기자식을 통하여, 이미 가버린 부모의 은혜를 뒤늦게 깨닫고 통곡한들 무슨 소용이 있겠는가!

그가 어른으로 임금이고 부모요, 스승이고 지도자라 할지라도 잘못을 행하면 간곡히 간(諫)해야 한다. 한 번에 안 들으면 두 번을 간하고, 그래도 안 들으면 울면서라도 세 번, 네 번을 거듭 간해야한다. 옳음을 이해할 때까지 간해야한다. 그것이 진정한 충성이요 효도며 공경이다.

예부터 군사부(君師父)는 일체라고 하였으니 성심을 다하여 섬기고 공경해야한다. 그리고 옳음을 간하지 않는 것은 불충이요 불효며 불경이다.

불충하고 불효하며 불경한 사람이나 그의 집안이 끝까지 잘된 일은 동서고금 어디에도 없다. 그런 사람이 세상에 나가 존경받는 지도자가 되는 경우는 더더욱 없고 있어서도 안 된다.

하려고 하면 순(舜)처럼 완고한 부모를 극진히 섬기고 설득하여 의로운 사람으로 거듭나게 할 수 있는데도, 사람의 자식들이 순처럼 그 마음을 내지 않고 부모의 독선과 무지를 외면하거나 갈등하다가 불효하는 경우가 많으니, 이는 참으로 안타깝고 슬픈 일이 아닐 수 없다.

진정한 효자는 부모의 뜻을 잘 계승하고 부모의 사업을 발전시키는 사람이다. 옛날 주나라시대의 무왕이나 조선시대의 세종처럼 부모의 뜻을 이어 부모의 사업을 크게 발전시키는 것이 효도다.

일반서민일지라도 부모의 꿈과 비전, 뜻과 사업, 소원과 기대치, 사랑과 의리를 헤아리고 이해하여 계승하고 발전시킴으로써 부모를 기쁘게 해드리는 것이 진정한 효도다.

부모님께서 나를 낳아 양육하고 가르치시며 바라는 것이 무엇일까? 한 번쯤 돌아보고 진지하게 고민해보는 것도 자식 된 도리이다. 최선의 노력으로 부모보다 더 나은, 더 좋은 삶을 창조하고 경험하는 것이 부모의 은혜에 보답하는 길이다.

중용에 나오는 순이나 문왕, 무왕, 성왕처럼 크게 효도를 하는 사람은 그에 합당한 지위를 얻었으며, 그에 합당한 봉록을 얻었으며, 그에 합당한 명예를 얻었으며, 그에 합당한 수복을 누렸다.

가문을 혁신하고 나라를 혁명하려면 반드시 효로 혁신하고 혁명해야 하며, 천명을 받는 것도 효자가 제일우선이었다고 역사는 가르치고 있다.

마음을 다하여 수신한 효자만이 그 부모의 뜻과 업을 계승하고 발전시켜, 새로운 대업을 일으키고 완수할 자격이 주어진다.

집안이 흥하려면, 그 집안을 생각하는 선각자가 나타나 사회가치와 대의명분이 분명한 뜻을 세우고, 하늘이 감동하도록 지성을 다하여 덕을 쌓으면, 지금은 비록 성사가 어려워보일지라도 선대의 뜻을 계승하고 사업을 지속할 수 있는 효자가 삼대(三代)에 걸쳐 나타나게 된다.

삼대가 합심하면 반드시 그 뜻과 사업이 이루어지고 명문세가(名門世家)로 자리매김하게 된다. 그것이 가문을 일으켜 제가치국을 실현한 사람들의 역사적 교훈이었다.

부모의 뜻을 거역하고 부모의 업을 천시하는 사람들을, 하늘은 반드시 갈아엎어버리고 만다는 것을 역사는 분명하게 보여주고 있다.

어리석은 부모는 정성과 억만금을 들여 한 명의 천재자식을 기르지만, 현명한 부모는 자기사업의 고락을 함께 공감하고 공유하며, 계승하여 발전시킬 한 명의 효자를 기른다. 그리고 훗날 그 일에서 더 의미와 보람을 느낀다.

자식에게 효를 가르치지 않고 훌륭한 사람이 되라는 것은 동양의 윤리나 정치사상으로 볼 때 어불성설이다. 그가 나이 들어 자식의 불효를 탄식하고 슬퍼하는 것은 당연지사다.

공자께서 말씀하기를, "하늘의 때에 순응하고 땅의 이로움을 활용하는 생업에 종사하면서, 몸을 삼가고 씀씀이를 절약하여 부모를 봉양하는 것이 일반서민들의 효도니라."고 했다.

농사나 장사, 기술이나 직장에 종사하는 일반서민은, 자기에게 주어진 현재의 생업에 충실함으로서 가족의 생계를 꾸리고, 매사를 삼가고 조심하면서 근검절약하여, 자신의 처지에 맞게 부모를 봉양하는 것이 효도라고 공자는 가르치고 있다.

부모의 은혜가 너무 커서 자식이 그 부모에게 효도하고자 하는 마음은 끝이 없겠지만, 자신의 처지나 분수에는 한계가 있다. 할 수 있는데도 하지 않는 것은 큰 불효이지만, 할 수 없는데도 무리하여 봉양하는 것 또한, 부모의 마음을 불편하게 하므로 불효다.

부모봉양이나 조상제사는 '오직 예(禮)로써 할 수 있는 것을 하는 것'이다. 진수성찬으로 봉양(奉養)하고 봉제(奉祭)하는 것보다 부모의 뜻을 미리 헤아리고 어기지 않는 것이 진정한 효자이다.

생업에 종사하며 자급자족의 살림을 살면서 부모의 뜻을 어기지 않는 삶을 통하여 자식의 도리를 다하고, 그 남는 시간에 학문사변(學問思辨)하고 영가무도(詠歌舞蹈)하며 수신제가를 함으로써, 자아를 완성하고 입신양명하는 것이 효자의 길이다.

(2) 충서(忠恕)와 수신제가(修身齊家).

공자께서 말씀하기를, "아침에 도를 듣고 깨달으면 저녁에 죽어도 좋다."고 했다. 그리고 또 말씀하기를, "군자가 도를 배우면 남을 저절로 사랑하게 된다."고 했다.

중용에서 자사가 이르기를, "도란 잠시라도 그것으로부터 떠날 수가 없는 것이니 떨어질 수가 있다면 도가 아니다."고 했다. 또 정자가 이르기를,

"치우치지 않는 것을 중(中)이라 하고, 바뀌지 않는 것을 용(庸)이라고 한다. 중이란 천하의 정도(正道)이고 용은 천하의 정리(定理)라."고 가르치고 있는데 일반인이 누구나 행할 수 있는 중용지도의 실천방법은 무엇일까? 또 중용에서 자사가 이르기를,

"군자의 도는 광대하고 은미하다. 일반사내나 아녀자의 어리석음으로도 알만한 것은 알 수 있으나 그 지극함은 비록 성인이라도 알지 못한다."고 했다. 누구나 알 수 있지만 그 지극함은 성인도 알 수 없는 도란 무엇인가? 대학의 경문에 이르기를, "대학의 도는 본래 밝은 덕을 밝히어, 백성을 새롭게 가르쳐서, 지극히 좋은 상태에 머무르게 하는 것이다."고 했다.

이와 같은 도를 하나로 꿰뚫어 깨닫는 법이 있다면 그것은 과연 무엇일까?

공자께서 증삼에게 말씀하기를, "나의 도는 하나로써 꿰뚫었다.(吾道一以貫之)"고 말씀하자 증자가 "그렇습니다."고 즉석에서 대답하였다.

공자께서 밖으로 나가자 공자의 말뜻을 이해하지 못한 다른 제자들이 증자에게, "무슨 뜻입니까?"하고 물으니 증자가 대답하기를, "선생님의 도는 충(忠)과 서(恕)일 뿐입니다."고 했다.

이것이 유학의 핵심이고 수신제가의 요체인 도(道)에 대해서, 공자의 말씀을 단박에 알아차린 증자가 전한 '충서일관(忠恕一貫)의 도(道)'이다.

충(忠)이란, 글자 모양 그대로 중심(中心)이다. 어느 한쪽으로 치우치지 않은 사물의 한가운데다. 그러므로 **사람의 '가운데 마음' 즉, '속마음' 이 충(忠)이다.**

속마음을 다한다는 의미의 충(忠)은, 한가운데 마음을 거머잡는다는 집중(執中)으로서, 지나치게 부족하거나 치우침이 없이 마땅하고 떳떳한 사람의 도리다. 또한 충(忠)은 마음을 한가운데로 모은다는 집중(集中)으로서, 마음이나 에너지를 한곳에 모으는 것이다.

그러므로 무엇에 충성한다는 것은, 그것이 중심이므로 그것에 속마음을 다한다는 것이고, 한가운데 속마음이 그것을 위한다는 것이며, 속마음을 그곳에 모은다는 뜻이다. '속마음이 그것을 주의함'으로서 그것이 그곳에 창조되어 존재한다. 그의 속마음이 그것으로부터 떠나면 그것이 그곳에 존재해도 허상으로 존재할 뿐 실재하지 않는다.

예를 들자면, '임금에게 충성한다는 것'은 '임금중심이란 뜻'이다. 내 마음 한가운데에 임금이 있다는 것이고, 속마음을 다하여 임금을 위한다는 것이며, '속마음을 모으고 임금을 주의함'으로서 그곳에 임금이 존재한다.

가족중심은, 내 마음 한가운데에 가족이 있다는 것이고, 속마음을 다하여 가족을 위한다는 것이며, '속마음을 모으고 가족을 주의함'으로서 그곳에 자신의 가족이 존재한다.

학문중심은, 내 마음 한가운데에 학문이 있다는 것이고, 속마음을 다하여 학문에 정진한다는 것이며, '속마음을 모으고 학문을 주의함'으로서 그곳에 자신의 학문이 발전한다.

건강중심은, 내 마음 한가운데에 건강이 있다는 것이고, 속마음을 다하여 건강을 위한다는 것이며, '속마음을 모으고 건강을 주의함'으로서 그곳에 자신의 건강이 강화된다는 것이다. 다른 것도 이와 같으니 충이란 뜻이 참으로 심오하고 절실하다.

사람이 충성할 마땅한 대상은, 자기 삶의 중심이 될 만한 대상으로서 속마음 즉, 진심을 다하여 위할 수 있는 것이다. 언제나 한가운데 마음을 모을 수 있는 명분과 가치가 있는 것이 충성의 대상이다.

국가와 민족, 부모와 가족, 역사와 조국, 사회와 정의, 도덕과 인격, 자유와 평화, 정치와 민주, 경제와 풍요, 학문과 진리, 충효와 인의, 성장과 분배, 민생과 복지, 생명과 건강, 사랑과 행복, 독서와 학문, 성찰과 사유 등은 우리 삶의 중심이 될 만한 명분과 가치가 있는 것들로서 우리가 마땅히 충성해야할 대상이다.

원래 충이란, 감정의 배경이 없이 무조건적으로 복종하는 사군(事君)중심의 의미로 알고 있으나, 실은 속마음에서 우러나와 자발적으로 순종하는 사부(事父)중심의 의미가 담긴 말이다. 그러나 세월과 함께 사군(事君)중심의 충이 되었으나 충보다 효가 더 속마음과 부합하는 법이니 사부(事父)중심이 더 옳다고 보아야한다.

서(恕)란, 글자 모양 그대로 여심(如心)이다. 이것과 저것이 서로 어긋나거나 달아나지 않고 하나로 통하는 것이 여심(如心)이다. 모두가 한결같은 마음이다. 서로가 다 같이 좋아하는 것을 좋아하고, 싫어하는 것을 싫어하는 것이 사람의 **'같은 마음'** 즉, **'한마음'으로 서(恕)다.**

한마음을 지닌다는 의미의 서(恕)는, 처음부터 끝까지 변하지 않는다는 일심(一心)으로서 본래부터 지니고 있는 사람의 마음자리다.

공자의 가르침인 '나와 남을 둘로 보지 않는 인(仁)을 행하자'는 것이 서(恕)로써, 인(仁)은 본래 '남을 나처럼 사랑하자'는 것이다.

서(恕)는 본성이 피어나는 〈처음자리의 마음〉을 지키려는 용서(容恕)로서, 본래의 마음이나 에너지가 남의 허물까지도 덮어주고 사랑하는 것이다.

그러므로 누구를 용서한다는 것은, 그들이 다 나와 같은 마음(如心)이므로 선악이 없는 한마음을 지닌다는 것이고, 처음마음인 한마음을 마지막까지 일관되게 지니려고 이해하는 수단이며, 한마음을 바르게 지니고 은원을 초월하며 살아가는 방법이다.

한마음은 처음부터 그들을 용서함으로서 그들이 그곳에 사랑의 대상으로 존재한다. 사람이 한마음의 정체성을 자각하면 관계에서 발생하는 선악, 애증, 시비, 은원(恩怨), 희기(喜忌), 고락(苦樂) 역시 다 한마음에서 생겨난 것임을 알게 되므로, 상대방의 죄악이나 잘못을 덮어주거나 따로 책망할 것이 없다. 관계 속의 사람이 서로의 처지나 입장을 바꾸어 생각하는 순간, 그 모든 것이 서로 공감할 수 있는 한마음으로 통하기 때문이다. 그러므로 갈라지고 달아나려는 한마음을 지켜주는 최선의 방법이 용서요, 초심을 지키고 본심을 밝히는 수신의 요체가 용서다. 사랑으로 역지사지(易地思之)하여 공감하면 다 이해가 되는 것이 한마음이 창조한 이 세상이다.

'용서하는 한마음이 사랑'이므로, 한결같은 사랑은 한결같은 용서이고, 한결같은 용서는 한결같은 사랑이다.

한마음이란, '한가운데 속마음이 하나를 집중하고 다른 데로 달아나지 않는 것'이니, 이것을 일컬어 주일무적(主一無適)이라고 한다. 본성인 인의예지가 아름답게 피어나는 마음이고, 삼라만상을 창조하여 사랑으로 경험하는 우주의 본마음이다.

한마음은, 항상 깨어 있는 우주심(宇宙心)과 통한다. 우주질서나 자연법칙과 함께 모두를 간섭하고 운화하면서, 그들과 리듬편승하고 공명하는 근원자리다. 그리고 또 어긋나고 달아나는 마음을 오로지 하나로 거두어 들여 추호의 흐트러짐이 없도록 이끄는 마음이다. 몸가짐을 가지런히 하고 마음가짐을 엄숙히 하도록 다스리는 마음이고, 모두를 다 머금어 품는 마음이다. 그러므로 임금이나 지도자가 치국평천하를 위하여 반드시 지녀야할 마음이다.

한마음은 나와 너를 일통(一統)한다. 신분의 귀천, 지위의 고하는 물론, 인간의 빈부, 신체의 조건, 동서고금의 남녀노소 등의 다름을 초월하고 일통하는 마음이다. 낱낱이 모두와 다 함께 공감하는 '같은 마음'이다.

한마음을 거머잡으면 우주와 하나(宇我一體)가 된다.

공자께서 말씀하기를, "충서의 도는 멀리 있지 아니하니 자기에게 베풀어보아 원하지 않는 것은 나 또한 남에게 베풀지 않는 것이다."고 했다.

'내가 하기 싫은 일을 남에게 시키지 말라는 것(己所不欲 勿施於人)'이므로 앞으로 치국평천하에서 다루게 될 혈구지도(絜矩之道)와 서로 통한다.

주자가 말하기를, "자기의 속마음을 다하는 것을 충(忠)이라 하고, 자신의 한마음을 미루어 남을 이해하는 것을 서(恕)라고 한다."고 했다.

수신제가하여 위대한 자아를 완성하는 삶의 길에 '충서의 도'보다 간절하고 훌륭한 가르침이 없다. 충서(忠恕)를 깨닫고 행하는 사람은 공자나 증자처럼 그 무엇이든지 '충서 하나로 다 꿰뚫을 수가 있을 것'이다.

(3) 지성(至誠)과 수신제가(修身齊家).

쉼이 없이 노력하면 지극히 성실해진다. 지극히 성(誠)하면 지극한 덕(德)에 이르고, 지극한 덕에 이르면 지극한 도(道)에 이르고, 지극한 도에 이르면 지극한 성(聖)에 이르고 무엇이든 다 성(成)하게 된다.

성(誠)은 곧 성(聖)으로서 하늘의 도(道)다. 그 사람이 이미 성실한 사람은 반드시 성인(聖人)으로서 하늘의 길을 깨달은 사람이며, 성실하려고 노력하는 사람은 속인이라도 사람의 길을 알아차리고 행하려는 사람이다.

성실한 사람은 언제나 '거기서 그것과 하나 된 사람'이다. 청소를 할 때는 청소와 하나 된 사람이 성실한 사람이고, 공부를 할 때는 공부와 하나 된 사람이 성실한 사람이며, 사업을 할 때는 그 사업과 하나 된 사람이 성실한 사람이다.

주어진 일과 하나 되어 몰입할 수 있는 사람은 성실한 사람이고 그 일이 즐겁다. 그렇지 않은 사람은 불성실한 사람으로 주의가 분산되어 '집중이 산만한 사람'이다. 언제나 하는 일이 즐겁지 않을뿐더러 성과도 미흡하다.

성실한 사람은, 수신제가를 실천하게 되고 치국평천하를 통하여 거룩한 사람의 도리와 사명을 다하게 된다.

성실함은 주어지는 것이 아니라 일상생활 속에서 만들어가는 것이다. 성실을 자각하고 꾸준히 가꾸고 기르는 삶을 살아야한다. 영국의 미술평론가이면서 사회사상가인 존 러스킨(John Ruskin, 1819~1900)이 한 말을 음미하면 성실의 의미를 깨닫게 될 것이다.

"우리가 만약 어떤 목표가 없이 인생을 허송세월 한다면 그 일생은 물론, 단 하루도 인생의 존귀함을 모르고 말 것이다. 인생이란 무엇인가?

그것은 설명보다도 성실한 태도로 사는 사람들이 저절로 터득하는 것이다. 먼저 아침식사 때에 조용히 감사하며 자신의 성실을 자각하여야한다. 인생은 흘러가는 것이 아니고 성실로써 내용을 이뤄가는 것이다. 인생은 하루하루를 보내는 것이 아니고 하루하루를 내가 가진 그 무엇으로 채워가는 것이다."

'지극히 성실해질 수 있는 길'을 밝힌 다음의 글들은 중용에 실린 글들이다. 이해하기 쉽게 순서와 내용을 약간씩 바꾸고 보태어 다듬었다.

"드러나지 않은 성(性)을 드러나게 하는 성(誠)이 스스로 밝아짐으로서 밝게 드러난 것이 본성(本性)이고, 밝게 드러난 것이 드러나지 않은 것을 드러나도록 나타내는 것을 일컬어 가르침이라고 말한다. 성실하면 분명해지고 분명하면 성실해진다."

드러나지 않은 성(性)을 드러나게 하는 성(誠)은 자연법칙이고 우주지성이며, 밝게 드러난 명(明)은 문명질서이고 인간지성이다.

성(誠)은 자재(自在)이고 명(明)은 현존(現存)이다. 그리고 그 이치를 밝히어 가르치는 것을 교(敎)라고 한다.

"성(誠)은 스스로 이루어가는 것이요, 도(道)는 스스로 나아가는 길이다. 성실이란 사물의 끝과 시작이니, 성실하지 않으면 사물이 있을 수 없다. 이러하므로 군자는 성실을 귀중하게 여기는 것이다.

성실함이란 저절로 자기를 이룰 뿐 아니라 만물까지 이루는 것이다. 성실함이 자기를 이룸은 인(仁)이고 만물을 이룸은 앎(知)이다.

인이나 앎은 하늘이 낸 본성이 만든 덕으로 안팎을 융합하는 도(道)이다. 그러므로 성실함을 제때에 쓰면 모든 것이 다 마땅하다."

"제때에 모든 것을 능히 할 수 있는 성실한 사람이 되려면 사람다운 사람의 길을 가면서 덕을 닦아야한다. 그 길은 친애하는 어버이를 어버이로 받드는 인을 기르고, 현명한 어른을 어른으로 존중하는 의를 행하는 일에서부터 시작된다.

천하에 통용되는 다섯 가지 도와 그것을 실행하는 세 가지 덕을 쌓으면 저절로 성실해진다. 그 달도(達道)는 군신, 부자, 부부, 형제, 붕우 간에 서로 잘 주고 잘 받는 관계이며, 달덕(達德)은 순처럼 배우고 살피기를 좋아하여 터득한 지혜로움이고, 안회처럼 인을 배우고 행하기를 좋아하여 터득한 인자함이며, 자로처럼 부끄러움을 배워 알고 의를 행하여 터득한 용맹함이다.

성실하게 달도와 달덕을 알고 행하여 수신제가를 하면 남을 다스리는 치국평천하의 도를 저절로 이루게 된다.

편하게 행하는 생이지지(生而知之)나 이로워 행하는 학이지지(學而知之)나 억지로 힘써 행하는 곤이지지(困而知之)나 그 앎이나 이룸은 매한가지이니 그 바탕은 오로지 성(誠)이다.

성실하게 배우고 행하여 달도와 달덕을 이루면 위대한 지도자로 능히 아홉 가지 법도를 행하여 천하를 편안케 할 수가 있으니 그 아홉 가지 법도란?

자신의 덕을 닦는 수신(修身). 현인을 존경하는 존현(尊賢). 어버이를 섬기는 친친(親親). 윗사람을 공경하는 경대신(敬大臣). 아랫사람들을 내 몸처럼 보살피는 체군신(體群臣). 일반서민들을 자식처럼 여기는 자서민(子庶民). 다양한 기술자들을 오게 만드는 내공인(來工人). 먼 곳 사람까지 유순하게 만드는 유원인(柔遠人). 제후들이 믿고 따르게 하는 회제후(懷諸侯)이다."

"성(誠)이 성(聖)이 되므로 성(誠)은 절대정신이다. 마땅히 속마음을 모으고 의도와 한마음이 되면 저절로 인의가 펼쳐지고 성실해져서 무엇이든 한마음으로 훤히 알고 능히 하는 능력이 따르게 된다.

성실한 사람은 매사를 미리 정하여 확립하고, 할 말도 미리 정하여 어긋나지 않게 하고, 할 일도 미리 정하여 곤란을 겪지 않고, 행동도 미리 정하여 탈이 생기지 않고, 갈 길도 미리 정하여 헤매지 않는다.

모든 백성을 잘 다스리려면 먼저 아랫사람으로 윗사람의 신임을 얻어야 하고, 윗사람의 신임을 얻으려면 먼저 벗들의 신임을 얻어야 하며, 벗들의 신임을 얻으려면 먼저 부모에게 순종해야 한다. 부모에게 순종하려면 먼저 자신을 성실히 해야 한다. 자신을 성실하게 하려면 먼저 선(善)을 확고하게 거머잡아야 한다."

미리 예정한다는 것은 사전에 철저하게 예측하고 분석하여, 계획하고 준비한다는 뜻이며, 신임을 얻고 성실하려면 택선고집(擇善固執)이 필요하다.

"이미 성실한 사람은 하늘의 도를 아는 사람이고, 이제 성실하려고 노력하는 사람은 사람의 도를 아는 사람이다.

이미 성실한 사람은 애써 힘쓰지 않아도 사리에 적중하며, 깊이 생각하지 않아도 터득하며, 중용의 도를 포용하고 따르니 성인(聖人)의 경지다.

성실하려고 노력하는 사람은 선을 선택하여 굳게 거머잡고 착하게 열심히 살고 있으니 일반인의 바른생활이다."

배우지 않을망정 배우려면 박식해지기 전에는 그만두지 말라!
묻지 않을망정 물으려면 확실하게 알아지기 전에는 그만두지 말라!
생각하지 않을망정 생각하려면 터득해지기 전에는 그만두지 말라!
변별하지 않을망정 변별하려면 명확해지기 전에는 그만두지 말라!

실행하지 않을망정 실행하려면 독실해지기 전에는 그만두지 말라!

지극히 성실해지기 위해서는 이와 같이 중도에 멈추지 않아야한다.

남들이 한 번으로 능통해진다면 나는 백 번을 할 것이고 남들이 백 번으로 능통해진다면 나는 천 번을 할 것이다! 과연 이렇게 하여 능통해질 수 있다면 오래도록 성실하게 노력하여 능통해질 것이다.

그가 비록 어리석어도 지성무식(至誠無息)하면 반드시 자명(自明)해질 것이고, 그가 비록 유약할지라도 지성무식하면 반드시 강건해질 것이다."

사람은 누구나 성실해질 수 있다. 좋은 의도를 지속적으로, 반복적으로, 행하면 점차 성실해진다. 체계적으로 반복하면 더욱 성실해진다.

스스로 '한만큼' 성실해진다.

"오직 천하의 지극한 성실함만이 자기가 타고난 본성을 다 발현할 수 있게 한다. 자기의 본성을 다 발현할 수 있으면 타인의 본성도 다 발현시킬 수 있다. 타인의 본성을 다 발현시킬 수 있으면 만물의 본성도 다 발현시킬 수 있다. 모든 만물의 본성을 다 발현시킬 수 있으면 능히 천지의 조화와 육성을 도울 수 있다. 천지의 조화와 육성을 도울 수 있을 때 비로소 천지와 더불어 한마음이 되어 천지의 일에 참여할 수가 있다. 그리고 모든 사물에게 지극히 성실하면 천지의 변화를 주도하게 된다."

"지성(至誠)의 도(道)는 무엇이든 앞서 예지하는 것이 가능하다. 국가나 집안이 흥왕하려면 반드시 상서롭고 복된 조짐이 있으며, 쇠망하려면 반드시 요망하고 사특한 조짐이 있다. 지도자의 언행이나 그 집단의 움직임 등으로 미루어 살피면 길흉화복 선악시비 등이 이르기 전에 반드시 먼저 알고 경계할 수 있다. 쥐나 벌레 같은 미물들도 앞서 예지하는 능력이 있는데 하물며 만물의 영장인 사람이 미리 알지 못하랴! 그러므로 **지극히 성실하면 신과 같아지는 것(至誠如神)이다."**

예부터 지성(至誠)이면 감천(感天)이라고 했다. 지극히 성실하면 하늘도 감동하여 소원을 성취할 수 있게 도와준다. 지극히 성실하면 그 조화가 무궁해지니, 지성전지(至誠前知), 지성자명(至誠自明), 지성능화(至誠能化), 지성자성(至誠自成), 지성고명(至誠高明)이 자유로운 지성여신(至誠如神)의 경계에 이르게 된다. 그러려면 먼저 지성무식(至誠無息)의 도를 깨치고 행해야한다.

"지극히 성실한 사람은 쉬거나 멈춤이 없다. 지성무식이면 오래가고, 오래가면 징험이 나타나고, 징험이 나타나면 멀리번지고, 멀리번지면 넓어지고 두터워지며, 넓어지고 두터워지면 높아지고 밝아진다.

넓어지고 두터워지면 만물의 어머니 땅과 짝이 되어 만물을 싣고, 높아지고 밝아지면 만물의 아버지 하늘과 짝이 되어 만물을 덮고, 멀리 오래가면 하늘땅과 하나 되어 끝이 없이 만물을 생육하게 된다.

이와 같이 지극히 성실한 사람은 보여주지 않아도 스스로 드러나고 움직이지 않아도 세상을 변화시키며 함이 없이도 만물을 완성시킨다.

천지의 도는 한마디 말로 다함이 가능하니 만물의 함이란 그 성실함을 떠난 두 마음이 아니다. 만물을 생육하는 그 마음을 예측하고 찬양하기가 어렵다. 그러므로 천지의 도는 참으로 넓도다. 두텁도다. 높도다. 밝도다. 멀도다. 오래도다!"

"지성무식(至誠無息)이 유구(悠久)하면, 징험(徵驗)되고, 유원(悠遠)하며, 박후(博厚)하고, 고명(高明)해진다. 그러므로 천지의 만물을 생성하는 그 성실함이 이뤄놓은 덕을 말로 다 측량할 수가 없다.

지금 저 하늘을 보라! 한 가닥 한 가닥의 밝은 빛줄기들이 모인 것 같으나, 그 무궁함에 이르러서는 해와 달과 별들이 휘황찬란하게 이어져서 만물을 덮고 있지 않은가!

지금 저 땅을 보라! 한 줌 한 줌의 흙들이 모인 것 같으나, 그 광후(廣厚)함에 이르러서는 높은 산들을 짊어지고도 무거운 줄을 모르고, 강과 바다를 가슴에 품고 한 방울의 물도 흘리지 않으며(載華嶽而不重, 振河海而不洩), 만물을 싣고 있지 않은가!

지금 저 산을 보라!

지금 저 바다를 보라!

그 조화가 무궁무진하며 그 운용이 용의주도하다. 잠시도 쉬거나 멈춤이 없이 오직 성실하게 운동하고 변화하며 존재하고 진화하지 않는가!"

천지의 무궁조화가 성실함으로 이뤄지고 있음을 보여주면서 지성무식의 공능과 효용의 위대함을 중용은 잘 표현하고 있다.

아침에 해가 뜨고 저녁에 지는 것이나, 저녁이 되고 아침이 되는 것은 물론, 겨울이 가면 봄이 오고, 봄이 가면 여름이 오는 것, 여름이 가면 가을이 오고, 가을이 가면 겨울이 오는, 이 모든 천지자연의 법칙들이 다 지성무식의 공덕이다. 그 어느 것 하나도 성실하지 않고는 그와 같이 정밀하고 한결같을 수가 없기 때문이다.

사람도 이와 같이 성실하게 격물치지하며 성의정심으로 수신제가한다면, 스스로 그 본래 밝은 도를 밝히고 덕을 새롭게 하여 이웃사람들을 좋은 곳으로 인도할 수 있을 것이다.

성실하여 천지 만물과 천하 만민을 지극히 좋은 상태에 머무르게 할 수 있으면 저절로 천하의 주인이 될 수밖에 없다.

(4) 성찰(省察)과 수신제가(修身齊家).

자기의 삶에 대한 성찰은, 자기의 삶을 어떻게 살아왔는지 되돌아보고 잘한 것은 무엇이고, 잘못한 것은 무엇인지? 철저하게 살피면서 자신의 잘못을 반성하고 어떻게 혁신할 것인지를 궁리하고 점검하는 것이다.

인생에 정해진 길은 없다. 자신이 옳다고 생각한 길을 갈뿐이다. 남들이 좋다고 가는 길을 따라 갈뿐이다. 그러나 자신이 선택한 그 길이 꼭 옳은 길이 아닐 수도 있고 남들이 선택한 그 길이 꼭 좋은 길이 아닐 수도 있다.

'과연 어떤 길이 참되고 선하고 아름다운 길인가?'

'이 길이 나에게 의미와 즐거움을 주는 길인가?' 잠시도 멈추지 않고 흘러가버리는 세월을 붙잡고 고민하고 성찰하지 않을 수 없다.

'나는 제대로 가고 있는가?'

'나는 오늘의 이 길을 훗날 후회하지 않을 자신이 있는가?'

정신을 바짝 차리고 의문하며 성찰하지 않을 수 없다.

자기성찰의 목적은, 자기의 삶을 되돌아보고 단점이나 잘못을 찾아내어 반성한 다음에 그 반성의 터 위에서 자아를 혁신하고 지선(至善)할 방법이나 대안을 찾는 것이다.

'나는 나인 것이 좋은가? 이대로 사는 것이 좋은가?'

'나의 문제나 잘못을 어떻게 개선하고 혁신할 것인가?'

'나의 장점이나 능력을 어떻게 찾아내어 강화할 것인가?'

'나의 인생행복을 어떻게 창조하여 경험할 것인가?'

진지하게 고민하고 궁리하여 가장 좋은 방법을 찾아야한다. 성심을 다해도 그 방법이 찾아지지 않으면, 지난 삶을 반성하고 참회하며 진심으로 대성통곡을 해보라! 회개하고 통곡하면, 한마음이 깨어나고 성실함이 자라서 좋은 방법이 찾아질 것이다.

자기성찰의 가장 좋은 방법은 일기쓰기와 정좌사유다. 생활계획서나 금전출납부 등을 작성하여 점검하는 것도 좋은 방법이 될 수 있으며, 현명한 멘토mentor나 코치를 찾아가서 의논하고 조언을 듣는 것도 좋은 방법이 될 수 있다. 그러나 그보다 더 중요한 것은 스스로가 매사를 한 번 더 생각하거나, 보다 더 깊이 생각하면서 스스로의 삶을 기록하고 살피는 것이다. 무심코 멍청하게 사는 것이 아니라 또렷하게 깨어 있는 의식으로 자신을 알아차리고 최선의 삶을 사는 것이다.

정좌(正坐)하고 사유(思惟)하는 기술을 터득한 사람은 자기성찰지수를 성자(聖者)수준으로 높일 수가 있다. 자기성찰지수가 높은 사람은 언제나 타인을 이해할 때 역지사지(易地思之)하는 입장이 된다. 자기만의 독선이나 자존감에 사로잡혀 타인을 탓하고 곡해하거나 매도하지 않고, 피해의식이나 열등감에 사로잡혀 자신을 괴롭히는 양극성 장애와 같은 우(愚)를 범하지 않는다.

많은 말을 하지 않고, 많은 말을 듣는 사람이 자기성찰지수가 높다. 항상 극단으로 치달리는 생각을 경계하고, 한가운데 마음으로 자기를 성찰하고 매사를 긍정적으로 살피고 수용한다.

자기성찰의 궁극적 목적은 자기의 몸을 닦아 자기집안을 가지런히 하고나서 남을 이롭게 하는 것이다. 자신을 성찰하여 혁신함으로서 수기치인 즉, 수신제가 치국평천하의 길을 가는 것이다.

서양학에서는 성찰의 핵심내용이 나와 신(神)의 정신적, 영혼적인 문제와 물질세계의 모든 존재에 관한 인식의 확실성문제인 경우가 많다. 그러므로 서양적인 성찰방법은 방법적 회의를 자신의 방법론으로 하여 자아, 신, 물질세계의 존재증명을 시도하려는 데카르트의 철학적 사유가 매우 인상적이다.

그러나 동양의 유학에서는 성찰의 핵심내용이 나와 가족들의 현실적, 도덕적인 문제와 수기치인의 실천방법에 대한 일상의 성실성 문제 등을 주로 다루고 있으므로, 격물치지 하고 성의정심 한 다음에 수신제가 하고 치국평천하 하자는 유가의 대학이론이 가장 대표적이고 실용적이다.

공간적인 자기성찰은 관계 속에 존재하며 행동하는 현재자아의 예의 범절과 세상 사람들과의 상호관계를 살피는 것이고, 시간적인 성찰은 하늘의 신(神)이 선물present하였다는 자아의 현재present와 그 현재의 인과관계(因果關係)를 살피는 것이다. 그리고 그 가운데서 자기 자신의 잘못을 반성하고 문제점을 바로잡아 '스스로 밝은 덕을 밝히고, 이웃사람들을 새롭게 하여, 모두가 지극히 좋은 상태에 머무르게 하는 것'이다.

지금 여기서 현재자아의 모습을 통하여 과거의 현재자아를 성찰함으로서, 위대한 미래의 현재자아를 설계할 수 있으며, 보다 더 의미 있고 행복한 현재자아의 일상을 창조하고 경험할 수가 있다.

'나는 지금 여기의 내가 좋은가?'

'나는 이대로 사는 것이 좋은가?'

'나는 의미 있는 삶을 살고 있는가?'

'나는 어디서 무엇을 어떻게 창조할 것인가?'

'나는 어디서 무엇을 어떻게 경험할 것인가?'

스스로 묻고 답하며 자신과 자신의 가족을 정밀하게 한결같이 살피고 가르쳐야한다.

지금 여기서 현재자아가 주장하고 경험하는 신념과 관점은 물론,

일체의 행위는 다 과거의 현재자아가 지각하고 인식하여 창조한 것들이다. 과거의 현재자아 때에 길들여지고 굳어진 습관과 관점들이 투영되어 오늘에 나타난 것이다. 과거의 현재자아가 보고 듣고 느낀 앎과 생각들이 오늘의 현재자아를 창조한 것이다.

미래의 현재자아 역시 지금 여기의 현재자아가 지식한 신념과 관점들이 촬영되어 현상될 것이다. 그러므로 과거의 현재자아를 진솔하게 성찰하고 혁신하여, 지금보다 더 현명한 미래의 현재자아를 예측하고 설계하여, 지선을 창조하는 지혜와 능력을 갖춰야 한다.

그 지혜와 능력을 기르려면, 약 2,500년 전부터 정일(精一)하게 체계화 되어 오늘날까지 마음에서 마음으로, 치자(治者)에서 치자로 전수된 제왕학이요, 정치서인 대학을 전수받아 내면화(內面化)하는 것이다.

이 대학의 도통체계를 스승으로부터 전수받지 못한 사람은 본 대학통론을 1번, 3번, 5번, 7번을 읽고 또 읽기 바란다. 반드시 대학을 사숙(私淑)하여 성인의 심법을 터득하게 될 것이다. 그리고 마침내 수신제가하고 치국평천하의 길을 가는 지도자가 될 것이다.

옛사람이 이르기를 '그가 비록 어리석어도 조석(朝夕)으로 백독(百讀)하면 능통하게 된다.'고 하였다. 백 번, 천 번을 읽으면 온전히 도통하게 된다.

누구든지 소학에서 가르치는 인간의 도리를 먼저 익히고 난 다음에, 지극히 성실한 마음으로 매순간마다 자아를 성찰하고 혁신하면서, 대학의 삼강령과 팔조목을 터득하고 그 가르침을 받들면 수기치인하게 된다.

오늘날 자기성찰을 하지 않는 정치인이나 기업인, 교육자나 교역자 등의 사회지도계층을 볼 때 매우 안타깝다. 그들의 몰염치한 행위나 편견, 탐욕에 사로잡혀 극단적 행위나 거짓말로 선심공약을 늘어놓으면서, 그들 자신은 사욕을 채우는 모습을 대할 때 분노를 넘어 슬픔을 감출길이 없다.

탁월한 국가비전이나 위대한 신민정치식견(新民政治識見)은커녕 대학이나 중용 한 번 제대로 읽어보지 않고, 돈과 탐욕만으로 세상을 경영하겠다는 일부의 몰지각하고 파렴치한 사람들을 볼 때 참으로 불쌍하지 않을 수 없다.

조선의 영조 때에 정승을 지낸 이의현(李宜顯 1669~1745)이 말하기를, "**재물은 썩은 흙이요, 관직은 더러운 냄새다.** 그런데 온 세상은 어지러워 있는 힘을 다해 이것만을 구하니 슬픈 일이다. 탐욕스럽고 더러운 수단과 방법으로 갑작스레 부자가 되거나, 바쁘게 내달려 출세해서 몇 단계를 건너뛰어 높은 자리에 오른 자는, 모두 오래 못가서 몸이 죽거나 자손이 요절하고 만다. 절대로 편안하게 이를 누리는 경우란 없다. **하늘은 분수 밖의 복을 가볍게 주지 않는다. 구차하게 얻은 것으로 크게 잃은 것과 맞바꿀 수 있겠는가?** 하늘은 보답하고 베풀어줌이 이처럼 어김이 없다. 그러므로 흉악한 짓을 멋대로 하고 독한 짓을 마구해서 착한 사람들을 고통주고 풀 베듯 하고서 스스로 통쾌하게 여기던 자라면 마침내 죽임을 당함이 없겠는가? 하늘의 이치는 신명스러워 두려워할 만하다."고 했다.

백성을 잘살게 하기 위하여 출사하고 양명한 자들이, 일단 집권하면 무소불위(無所不爲)의 권력을 휘두르며 세상을 제멋대로 노략질하다가 비참한 말로를 맞이한다. 우리의 역사를 보아도 알 수 있으니 참으로 통탄하지 않을 수 없다. 충분한 덕을 쌓지 않고 갑자기 출세한 사람은, 그가 비록 선량할지라도 반드시 응분의 대가를 치르는 것이 하늘의 법도다.

옛사람들은 치국평천하를 위하여 어린 선비시절부터 수신제가하고 성의정심하며 격물치지 하는 가운데 사람의 도리를 배우고 익혔다. 그리고 중단 없는 자기성찰을 통하여 호연지기를 기르면서 '준비된 지도자의 길'을 걸었으니, 스스로 삼가고 조심하여 훗날 입신양명하고도 허물이 없었던 것이다. 그러므로 자기성찰의 제일 교과서는 역사서(歷史書)요, 역사의 교훈이다.

· 격몽요결(擊蒙要訣)의 접인(接人)편.

다음의 글은 율곡선생이 지은 격몽요결의 접인(接人)편 일부를 읽기 쉽게 요약하여 재해석한 내용이니 삶을 성찰하는 일상에서 적용하면 크게 유익할 것이다.

「~누가 나와 내 집의 잘못을 지적하고 비난하면 버럭 화를 낼 것이 아니라 반드시 반성부터 해야 한다. 내게 나무랄만한 잘못이 있으면 남이 꾸짖기 전에 스스로 꾸짖고, 선악시비를 가려 허물을 고치는 것이 수신이요 제가다. 내게 허물이 아주 작은데도 보태고 불리어지고 과장(誇張)되었을지라도 그것을 애써 변명하지마라! 그가 한말이 지나치다고 분노할 것이 아니라 그 원인제공을 내가 하였으니 자신부터 조용히 성찰하여 허물을 파헤치고 말끔히 없애야한다.

내가 본래 잘못이 하나도 없는데도 꼼수에 능한 망령된 자들에 의하여 거짓말로 만들어진 허물이라면, 망령된 자와 사실여부를 따질 필요가 없다. 그런 자와 진실공방을 하다가는 내가 분노하여 상처를 받게 되고, 거짓이 진실처럼 부풀려져 뭇사람들의 입에 오르내리게 되므로 내가 오히려 손해다. 처음부터 상대할 필요가 없다. 거짓비난은 귓가를 스치는 바람과 같고, 구름이 허공을 지나가는 것과 같은 것이니 내게 무슨 상관이란 말인가! 거짓을 상대하면 세상만 시끄러워지고 오히려 엉뚱한 화(禍)를 부르게 된다.

세상사는 사필귀정(事必歸正)이니 수신의 요령은, '스스로 성찰하되 변명하지 않는 것'이다.

군자는 어느 경우든지 타인의 허물을 입에 올리지 않는 것이 원칙이며, 자겸(自謙)과 신독(愼獨)의 정신으로 남의 비난을 받을만한 언행을 삼가며 무자기(毋自欺)의 삶을 살아야한다. 자기만 안다고 잘난 체하며 뽐내거나, 미련하게도 타인을 속이고 교만을 떨며 무시하거나, 자기를 지나치게 과시하는 행위 등으로 남에게 비난받을 원인을 제공하지 않도록 처세하는 것이 중요하다. 그리고 남을 비난하는 자는 반드시 남의 비난을 받게 된다는 사실을 명심하고 조심해야한다.

남을 살피기 전에 자신과 자기가족부터 살펴서 반성할 허물이 없고 떳떳하다면 이는 성실한 사람의 아름다운 수신이다. 자신과 자기가족의 허물을 속이면 하늘과 세상이 반드시 징벌을 내리고 사실을 밝힌다. 그러므로 어쩌다가 허물이 생기면 용감하게 반성하고 참회하여 개과천선해야 한다. 이것은 용기 있는 사람의 지혜로운 수신이다.

따뜻한 가슴으로 자신을 닦고 자신의 가족을 사랑하는 사람은, 마음을 다하여 타인과 백성을 새롭게 가르치며 사랑하게 된다. 자신의 이익을 위하여 남을 비난하거나 남을 해치는 일은 털끝만큼이라도 생각하지 않아야하고 실제로 침해하지 않아야한다. 나와 내 집의 이익을 챙기다보면 남이나 남의 집의 이익을 쉽게 침해하는 일이 발생하기 쉬우니 경계하지 않으면 안 된다.」

치국평천하를 꿈꾸는 지도자는, 언제나 지금 여기서 자신의 생각이나 언행은 물론, 가족의 허물까지 정밀하게 성찰하고 혁신하여 세상 사람들에게 트집을 잡히지 말아야한다. 그리고 자신의 가족이나 자신의 사람들이 죄를 짓고 병들거나 고통 받는 일이 없도록 먼저 보호하고 포용하며 챙겨야한다.

(5) 정좌사유(正坐思惟)와 수신제가(修身齊家).

'자기를 다스림'은 천하를 다스리는 근본이 되고, '집안을 다스림'은 천하를 다스리는 법도가 된다고 성인은 가르친다.

자기와 자기집안을 다스린 다음에 천하를 다스리려면 먼저 자기의 뜻을 성실하게 하고 마음을 바르게 해야 한다.

성실한 뜻과 바른 마음을 지니려면 심신의 움직임과 고요함을 관통하는 자기성찰이 필요하다. 자아를 완성하고 자아를 실현하기 위해서 평소에 자기성찰지수를 높이려면, 반드시 마음과 숨과 몸을 잘 다스리지 않으면 안 된다. 이 셋이 하나가 되어 우주자연과 공명하게 되면 우아일체(宇我一體)의 자아인격을 완성하게 되고, 비로소 허물없는 자기를 제대로 다스릴 수 있게 된다. 그 뜻을 성실하게 하고, 그 마음을 바르게 보존하며, 그 본성을 기르는 자기성찰의 으뜸수단이 정좌사유요, 정좌조식(正坐調息)이며 정좌입정(正坐入靜)이다.

정좌사유는 바르게 앉아 깊이 생각하는 것이다. 정좌를 하고 숨을 고른 다음에, 선명하게 깨어 있는 마음으로 뜨고 가라앉는 자기의 생각들을 살피는 것이 정좌사유다. 자기의 한마음이 자기의 몸과 숨과 하나 되어 고요 속에 밝아지고 새로워지는 것이 정좌사유다. 이것을 주일무적이라고 하며, 정좌명상이라고도 한다.

정좌사유는 거경궁리(居敬窮理)하는 제일수단이다. 격물치지하면서 성의정심으로 성찰하고 수신하여, 성인의 심법을 깨치고 성유(成儒)하려면 반드시 거경궁리를 하여야한다. '모든 것은 하나로 돌아가는데, 그 하나는 이(理)며, 그 하나의 이(理)를 사유하면 바로 경(敬)으로 되돌아 나와 그 경에 머무르는 법'을 깨닫게 된다. 경(敬)은 천지만유와 이웃을 내 몸같이 사랑하고 섬기는 사람의 모습이다. 그러므로 거경의 제일수단이 정좌사유다.

정좌한 사람의 경건한 모습은 천지와 하나로 통하는 모습이므로, 정좌가 가장 아름다운 거경의 모습이고, 사유가 가장 진지한 궁리가 된다.

정좌사유는 느린 사고(思考)를 지향한다. 감성적이며 직관적으로 즉각 작용하는 빠른 사고fast thinking는 비합리적인 결정을 내리거나 중요한 문제의 오류를 범하기가 쉬운데 반하여, 느린 사고slow thinking는 천천히 논리적으로 사유하고 관찰하여 자신의 생각과 행동을 통제한다.

생각의 오류나 행위의 과오를 사전에 예방할 수 있는 방법이 느린 사고에 의한 신중한 선택이요, 한 번 더 생각하고 선택하는 여유다.

노벨 경제학상(2002년)을 받은 미국의 대니얼 카너먼Daniel Kahneman은 말하기를, "빠른 사고는 결국 '당신이 보는 게 세상의 전부'란 함정에 빠지게 된다. 빠르고 사려 깊지 못한 의사 결정은 과신과 낙관주의로 이어진다. 논리적이고 느린 사고를 할 수 있는 것을 알지만 그걸 하지 않다가 이득보다 손실의 불만족을 두려워하게 되고 편향적인 판단을 일삼는다.

사람의 자아에는 기억자아(記憶自我 remembering self)와 경험자아(經驗自我 experiencing seif)가 있다. 문제는 대부분의 사람이 과거의 경험을 다양한 각도로 분석해서 판단하지 않고, 기억자아에만 의존해 내가 하고 싶은 기억을 바탕으로 미래를 예상한다는 점이다. 두 가지 자아를 고려해 종합적인 사고를 해야 한다. 그래야 느리고 빠른 두 가지 사고가 조화를 이룬다. 그러나 실현가능성은 크지 않다. 그러려면 오랜 훈련이 필요하기 때문이다."고 했다.

　사람들은 습관이나 신념이 만들어 놓은 가상의 틀을 쉽게 '사실'이라고 단정하는 경향이 있다. 그리고 편향적인 '잘못된 판단' 때문에 큰 문제를 야기하고 후회하게 된다. 빠른 사고로 말미암은 속단이 엄청난 과오를 야기하고 고통을 가져온다.

평소에 느린 사고가 몸에 배려면 반드시 정좌사유 훈련이 필요하다. 그리고 혼자서 느린 사고가 어려운 사람은 천천히 생각하고 질서정연한 절차에 의해 의사를 결정할 수 있는 조직의 집단지성을 활용하라. 그것이 시행착오를 예방하는 아주 좋은 방법이 될 것이다. 그러나 전체적인 자기의 삶을 지혜롭게 살려면 '마음과 시간을 내어 정좌사유를 하는 법'을 배우고 익혀라. 사람들은 하면 되는데 하지를 않고 귀찮아하고 어렵다고 한다. 이치를 알면서도 행하지 않는다. 누구든지 하면 '한만큼' 이득이 있는데 말이다.

정좌하는 좌식은 결가부좌식이나 반가부좌식, 자연스러운 평좌식이나 힘들어도 무릎을 꿇고 앉는 단아한 금강좌식 등 자신의 신체조건이나 건강상태에 따라 선택할 수 있는 여러 가지 좌식들이 있다.

정좌하고 사유하는 자세는 온 몸의 힘을 빼고 척추를 반듯하게 세우고 앉는다. 배꼽과 양 무릎, 머리와 양 무릎이 삼각형이 되도록 앉는다. 두 손은 양 무릎위에 놓거나, 배꼽아래에서 맞잡거나, 두 손을 코 높이로 합장하고 앉아서 생각에 주의를 집중한다.

눈은 콧등을, 코는 배꼽을 바라보고 앉는다. 혀는 입천장에 붙이고, 입은 입 끝을 귀밑으로 약간 당긴 모습으로 미소를 머금고, 넘어져도 발

딱 일어나는 오뚝이 자세로 태풍의 눈이 되어 앉아 있는 것이 가장 이상적이다.

사람이 바르게 자리 잡고 앉는 곳에 천지가 바르게 자리 잡고, 천지기운과 사람기운이 하나가 된다. 그리고 '정좌처가 곧 우주의 중심'이 된다.

정좌를 하고 오래도록 우두커니 앉아만 있어도 마음은 평화로워지고, 호흡은 점차 편안해지면서 아랫배에는 생명기운이 쌓이고, 점차 온 몸에 생기가 흐르는 효과가 나타난다. 정좌세월이 흐르면 행동에 여유가 나타나는 느린 사고가 가능해진다. '느림의 미학'을 터득하게 된다.

정좌의 세월이 쌓이면 자기성찰지수는 점차 높아진다. 몸가짐이나 행동거지가 공자나 맹자 같은 성인들처럼 의젓하고 당당해지며 위엄이 있게 되고, 퇴계나 율곡처럼 사고는 언제나 논리적이고 합리적인 느린 사고를 하게 되니 삶에 실수나 허물이 없게 된다.

오래도록 정좌하고 '느린 사고와 느린 행동'이 몸에 배면 외부의 자극이나 사물에 쉽게 반응하거나 동요하지 않고, 모든 일에 성실해지며 하는 일에 대한 집중력이 뛰어난 사람이 된다. 고요 속의 평온한 느림이 빠름을 앞서는 경험을 즐기게 된다.

정좌사유를 오래하면 반드시 그 몸가짐이 비범해진다. 매사에 진지하고 관후해지며 성실성과 인내력, 주의력이 좋아진다.

주자통서에 "스승인 연평 이동선생은 하루 종일 두 무릎을 꿇고 앉아 있어도 안색이 아주 깨끗하고 밝아 흐트러진 기색이 전연 없었다. 옛사람의 말에 '종일토록 빠른 말과 급한 기색이 전연 없다.' 하더니 선생이야말로 정말 그러하셨다. 보통사람들은 가까운 곳에 갈 때는 천천히 걷다가도 먼 곳에 갈 때는 걸음이 빨라지고 행동이 조급해지는데 반하여, 선생께서는 가까운 곳이나 먼 곳이나 항상 여유 있게 다니셨다. 또 대개는 사람을 불러서 오지 않으면 언성이 높아지는데 선생께서는 그런 경우에도 목소리가 처음과 마찬가지였다."고 주자가 말하였으며, 또 말하기를,

"연평 이 선생께서 일찍이 말씀하기를, 〈낮에 도리를 탐구하고, 고요한 밤에 조용히 앉아 이치를 깊이 생각하고 생각하면 비록 의문스러운 것까지도 저절로 알게 될 것이다〉라고 하여서, 내가 그 말씀을 따라 해보았더니 정말 전과 다르게 나아감이 있었다."고 했다. 그리고 또 말하기를,

"연평 선생은 조용히 앉아 고요한 가운데에서 큰 근본과 배움을 몸으로 터득하였다."고 했다.

'몸으로 터득한다.'는 것은 정좌하고 성실성과 인내력, 주의력을 길러 몸의 욕망을 항복받은 다음에, 자기의 도덕과 배움, 앎과 느낌들을 지속적으로 거경하고 궁리함으로써, 그것들을 격물하여 두뇌에 각인시킴과 동시에 더욱 새롭게 발전시킬 수가 있다. 그리고 일상에서 배움이나 도덕을 실천함으로서 본래 밝은 본성을 체득하게 되는 것이다.

정좌사유가 몸에 배기 전에는 매우 힘들고 귀찮다. 답답하고 막연하며 짜증스럽다. 처음에는 10분 정좌사유로부터 시작하여 20분 정좌, 30분 정좌, 60분 정좌 그 이상까지 시간을 늘리면서 정좌사유를 계속하노라면 점차 쉬워진다.

시간이 길어지면 길어질수록, 세월이 흐르면 흐를수록 엉성하던 몸의 자세가 반듯해지고 편안해진다. 짧고 거칠던 숨결이 고르게 되니 숨이 깊어지고 길어지며 정시(正視), 정언(正言), 정행(正行)이 원만해진다. 제멋대로 일어났다 가라앉는 허망한 생각들을 점차 거머잡게 되

고, 마음이 고요한 정심(正心), 정념(正念)상태가 되어 대상을 주의하고 집중할 수 있게 된다. 정좌사유를 오래하여 사유시간이 길어지면 길어질수록 마음이 고요해진다.

마음이 고요해지면 정신이 맑아지고 밝아진다. 마음이 밝아지면 개체적인 자아Ego의 현재의식이 새로워지는 변화가 나타난다. 전체적인 자아God의 순수의식이 깨어나 '현재의식이 잠재가능 태'에 놓이게 된다.

고요해지면 훤히 알고 능히 할 수 있는 순수의식세계의 지혜와 능력을 끌어당겨 쓸 수 있게 된다. 언제든지 의도하고 선택하여 주의하면 자기의 의도를 현실로 창조하여 경험할 수 있게 된다.

마음이 고요해지면, 몸은 가벼워지고 부드러워지고 활발해지며, 숨은 가늘고 길어지며 편안해진다. 총체적인 삶이 아름답고 즐거워지면서 내면에 충만한 기쁨을 이웃과 함께 나누고 싶어진다. 저절로 인의를 이웃과 나누며 공감하게 된다. 이렇게 마음을 고요하게 하는 방법은 정좌조식이 최고다.

정좌조식(正坐調息)은 올바른 자세와 편안한 마음으로 숨쉬기하는 것이다. 누구나 쉽게 배우고 익힐 수 있다. 조용한 곳에서 정좌를 하고 일정한 시간에 지속적으로 숨쉬기를 하면 고요함을 터득할 수 있다. 그러나 마음이 고요해지려면 건강한 몸으로 닦는 정진의 세월이 쌓여야한다.

척추는 반듯하게 세우고, 어깨의 힘은 빼고, 눈은 살며시 감고, 입은 가볍게 미소 지으며, 온 몸의 긴장을 푼 이완상태에서, 아랫배나 인중, 또는 코를 주의하며 자연스럽게 숨쉬기를 하는 것이 정좌조식이다.

들숨과 날숨에 의식을 집중하고, 항상 숨과 의식이 하나 되어야한다. 들숨에는 숨이 들어오고 있다는 것을 알아차리고, 날숨에는 숨이 나가고 있다는 것을 알아차린다. 푸른 산은 그대로이나 흰 구름은 절로 오고가는 법이니, 많은 생각들이 떠올라도 판단분별하지 말고 그냥 음미 감상하며 숨쉬기를 계속하는 것이 정좌조식이다.

아주 천천히 부드럽게, 가늘고 길게, 깊이 이어지게, 고요하고 편안하게 들이쉬고 내쉰다. 숨이 차서 헐떡거리거나 숨소리가 거칠어지면 쉬었다가한다. 숨의 흐름이 끊기거나 원활하지 못해도 쉬었다가한다.

언제나 숨을 깊이 들이쉬면 아랫배가 살며시 나오고, 숨을 멀리 내쉬면 아랫배가 살며시 들어가야 한다. 상복부가 움직이거나 하복부가 경직되면 안 된다. 처음에는 5초 들이쉬고 5초 내쉬다가 점차 숙달이 되면 더 길게 들이쉬고 내쉰다. 길−게 깊이 쉴수록 좋으나 무리하면 오히려 해롭다. 자기에게 알맞게 5초, 10초, 20초, 30초식으로 숨을 늘리는 것이 모든 조식에 통용되는 정좌조식의 기본방법이다.

정좌조식법은 여러 가지가 있으나 자기수양의 목적과 소용에 따라 자기에게 맞는 것을 선택하는 것이 좋다. 다음의 여러 가지 정좌조식법은 동양의 유불선가에서 두루 행하는 수련법들로써, 각각의 자기문파에 따라서 약간의 차이가 있으나 대동소이하다. 정좌조식은 앎보다 행이 중요하다.

정좌사유와 정좌조식을 자연스럽게 행할 수 있게 되면 정립사유(正立思惟)나 정행사유(正行思惟)도 자유롭다.

삼위일체(三合一體) 조식은, 마음과 숨과 몸이 삼위일체가 됨으로써 고요 속에 평온을 느끼고 즐기는 호흡법이다. 〈마음에는 평화라고 의식하며 숨을 천천히 깊이 들이쉬면, 아랫배가 서서히 나오면서 온 몸에 평화가 가득 차오르는 것이 느껴지고, 이어서 얼굴에는 미소라고 의식하며 숨을 가늘고 길게 내쉬면, 아랫배가 살며시 들어가면서 온

몸에 미소가 우주의 가장자리까지 활짝 피어나는 것을 느끼게 된다.〉
때와 장소를 가리지 않고 일상생활 속에서 삼위일체호흡을 하면 심신
의 긴장이 이완되고, 자기의 삶이 점차 평화로워지고 즐거워지면서 활
력이 넘치게 된다. 누구에게나 권장하고픈 가장 보편적이면서도 이상
적인 호흡법이다.

천지통기(天地通氣) 조식은,〈천지에 가득 찬 생기나 청기가 내 몸 안
으로 들어온다고 의념하면서 코로 들이쉬고, 내 몸 안의 탁기나 병기
가 몸 밖으로 나간다고 의념하면서 입으로 길게 내쉬기를 반복하는 호
흡법〉이다. 이 조식은 질병을 치유하는 법이니, 병자는 병처를 주의하
면서 지극정성으로 토납하면 반드시 건강이 좋아지는 것을 체험하게
된다. 사(瀉)하는 음둔 법과 보(補)하는 양둔 법이 전해오고 있다.

영가무도(詠歌舞蹈) 조식은, 노래하고 춤추면서 온몸의 기혈을 뚫어
주는 개혈운동법으로써, 궁상각치우 오음(五音)의 진동으로 천인합일
(天人合一)을 이루는 운동법이다. 몸의 기운이 정체되어 활력이 없을
때는 영가무도보다 더 빨리 생기를 충전해주는 운동법이 없을 정도로
효과가 신속하게 나타난다.〈음, 아, 우, 어, 리 오성(五聲)을 중평음
(中平音)으로 소리하되, 우렁차고 씩씩하게 온살이 진동하도록, 우주
천지의 가장자리까지 울려 퍼지도록, 지극정성을 다하여 한마음, 한뜻
으로 길―게 소리한다.〉

처음에는 정좌를 하고 유성(有聲)의 양전법(陽轉法)으로 수련을 하지
만, 어느 정도 공부가 숙달되면 행주좌와에 구애받지 않는 무성(無聲)
의 음전법(陰轉法)으로 수련한다. 개혈과 함께 저절로 축기가 되고, 조
식과 조신은 물론 조심까지 되면 심전법(心轉法)으로 수련한다.

산택통기(山澤通氣) 조식은, 우주자연에 가득 찬 생기를 가장 빠르고
확실하게 단전에 축기하는 비전호흡법이다.〈입으로 내쉰 다음에 다

시 입으로 들이쉬면서 단전에 축기하고, 코로 내쉰 다음에 다시 코로 들이쉬면서 단전에 축기하는 호흡법〉이다. 방법은 쉽고 간단하나 선한 공덕이 없으면 전수 받기 힘든 호흡법이다. 항상 일정하게 무한대 꼴의 장구모양으로 원운동을 의념하고 생기를 순환시키면서 축기한다. 순서와 신념이 매우 중요하며 한 달만 수련해도 깜짝 놀랄 정도로 아랫배에 엄청난 힘을 느끼게 된다.

주천운기(周天運氣) 조식은, 정좌조식을 통하여 호흡이 편안하고, 몸의 욕망절제가 자연스러우며, 마음이 언제나 평화롭고, 발끝에서 어깨까지 생기가 차오르면서 아랫배에 생명의 기운이 어느 정도 쌓이면 선험자의 지도를 받아 운기를 하게 된다. 몸의 맥을 관통하는 주천운기가 자유로우면 거짓을 참으로 돌이키게 되고, 언제나 참과 하나 되어 홍익인간 하는 능력이 생긴다. 세상에는 소주천의 법과 대주천의 법이 전해오고 있다.

정좌입정(正坐入靜) 조식은, 의도하는 마음과 움직이는 몸이 하나 되어 들고나는 숨을 주의하며 오래도록 '지켜보기'를 계속하면, 제멋대로 내달리며 얽히는 생각의 사슬이 점차 끊어지게 되고 '고요하기'에 들게 된다. 마음이 고요해지면 영이 맑아지고 신이 밝아지면서 오묘한 지혜가 열리니 '바로알기'가 자유로운 경지에 이르게 된다.

정좌하여 한마음, 한몸, 한숨이 하나가 되어 관조(觀照)하다보면 공적(空寂)에 들게 되는데 이것을 입정(入靜)이라고 한다. 누구나 입정하면 저절로 영지(靈知)가 열려 무엇이든지 훤히 알고 능히 하는 우주자연의 창조놀이에 동참하게 되고, 오늘날 양자물리학에서 밝혀진 관찰자 효과observer effect가 자연스럽게 나타난다. 원하는 것을 주의하면 창조를 경험한다. 그러므로 우주자연의 진화놀이를 주관하며 우주자연의 삼라만상을 책임지게 된다.

정좌입정을 위한 호흡법의 하나로 빛살목욕법이 있다. 〈정좌하고 삼위일체 호흡을 통하여 마음과 몸과 숨이 어느 정도 편안해지면, 아랫배를 의념 한 다음 들숨에서 우주의 생명에너지 빛이 머리의 정수리로 들어와서 아랫배에 모인다고 의념하고, 날숨에서는 아랫배에 모인 에너지가 발바닥으로 발산되어 우주의 가장자리까지 퍼진다고 의념하고 느끼는 것〉이 빛살 목욕법이다. 어느 정도 숙달되면 머리부터 발끝까지 우주자연의 빛과 사랑으로 목욕을 할 수 있으며 온살이 빛살이 된다. 온살이 빛과 사랑으로 충만하게 되면 저절로 환골탈태(換骨奪胎)의 몸짓과 함께 새로운 자아로 거듭나게 된다.

정좌입정을 위한 호흡법의 하나로 온살호흡법이 있다. 이 방법은 어느 정도 내공이 쌓여 의도기도(意到氣到)가 자유로운 사람들이 행하는 건강법이다. 〈낱낱의 60조 세포를 통하여 우주만상의 생명에너지가 들숨에 흡입되어 우주심대(宇宙心臺)로 모이면 잠시 숨을 멈추었다가, 날숨과 함께 우주심대에서 사랑에너지가 온살을 통하여 우주만상에까지 퍼진다고 의념하고 느끼다가 잠시 멈추는 것을 반복하는 것〉이다. '황금빛으로 장엄한 완벽한 고요'에 이를 때까지 계속하는 것이 온살 호흡법이다. 계속하고 또 계속하면 반드시 허명정일의 경지에 이른다. 혹자는 이 법을 전신피부호흡, 또는 태식법이라고도 한다.

정좌입정을 하고 격물치지를 하면, 고요 속에 바로알기가 자유로운 허명정일(虛明精一)의 경지에 이르러 소소영지(昭昭靈知)가 가능해진다. 정좌입정이 자유로운 사람은 사물의 이치를 굴리고 밝혀서 천변만화하는 삼라만상을 관조하고, 그것들의 존재의미를 통변하며 전지(前知)하는 능력까지 생긴다. 천지인(天地人)의 유기적 관계를 읽고 돌이면 돌, 풀이면 풀, 바람이면 바람, 구름이면 구름, 자연현상의 그 어느 것

하나 허투루 존재하거나 움직이지 않는다는 것을 깨닫게 된다. 그들의 존재이유와 효용가치를 느린 사고로 훤히 알게 된다. 드러난 사물에서 드러나지 않은 이치까지 살펴 알게 된다.

예를 들면, 〈은나라 주(紂)의 폭정을 보고 역성혁명의 도래를 예측하여, 천하를 살피다가 계력의 아들인 문왕의 효도를 보고 천명이 그에게 이를 것을 확신하고, 대업을 준비하여 혁명에 동참함으로써 주나라를 세우고 제나라의 군주가 된 강태공의 지혜〉나, 〈아침에 일어나 보니 방바닥 장판 색깔이 아침햇살에 비쳐 노랗게 보이고, 머리맡에 놓인 찬물 대접의 물이 맑게 보이는 현상을 보고, '오늘 황하수(黃河洙)가 찾아오겠구나.' 하고 앞일을 아는 사람의 지혜〉나 다 정좌사유를 오래한 사람들의 격물치지 능력이다.

정좌하고 '거기서 그것과 하나 되어 사무치게 몰입하는 사유를 통하여 입정에 들면, 마음이 고요해지고 정신이 맑아지고 밝아져서 지혜가 열리는 것'이다. 스스로도 놀라운 격물치지 통변능력이 생기는 것이다.

앉아 있는 세월이 쌓여서 몸의 욕망을 굴복시키고 사유가 의도대로 몰입이 잘되면, 우주자연과 자아를 관조하고 통찰하는 능력이 생기게 된다.

우주자연과 한마음이 되어 '완전한 정지상태의 고요'에 이르게 된다. 그 순간에 떠오르는 '한 생각 의도'는 '순수의식의 바다인 영점 장(零點場 zero point field)'에 던져진 조약돌처럼 둥근 물결을 일으키게 된다. 그 물결파장은 우주의 가장자리까지 진동하며 간섭하고 공명resonance한다. 이와 같이 입정으로 순수의식의 바다에 들 수 있는 사람은 한 생각 의도를 현실로 창조하고 경험할 수 있는 창조능력을 지니게 된다. 그는 언제나 관찰자 효과observer effect를 나타낼 수 있으니 새로운 발명과 발견이 가능하다. 위대한 사람들은 이와 같이 '입정의 몰입상태'에서 발명하고 발견하는 위대한 업적을 남겼다. 공자나 석가, 퇴계나 율곡, 뉴턴이나 에디슨, 근래의 아인슈타인, 스티븐잡스 같은 수많은 성인이나 과학자들이 다 여기에 해당된다. 더 새로운, 더 좋은 자기의 세상을 창조한 능력자들은 다 몰입상태인 정좌입정에서 의도를 따라 사유했던 사람들이었다.

정좌입정이 숙달되어 심신이 평화롭고 고요하면, 영혼이 맑아지고 식신(識神)이 밝아져서 뇌파가 안정되므로, 순수의식의 바다 영점장 즉, 우주의식의 정보장field of information과 하나 됨으로써 그 에너지를 자신의 의도대로 끌어다 쓸 수 있게 된다. 입정상태의 숨결파장은 순수의식세계의 모든 에너지와 서로 간섭하고 변조하며 같은 주파수끼리 리듬편승하면서 공명현상을 나타내기 때문이다.

그러므로 느린 사고와 느린 행동으로 '마음의 평정과 일상의 평온'을 얻고, 순수의식세계의 무한성취 창조력을 끌어당겨 좋은 곳에 쓰려면 자신의 현재의식상태를 순수의식의 정보장 안으로 들어가게 하는 정좌입정공부를 꾸준히 해야 한다. 입정상태에서 순수의식과 함께 공명할 때 그는 '훤히 알고 능히 하는 능력'을 얻게 되고 지선(至善)에 이르게 된다. 이것이 자아실현을 위한 자기완성의 길이다. 大

❈ 6장 ❈
대학(大學)의
치국평천하(治國平天下)

1절
치국평천하(治國平天下)
전문해설(傳文解說)

    격물치지와 성의정심으로 수신하여 자아를 완성하면 마땅히 현명한 지혜와 인의로 집안을 가지런히 하고 치국평천하의 길을 가는 것이 군자의 도리다.

    평천하를 위해 치국하려는 임금이나 지도자는, 백성들이 좋아하는 것을 같이 좋아하고 싫어하는 것을 같이 싫어하며, 백성들과 이익은 물론 아픔까지 함께하기 위하여 '내 자신을 자로 삼아 남의 처지를 헤아리고 재는 혈구지도(絜矩之道)'를 몸소 실천해야한다.

    대학의 마지막 장인 치국평천하장의 전문에서는 혈구지도정신으로 용인(用人)하고 교인(敎人)하며 이재(利財)하는 법과 함께, 이(利)로써 이로움을 삼지 아니하고 의(義)로써 이로움을 삼는 군자의 길을 가르치고 있다.

(1) 혈구지도(絜矩之道).

<ruby>所謂<rt>소위</rt></ruby> <ruby>平天下<rt>평천하</rt></ruby>가 <ruby>在治其國者<rt>재치기국자</rt></ruby>는

이른 바, '천하를 화평하게 함은 그 나라를 다스림에 있다'고 한 것은,

<ruby>上<rt>상</rt></ruby>이 <ruby>老老<rt>노노</rt></ruby>하면 <ruby>而民<rt>이민</rt></ruby>이 <ruby>興孝<rt>흥효</rt></ruby>하며,

임금이나 윗사람이 노인을 노인으로 섬기면 백성들이 효심을 일으키며,

<ruby>上<rt>상</rt></ruby>이 <ruby>長長<rt>장장</rt></ruby>하면 <ruby>而民<rt>이민</rt></ruby>이 <ruby>興弟<rt>흥제</rt></ruby>하며,

임금이나 윗사람이 어른을 어른으로 섬기면 백성들이 존경심을 일으키며,

<ruby>上<rt>상</rt></ruby>이 <ruby>恤孤<rt>휼고</rt></ruby>하면 <ruby>而民<rt>이민</rt></ruby>이 <ruby>不倍<rt>불배</rt></ruby>하나니,

임금이나 윗사람이 외로운 이를 구휼하면 백성들이 배반하지를 않는다.

<ruby>是以<rt>시이</rt></ruby>로 <ruby>君子<rt>군자</rt></ruby>는 <ruby>有絜矩之道也<rt>유혈구지도야</rt></ruby>니라.

그러므로 군자는 항상 '혈구의 도'를 몸에 지녀야한다.

<ruby>所惡於上<rt>소오어상</rt></ruby>으로 <ruby>毋以使下<rt>무이사하</rt></ruby>하며,

윗사람에게 당해서 싫었던 것으로 아랫사람을 부리지 말며,

<ruby>所惡於下<rt>소오어하</rt></ruby>로 <ruby>毋以使上<rt>무이사상</rt></ruby>하며,

아랫사람에게 당해서 싫었던 것으로 윗사람을 섬기지 말며,

<ruby>所惡於前<rt>소오어전</rt></ruby>으로 <ruby>毋以先後<rt>무이선후</rt></ruby>하며,

앞사람에게 당해서 싫었던 것으로 뒷사람을 막아서지 말며,

소 오 어 후　　　무 이 종 전
所惡於後로 毋以從前하며,

뒷사람에게 당해서 싫었던 것으로 앞사람을 뒤따르지 말며,

소 오 어 우　　　무 이 교 어 좌
所惡於右로 毋以交於左하며,

오른편사람에게 당해서 싫었던 것으로 왼편사람을 사귀지 말며,

소 오 어 좌　　　무 이 교 어 우
所惡於左로 毋以交於右하라,

왼편사람에게 당해서 싫었던 것으로 오른편사람을 사귀지 말라,

차 지 위 혈 구 지 도
此之謂絜矩之道니라.

이것을 일컬어 '혈구지도'라고 하는 것이다.

'평천하는 치국에 있다'고 한 것은, 임금이나 사회지도계층의 윗사람이 나이든 노인을 받들어 그 노인을 부모처럼 깍듯이 대접하면 백성들이 부모에게 효도하는 마음이 저절로 일어나고, 세상경험이 많은 어른을 받들어 그 어른의 경험을 활용하고 대우하면 백성들도 어른을 존중하고 공경하는 마음이 저절로 일어난다.

　임금이나 사회지도계층의 윗사람이 의지할 곳 없는 고아나 과부, 홀아비, 무의탁 노인 등 외로운 사람들을 불쌍히 여겨 도와주고 보호하면 백성들이 이를 보고 신뢰하며 배반하지 않고 따르게 된다. 이것이 천하를 화평하게 하고자 그 나라를 다스리는 원칙이다. 그러므로 대인군자는 이 '혈구지도'를 배우고 익혀 실천해야한다.

　혈구지도(絜矩之道)란? 남이 좋아하는 것을 나도 좋아하고, 남이 싫

어하는 것을 나도 싫어하며, 남의 이익은 물론 아픔까지 같이하기 위하여, '내 자신을 자로 삼아 남의 처지를 헤아리고 재는 것'이다. 상하, 전후, 좌우 관계에서 서로 척지고 원망하거나 미워하지 말자는 것이다. '남을 내 몸같이 사랑하고 챙기자'는 속뜻을 지닌 상생원리(相生原理)가 혈구지도다.

혈(絜)은 잴 혈로 '재는 동작'을 나타내는 글자로써 '헤아리다'는 뜻을 지닌다. 구(矩)는 법 구, 곡척 구로 '재는 도구' 컴퍼스_{compass}나 곱자를 나타내는 글자인데, 그 뜻이 확대되어 '사물의 기준이나 법칙'을 의미하며 인간관계의 판단기준이 된다.

대학에서는 치국평천하를 위한 '도덕적 원칙의 객관적 기준'으로 혈구지도를 설정하고, 치국이란 사회적 질서를 확립하기 위하여 먼저 임금이나 사회지도계층들이 솔선수범하여 혈구지도를 실천하라고 가르친다.

혈구지도의 실천이란? 남도 나와 같다고 보고, '내 자신을 기준으로 삼아 남의 처지를 헤아리고 잘 대해주자는 것'이다. 나를 위하듯 남을 배려하자는 것이다. 그러므로 **혈구지도의 실천은 공자의 소중한 가르침인 '나와 남을 둘로 보지 않는 인(仁)을 행하자'는 것이니 인(仁)은 본래 '남을 나처럼 사랑하자'는 것이다.**

그리고 '하나로써 도를 꿰뚫는다.'는 공자의 심법인 서(恕)를 실천하는 것이 혈구지도다. 서(恕)는 곧 '같은 마음, 한마음'이다. 빈부귀천, 상하전후좌우, 동서고금, 남녀노소를 불문하고 그 마음은 다 같은 한마음이니 '내 마음을 헤아리듯 남의 마음을 헤아리며 살자'는 것이다.

공자의 말씀처럼 '내가 하기 싫은 일을 남에게 시키지 말자'는 것이 서(恕)이다. 그리고 내가 좋아하는 것은 남도 좋아하니 함께 나누자는 역지사지(易地思之)의 원리이다.

'남을 해롭게 할지라도 나의 욕망을 실현하고자 하는 마음'인 이기심 (利己心)을 버리고, 나의 욕망을 절제하고 '남도 이롭고 나도 이로운 마음'을 갖자는 것이 혈구지도로써 남을 배려하고 남과 공감하며 살자는 것이다.

애덤 스미스Adam Smith가 그의 저서 '도덕 감정론'에서, "우리는 타인이 처한 상황에 우리 자신을 위치해 놓는 상상에 의해 타인이 겪고 있는 고통을 완전히 동일하게 느끼려면, 우리는 그의 몸의 일부가 되어 어느 정도 그와 동일한 사람이 되어야 한다."고 말하였는데, 이와 같이 역지사지(易地思之)하면 '나와 다른 남과 내가 한마음이 되어 공감할 수 있다'는 혈구지도를 이해할 수 있게 된다.

치국의 도덕적 원칙인 혈구지도란 무엇인가? 윗사람인 임금이나 지도자가 무례하게 굴어서 불쾌하고 싫었던 나의 감정을 가지고 아랫사람을 무례하게 부리지 않는다. 아랫사람이 무례하게 굴어서 불쾌하고 싫었던 나의 감정을 가지고 윗사람을 무례하게 섬기지 않는다.

앞서가는 사람에게 괴롭힘을 당하여 싫었던 나의 감정을 가지고 뒤따라오는 사람을 괴롭히지 않는다. 뒤따라오는 사람에게 모함을 당하여 싫었던 나의 감정을 가지고 앞서가는 사람을 모함하지 않는다.

오른편사람의 잘못이 싫었던 나의 감정을 가지고 왼편사람을 사귀지 않는다. 왼편사람의 잘못이 싫었던 나의 감정을 가지고 오른편사람을 사귀지 않는다.

이와 같은 '상하, 전후, 좌우 관계'는 나와 너의 싫고 좋은 개인적인 관계만을 헤아리는 것이 아니라 집안이나 단체, 기업이나 국가관계 등의 주고받음에도 적용할 수 있는 것이다. 이것은 천하를 화평하게 하려는 치국의 기본원칙인 혈구지도이면서 모든 인간관계에 적용할 수 있는 상생(相生)의 도리다. 혈구지도로 수신제가를 하고 치국평천하의 길을 가면 그는 많은 민중이 믿고 따르는 훌륭한 지도자로 추대될 것이 자명하다.

詩에 云하되 樂只君子여 民之父母라 하니,

시경에 이르기를, "즐거우신 군자여! 백성들의 부모이시오"하였으니,

民之所好를 好之하며, 民之所惡를 惡之라.

백성들이 좋아하는 것을 좋아하고, 백성들이 싫어하는 것을 싫어하는 것,

此之謂民之父母니라.

이런 사람을 일컬어 백성들의 부모라고 하는 것이다.

'모든 백성들이 좋아하는 것을 좋아하고 싫어하는 것을 싫어하는 것'이 부모의 심정으로 백성을 사랑하고 챙기는 대인군자의 혈구지도다. 백성들은 자기들과 같은 마음 즉, 한마음을 지닌 임금이나 지도자를 자기부모를 섬기듯 충(忠)으로 섬긴다.

詩에 云하되 節彼南山이여, 維石巖巖이로다.

시경에 이르기를, "우뚝 솟은 저 남산이여! 바윗돌이 층층으로 쌓였다."

赫赫師尹이여, 民具爾瞻이라 하니,

"빛나고 빛나는 윤 태사시여! 백성들이 모두 그대를 지켜보고 있다."하니

有國者는 不可以不愼이니,

나라를 맡고 있는 자는 삼가지 않으면 안 된다.

_{벽 즉 위 천 하 륙 의}
辟則爲天下僇矣니라.

혈구지도를 행하지 않고 치우치게 굴다가는 천하 사람들에게 죽임을
당하게 될 것이다.

세상을 다스리는 임금이나 지도자는, 권력이나 명성이 남산처럼 높
아도 그 남산을 층층으로 쌓아올린 바윗돌 같은 백성들이 지켜보고 있
으니 매사를 삼가야 한다는 것이다. 그가 혈구지도를 무시하고 겉으로
는 경제발전이나 무상복지 같은 전시행정에 치중하면서 실제는 인척
중용 같은 불공평한 인사나 매관매직, 부정축재 같은 사리사욕만을 채
우는 등 각종비리를 자행하거나 인권을 탄압하고 권력을 남용하는 포
악한 정치를 한다면, 말없이 그를 주시하던 백성들이 반드시 하늘을
대신하여 엄벌로 처단한다는 것이다.

_{시   운   은 지 미 상 사   극 배 상 제}
詩에 云하되 殷之未喪師에 克配上帝러니,

시경에 이르기를, "은나라가 민심을 잃지 않았을 때는 항상 하늘의
상제와 짝할 수 있었다.

_{의 감 우 은   준 명 불 의}
儀監于殷이요 峻命不易라 하니라.

마땅히 은나라를 거울삼으라. 높은 천명은 지키기가 쉽지 않다"고 한다.

_{도 득 중 즉 득 국   실 중 즉 실 국}
道得衆 則得國하고 失衆 則失國이니라.

혈구지도로 민중을 얻으면 나라를 얻고, 민중을 잃으면 나라를 잃는다.

정치인이나 지도자의 역량은 민심을 얻는 것이다. 민심(民心)이 천심(天心)이기 때문이다. 훌륭한 군주들이 은나라를 다스릴 때는 민심을 얻어 천심에 부합하였으므로 나라가 번창하였으나, 주(紂)왕이 나와 폭정을 하자 민심이 떠나면서 나라가 망하고 말았다. 비록 강력한 권력자라도 실덕하여 민심을 잃으면 권력 무상을 탄식하게 되고 비참한 최후를 맞게 된다. 그러므로 임금이나 지도자는 반드시 은나라의 멸망을 거울삼아 혈구지도를 실천하고 선정을 베풂으로써 민심을 얻어야 천명을 지킬 수가 있다.

국가의 흥망과 권력의 성패는 천명에 달려 있고 천명은 민심이 결정한다고 역사는 가르치고 있다. 하나라의 걸왕, 은나라의 주왕, 주나라의 여왕이나 유왕 등을 보면 민심을 잃자 죽임을 당하였으며 나라를 망친 군주로 천하의 웃음거리가 되고 말았다. 민중의 마음을 얻은 지도자는 반드시 나라를 얻고, 민중의 마음을 잃는 지도자는 나라를 잃는 것이 천리(天理)다.

시고 군자 선신호덕
是故로 君子는 先愼乎德이니,
이러하므로 군자는 혈구지도로 먼저 조심스럽게 덕을 행해야한다.

유덕 차유인 유인 차유토
有德이면 此有人이요 有人이면 此有土요,
임금이나 지도자가 혈구지도의 덕이 있으면 여기에 백성들이 모여들게 되고, 백성들이 많이 모이면 여기에 넓은 국토가 생겨나게 되며,

유토 차유재 유재 차유용
有土면 此有財요 有財면 此有用이니라.
국토가 있으면 여기에 많은 재화(財貨)가 유통되게 되며, 재화가 있으면 여기에 국리민복을 위한 정책이나 사업에 그 재화를 사용할 수 있다.

^{덕 자} ^{본 야} ^{재 자} ^{말 야}
德者는 本也요 財者는 末也니,

그러나 덕이 근본이고 재화는 말단이니,

^{외 본 내 말} ^{쟁 민 시 탈}
外本內末이면 爭民施奪이니라.

근본인 덕을 경시하여 밖으로 내쳐버리고, 말단인 재를 중시하여 안으로모으고 챙기게 되면, 백성들을 다투게 만들고 빼앗기를 권장하는 꼴이 된다.

^{시 고} ^{재 취} ^{즉민산} ^{재 산 즉 민 취}
是故로 財聚 則民散하고, 財散 則民聚니라.

이러하므로 임금이나 지도자가 재물을 모으면 백성을 버리는 것이고,재물을 버리면 백성은 흩어지지 않고 모이는 법이다.

^{시 고} ^{언 패 이 출 자} ^{역 패 이 입}
是故로 言悖而出者는 亦悖而入하고,

이러하므로 지도자가 말로 백성을 거슬리면 그 말이 거슬리게 되돌아들고,

^{화 패 이 입 자} ^{역 패 이 출}
貨悖而入者는 亦悖而出이니라.

재물로 백성을 거슬리면 반드시 거슬린 그 재물 때문에 쫓겨나게 된다.

위정자(爲政者)가 천명을 받들어 민심을 얻으려면, 반드시 백성을 내 몸같이 사랑하고 보살피는 혈구지도로 덕을 쌓아야한다.

위정자가 본래 밝은 덕을 밝히려면, 치국의 근본과 말단, 먼저 할 일과 나중에 할 일을 밝혀 알고 그것을 몸소 행해야한다.

치국하려는 임금이나 지도자가 먼저 덕을 쌓으면 천하의 민심을 얻게 되므로 백성이 따르고 모이게 마련이다. 백성이 모이면 땅(오늘날

은 지지세력)이 생기고 나라조직이 성립된다. 나라가 생기고 나라 땅이 넓어지면 저절로 생산이 증대되고 물자가 거래되며 재화가 쌓이게 마련이다. 재화가 쌓이면 이것을 활용하여 선정을 베풀고 천하를 제대로 경영할 수가 있게 된다.

선정을 베풀고 천하를 경영하려면 재화가 꼭 필요하지만, 재화는 말단이지 근본이 아니다. 근본은 오직 혈구지도로 수신제가하여 쌓는 덕이다.

위정자나 조직을 이끄는 지도자가 가장 근본이 되는 덕을 밖으로 내치고, 가장 말단인 재화만을 안으로 챙기려고 이권에 개입하고 부정한 방법과 수단으로 자기창고를 채우는데 급급하면, 백성들도 이를 보고 자기재물을 챙기려고 남과 다투며 부정한 수단으로 빼앗기에 골몰하게 된다.

위정자나 백성이 자기재물 모으기에 치중하다보면 나라의 질서가 무너지고 협력체계가 깨어지니 성장과 번영은커녕 결국은 나라 전체가 망하고 만다. 기업이나 일반 조직도 상하의 갑을관계가 동반성장을 거부하고 자기이익 챙기기에 혈안이 되면 당장은 이익일지 몰라도 나중에는 함께 몰락하여 패망하고 만다.

위정자가 근본인 덕을 무시하고 말단인 재물만을 중시하여 악착같이 긁어모으면 이는 백성을 버리는 일이라, 그를 따르던 백성들이 모두 흩어지고 마니 결국은 억만금 재물을 의미 있게 써보지도 못하고 허망하게 파멸하고 만다. 자기가 가진 재물을 백성을 위해 나누고 베풂으로써 덕을 취하고 재물을 버린다면 백성은 저절로 모이게 마련이다. 민심이 모이면 그곳에 정치권력이 생겨나고 오래도록 명예를 보존할 수 있는 길이 열린다. 이것이 위정자가 알아야할 혈구지도의 공능(功能)이다. 위정자가 말을 함부로 하면 그 말의 재앙이 무서운 결과로 그와 그의 조직에게 되돌아오듯, 부정한 방법을 써서 함부로 착취하여 모은 재물도 결국 나라의 권력과 함께 자신을 파멸시키고 만다. 지위로 얻은 재물은 반드시 그 재물로 말미암아 지위를 잃는다. 이것이 세상의 공의(公義)다.

치국하는 의정자의 말 한마디나 재산은 혈구지도를 벗어날 수 없으니 언제나 공정무사(公正無私)하여야한다. 막말이나 국익에 위배되는 허언, 국민을 기만하는 공약(空約) 등의 거짓말은 반드시 국민의 심판을 받는다. 언제나 백성을 위한 진실만을 말해야하고, 그들의 재산은 투명하게 운영되어야한다.

(2) 군자대도(君子大道).

康誥에 曰 惟命은 不于常이라 하니,

강고에 말하기를, "오직 천명은 항상 한 것이 아니다."라고 하니

道善則 得之하고 不善則 失之니라.

천도에 선하면 천명을 얻고 불선하면 천명을 잃는 것이다.

楚書에 曰 楚國은 無以爲寶요 惟善을 以爲寶라 하니라.

초서에 말하기를, "초나라는 보배로 삼을 것이 없고 오직 선한 사람을 보배로 삼는다."고 했다.

舅犯이 曰 亡人은 無以爲寶요 仁親을 以爲寶라 하니라.

구범이 말하기를, "망명한 사람을 보배라고 할 수 없으나 그가 어버이를 사랑하면 보배로 여길 것이다."고 했다.

군자대도(君子大道)란? 자기의 몸을 닦고 자기집안을 가지런히 한 다음에 나라를 다스리는 사람 즉, 군자의 바른 길을 의미한다.

군자의 큰길은 많은 재물을 모으고 막강한 권력을 장악하는 것이 아니라, 재물을 버려 민심을 얻고, 천명을 받아 대업을 이루고 보존하는 것이다.

한번 천명을 받아 대업을 이뤘다고 그것이 천년만년 불변한 것은 아니다. 처음에 혈구지도로 선덕을 행하여 민심을 얻고 천명을 얻었지만, 부덕하여 탐재하다가 민심을 잃으면 하루아침에 천명을 잃을 수 있기 때문이다.

옛날 초나라 사람들이 금은보화를 보배로 여기지 않고, 덕을 닦은 어진 신하나 인재를 보배로 여긴 것은 어진 인재가 근본이고 금은보화는 말단이 되기 때문이다.

외국에 망명한 사람의 신분이 왕후장상이라도 보배라고 할 수 없고, 비록 권력을 잃고 망명 중이라도 효심을 내어 어버이를 지극히 사랑하고 훌륭한 인사와 가까이 한다면 그 덕이 보배라는 것이다. 군주나 지도자는 조국을 떠나 외국에 나가 있어도 부모에게 효도를 다하면서 선덕과 기능을 함양하여야 민심을 잃지 않고 다시 천명을 받을 때를 기다릴 수가 있다.

_{진 서 왈 약 유 일 개 신 단 단 혜 무 타 기}
秦誓에 曰 若有一个臣이 斷斷兮요 無他技나,

진서에 말하기를, "만약 어떤 신하가 충직하여 다른 재주는 없으나,

_{기 심 휴 휴 언 기 여 유 용 언}
其心이 休休焉하여 其如有容焉이라.

그 마음은 착하고 너그러워서 남을 얼마든지 포용할 수 있을 것 같다.

人之有技^{인지유기}를 若己有之^{약기유지}하며,

남의 재주 있음을 마치 자기가 가진 재주처럼 기뻐하며,

人之彦聖^{인지언성}을 其心好之^{기심호지}하니

남의 뛰어나게 훌륭한 점을 보면 속마음으로 좋아하니,

不啻若自其口出^{불시약자기구출}이면 寔能容之^{식능용지}라.

자기 입으로만 좋아하는 것이 아니라 진심으로 포용하고 있음이라.

以能保我子孫黎民^{이능보아자손려민}이니 尚亦有利哉^{상역유리재}인져!

이러면 나의 자손과 백성을 능히 보호해줄 것이니 분명코 이로움이 있다!

人之有技^{인지유기}를 媢嫉以惡之^{모질이오지}하며,

어떤 신하가 남의 재주 있음을 꺼리어 질투하고 미워하며,

人之彦聖^{인지언성}을 而違之^{이위지}하여 俾不通^{비불통}이면 寔不能容^{식불능용}이라.

사람들의 뛰어나게 훌륭한 점을 가로막아 군주인 나와 불통하게 하면, 이것은 진실로 다른 사람을 포용하지 않고 해치는 짓이다.

以不能保我子孫黎民^{이불능보아자손려민}이니 亦曰殆哉^{역왈태재}인져!

이러면 나의 자손과 백성을 보호하지 않을 것이니 분명코 위태로운 자이다!

唯仁人^{유인인}이라야 放流之^{방류지}하여,

오직 덕을 갖춘 어진 사람이라야 이런 사람을 추방하고 유배하여,

迸諸四夷하여 不與同中國하나니,

사방 국경 밖의 오랑캐 땅으로 좇아내어 나라에서 함께 못살게 할 수 있다.

此謂 唯仁人이라야 爲能愛人하며 能惡人이니라.

이것을 일러 어진 사람이라야 능히 남을 사랑하고 미워할 수 있다는 것이다.

見賢而不能擧하며, 擧而不能先은 命也요.

어진 사람을 보고서도 등용하지 못하고, 등용하더라도 먼저 등용하여 중히 쓰지 못함은 소홀한 것이다.

見不善而不能退하며, 退而不能遠은 過也니라.

좋지 않은 사람을 보고서도 물리치지 못하고, 물리치더라도 멀리 물리치지 못하는 것은 잘못한 것이다.

好人之所惡하며, 惡人之所好함은,

사람들이 싫어하는 것을 좋아하고, 좋아하는 것을 싫어하는 군주나 지도자를

是謂拂人之性이라, 災必逮夫身이니라.

일컬어 사람의 본성을 거슬린다고 하니, 반드시 그에게 재앙이 미칠 것이다.

시고　　　군자유대도　　　　필충신이득지　　　　교태이실지
是故로 君子有大道하니, 必忠信以得之하고, 驕泰以失之니라.

그러므로 군자에게는 큰 길이 있으니, 반드시 충직함과 성실함으로 민심을 얻을 수 있고, 교만함과 방자함으로는 민심을 잃게 되는 법이다.

수신제가하고 천명을 얻어 지키려면, 인사를 잘하여 민심을 얻어야한다. 혈구지도를 실행하여 민심을 얻고 천명을 받아 대업을 이룬 군자가 그 대업을 보존하려면, 반드시 훌륭한 인재를 등용하여 모든 백성이 지극히 행복한 삶을 살도록 나라를 경영하여야 한다.

훌륭한 인재등용은 군자의 큰 덕이다. 군자는 현명한 사람을 질투하고 유능한 사람을 시기하는 소인배가 아니라, 현명한 사람을 좋아하고 선행하는 사람을 반기는 대인을 등용하는 안목이 있어야한다.

평소에 성실한 어떤 신하 한사람이 있는데, 그는 특별한 재주는 없지만 마음은 넓고 너그러워 남을 잘 포용한다. 유능하고 현명한 사람을 시기하거나 질투하지 않고 말로만 칭찬하는 것이 아니라 진심으로 좋아하고 존중할 뿐 아니라 그가 덕과 재능을 충분히 발휘하도록 그를 적극적으로 추천하고 돕는다. 이렇게 혈구지도에 능한 신하는 나라의 백성과 군자의 자손을 위하여 반드시 등용하여 중임을 맡길 만하다고 진서는 말하고 있다.

그러나 자신도 재주가 없으면서 유능하고 현명한 사람을 시기하고 질투하여 적재적소에 쓰이지 못하게 하는 소인배 기질의 신하나 부하가 있다면, 이는 나라를 위태롭게 하는 위험인물이므로 과감하게 내쳐야 한다는 것이다.

이와 같이 국가사회에 해독이 될 악인을 물리치고, 국가사회를 발전시킬 훌륭한 인재를 등용할 수 있는 사람은, 공자의 말씀처럼 '오직 인

덕을 갖춘 사람만이 남을 사랑할 수 있고 남을 미워할 수 있다.'는 군자인 것이다.

인덕을 갖춘 사람은, 혈구지도를 실천하며 공정무사(公正無私)하게 일을 처리할 수 있는 사람이다. 인덕을 갖춘 사람이 권선징악(勸善懲惡)을 단호하게 결행할 수 있는 것은, **그 사람을 미워하지 않고 그 악함만을 미워하고, 그 사람을 사랑하는 것이 아니라 그 선함만을 사랑하는 덕이 있기 때문이다.**

어진 군자라도 인재등용에 소홀하면 허물이 따르고, 악인추방에 소홀해도 허물이 따르나니 언제나 백성들이 무엇을 좋아하고 싫어하는지를 정확하게 살펴 백성들과 공감하여야 한다. 백성들이 좋아하고 싫어하는 것을 어기면 마침내 그로 말미암아 민심을 잃게 되고 재앙이 몸에 미치게 될 것이다.

그러므로 군자대도는 잠시라도 교만함과 방자함으로 말미암아 어리석은 행위를 하면 민심을 잃게 되니, 늘 사심이 없이 최선을 다하는 충직함과 성실함으로 민심을 얻고 나라를 보전하는 것이다.

(3) 생재대도(生財大道).

生財有大道하니 生之者衆하고 食之者寡하며,

재물을 늘리는 큰 길이 있으니, 생산자가 많고 먹는 자가 적으며,

爲之者疾하고 用之者舒하면 則財恒足矣리라.

일하는 자가 부지런하고 쓰는 자가 검소하면 늘 재물이 풍족할 것이다.

仁者는 以財發身하고 不仁者는 以身發財니라.

어진 사람은 재물로써 몸을 일으키고,
어질지 못한 사람은 몸으로써 재물을 일으킨다.

未有上好仁 而下不好義者也요,
윗사람이 어진 덕을 좋아하면
아랫사람이 의로움을 좋아하지 않을 수 없고,

未有下好義 其事不終者也며,
아랫사람이 의로움을 좋아하면
윗사람이 그 일을 완수하지 않을 수 없으며,

未有府庫財 非其財者也니라.
정부의 창고에 재물이 쌓여도
백성들이 그 재물을 기뻐하지 않을 수 없다.

옛날에는 농업중심의 봉건사회라 그 나라의 경제규모가 소박하고 단순하여서 일하여 벌어들이는 생산자가 많고, 먹고 쓰는 소비자가 적으면 자연스럽게 나라의 재물이 늘어났으며, 부지런하여 생산이 빨라지고 절약하여 소비가 줄면 관부의 창고에 재물이 쌓여서 넉넉하였다.
옛날의 재물을 늘리는 원리는 공급이 수요를 초과하게 하여 남기는 것이었다. 나라에서 백성들에게 농토를 주어 생산에 종사하게 하고, 놀고먹는 사람이 없도록 일자리를 마련해줌과 동시에, 그들에게 공역이나 병역 등의 부역으로 시간을 빼앗지 않으면서, 조정에서는 녹봉이나 축내는 불필요한 자리를 없애고 과도한 세금을 걷지 않으며, 윗사람부터 절약하는 긴축정책을 솔선수범하여 시행하면 근검한 백성과 함께 국가재정은 풍요로워질 수밖에 없었다.

유가에서는 '덕이 근본이고 재물은 말단이다.'고 주장하지만, 사람들은 대체로 생존에 필요한 재물을 덕보다 더 좋아한다. 그러므로 사람들은 지위고하를 막론하고 재물을 늘리려고 땀 흘려 고생하는 수고를 마다하지 않는다. 먹을 것도 먹지 않고, 입을 것도 입지 않고, 때로는 자존심을 접고 부정과 타협하며, 오늘의 궁핍을 견디면서 미래의 풍요를 위하여 재물을 모으는 사람들이 아주 많다.

오늘날 자본주의 사회에서는 위정자들도 덕이나 명예보다 돈이나 재물을 더 중시한다. 누구나 가짐의 풍요 속에서 행복을 희망하기 때문이다.

글로벌문화인으로 인간답게 대접받고 살려면 재물이 필요하다고 재물의 다다익선(多多益善)을 주장하는 것이 어쩌면 당연한지도 모른다.

그러나 어진 덕을 갖춘 위정자는 재물을 정당한 수고의 대가로 모을 뿐 아니라 그 재물을 올곧게 사용하여 인재를 양성하고, 난민을 구제하며, 땀 흘려 모은 재물을 흩어 〈밝은 세상 만들기〉에 기여함으로써 민심을 얻고, 자기의 몸을 일으켜 우주자연의 천하재(天下財)를 거머잡는다.

어질지 못한 위정자는 자기의 지위나 신분을 남용하여 '수고의 대가' 그 이상의 폭리나 부정축재를 통하여 분수 밖의 재물을 모으고 향락을 즐기다가 드디어는 자기의 몸을 망치고 나라에까지 큰 피해를 입히게 된다.

재물을 소유한다는 것은 참으로 허망한 것이다. 재물은 돌고 도는 괴물이라 영원한 것이 아닌데도, 사람들은 자신의 재물만은 영원하리라고 착각한다.

재물을 지니는 원리는 의미 있고 가치 있게 쓰는 것이지, 고달프게 천년만년 지니고 있는 것이 아니다.

참 소유란 지니는 것이 아니라 누리는 것이다.

윗사람이 어진 덕을 베풀면 아랫사람인 신하나 백성은 저절로 의로워진다. 그리고 의를 위하여 충성을 다하게 되니 나라의 창고에 재물이 쌓이고 그 재물을 탐내고 축내는 사람이 없다. 그 재물은 임금을 비롯한 백성 모두의 것이 되어 좋은 곳에 쓰이게 된다. 이와 같은 이치는 기업경영이나 일반조직운영에도 똑같이 적용할 수 있다.

맹 헌 자 왈 축 마 승　　불 찰 어 계 돈
孟獻子曰畜馬乘은 不察於鷄豚하고,

맹헌자가 말하기를, "수레와 말을 키우는 사람은 닭과 돼지를 살피지 않고,

벌 빙 지 가　　불 축 우 양
伐氷之家는 不畜牛羊하고,

얼음을 잘라 쓰는 집안은 욕심내어 소나 양을 기르지 않으며,

백 승 지 가　　불 축 취 렴 지 신
百乘之家는 不畜聚斂之臣하나니,

100대의 수레를 가진 집안은 재물을 거둬들이는 가신을 두지 않는다.

여 기 유 취 렴 지 신　　녕 유 도 신
與其有聚斂之臣이어든 寧有盜臣이라 하니,

재산을 거둬들이는 가신을 두느니 차라리 내 재물을 훔쳐가는 가신을 두는 것이 마음 편하다."고 했다

차 위 국　　불 위 리 위 리　　이 의 위 리 야
此謂 國은 不以利爲利오, 以義爲利也니라.

이것이 나라는 이로움을 이익으로 여기지 않고 의로움을 이익으로 여긴다는 것이다.

지금으로부터 약 2,500년 전 춘추시대 노나라의 어진 대부였던 맹헌

자(孟獻子)는, 백성을 다스리는 위정자나 사회지도계층은 물질적인 재물로써 이익을 삼을 것이 아니라 의로운 덕으로써 이익을 삼아야한다고 말하였다. 의로운 위정자는 지위가 높아질수록 분수 밖의 재물을 탐하여 백성들의 이재수단인 영세사업 분야를 침범하지 말아야하며, 백성들의 재물을 착취하지 말아야한다고 하였다.

오늘날의 대기업들이나 그의 친인척들이 이재에만 눈이 어두워 서민들의 생업까지 침범하는 횡포, 무례, 독식행위들을 보면 의식수준이 수준이하임을 절감하게 된다. 지족(知足)과 함께 겸양의 미덕을 알아야할 그들의 몰염치한 상혼이 참으로 불쌍하며, 위정자의 무책임한 방관은 더욱 한심스럽다.

마승지가(馬乘之家) 즉, 네 마리 수레가 끄는 말을 탈 수 있는 선비신분이라면 일반 백성들이 이재수단으로 키우는 닭이나 돼지를 기르지 말아야하고,

벌빙지가(伐氷之家) 즉, 여름철 집안대사에 얼음을 쓸 정도로 풍족한 경대부 이상의 벼슬아치는 이재를 위해 소나 양을 기르지 말아야하며,

백승지가(百乘之家) 즉, 백 명이 탈 수 있는 수레를 동원할 수 있는 경대부이상의 집안은, 사방 백리의 영지를 관리하면서 백성들의 재물을 착취하는 가신을 기르지 말아야하고, 차라리 내 재물을 훔치는 가신을 두라는 것이다.

물론 **천승지가(千乘之家)**의 제후집안이나 **만승지가(萬乘之家)**인 천자집안이라 할지라도 가렴주구(苛斂誅求)하는 신하나 인척을 용납해서는 안 된다는 것이 위정자의 도리다.

신분이 높은 위정자일수록 '재산을 늘리는 것으로써 이익을 삼지 말고, 백성들을 안락하게 해줌으로써 이익을 삼아야 한다.'는 것이다. 아니면 민심을 잃고 가문의 몰락과 함께 비참한 최후를 맞게 된다.

^{장 국 가 이 무 재 용 자}　　^{필 자 소 인 의}
長國家而務財用者는 必自小人矣니,

나라의 장이 되어 재물을 쓰는 것에 힘쓰는 것은

반드시 소인배들 때문이니,

^{피 위 선 지}　　^{소 인 지 사 위 국 가}
彼爲善之하여 小人之使爲國家면,

저들이 잘한다고 여겨 그 소인들로 하여금 나라를 다스리게 하면,

^{재 해 병 지}　^{수 유 선 자}　^{역 무 여 지 하 의}
災害竝至라, 雖有善者나 亦無如之何矣니,

재앙과 해악이 함께 닥쳐 비록 올바른 사람이 있다 해도 어찌할 수가 없다.

^{차 위 국}　^{불 이 리 위 리}　^{이 의 위 리 야}
此謂 國은 不以利爲利오 以義爲利也니라.

이것을 일러 나라는 이로움을 이익으로 여기지 않고 의로움을 이익
으로 여긴다는 것이다.

한 나라의 우두머리가 되어 국가재정을 책임지고 운영함에 있어서,
재물을 백성들로부터 거두어 모으고 백성들을 위해 쓰는 데에 힘써야
하는 것은 매우 중요하고 당연하다.

그런데 인기영합주의populism로 나가는 '소인배 근성의 위정자들' 주장
은 국가재정의 수입부문보다 지출부문에 치중한다. 그들이 하자는 대
로 나라 돈을 쓰다보면 나라가 위태로워진다. 그 지출이 당장은 잘한
일처럼 보이지만, 소인들이 집권하고 지출위주로 나라를 경영하면 세
월이 조금만 흘러도 국가재정은 파탄이 나고 만다. 국가부도라는 엄청
난 재앙과 피해가 한꺼번에 닥치고 만다. 비록 올바른 정치식견을 가
진 사람이 있다 하더라도 국가부도를 수습하기란 그렇게 쉽지 않다.

오늘날도 수많은 위정자들이 무상보육, 무상교육, 무상의료, 실업수당, 노인복지, 농어촌 지원, 중소기업 지원 등을 정치 슬로건으로 내세우면서 민심을 잡으려고 혈안이지만, 그것들을 실행하기 위해 충당할 만한 재원확보가 어려운 것이 국가재정의 현실이 아닐 수 없다.

그러므로 자신의 인기를 위하여 백성을 현혹하는 국가예산편성이나 무상복지정책보다, 국리민복(國利民福)의 백년대계를 수립하여 국민의 이해와 동참을 구하는 것이 대인군자의 정치정도(政治正道)다.

진실로 백성을 위하는 위정자는 눈앞의 이익으로 백성을 현혹하지 않고 의(義)로 백성을 설득한다.

"나라의 재정을 풍족하게 하는 방법은 씀씀이를 절약하여 백성의 삶을 여유롭게 해주고 남은 재물을 잘 비축하는 것이다. 씀씀이 절약은 예(禮)로써 하고, 백성의 삶을 여유롭게 하는 것은 정(政)으로써 한다."는 순자의 부국(富國)편 가르침처럼 백성들에게 생산을 장려하되 씀씀이를 절약하자는 위정자의 의로움이 절실하다. 공자도 제나라 경공에게 이르기를, "정치란 재물의 쓰임새를 절도 있게 하는 것이다."고 했다.

이것을 일러 '나라는 이로움을 이익으로 여기지 않고 의로움을 이익으로 여긴다.'고 하는 것이다. 大

2절
치국평천하(治國平天下)
보충설명(補充說明)

요임금이 평범한 일반백성 순에게 "진실로 그 가운데를 잘 거머잡아라!" 말씀하고 왕위를 전하면서 선왕의 도(先王之道)가 열린다.

순임금은 우임금에게 "인심(人心)은 위태롭고, 도심(道心)은 잘 드러나지 않으니, 정밀하게 살피고 한결같이 지켜, 진실로 그 가운데를 잘 거머잡아라!" 말씀하고 왕위를 전하니 이때부터 선왕의 도가 전해진다.

요순임금의 이 말씀은 유가의 도통심법이면서 성공비결이다.

중용에서 자사(子思)가 이르기를, "희로애락이 피어나지 않은 고요한 상태를 일컬어 중(中)이라 하고, 그것이 피어나서 어느 한쪽으로 치우치지 않고 모두 절도에 맞는 것을 화(和)라고 한다. 중(中)이라는 것은 천하의 가장 큰 근본자리이고, 화(和)라는 것은 천하 사람들이 이뤄야할 바른 길이다. 이 중(中)과 화(和)가 지극함에 이르면 천지가 바르게 자리를 잡고, 만물이 저절로 잘 자라게 된다."고 말했다.

공자가 말씀하기를, "군자의 언행은 중용을 지키고, 소인의 언행은 중용에서 어긋난다. 군자의 중용은 군자답게 그 때에 맞추어 적절하게 행하고, 소인의 중용은 소인답게 거리낌이 없이 제멋대로 행한다."고 했다.

또 공자가 말하기를, "순임금은 크게 지혜로운 분이었다. 순임금은 남에게 묻기를 좋아했고 언제나 대수롭지 않은 흔한 말도 살피기를 좋아하였다. 사람들의 볼썽사나운 짓은 감춰주고 좋은 점은 들어내어 칭찬했다. 무슨 일이나 그 양극단을 다 거머잡고 살펴서 그 중간을 백성들에게 적용하였으니, 이것이 바로 평범한 백성이 훌륭한 임금 순이 된 것이다."고 했다.

탁월한 효성 때문에 한족들이 오랑캐로 여기는 동이족의 후예인 일반서민출신의 순이 요임금에게 천거되어, 28년간 중용의 도로 벼슬을 하다가 천자의 지위를 물려받게 되었으니 이것이 어찌 쉬운 일이었겠는가!

맹자께서 말하기를, "중용의 덕을 가진 사람은 중용의 덕을 지니지 못한 사람을 길러주고, 재능이 있는 사람은 재능이 없는 사람을 길러준다. 그러므로 사람은 현명한 부모나 형제가 있는 것을 즐거워한다. 만일 중용의 덕을 가진 사람이 중용의 덕을 지니지 못한 사람을 버리며, 재능이 있는 사람이 재능이 없는 사람을 버린다면, 이는 현명한 것과 현명하지 못한 것의 서로 다른 것이 한 치의 차이도 없다."고 했다.

우임금이 말하기를, "임금이 임금노릇을 어렵게 여기며, 신하가 그 신하의 직분을 어렵게 여길 수 있어야만 정치로써 그나마 제대로 다스릴 수 있고, 백성을 빨리 덕으로 감화시킬 수 있다."고 했다.

이를 듣고 순임금이 말하기를, "그렇다. 신실로 그렇게 하면 아름다운 말이 숨겨져 묻히는 일이 없고, 어진 사람이 초야에 묻혀 살지 않아도 되니 온세상이 다 편안해질 것이다. 임금된 자는 많은 사람에게 견주어 자기의 잘못된 점을 버리고 남의 바른 것을 따르며, 무고한 사람을 학대하지 않고 곤궁한 사람을 저버리지 않아야 하는 것이니 오직 요임금이 이런 것들을 실천하였었다."고 했다.

논어에서 정공이 공자에게 묻기를, "한 마디 말로 '나라를 흥하게 할 수 있다' 하니 그럴 수가 있습니까?" 하니 공자가 답하기를, "말로써는 반드시 그렇게 할 수 있다고 기약할 수는 없습니다. 그러나 어떤 사람이 말하기를 '임금 노릇하기도 어렵고 신하 노릇하기도 쉽지 않다' 하니, 만약에 임금 노릇하기가 어렵다는 것을 스스로 안다면, 한 마디로 나라를 흥하게 할 수 있다고 볼 수 있지 않겠습니까?"라고 했다.

사씨가 말하기를, "임금 된 도리의 어려움을 안다면 반드시 경건하고 근면하게 그것을 지킬 것이다. 내가 말을 할 때 아무도 내 말을 어기지 말라고 명한다면 아첨하고 참소하는 무리들이 모이게 될 것이다. 나라는 갑자기 흥하고 망하는 것이 아니니, 반드시 그 흥망의 근원은 여기에서부터 갈라진다. 그러나 이것은 낌새를 살펴 아는 군자가 아니라면 어찌 이러한 것을 알 수 있겠는가?"고 했다.

공자가 위나라로 갈 때 제자 염유가 수레를 몰았다. 이 때 공자가 말씀하기를, "백성이 참 많구나!"고 했다. 염유가 여쭙기를,
"이미 백성이 많다면 다음에는 무엇에 더 힘써야 합니까?"하니 공자가 답하기를, "백성을 부유하게 해주어야한다."라고 했다. 또, 여쭙기를, "이미 부유해진 다음에는 무엇에 더 힘써야합니까?"하니 공자께서 답하기를, "가르쳐야한다."라고 하였다.

주자가 말하기를, "부유하더라도 가르치지 아니하면 짐승에 가까워진다. 그러므로 반드시 학교를 세우고 예의를 밝혀서 사람의 도리를 행하도록 가르쳐야 하는 것이다."고 했다.

오늘날 회사원이나 그 기업에 종사하는 사람이 아주 많은 재벌그룹이나 대기업은, 옛날의 천승지가(千乘之家)인 제후국이나 만승지가(萬乘之家)인 천자국과 다름이 없다. 그러므로 그들을 거느리고 다스리는 기업주나 사장은 옛날의 군주와 다름이 없으므로, 반드시 백성과 같은 그들 회사원이나 종사원들을 부유하게 만들어야하고, 더 나아가서는 그들을 더 좋은 삶을 살 수 있도록 교육하여야할 책임이 있다.

"무릇 천하의 국가를 다스리는 데 있어서는 아홉 가지 보편적인 원칙이 있다. 이것은 자신을 수양하고, 어진 이를 존경하고, 어버이를 받들고, 대신을 공경하고, 뭇 신하를 내 몸과 같이 여기고, 백성을 자식처럼 사랑하고, 모든 공인을 불러들이고, 먼 데서 온 사람을 편히 해주고, 제후들을 회유하는 것이다.

자신을 수양하면 도가 확립되고, 어진 이를 존경하면 의혹이 없게 되며, 어버이를 친애하면 숙질이나 형제들이 원망하지 않게 되고, 대신을 공경하면 현혹되지 않게 되며, 뭇 신하를 내 몸과 같이 여기면 선비들이 예로써 보답하고, 백성을 자식처럼 사랑하면 백성들의 격려를 받게 되며, 기술자(工人)들을 오게 하면 재물이 풍족하게 되고, 먼 데서 온 사람을 편히 대해주면 사방에서 귀의해 오게 되며, 제후들이 믿고 따르면 천하가 두려워하게 된다.

몸과 마음을 바르고 깨끗하게 하고 옷차림을 단정하게 하며, 예가 아니면 행하지 않는 것이 수신(修身)하는 길이요. 참소를 물리치고 여색을 멀리하며, 재물을 천히 여기고 덕을 귀하게 여기는 것이 존현(尊賢)하는 길이다. 지위를 존중하고 봉록을 소중히 여기며, 어버이와 좋고 궂은일을 함께하는 것이 친친(親親)하는 길이요. 많은 관리를 충분히 부릴 수 있게 하는 것이 경대신(敬大臣)하는 길이다. 충직한 사람을 믿고 봉록을 후하게 주는 것이 체군신(體群臣)하는 길이요. 제때에 맞춰 부리고 세금을 적게 걷는 것이 자서민(子庶民)하는 길이다. 날마다 살펴보고 다달이 시험하여 되어 진일의 성과에 따라 녹봉을 후하게 주는 것이 내공인(來工人)하는 길이요. 가는 이를 보내주고 오는 이를 맞이하여, 잘한 것을 칭찬하고 무능해도 불쌍히 여기고 거두는 것이 유원인(柔遠人)하는 길이다. 끊어진 대를 이어주고, 패망한 나라를 일으켜주며, 혼란을 다스려 주고, 위급한 상황을 붙들어주며, 때에 맞게 사신을 맞아주고, 가져가는 것은 후하게 주고 가져오는 것은 가볍게 해주는 것이 회제후(懷諸侯)하는 방법이다."고 중용은 가르친다.

　주자가 말하기를, "이것은 천하를 다스리는 아홉 가지 보편적 원칙의 효과를 말한 것이다. 도가 확립된다는 것은 도가 자기에게서 이루어져 백성들의 표준이 될 수 있음을 말한 것이니, 이른바 임금이 그 표준을 세운다는 것이 바로 이것이다. 의혹이 없다는 것은 공경함의 이치에 의심이 없다는 것이고, 원망하지 않는 것은 도리에 어긋남이 없기 때문이다. 현혹되지 않는 것은 대신을 공경하면 신임이 온전하므로 소신들이 이간질할 수 없으므로 일에 임하여 미혹되지 않게 하는 것이고, 모든 공인을 불러들이는 것은 일을 융통성 있게 함으로써 기술이 잘 유통되어 농민과 상인을 능률적으로 돕게 되므로 재물을 풍족하게 하는 것이다. 먼 데서 온 손님을 편하게 해주는 것은 온 세상의 나그네를 기쁘게 하는 일로써, 그 나라의 길로 다니게 함이니 사방나라사람이 몰려오게 하는 것이다. 제후를 회유하는 것은 널리 덕을 베풀어 위엄을 보이고 신임을 넓힘으로써, 천하가 모두 그를 존경하고 두려워하게 된다."고 했다.

온 세상의 국가와 집안을 다스리는 데에는 위와 같은 아홉 가지 보편적인 원칙이 있으나 이것을 행하는 원리는 하나뿐이니, 그 하나는 '성실'이다.

성실이란 것은 하늘의 도리이고 성실해지려는 것은 사람의 도리이다. 이미 성실하면 그는 성인(聖人)이고 성실해지려고 택선고집(擇善固執)하고 노력하는 사람은 장차 성인(聖人)이 될 사람이며 이 시대의 지도자다.

지도자는 그 시대 그 사회의 표준이요, 모범이다.

공자가 말씀하기를, "잃을 것만을 근심한다면 못하는 일이 없을 것이다."했다. 잃을 것을 근심하는 사람은 자기의 재화나 사회적 지위, 부귀영화를 천년만년 누리려고 못하는 일이 없다. 임금을 배신하고 시해하며, 부모형제를 기만하고 쟁송하며, 매관매직에 부정축재 도적질까지 못하는 일이 없다.

맹자가 말하기를, "사람은 하지 않는 것이 있어야만 할 수 있는 일이 있을 수 있다."고 했다. 사람은 해야 할 일과 해서는 안 될 일을 선택하는 지혜가 필요하고, 하지 말아야할 일을 자제하지 않으면 자멸하는 경우가 많으니 정확하게 선택하고 행동하여야한다.

장자(張子)가 말하기를, "어질지 않은 일을 하지 않으면 어진 일을 할 수가 있고, 옳지 않은 일을 하지 않으면 옳은 일을 할 수가 있다."고 했다.

정자가 말하기를, "하지 않는 것이 있다는 것은 가릴 줄을 안다는 것이니, 오직 하지 않는 것이 있기 때문에 할 수 있는 것이 있게 된다. 하지 않는 일이 없는 자가 어찌 할 수 있는 일이 있겠는가?"고 했다.

모든 대인들의 대업(大業)은, '하고 싶어도 하지 않은 많은 날의 눈물 겨운 절제'가 뿌리를 내리고 자라서 꽃피고 열매를 맺은 것이다.

맹자가 말하기를, "예 아닌 예(非禮之禮)와 의 아닌 의(非義之義)를 대 인은 행하지 않는다."고 했다. 또 말하기를, "예는 사람이 출입하는 문 이요 의는 사람이 갈 길이다."고 했다.

맹자가 말하기를, "받을 수도 있고 받지 않을 수도 있을 경우에 이를 받는다면 그것은 청렴을 손상하는 것이며, 줄 수도 있고 주지 않을 수 도 있을 경우에 준다면 그것은 은혜를 손상하는 것이 된다. 죽을 수도 있고 죽지 않을 수도 있을 경우에 죽는다면 그것은 용기를 손상하는 것이다."고 했다.

받을 수도 있고 받지 않을 수도 있을 경우에는 받지 않는 것이 당당하 고, 줄 수도 있고 주지 않을 수도 있을 경우에는 주지 않는 것이 은혜롭 고, 죽을 수도 있고 죽지 않을 수도 있을 경우에는 죽지 않는 것이 용감 하다.

받지 않고, 주지 않고, 죽지 않는 것이 상황에 따라서는 더욱 현명하 고 예의와 의리에 합당한 경우가 있다는 것이다.

공자가 말씀하기를, "군자는 의리에 밝고 소인은 이익에 밝다."고 했다.

주자가 말하기를, "의(義)라는 것은 천리의 마땅한 것이며, 이(利)라 는 것은 인정이 하고자 하는 것이다."고 했다.

맹자가 말하기를, "선비는 궁해도 의(義)를 잃지 않고 영달해도 도 (道)를 떠나지 않는다. 궁해도 의를 잃지 않으므로 선비는 자기를 잃지 않으며, 영달해도 도를 떠나지 않으므로 백성들이 실망하지 않는다."

고 했다.

위나라의 양혜 왕이 맹자에게 묻기를, "선생께서 천릿길을 멀다않고 찾아오셨으니 장차 우리나라에 이로움이 있겠습니까?"하니 맹자가 답하기를, "왕께서는 무엇 때문에 이(利)를 말씀하시는 것입니까? 오직 인(仁)과 의(義)가 있을 뿐입니다. 왕께서 '어떻게 하면 내 나라를 이롭게 할 수 있을까?'만을 생각한다면 대부(大夫)들은 '어떻게 하면 내 집안을 이롭게 할 수 있을까?'만을 생각할 것이고, 또 선비나 일반서민은 '어떻게 하면 내 한 몸을 이롭게 할 수 있을까?'만을 생각할 것입니다. 이처럼 윗사람이나 아랫사람이 서로 자기이익만을 취하게 된다면 나라는 위태로워질 것입니다.

만승의 나라에서 그 군주를 죽이는 자는 반드시 천승 집안이며, 천승의 나라에서 그 군주를 죽이는 자는 백승 집안입니다. 만 가운데서 천을 차지했으며, 천 가운데서 백을 차지했다면 많지 않은 것이 아니건만, 진실로 의(義)를 뒤로 미루고 이익만을 추구한다면 마저 다 빼앗지 않고는 만족할 수가 없는 것입니다.

어진 사람으로 그 어버이를 버리는 이는 없으며, 의로운 사람으로서 그 군주를 뒤로 하는 자는 없습니다. 왕께서는 오직 인과 의를 말씀하시는 것으로 그쳐야 하는데 무엇 때문에 굳이 이(利)를 말씀하시는 것입니까?"고 했다.

태사공 사마천이 말하기를, "내가 일찍이 맹자를 읽을 때 양혜 왕이 맹자를 향해서 어떻게 하면 우리나라를 이롭게 할 수가 있겠느냐고 물은 대목에 이르러서는 손으로 책을 치며 탄식하였다. '슬프다! 이(利)란 진실로 어지러움의 시초구나! 공자께서 이(利)라는 말을 드물게 하신 것은, 항상 그와 같은 불순한 동기가 사람의 마음속에 싹트는 것을 막으려는 것이었다."고 했다.

정자가 말하기를, "사람이 이익추구만을 목적으로 일을 도모한다면 이(利)를 얻을 수가 없을 뿐만 아니라 도리어 해(害)가 따르게 마련이며, 오직 인(仁)과 의(義)에 입각해서 일을 하면 이익을 추구하지 않더라도 이익이 돌아오게 마련이다."고 했다.

한 개인이 이익추구에만 몰두한다면 온갖 불의의 행동을 서슴지 않다가 자기의 몸을 망치게 마련이다. 한 가정에 있어서도 가족구성원들이 각자의 이익에만 급급하다보면 어버이와 자식 사이에 불화가 빚어지고 형제간에 서로 다투게 되어서 그 집안은 몰락하고 만다.

한 기업에 있어서도 회사구성원들이 각자의 이익에만 눈이 어두워 사업주와 노동자가 자기이익만 추구하며 다투다보면 결국 그 회사는 망하고 만다. 민생경제가 파탄에 빠져드는데 통치자나 지배계층은 물론 일반국민들까지 자기이익추구에만 혈안이면, 부정부패와 사회혼란이 겹치면서 그 나라 역시 붕괴되고 만다. 참으로 무서운 탐욕의 저주가 아닐 수 없다. 그러므로 사람은 모름지기 의(義)가 근본이고 이(利)는 말단이다.

대동일화(大同一和)를 꿈꾸는 대인군자는 의(義)를 중시하고, 의(義)를 위하여 목숨도 버릴 수가 있다. 일신안락(一身安樂)을 꿈꾸는 소인졸부는 이(利)를 중시하고 이(利)를 좇다가 목숨을 허망하게 버리기도 한다.

의(義)를 위해 목숨을 버린 사람을 세상은 의인(義人)이라고 한다.

공자가 말씀하기를, "곧은 사람을 등용하고 굽은 사람을 물리치면 백성들이 복종하고, 굽은 사람을 중용하고 곧은 사람을 물리치면 백성들이 복종하지 않는다."고 했다.

공자가 말씀하기를, "같은 소리는 서로 호응하고 같은 기운은 서로 희구하는 것이니, 물은 낮은 데로 흐르고 불은 마른 데로 번져가며, 구름은 용을 따르고 바람은 범을 따른다."고 했다.

의(義)를 좇는 사람은 정의로운 대인군자를 알아보고 그를 중용하며, 이(利)를 좇는 소인은 불의를 행하는 사람을 알아보고 물리치지 않으며 그들과 어울려 이(利)를 도모한다.

임금이나 지도자가 인의와 충서로써 인재를 구하면 반드시 상통하는 준비된 인재가 나타난다. 세상에는 군자의 부름을 기다리는 숨은 인재가 많이 있다. 요가 순을 만나고, 순이 우를 만남이나, 유비가 공명을 만나고, 문왕이 강태공을 만남이나 모두 다 '같은 마음으로 서로를 원하고 간구하여 감응한 것'이다. 유유상종(類類相從)이란 자연의 법칙이 작용하기 때문이다.

공자가 말씀하기를, "말을 교묘하게 잘하거나 외모를 잘 꾸미는 사람 가운데는 어진 사람이 드물다."고 했다. 교언영색(巧言令色)하는 사람은 진실하지 못하고 방자하여 남을 기만하고 아첨을 잘하므로 어진 사람이 아니다.

공자가 말씀하기를, "군자는 말을 잘한다고 해서 그 사람을 등용하지 않고, 신분이 낮다고 해서 그 사람의 말까지 버리지는 않는다."고 했다.

정명도 선생이 이르기를, "학문을 논할 때는 모름지기 이치를 밝혀야하고, 정치를 논할 때는 모름지기 그 요체를 알아야한다."고 했다.

묻고 배움에는 사물의 이치를 밝혀서 확실하게 알아야하고, 정치를 논할 때는 민족번영의 역사의식이나 보국안민을 위한 사명의식 같은 요체를 알고 그 신념을 실현하겠다는 성심과 정책이 있어야 그가 정치를 바르게 안다고 할 수 있다.

맹자가 말하기를, "한 가지 의롭지 않은 일을 행하고 한 사람의 죄 없는 사람을 죽여서 온 세상을 얻는다 하더라도 나는 하지 않겠다."고 했다.

2,500년 전에 전체를 위하여 개체를 희생하는 것은 정의가 아니니 행하지 말라는 맹자의 정치식견은 참으로 경이롭다. 인권(人權)이 공의(公義)보다 우선한다는 주장은 오늘날에도 귀감이 아닐 수 없다.

주자가 말하기를, "한 가지 의롭지 않은 일을 행하고, 한 사람의 죄 없는 사람을 죽여서 온 세상을 얻는다 하더라도, 이를 하지 않는 것은 마음이 바르기 때문이다."고 했다.

인의(仁義)를 저버리고 인권을 탄압하면서 무력으로 권력을 장악하여, 국가기강을 바로잡고 민생을 안정시키겠다는 사람이나 그 집단에 참여하지 않겠다는 것이 맹자의 정치신념이다.

대(大)를 위하여 소(小)를 희생시켜도 좋다는 공리적(公利的)인 견해는 어진 사람의 바른 마음이 아니다. 애국애족을 부르짖으면서 인권을 제한하고 짓밟으며, '개인의 자유를 희생'해서라도 전체국민의 경제적 풍요와 사회적 정의를 실현하겠다는 위정자들이 역사적으로 많았으나, 그들은 대다수가 악명 높은 독재자들이었고 그 말로가 참으로 비참하였다. 보라! 그들을!

초야에 묻혀서 요순(堯舜)의 도를 즐기던 이윤(伊尹)이 상(商)나라를 개국한 탕왕의 세 번째 초빙에 응하면서 말하기를, "내가 밭 가운데에 살면서 그냥 요순의 도를 홀로 즐기며 사는 것이, 이 나라 임금을 도와서 요순 같은 임금이 되게 하고, 이 나라 백성을 가르쳐서 요순시대의 백성과 같게 하여 그것을 직접 보는 것만 하겠는가? 하늘이 이 백성을 낳음에 선지자(先知者)로 하여금 후지자(後知者)를 일깨워주게 하고, 선각자(先覺者)로 하여금 후각자(後覺者)를 일깨워주게 하였다. 나는 일반서민의 선각자이니 도(道)로써 이 백성을 일깨워 주련다. 내가 그들을 일깨워주지 않는다면 누가 하겠는가?"라고 말하면서 출사(出仕)를 하였다고 한다.

일찍이 절차탁마하면서 격물치지하고 수신제가하여 치국평천하할 수 있는 능력을 갖추었을지라도, 그 선각자의 지혜를 백성을 위해 활용하지 않으면 무슨 소용이 있겠는가? 내가 아니라도 세상정치가 잘 돌아가고 있으면 바라보고 지켜보고 따르면 된다. 그러나 그들 정치세력이 보수 진보로 갈리어서 서로 다투고 싸우면서 정도를 벗어나거나 잘못하고 있으면 발 벗고 나서야하는 것이 선지자의 도리요, 선각자의 사명이다. 저 혼자 편안하려고 어지러운 이 세상을 외면하는 것은 위선이며 죄악이기 때문이다.

서경 상서에서 이윤이 탕왕의 손자 태갑을 훈계하여 이르기를, "임금은 백성이 없으면 부리지 못하며, 백성은 임금이 없으면 섬기지 못하는 법입니다. 임금께서는 스스로가 대단하다고 백성을 하찮게 여기지 마십시오. 백성들이 스스로가 못났다고 최선을 다하지 않으면 잘난 임금도 공적을 이룰 수가 없습니다." 또 말하기를, "덕에는 고정불변의 법이 없습니다. 선을 위주로 하는 것이 법이 됩니다. 선은 항상 고정된 것이 아니고 '백성과 하나가 되는 것'이 선에 합하는 덕이 됩니다."고 했다.

채씨가 말하기를, "임금과 백성이 서로를 필요로 한다는 것을 말함으로써 태갑이 백성을 소홀히 여기지 못하게 한 것이다. 이윤이 또 말하기를, '임금과 백성이 서로 부리고 섬기는 것은 비록 귀천이 있지만 사람의 착한 것은 처음부터 귀천이 없다.'하였다. 대개 하늘이 한 이치를 사람에게 부여하였으나 이것이 흩어져서 만 가지 선이 되었다. 따라서 임금은 온 세상의 만 가지 선을 합한 다음에 한 이치를 온전하게 할 수 있을 것이다. 만약 임금이 스스로를 대단하다고 여기고 백성을 하찮게 여기면, 그들이 임금에게 지극한 마음을 다하지 않게 되므로, 임금이 이뤄야할 만 가지 선 가운데 한 가지 선한 공적도 이루지 못하게 된다."고 했다.

옛날의 임금은 오늘날의 큰 조직의 대표자나 사회적인 지도자와 같다. 기업의 사장이나 회장일 수도 있고 정당의 대표자나 사회조직의 장일 수도 있다. 이들이 그들의 조직구성원인 사원이나 종사자 내지 시민들을 소중히 여기고 우대할 때 그들이 이루려는 선이나 목적의 달성이 가능하다. 그가 제아무리 훌륭하고 유능해도 '시키면 일하는 특별할 것이 없는 보통사람들'이 없이는 아무 것도 이룰 수가 없다. 어찌 감히 그 사람들을 하찮은 존재로 가볍게 여길 수 있단 말인가!

채씨가 말하기를, "고정불변함 즉, 항상 함이 없다는 것은 집착하지 말라는 것이다. 덕이란 선의 총칭이요, 선이란 덕을 구현함이다. 일(一)이란 그 근본이 통합된 것을 뜻한다. 덕이 여러 선을 겸하였더라도 선을 위주로 하지 않는다면, 일본만수(一本萬殊)의 오묘함을 얻을 수 없을 것이다. 선은 하나에서 근원한 것이니 무엇이든 하나가 되지 못한다면 만수일본(萬殊一本)의 오묘함을 통달할 수 없을 것이다. 여러 가지 선을 널리 구하고 오로지 한 이치를 요약하여 모으는 것이 성학(聖學)의 시종(始終)이며, 공자가 말한 일이관지(一以貫之)의 도이다."고 했다.

마음을 모으고 모든 것을 새롭게 밝히는 것이 선이고 덕이다. 언제나 거기서 그것과 하나 되어 머무르면 그것이 선과 하나 된 덕이다. 임금과 백성, 지도자와 추종자, 대표자와 종사자, 사용주와 노동자가 '거기서 그것과 하나 되어 새로워지고 밝아져서 최선의 상태에 머무르는 것이 지선'이다.

주역의 택화 혁괘에 이르기를, "개혁하자는 말이 세 번 이루어지면 믿음이 있다."고 했다.

정자가 말하기를, "바꾼다는 말은 마땅히 개혁하여야 한다는 주장이다. 마땅히 개혁하려면 자세히 세 번을 살펴보아 세 번이 다 합당하면 그것은 믿을만한 것이다. 마땅히 개혁해야할 일을 두려워하여 개혁하지 않으면 때를 잃게 되므로 해가 된다.

개혁은 끝까지 아주 신중하게 해야 하며, 굳세고 분명하다고 해서 제멋대로 하면 안 된다. 반드시 공론을 살피고 상고하여 세 번을 의론한 다음에 그것을 개혁하면 허물이 없을 것이다."고 했다.

서경의 상서에서 이윤이 말하기를, "아! 오직 하늘은 특별히 친애하는 이가 없고 하늘을 공경하는 사람만을 친애한다. 백성은 일정하게 그리워하는 이가 없고 백성을 사랑하는 사람만을 그리워한다. 귀신은 일정하게 제사를 받는 일이 없고 귀신을 정성으로 모시는 사람의 제사만 받는다. 임금의 자리란 어려운 것이다."고 했다. 진실로 어려운 자리가 만인에게 모범을 보여야 하는 임금의 자리요 지도자의 자리다.

임금이나 지도자는, 경(敬)으로 하늘과 친애하며, 인(仁)으로 백성과 소통하며, 성(誠)으로 귀신과 감응한다. 하늘은 주군이요 부모며 어른이고, 백성은 이웃이며 동료이고 수하이며, 귀신은 조상신이고 선인(先人)이며 삼라만상이다. 임금이나 지도자는 이 세 가지를 잠시라도 소홀하게 할 수 없으니 마땅히 마음을 다하여 하나가 되어야한다. 저마다 다른 셋이지만 합하면 하나의 덕이다.

서경의 상서에서 이윤이 말하기를, "덕이 한결같으면 움직이는 것마다 길(吉)하지 않음이 없고, 덕이 두셋으로 흩어지면 움직이는 것마다 흉(凶)하지 않는 것이 없다. 오직 길하고 흉한 것이 어긋남이 없는 것은 사람에게 달려 있으며, 하늘이 재앙과 축복을 내리는 것은 그 사람의 덕에 달린 것이다."고 했다.

서경의 우서에서 우임금이 말하기를, "도(道)를 따르면 길하고 역(逆)을 따르면 흉한 것이니, 그 반응은 그림자나 메아리와 같은 것이다."고 했다. 도는 선이고 순리이며, 역은 악이고 무리이다.

서경의 주서에서 성왕이 말하기를, "옛날 크게 온 세상을 다스리려고 꾀할 때는 아직 어지럽기 전에 바로잡아 다스리고, 위태롭기 전에 그 나라를 보존하였다."고 했다.

공자가 말씀하기를, "위태롭다는 것은 그것을 편안하게 하는 근거가 된다. 망해 없어진다고 하는 것은 그 나라를 보존시키는 근거가 된다. 어지럽다는 것은 다스림을 있게 하는 근거가 된다. 이러므로 군자는 편안해도 위태로운 것을 잊지 아니하고, 존속하더라도 망해 없어지는 것을 잊지 아니하며, 잘 다스려질 때라도 어지러운 것을 잊지 아니한다. 이 때문에 몸이 편안하고 나라가 잘 보존될 수 있다."고 했다.

정자가 말하기를, "성인은 바야흐로 번성할 때 반드시 경계한다. 번성할 때에 경계할 줄 모르면 부유함에 익숙해지고 편안해져 교만하고 사치해진다. 한가하고 방자함을 즐기면 기강이 무너지게 되며, 재앙과 어지러움을 잊어버리면 재난과 해악이 싹튼다. 이 때문에 점점 방탕하게 되어 어지러움이 찾아오는 것을 알지 못한다."고 했다.

공자가 말씀하기를, "하늘은 사사로이 덮어주는 것이 없고, 땅은 사사로이 실어주는 것이 없으며, 해와 달은 사사로이 비추는 것이 없다.

이 세 가지를 받들어 세상을 다스리는 것을 삼무사(三無私)라고 한다."
고 했다.

**수신제가 하고, 치국평천하의 길을 가려면 언제나 공평무사하여야만
허물이 없다.** 치인(治人)의 으뜸이 공명정대함이기 때문이다. 사심이
없는 것이 기강을 세우는 근본이다.

**순임금이 우에게 명하여 말하기를, "사랑해야 할 대상은 임금이 아니
던가? 두려워해야 할 대상은 백성이 아니던가? 백성은 임금이 아니면
누구를 떠받들며 임금은 백성이 아니면 누구와 함께 나라를 지킬 것인
가? 조심스럽게 너의 직무수행을 신중히 해서 삼가 '바랄만한 것을 닦도
록 하라.' 온 나라가 곤궁해지면 녹이 영영 끊어지게 된다."고 했다.**

채씨가 말하기를, "바랄만한 것이란 맹자가 말한 〈바람직한 것〉과
같은 것이다. 바랄만한 것은 모두 선한 것이다. 임금은 마땅히 자기가
차지하고 있는 위치를 삼가고 조심하며 그 바랄만한 것을 닦아야한다.
진실로 마음에 털끝만한 불선(不善)이라도 갖고 정치를 하게 되면 많
은 백성들이 불안해할 것이다. 그리하여 백성이 곤궁해지면 임금 위치
가 흔들리고 마니 이 어찌 깊이 두려운 일이 아니겠는가?"고 했다.

서경의 하서 오자지가(五子之歌)에 이르기를, "위대한 조상의 가르
침은 백성을 가까이할 수는 있어도 멀리 할 수는 없다는 것이다. 백성
은 나라의 근본이니 근본이 견고해야 나라가 편안해지는 법이다."고
했다.

**주자가 말하기를, "윗사람이 인(仁)을 좋아하여 아랫사람들을 사랑하
면, 아랫사람들은 의(義)를 좋아하여 윗사람에게 충성하게 된다."고 했다.**
임금이나 위정자는 백성을 사랑하고 진실로 그들이 원하는 바람직

한 것을 주고 그들을 편안하게 보호해야한다. 그럼 백성들도 충심으로 임금이나 위정자를 믿고 따르며 떠받든다. 그렇지 않으면 양같이 순한 백성들이 무서운 맹수로 변하여 임금이나 위정자가 두려워하는 존재로 바뀌고 만다.

　기업이나 사용자도 마찬가지다. 사원이나 노동자가 바라는 것을 이루고 누릴 수 있도록 진심으로 이끌어야한다. 그럼 종사자들도 저마다 주인정신으로 회사를 사랑하고, 회사가 번영하도록 진력하게 된다. 나라를 경영함이나 기업을 경영함이 결국은 매한가지다. 서로 깊이 이해하고 친애하며, 소통하고 연구하여, 한뜻으로 땀 흘려 협력하면 의식주는 물론 부와 풍요, 안정과 발전을 서로 보장받게 될 것이다.

　상하가 지금 여기서 하나 되어 한 방향으로 나아가면 이루지 못할 일이 없다. 지금 어려워도 반드시 발전하여 풍요를 누리게 된다.

　일반백성이나 사원들이 궁핍한데 위정자나 기업주만 풍요로울 수 없고, 백성이나 사원들이 풍요로운데 위정자나 기업주만 궁핍할 수 없는 것이 동서고금의 세상이치고 정치도리다.

　예기에 이르기를, "큰 도리가 행해질 때에는 천하가 공평하게 되어, 어진 이와 능한 이를 선발하여 신의를 강구하고 화목함을 닦는다. 그러므로 사람들은 비단 자기의 어버이만을 어버이로 여기지 않는다. 자기의 자식만 자식으로 여기지 않는다.

　늙은이는 몸을 마칠 곳이 있고, 젊은이는 쓰일 곳이 있으며, 어린이는 자랄 곳이 있고, 홀아비나 홀어미, 부모나 자식이 없는 사람, 병든 자나 불구자들도 모두 부양될 곳이 있다. 이 때문에 간사한 꾀가 일어나지 않으니 사기꾼이 없으며, 도적이 없어 대문을 열어놓고 닫지 않아도 되니 이것을 일러 대동(大同)이라고 한다."했다.

대동사회(大同社會)란, 남을 내 몸같이 사랑하는 혈구지도나 어느 한 쪽으로 치우치지 않고 평범하면서도 떳떳한 중용지도가 행해지는 세상을 이른다.

인의와 충효가 바로 선 세상으로써, 나와 이웃이 서로 한마음이 되어 잘 주고 잘 받는 일화(一和)의 세상이다.

공자가 희망하는 '소송이 없는 세상'이다. 공자나 유가가 이루고자 하는 세상은 '개인이나 집단 모두가 인의로 상생하는 세상'이요. '본래 밝은 덕을 밝히고, 백성이 날마다 새로워져서 지극히 좋은 상태에 머무르는 것'이다. 이것이 대동일화(大同一和)의 세계다.

3절
홍범구주(洪範九疇)와
치국평천하(治國平天下)

홍범(洪範)이란, 널리 펼칠 수 있는 대법(大法)이란 뜻이요, 구주(九疇)란, 그 아홉 가지 범주라는 뜻이다.

본래 홍범구주란? 서경의 주서 홍범 편을 이른 말로써, '온 천하를 다스리는 큰 규범'이다.

천명을 받은 탕임금이 어진 신하 이윤의 도움을 받아 '하늘의 총명은 바로 나의 백성의 총명이요, 하늘의 명위(明威)는 바로 나의 백성의 명위로다'라고 하늘에 고한 다음에 471년을 이어온 하나라의 폭군 걸왕을 쳐부수고, 후에 은(殷)나라가 된 상(商)나라를 개국하였다. 성인인 탕왕으로부터 644년을 이어온 은나라도 주왕 같은 무도한 폭군이 나타나 민심을 잃고 그 천명을 다하니 멸망하고 만다.

주왕은 달기라는 미인을 취하고 주색에 빠져 폭정을 일삼으니, 어진 신하 비간의 충간도 듣지 않고 죽였으며, 왕의 형제인 미자를 비롯한 어진 신하들을 내치거나 죽이고, 기자는 옥에 가두는 등 백성을 도탄에 빠뜨려 신음하게 하였다.

이에 새로운 천명을 받은 주나라가 일어나니, 선대로부터 음덕이 쌓여서 강태공이나 주공 같은 어진 신하의 도움을 얻게 되고 천하의 민심을 얻는다. '천지는 온갖 만물의 어버이요 사람은 만물의 영장이다. 진실로 총명을 가진 자만이 임금이 되고 만백성의 어버이가 되는 것이다. 이제 때가 이르렀으니 백성이 있고 천명이 있는 내가 천지부모를 섬기지 않는 은의 주왕을 정벌함으로써 천명을 받은 만백성의 어버이 문왕의 뜻을 이루겠노라!'고 하늘에 고하고, 주의 무왕 발이 강태공을 대장군으로 삼아 출정하여 은의 주왕 수를 폐하자 은나라는 멸망하고 만다. 그 땅에 은나라 조상들을 섬기라고 주왕의 아들 무경을 제후로 봉하고 주의 관숙과 채숙을 두어 그를 감시케 하고, 옥에 갇힌 기자를 풀어주어 주나라로 데리고 갔다.

그리고 주의 무왕이 기자에게 644년을 이어 온 은나라의 통치철학인 천도를 묻게 되자, 은의 기자가 천하의 백성을 위해 대도를 펼치라고 무왕에게 천제(天帝)의 홍범구주를 전한다.

홍범구주는 주 무왕 이후에 주나라 통치이념이 되었으며, 더 나아가 공자의 대동정치(大同政治)나 맹자의 왕도정치(王道政治)의 기본원리가 되었다.

야산(也山) 이달(李達)선생이 말하기를, "주역은 철학이요 홍범은 정치학이며, 주역은 음양설이고 홍범은 오행설이기 때문에 서로가 불가분의 관계가 있으므로 이 두 가지를 겸하여 알아야 한다."고 했다.

홍범구주는 하늘의 길과 사람의 길을 모두 갖추고 있으니, 오사(五事), 팔정(八政), 오기(五紀), 황극(皇極), 삼덕(三德), 계의(稽疑), 서징(庶徵), 오복육극(五福六極) 아홉 가지이다. 이것을 낙서의 후천구궁에 배열하여 통변하면 무궁한 조화가 나타난다. 홍범구주를 제대로 이해하려면 먼저 주역의 음양원리와 홍범의 오행원리, 그리고 낙서의 구궁원리와 함께 기초역리를 공부하여야한다. 다음은 그 세 가지 원리의 핵심을 요약한 것이니 참고하되, 처음 읽는 학생이나 일반인은 난해한 3절은 다음으로 미루고 4절부터 읽는 것이 좋을 것이다. 본래 주역의 음양, 홍범의 오행, 낙서의 구궁 등의 원리는 지금은 잊혀져가고 있지만 옛 동양의 정치문화나 사상체계의 근간이었다. 일반인도 알아두면 수신제가와 치국평천하에 도움이 될 것이다.

(1) 주역(周易)의 음양원리(陰陽原理) 기초(基礎).

역(易)이란, 일월(日月)이요, 음양이며, 진리이다. 역(易)은 모든 존재현상의 발생, 변화, 발전을 설명할 수 있는 원리로써 우주자연의 음양이법이다. 역(易)은, 간단하고 쉬운 간이(簡易)요, 항상 함이 없이 변하는 변역(變易)이며, 영원히 변하지 않는다는 불역(不易)을 뜻한다.

역은 하나의 음과 하나의 양으로 성립된다. 그러므로 역경의 계사에서는 하나의 음과 하나의 양을 일컬어 진리라고 하는데, 그 일음일양(一陰一陽)의 천변만화는 진실로 무궁무진하다. 우주만유의 조화시원이기 때문이다.

음양(陰陽)의 이법(理法)을 담은 주역의 성립은, 고대인 복희씨가 발견한 하도(河圖)와 우왕이 발견한 낙서(洛書)를 보고 음양, 오행, 팔괘가 만들어졌다고 한다. 그 후 주나라에 이르러 문왕이 괘사(卦辭)를 쓰고, 그의 아들인 주공이 효사(爻辭)를 썼으며, 나중에 대성인 공자께서 말년에 역의 궁통변화를 좋아하여 '가죽 끈이 세 번이나 끊어지도록' 역경을 읽고 연구하여 계사 전, 문언 전, 설괘 전 등의 십익(十翼)을 지었다고 전한다. 주나라 시대에 이뤄졌다고 하여 오늘날 역서를 주역이라고 한다.

주역 즉 역경은, 음양의 변화를 좇아 길흉을 예측하는 점서이면서도, 음양의 이치에 근본을 둔 의리(義理)의 서(書)이고 도덕철학의 서이다. 역경은 또 상수철학(象數哲學)으로서 지혜로운 옛사람들이 천지자연의 만상을 살펴 효(爻)와 괘(卦), 수(數)와 사(辭)를 지어내어, 우주와 인생의 모든 이치와 결부시켜 여러 가지 문제의 답을 찾아내었다. 그러므로 역경은 우리 인간의 삶을 크게 이롭게 하는 자연과학이요, 수학이며 인생철학이다. 필요에 따라서는 천문지리의 서이면서도 의서가 되고 도서(道書)가 된다.

공자가 계사에서 말하기를, "역이란 무엇을 하는 것이냐? 대체로 역은 사업을 열어 일을 하도록 하는 것이다. 성인은 역으로 천하의 뜻을 통달하고 천하의 사업을 결정하고 천하의 의심나는 것을 판단한다. 그리고 하늘의 도를 밝히고 백성의 일을 살핀다."고 했다.

우주자연의 음양이법을 깨달아 음양의 조화와 흐름을 통찰하여, 음양의 법칙대로 자연의 질서와 균형을 이루고 그 자연과 소통하며 살아가는 사람은, 천명을 살피고 대업을 이루는 천시(天時)와 지리(地利), 그리고 인화(人和)의 기미를 미리알고 혈구지도를 행하게 된다.

태극이 음양으로 나뉜다. 텅텅 비었으나 부족함이 없이 가득 찬 허공이 태초의 무극이요 태극이라고 옛사람들은 보았다. 이 무시무종(無始無終)의 태극이 자체에 음 기운과 양 기운을 내재하고 자재하다가, 고요속의 태극이 동하여 음과 양으로 나뉘게 되니 이것이 태초우주의 천지개벽이다.

이 음양이 다시 동변(動變)하면 사상(四象)이 되고, 사상이 다시 동변하면 팔괘(八卦)가 되고, 팔괘가 다시 동변하면 64괘가 되고, 64괘가 다시 동변하면 삼라만상이 된다. 일시일종(一始一終)하는 낱낱의 음과 양은 저마다 개성진리체가 분명하지만 언제나 자체 내에 음양 양성(兩性)을 내재하므로 천변만화를 일으키게 된다. 음과 양은 서로 마주보면 저절로 주고받다가 합화(合化)하기 때문이다. 그리고 궁극에는 다시 태극으로 원시반본(原始返本)하게 된다.

남성과 여성은 저마다 특별한 개성진리체이지만 남성 체내에도 남성호르몬과 함께 여성호르몬이 흐르고, 여성도 마찬가지로 여성호르몬과 함께 남성호르몬이 흐르고 있다. 그러므로 남성은 여성을, 여성은 남성을 유인하여 하나가 되는 것이 '음양의 조화'이다. 이와 같은 이치는 인간만이 아니라 삼라만상이 다 한결같다.

음양은 존재의 상대적 관계이다. 음(陰)은 그늘진 어둠으로 드러나지 않은 것이고, 보이지 않는 것이며, 여성스럽고 약하며 부드러운 것이다. 양(陽)은 볕 가운데 밝음으로 드러난 것이고, 보이는 것이며, 남성스럽고 강하며 굳센 것이다. 양지와 음지. 추운 것과 더운 것, 천지, 산택, 수화, 뇌풍, 상하, 좌우, 전후, 내외, 출입, 진퇴, 조석, 주야, 춘추, 여름과 겨울, 다과, 대소, 유무, 허실, 성패, 이합, 집산, 정사, 선악, 시비, 희로, 애락, 애증, 빈부, 귀천, 미추, 길흉, 화복, 흥망, 성쇠, 오르막과 내리막, 왕래, 호흡. 생사, 생멸, 물질과 정신, 현실과 이상, 나와 너, 주는 자와 받는 자, 이것과 저것 등등이다. 이 세상의 삼라만상은 물론이거니와 천지간의 모든 법칙은 음과 양의 상대성으로 운동하고 변화하며 작용하고 존재한다. 그러므로 음양 관계를 떠난 사물이나 법칙은 이 세상에 그 어느 것 하나 없다.

그러므로 음양은 천지의 정도요, 만물의 기강이며, 조화의 경위(經緯: 씨줄과 날줄)요, 변화의 부모다. 생살(生殺)의 본시(本始)요, 신명의 본부며, 사시의 변수다. 음양의 상하가 천지요, 좌우가 일월이며 내외가 수화(水火)이다. 음양의 전후가 시간이요, 순역이 흥망이며, 정사(正邪)가 수요(壽夭)이고 선악이 길흉화복이다.

음양은 존재의 상보적 관계이다. 모든 사물이나 법칙은 음과 양의 상대적 관계 속에 운화(運化)하면서도 서로를 보완하고 의지하며 존재한다. 남자와 여자, 강자와 약자, 임금과 백성, 사용주와 고용자가 서로를 보완하고 의지하는 것과 같다. 음양 관계의 모든 존재는 서로의 차이를 인정하고 서로를 필요로 한다. 존재가 서로를 무시하고 돌아서면 자기존재의 의미와 변화, 그리고 자기가치와 즐거움을 잃고 만다.

음양은 서로가 유기적인 관계이다. 음이 있어야 양이 있고 양이 있어야 음이 있으며, 음이 사라지면 양도 사라지고 양이 사라지면 음도 사라진다. 임금과 백성, 기업주와 회사원, 갑과 을 등의 모든 관계도 이와 같이 상보적이며 유기적인 관계로써, 서로 연결되어 간섭하고 상응하며 공명한다. 음과 양, 나와 너는 언제나 부동불이(不同不異)로 공생하고 공존한다. 그가 비록 유능한 재벌회장이고 권력자라도 하찮은 사원이나 구성원이 없다면 아무 쓸모없는, 아무 일도 할 수 없는, 무능한 존재로 전락하고 만다는 것이 음양의 이법이다.

음양은 상응하면서 서로를 유인한다. 음양은 서로 대립적 관계이면서도 상보적이고 유기적인 관계로 서로를 의지하며 상응한다. 그리고 서로를 끌어당긴다. 서로 마주보면 합성일체화(合性一體化)하려고 한다. 언제나 음은 양을, 양은 음을, 끌어 당겨 하나 되려고 한다. 음과 양이 서로 유인하고 화합하면 무궁무진한 조화가 나타나는 것은 서로를 닮아 나온 새로운 창조가 보기에 좋기 때문이다. 이것이 창조와 진화의 원시동력(原始動力)이다. 음과 양이 합하면 반드시 화신(化身)이 나타난다. 선남선녀가 합성일체화 하여 나타난 화신은 아들딸이다. 그 부모를 닮아 나온 아들딸은 참으로 보기에 좋다. 가슴이 터질 정도로 좋다. 나와 네가 합(合)하여 화(化)한 것은 언제나 나보다 똑똑한 우리의 결실이다. 내 목숨과 다를 바 없는 나의 작품이요, 나의 분신이다. 나와 네가 합화하여 우리가 되면 서로의 약점을 보완하고 강점을 강화하는 상승효과가 나타난다. 사회적으로는 음과 양이 합성일체화 하여 나타난 것이 인(仁)이요 사랑이며, 우애요 동지애며, 민족애고 조국애며, 이웃사랑이다. 그리고 나와 너보다 더 똑똑한 우리의 집단지성이 창조하는 화합 체의 산물로는 신지식, 신기술, 신문화, 신문명이 있다.

음양은 창조성이다. 합하여 나타나는 화신은 본래의 음이나 양 즉, 나와 네를 '닮아 나온 것'으로써, 본래를 여의지 않고 본래보다 '더 나은, 더 좋은, 더 똑똑한 것'이다. '더 새로운 것'이다. 음과 양은 서로 자연스럽게 유인하여 화합함으로써 새로운 것을 창조한다.

'다 닮아나되 더 새로워진 것을 창조하는 것'이 음양의 존재이유요 기쁨이다. 음과 양이 서로를 사랑하고 더 좋은 것을 창조하고, 더 새로운 것으로 진화하지 않으려면 합화할 이유가 없다.

음양은 언제나 서로의 관점과 필요에 따라서, 주체와 대상이 정분합(正分合)작용을 한다. 그렇게 함으로써, 거듭 닮아나고 새로워지며 영원히 존재할 수 있다.

눈에 보이지 않는 미립자나 양자, 전자. 중성자, 원자, 분자 등의 개체들이 서로 간섭하는 물리작용이나 화학작용, 합화작용 등에 의하여 눈에 보이는 사물이나 존재로 나타나게 되니 이것이 곧 삼라만상이다.

앞으로 나타날 세상은 인류의 관점과 필요에 따라서, 정치와 경제, 철학과 과학, 인문학과 생물학, 심리학과 로봇공학, 동양학과 서양학 등 서로 다른 이것과 저것들이 융합(融合)하고, 통섭(統攝)하여 지금보다 더 좋은 세상이 될 것이다. 물리적 융합, 화학적 융합, 예술적 융합, 철학적 융합이 반드시 상상을 초월한 위대한 문화와 문명세계를 가져올 것이다. 그러므로 음양을 공부하는 사람은 항상 급변하는 미래의 융합된 지성을 맞이할 준비를 해야 한다.

일음일양(一陰一陽)은 반반의 존재라 공평무사하다. 음양은 치우침이 없어 천지의 정도요, 세상을 창조하고 경영하는 씨줄과 날줄이다. 사람이 즐거움을 누린 만큼 그에 상응하는 괴로움의 대가가 따르는 것이 음양의 정리(定理)요, 절망 속에도 희망이 있는 것 역시 음양의 정리다.

받으면 주어야하고, 빌리면 갚아야 하며, 가는 말이 고와야 오는 말이 고운 것이 음양의 법도다. 동쪽에서 빼앗으면 서쪽에서 빼앗기게 되고, 봄에 씨앗을 뿌리고 가꾸면 가을에 거두게 되며, 적선하고 순천(順天)하면 발복하고, 적악하고 역천(逆天)하면 패망하는 것 역시 당연한 음양의 정리다.

어린이가 놀기만 하고 학습하지 않으면 어른이 되어 성취가 빈약할 수밖에 없으며, 낮은 자리에서 고생하지 않으면 높은 자리로 올라갈 수 없고, 수십 년을 땀 흘려 고생하고 정상에 올랐어도 반드시 밀려나기 전에 내려와야 하는 것이 음양의 정리다. 정상은 오래 머무를 수 있는 곳이 아니다. 권불십년(權不十年)이다. 높은 자리에 오래 있으면 있을수록 온갖 허물이 생긴다. 임금이나 지도자가 머무는 중궁(中宮)은 안티anti 귀신들이 들끓는 곳이다.

이와 같은 것이 다 음양의 이법이니 음이면 음, 양이면 양, 양극단으로 치우치지 말고 그 가운데를 정시하고 집중하여 바르게 써야한다.

음양의 이법을 공부한 정치인이나 사회지도계층은 지위가 높을수록 겸손하고, 재산이 많을수록 근검하며, 언변이 유창할수록 경청할 줄 안다. 인의(仁義)를 저버리고 명리(名利)만을 좇지 않는다. 남도 내 몸같이 사랑한다.

일반서민들도 현실이 궁핍하다고 절망하지 않으며 어떤 고통 속에서도 의미를 찾는다. 양지가 음지 되고 음지가 양지 되는 것을 알기에 지켜보고 준비하며 기다릴 줄 안다. 항상 변한다는 진실을 이해하고 수용하며, 오늘 여기서 미래를 설계하고 준비한다.

음양의 법칙을 이해하는 사람은 구름에 달 가듯이 가는 세월을 투정하지 않고, 지금 여기서 상하, 전후, 좌우, 내외를 잘 살피고, 모든 이웃과 서로 잘 주고 잘 받을 것에 마음을 모은다.

양이 다하거나 가득 차면 저절로 음이 되고, 음이 다하거나 가득 차면 저절로 양이 된다.

(2) 홍범(洪範)의 오행원리(五行原理) 기초(基礎).

오행은 목(木), 화(火), 토(土), 금(金), 수(水)이다. 동양의 고대인들은, 우주만물의 발생과 변화발전이 이 다섯 가지 물질운동에 의하여 이뤄진다고 보았다. 음양이론과 함께 이 오행사상은 동양사상의 핵심적 근간이 된다. 이 오행은 단순한 나무, 불, 흙, 쇠, 물이 아니라 우주만물을 구성하는 다섯 가지 원소(元素)요, 기운(氣運)이며 성정(性情)이다. 다양한 인생문제의 유형은 물론 그 작용까지도 오행으로 살폈다.

오행은 우주만물과 인생문제를 상징적으로 비유적으로 표현하거나 설명하고 있다. 깊이 궁리하고 탐구하지 않으면 오행의 실체를 이해하고 파악하기가 쉽지 않다.

　※그러므로 오행공부란 이런 것이구나! 이해하고 그냥 지나쳐도 된다.

오행은 음양이 나누어진 것이다. 태극이 나뉘어 음양이 생겨나고, 음양이 나뉘어 사상이 생겨난다. 어두운 그늘인 음은 오행원소로는 수(水)에 배속되고, 밝은 볕인 양은 오행원소로는 화(火)에 배속된다. 이것을 다시 음양으로 나누면 '양의 음인 소음(少陰)을 목(木)'이라 하고, '양의 양인 태양(太陽)은 화(火)'라고 한다. '음에 양인 소양(少陽)을 금(金)'이라 하고, '음에 음인 태음(太陰)은 수(水)'라고 한다.

이 목, 화, 금, 수, 사상이 자연의 춘하추동 4계절이요, 인의예지 인간 본성을 상징한다. 그리고 이 목, 화, 금, 수를 중앙과 그 사이사이에서 조절하고 중화시키는 것을 토(土)라고 한다. 그러므로 토(土)는 목화금수의 성정작용을 모두 머금어 지니고 조절함과 동시에 부동본(不動本)의 중앙인 황극(皇極)에 자리한다. 그리고 모든 것을 중화시키는 조절신(調節神)으로 임금이 되고 지도자가 되고 중심이 된다. 이와 같이 분화되어 만들어진 오행의 근원은 하나의 음양이고, 그 음양의 근원은 하나의 태극에서 비롯하였다.

오행의 속성과 작용은 다양하다. 아래에 그 요점을 정리한다.

1) **목(木)은,** 신생, 성장, 발육, 약진, 곡직(曲直)의 나무 기운으로 봄이요 동쪽이며, 아침이고, 청색이며 신맛이다. 수(數)로는 3, 8목이고, 지역은 동방국가이며, 인체상은 간, 담, 눈이고, 근육과 팔다리요 머리나 모발이며, 두뇌고 신경계통이다. 소리는 목소리(角聲) 어一요 사기(邪氣)로는 바람(風)이다. 성정은 인(仁)으로 측은지심이다. 인자, 은

애, 정신, 의지, 생동, 의욕을 나타내며, 의정은 분노요 정령은 얼(魂)
이다.

목의 물상(物象)을 살펴보면, 담대한 우두머리 기질의 양목(陽木)은
대들보 같은 곧은 나무로 조목(燥木)이요, 강목(强木)이며, 큰 생물이
고, 석탄이요, 전자회로다. 섬유류나 가구류요, 신문이나 방송이며, 오
락실이고 광고판이다. 모자나 왕관도 된다. 끈질기게 참고 견디는 기
질의 음목(陰木)은 칡넝쿨 같은 굽은 나무로 습목(濕木)이요 약목(弱
木)이며, 작은 생물이고, 화초나 꽃집이며, 석유다. 화랑이나 미술품이
요, 문구나 종이류다. 만화나 인형, 디자인이고 직물이며 의상이다. 손
수건이나 지팡이도 된다.

2) **화(火)는,** 번창, 무성, 치열, 정화, 염상(炎上)의 불기운으로 여름
이요 남쪽이며, 낮이고, 적색이며 쓴맛이다. 수(數)로는 2, 7화이고,
지역은 남방국가이며, 인체상은 심장, 소장, 삼초, 어깨, 두 눈, 혀이
고, 혈액과 순환기 계통이다. 소리는 혓소리(舌聲) 리-요 사기로는 더
위(暑)다.

성정은 예(禮)로 사양지심이다. 예의, 명랑, 화려, 다변, 화술, 담론,
수식을 나타내며, 의정은 환희요 정령은 빛(神)이다.

화의 물상을 살펴보면, 뜨겁게 타오르는 화끈한 기질의 양화(陽火)
는, 태양처럼 뜨거운 큰 불로 화산이고 용광로 불이며, 화력이나 원자
력 발전소다. 우뢰나 번개며, 태양광으로 적외선이나 자외선이요, 전
력이나 전선도 된다. 비행기나 촬영장이며, 화약이고 일체 에너지가
된다. 밝히려는 따뜻한 기질의 음화(陰火)는, 달처럼 비추는 작은 불
로 횃불이며, 촛불이고 등불이다. 화로불이나 온돌도 된다. 전기나 전
등이요. 비디오나 영사기며 사이버 공간이다. 조명등이나 가로등이며,

신호등이나 등대도 된다.

3) 토(土)는, 번식, 수용, 함장, 배양, 가색(稼穡)의 흙 기운으로 사계 월(끝달)이요, 중앙이며 사이이고, 황색이며 단맛이다. 수(數)로는 5, 10토이고, 지역은 중동국가이며, 인체상은 비, 위, 피부, 살, 입이고, 소화기 계통이다. 소리는 콧소리(鼻音) 음-이요 사기로는 마름(燥)과 젖음(濕)이다.

성정은 신(信)으로 성실지심이다. 신용, 신뢰, 온후, 중화, 조절, 균형, 안정을 나타내며, 의정은 사념(思念)이요 정령은 뜻(意)이다.

토의 물상을 살펴보면, 솟구치고 펼치는 기질의 양토(陽土)는 드넓은 대지의 큰 흙으로 들판이고, 두터운 산성이나 높은 산이고, 광장이나 운동장이 된다. 큰길이고 시장터며 저녁노을도 된다. 가꾸고 키우는 기질의 음토(陰土)는 푸르른 초원의 작은 흙이고, 기름진 논이나 밭이다. 다듬어진 정원이나 마당이며 아담한 화분도 된다. 작은 길이고 골목길이다. 모레바람이나 흙먼지도 된다. 토는 금고, 차고, 무기고, 고물상, 미곡상, 정미소, 농수산물이나 식자재창고, 도서관, 공방이나 도예공방, 노래방 등에도 해당된다.

4) 금(金)은, 결실, 강요, 숙살, 종혁(從革)의 쇠 기운으로 가을이요 서쪽이며, 저녁이고, 흰색이며 매운맛이다. 수(數)로는 4, 9금이며, 지역은 서방국가이고, 인체상은 폐, 대장, 코, 기관지, 골격, 치아요 호흡기계통이 된다. 소리는 잇소리(齒音) 아-요 사기로는 마름(燥)이다.

성정은 의(義)로써 정의, 결단, 심판, 혁신, 개조, 냉정, 숙살(肅殺), 신속, 강압을 나타내며, 의정은 비애요 정령은 넋(魄)이다.

금의 물상을 살펴보면, 개혁적이고 강인한 기질의 양금(陽金)은 강철 같은 큰 금으로 무쇠덩어리나 바윗덩이고 큰칼이요, 도끼다. 신물(神物)이고 신기(神器)다. 광산이나 철공소며 제철소다. 철판이나 농기구이고, 기계류나 중장비이며, 동력선도 되고 서리도 된다. 섬세하고 날카로운 음금(陰金)은 금은 같은 작은 금으로 제작된 장신구나 칠보공예품 같은 용품이며 전화선이다. 쇠붙이나 모래자갈도 되고, 운모(雲母)나 희토류 같은 광물질도 된다. 작은 칼이나 면도날이며, 주방기구나 경공업제품 같은 생활도구일체다. 시계나 반도체칩 같은 열전도체도 된다.

5) 수(水)는, 운동, 변화, 순리, 수렴, 근원, 윤하(潤下)의 물 기운으로 겨울이요 북쪽이며, 밤이고 흑색이며 짠맛이다. 수(數)로는 1, 6수이며, 지역은 북방국가이고, 인체상은 신장, 방광, 전립선, 골수, 수액, 귀가 되고, 비뇨기계통이 된다. 소리는 입술소리(脣音) 우−요 사기로는 추위(寒)다.

성정은 지(智)로써 지혜, 총명, 배움, 익힘, 예측, 분석, 시비, 분별, 판단을 나타내며, 의정은 공포요 정령은 뜻의 다짐(志)이다.

수의 물상을 살펴보면, 힘차게 흘러가는 기질의 양수(陽水)는 바다나 호수 같은 큰물로 파도요 폭포며 소낙비다. 강물이고 흙탕물이며 소금물이 된다. 짙은 안개나 먹구름, 양식장이나 해수욕장, 대변으로도 본다. 세탁기나 정수기가 된다. 촉촉이 스며드는 은근한 기질의 음수(陰水)는 빗물이나 이슬 같은 작은 물로써 샘물이고 시냇물이다. 땀이고 눈물이며 생명수고 정화수다. 정액이나 소변도 된다. 음료수나 빙과류며, 정자나 난자이고, 목욕탕이나 수영장이 되기도 한다.

오행은 상생(相生)하고 상극(相剋)하며 변화한다. 오행의 다양한 속성과 물상은 서로 상생하고 상극하며 상비하는 작용을 통하여 무궁하게 변화한다. 상생법은 모자(母子)관계와 같은 수수작용(授受作用)이고, 상극법은 군신(君臣)관계와 같은 상제작용(相制作用)이다. 오행끼리 서로 주고받으며 변화발전하고, 부리고 따르면서 조화균형을 이루는 것이 상생상극(相生相剋)의 작용이다. 서로 같은 오행끼리는 비견으로써 동조하면서 경쟁하는 상비(相比)관계다. 비견(比肩)은 어깨를 나란히 한다는 뜻이다. 이와 같은 상생상극의 묘용은 신통하고 무궁하여 천지자연은 물론 인생만사와 정합되고 상통할 것이다.

오행의 작용은 상황에 따라 변한다. 오행은 주변의 자연현상이나 주어진 환경조건에 따라서 변화가 다양하고, 상호관계의 강약, 다과(多寡) 등에 따라서 유·무력(有·無力) 선악길흉 등의 희기(喜忌)가 엇갈린다.

1) 목(木)을 자연현상으로 살펴보자면,

목이 강왕(强旺)하면, 금이나 화를 만나야 좋고, 수나 목을 만나면 나쁘다.
목이 쇠약(衰弱)하면, 수나 목을 만나야 좋고, 금이나 화를 만나면 나쁘다.
목다곡직(木多曲直)이요, 화다목분(火多木焚)이며, 토다목절(土多木折)이다.
금다목상(金多木傷)이고 수다목표(水多木漂)이다.

2) 화(火)를 자연현상으로 살펴보자면,

화가 강왕(强旺)하면, 수나 토를 만나야 좋고, 목이나 화를 만나면 나쁘다.
화가 쇠약(衰弱)하면, 목이나 화를 만나면 좋고, 수나 토를 만나면 나쁘다.
화다염상(火多炎上)이요, 토다화식(土多火熄)이며, 금다화식(金多火熄)이다.
수다화절(水多火絶)이고 목다화식(木多火熄)이나.

3) 토(土)를 자연현상으로 살펴보자면,

토가 강왕(强旺)하면, 목이나 금을 만나면 좋고, 화나 토를 만나면 나쁘다.
토가 쇠약(衰弱)하면, 화나 토를 만나면 좋고, 목이나 금을 만나면 나쁘다.
토다가색(土多稼穡)이요, 금다토변(金多土變)이며, 수다토류(水多土流)다.
목다토붕(木多土崩)이고 화다토초(火多土焦)다.

4) 금(金)을 자연현상으로 살펴보자면,

금이 강왕(强旺)하면, 화나 수를 만나면 좋고, 토나 금을 만나면 나쁘다.
금이 쇠약(衰弱)하면, 토나 금을 만나면 좋고, 화나 수를 만나면 나쁘다.
금다종혁(金多從革)이요, 수다금침(水多金沈)이며, 목다금결(木多金缺)이다.
화다금용(火多金鎔)이고 토다금매(土多金埋)이다.

5) 수(水)를 자연현상으로 살펴보면,

수가 강왕(强旺)하면, 토나 목을 만나면 좋고, 금이나 수를 만나면 나쁘다.
수가 쇠약(衰弱)하면, 금이나 수를 만나면 좋고, 토나 목을 만나면 나쁘다.
수다윤하(水多潤下)요, 목다수축(木多水縮)이며, 화다수열(火多水熱)이다.
토다수체(土多水滯)요 금다수탁(金多水濁)이다.

**오행은 관계의 기준이 되는 주체의 관점이나 지각, 관념, 신념의 차이에
따라서 인식, 통변, 작용 등이 다르게 나타나기도 한다.** 이를 요약하면,

❶ 목(木)은, 같은 목끼리는 비(比)하고, 수로부터는 생을 받고, 화를
생해주며, 금으로부터는 극을 당하나 토를 극해주는 작용을 한다. 목
이 〈나〉라면 수는 어버이요 스승이며 학문이고, 화는 아들딸이고 부

하이며 적선공덕이다. 금은 임금이나 사용주, 또는 지아비며, 관청이고 벼슬이다. 토는 신하나 고용인 또는 지어미며 수고의 대가인 재산이다. 같은 목은 동료나 친구며 형제자매에 해당된다.

❷ 화(火)는, 같은 화끼리는 비(比)하고, 목으로부터는 생을 받고, 토를 생해주며, 수로부터는 극을 당하나 금을 극해주는 작용을 한다. 화가 〈나〉라면 목은 어버이요 토는 아들딸이며, 수는 임금이나 사용주, 또는 지아비요 금은 신하나 고용인 또는 지어미다. 같은 화는 동료나 형제자매다.

❸ 토(土)는, 같은 토끼리는 비(比)하고, 화로부터는 생을 받고, 금을 생해주며, 목으로부터는 극을 당하나 수를 극해주는 작용을 한다. 토가 〈나〉라면 화는 어버이요 금은 아들딸이며, 목은 임금이나 사용주, 또는 지아비요 수는 신하나 고용인 또는 지어미다. 같은 토는 동료나 형제자매다.

❹ 금(金)은, 같은 금끼리는 비(比)하고, 토로부터는 생을 받고, 수를 생해주며, 화로부터는 극을 당하나 목을 극해주는 작용을 한다. 금이 〈나〉라면 토는 어버이요 수는 아들딸이며, 화는 임금이나 사용주, 또는 지아비요 목은 신하나 고용인 또는 지어미다. 같은 금은 동료나 형제자매다.

❺ 수(水)는, 같은 수끼리는 비(比)하고, 금으로부터는 생을 받고, 목을 생해주며, 토로부터는 극을 당하나 화를 극해주는 작용을 한다. 수가 〈나〉라면 금은 어버이요 목은 아들딸이며, 토는 임금이나 사용

주, 또는 지아비요 화는 신하나 고용인 또는 지어미다. 같은 수는 동료나 형제자매다.

이와 같이 오행끼리는 기준의 관점에 따라서 주객관계(主客關係)가 성립되고, 그 주객관계의 강약정도에 따라 조화균형을 이루며, 수수관계(授受關係)의 생극제화(生剋制化)에 따라 무궁변화가 나타난다. 이 이치를 이해하고 깨달으면 정치, 경제, 문화는 물론 수신제가 치국평천하에 크게 원용할 수가 있다.

오행의 원리를 '목'을 예로 들어 '생과 극 관점'에서 통변하자면,

목 아들딸은, 수 어머니의 사랑(生)을 받고 살아가나 사랑(生)해 오는 수 어머니가 너무 강하면, 수다목표(水多木漂)로 나무가 오히려 뽑혀 떠내려가게 되니, 이를 두고 모자멸자(母慈滅子)라고 한다.

목 어머니는, 화 아들딸을 사랑(生)해줄 수 있으나 사랑(生)을 받는 화 아들딸이 너무 많으면, 화다목분(火多木焚)으로 나무가 오히려 불타서 사라지게 되니, 이를 두고 자왕모쇠(子旺母衰)라고 한다.

목 임금은, 토 신하를 견제(剋)하여 잘 다스릴 수가 있으나 견제(剋)를 받는 토 신하가 너무 강하면, 토다목절(土多木折)로 나무가 부러지거나 다치게 되니, 이를 두고 신왕군쇠(臣旺君衰)라고 한다.

목 신하는, 금 임금의 견제(剋)를 받아 잘 다듬어질 수가 있으나 견제(剋)해오는 금 임금이 너무 강하면, 목약절삭(木弱折削)으로 나무가 부러지거나 깎이게 되니, 이를 두고 군왕신쇠(君旺臣衰)라고 한다.

목 동료는, 같은 목 동료와 함께 비견(比肩)하고 협력할 수 있으나 비견하는 목 동료가 너무 많으면, 목다쟁토(木多爭土)로 서로 경쟁하여 땅을 다투게 되니, 이를 두고 군겁쟁재(群劫爭財)라고 한다.

'목'을 예로 위와 같이 설명하였으나, 이와 같은 이치는 목뿐만이 아니라 화, 토, 금, 수를 예로 들어도 그대로 적용할 수 있으니, 일리통 (一理通) 만사지(萬事知)로 통변하면 수신제가 치국평천하에 큰 도움이 될 것이다.

오행의 통변을 성정으로 살펴보면, 목은 측은지심 인(仁)이요, 화는 사양지심 예(禮)며, 토는 성실지심 신(信)이고, 금은 수오지심 의(義)이며, 수는 시비지심 지(智)다. 이와 같은 본성도 오행상황의 정도에 따라서 그 작용력이 다르게 나타나고 엉뚱하게 바뀌기도 한다.

'목'을 기준으로 하여 인간의 성정변화를 오행별로 살펴보자면,

목은 인(仁)으로 측은지심이요, 사랑이다. 사랑이 너무 많아 다정해도 병이라 불인(不仁)이고, 사랑이 너무 없어 무정해도 병이라 불인(不仁)이니 이것을 목다곡직(木多曲直)현상이라고 한다. 그러므로 사랑은 치우치거나 부족하지 않아야 한다. 시중범용(時中凡庸)의 사랑이 아름다운 사랑이고, 불편부당(不偏不黨)한 사랑이 참된 사랑이며, 공정무사 (公正無私)한 사랑이 좋은 사랑이다. 정치계나 경제계의 지도자는 때로는 외롭고 힘들어도 이와 같은 대인(大仁)의 덕을 실천하는 사람이라야한다.

화는 예(禮)로서 사양지심이요, 예의이다. 이기적 사랑이 충만한 사람이나 인정에 집착하는 사람은 대체로 무례하고 인색하다. 자기가족만 챙기고 남에게는 베풀 줄을 모른다. 그것을 목다화식(木多火熄)현상이라고 한다. 반대로 예의를 지나치게 중시하고 가문에 체면이나 자신의 위신만을 따지는 사람은 허례허식을 쫓다가 진정한 사랑을 외면하는 경우가 많으니 이는 화다목분(火多木焚)현상이라고 한다.

토는 신(信)으로서 성실지심이요, 신의이다. 측은지심 정이 많은 사람은, 약속이나 신용보다 친애하는 사람을 위한 사랑에 치우쳐, 무리한 행동을 하다가 신용불량자가 되는 경우가 많다. 그것을 목다토붕(木多土崩)현상이라고 한다. 반대로 사회적 신용이나 관계의 신뢰만을 중시하다가, 가족의 어려움이나 인정을 냉혹하게 외면하는 경우는 토다목절(土多木折)현상이라고 한다.

금은 의(義)로 수오지심이요, 정의이다. 세상에는 인(仁) 사랑이나 정 때문에 의(義)로운 정의나 규범을 어기고 손상시키는 경우가 허다하니 이것을 목다금결(木多金缺)현상이라고 한다. 그러나 반대로 공적인 정의나 원칙을 중시하여, 사적인 사랑이나 인정을 외면하면 세상은 너무 각박해지고 살벌해진다. 그것은 금다목상(金多木傷)현상이라고 한다. 때로는 상황에 따라서 '약속이나 신용만을 지키려고 역사적 정의를 외면'하면 토다금매(土多金埋)현상이 나타나기도 한다.

수는 지(智)로 시비지심이요, 지혜이다. 이웃을 아끼고 챙기는 것은 인정이 되는데, 지혜가 많은 사람이나 많이 배운 사람은 대체로 몰인정하고 잔정이 없으니 구세군 냄비에 천 원짜리 하나 선뜻 희사하지 않는다. 그것을 수다목표(水多木漂)현상이라고 한다. 반대로 사랑놀이에 치우치면 지혜를 기르는 학습에 소홀하기 쉽다. 정 많고 오지랖 넓은 사람이 세상정보에 어두운 무지한 사람이 되고 마는 것은 목다수축(木多水縮)현상이 나타나기 때문이다.

인간의 성정에도 '목' 유형을 예로 들어 위와 같이 설명하였으나, 이와 같은 이치는 목뿐만이 아니라 화, 토, 금, 수를 예로 들어도 얼마든지 다양하게 적용할 수가 있으니, 미루어 통변하면 알 수 있을 것이다.

오행의 변통은 무궁무진하다. 오행은 상호관계에서 여러 가지 일정한 법칙들이 작용하고 있다. 상생, 상극, 상승(相乘), 상제(相制), 상보

(相補), 강약관계 등 조화변통이 다양하다. 의약의 허실(虛實)과 보사(補瀉) 등의 치유방법도 오행의 생극제화 통변원리에서 나온 것이다.

오행의 변통(變通)은 자연현상의 변통이면서 우주기운의 변통이고, 인생사의 변통이라 깊이 통찰하면 실로 오묘한 철리(哲理)를 깨닫고 훤히 알고 능히 하는 능력을 발휘할 수 있다.

이와 같은 오행의 원리는 하늘의 길과 사람의 길을 가르치고 있는 홍범구주의 핵심원리다. 황극(皇極)의 도를 펼치는 원리이면서 계의(稽疑)나 서징(庶徵)을 살피는 기본이론이다. 치국평천하의 주인이 되려면 동양의 지혜를 다루고 있는 오행원리를 알아두고 활용하는 것이 크게 유익할 것이다.

(3) 낙서(洛書)의 구궁원리(九宮原理) 기초(基礎).

음양오행이나 구궁팔괘(九宮八卦)의 근원은 하도(河圖), 낙서(洛書)로부터 비롯하는데, 하도는 약 5,000년 전에 황하에 출현한 용마(龍馬)의 등에 그려진 것을 복희씨가 발견하여 후세에 전하였고, 낙서는 4,200년 전에 우임금이 수리사업을 할 때 낙수에 나타난 신구(神龜)의 등에 그려진 것을 발견하여 후세에 전하였다.

후세 사람들이 하도를 복희씨의 선천(先天)역이라 하고, 주 문왕이 3,100년 전에 정립한 낙서를 후천(後天)역이라고 하며, 조선말기의 김일부의 정역(正易)은 성천(成天)역이라고 하는데, 여기서는 홍범구주의 이해를 돕기 위해 낙서중심의 후천역과 기본 팔괘의 뜻만을 요약한다.

태극이 음양으로 나뉘고, 음양이 사상으로 나뉘며, 사상이 다시 팔괘가 되는데 그 팔괘의 가운데에다가 황극(皇極)을 더하면 구궁(九宮)이 된다.

음양오행 팔괘구궁은 다 나와 너, 우리를 아우르는 수(數)의 조화이니, 양은 1이요 음은 2이다. 드러나지 않은 주체인 '나'는 한 나로 1이며 한울 천(天)이고, 드러난 대상인 '너'는 두 나로 2이며 두울 지(地)이고, 주체와 대상이 결합한 '우리'는 세 나로 3이며 세울 인(人)으로써 셋이면서 하나이다. 그리고 역에서는 음수를 6으로 보고, 양수는 9로 보기도 한다.

오행의 1과 6은 수(水), 2와 7은 화(火), 3과 8은 목(木), 4와 9는 금(金), 5와 10은 토(土)로써 천지조화의 기본 생성수(生成數)다.

공간개념을 나타내는 선천역의 수는, 1건천(一乾天), 2태택(二兌澤), 3이화(三離火), 4진뢰(四震雷), 5손풍(五巽風), 6감수(六坎水), 7간산(七艮山), 8곤지(八坤地)다. 이 팔괘가 여덟 번 변화하면 64괘가 되고, 64괘가 여섯 번 변화하면 384효가 되고, 다시 거듭 동변(動變)하면 삼라만상이 되고 인생만사가 된다.

1건천(一乾天)은 하늘이요 아버지이며, 건강한 것이고, 임금 노릇을 하는 것이다. 머리도 되고, 말도 되며, 건삼련(乾三連)으로 양금(陽金)에 속한다.

2태택(二兌澤)은 못이요 소녀(小女)이며, 기뻐하는 것이고, 기쁘게 하는 것이다. 입이 되고, 양이 되며, 태상절(兌上絶)로 음금(陰金)에 속한다.

3이화(三離火)는 불이요 중녀(中女)이며, 고운 것이고, 해로 쬐어주는 것이다. 눈도 되고, 꿩도 되며, 이허중(離虛中)으로 음화(陰火)에 속한다.

4진뢰(四震雷)는 우뢰요 장남(長男)이며, 움직이는 것이고, 움직이게 하는 것이다. 발도 되고, 용도 되며, 진하련(震下連)으로 양목(陽木)에 속한다.

5손풍(五巽風)은 바람이요 장녀(長女)이며, 들어가는 것이고, 흩어뜨리는 것이다. 다리도 되고, 닭도 되며, 손하절(巽下絕)로 음목(陰木)에 속한다.

6감수(六坎水)는, 물이요 중남(中男)이며, 빠지는 것이고, 비로 적시는 것이다. 귀도 되고, 돼지도 되며, 감중련(坎中連)으로 양수(陽水)에 속한다.

7간산(七艮山)은 뫼요 소남(小男)이며, 그치는 것이고, 머무르게 하는 것이다. 손도 되고, 개도 되며, 간상련(艮上連)으로 양토(陽土)에 속한다.

8곤지(八坤地)는 땅이요 어머니며, 유순한 것이고, 간직하게 하는 것이다. 배도 되고, 소도 되며, 곤삼절(坤三絕)로 음토(陰土)에 속한다.

시간개념을 나타내는 후천역의 수리는, 1감궁(一坎宮), 2곤궁(二坤宮), 3진궁(三震宮), 4손궁(四巽宮), 5중궁(五中宮), 6건궁(六乾宮), 7태궁(七兌宮), 8간궁(八艮宮), 9이궁(九離宮)이다.

1감궁(一坎宮)은, 천록(天祿)자리로 북방이며, 구주로는 첫 번째인 오행(五行)에 해당된다.

2곤궁(二坤宮)은, 안손(眼損)자리로 서남간방이며, 구주로는 두 번째인 오사(五事)에 해당된다.

3진궁(三震宮)은, 식신(食神)자리로 동방이며, 구주로는 세 번째인 팔정(八政)에 해당된다.

4손궁(四巽宮)은, 징파(徵破)자리로 동남간방이며, 구주로는 네 번째인 오기(五紀)에 해당된다.

5중궁(五中宮)은 오귀(五鬼)자리로 중앙(中央)이며, 구주로는 다섯 번째인 황극(皇極)에 해당된다.

6건궁(六乾宮)은, 합식(合食)자리로 서북간방이며, 구주로는 여섯 번째인 삼덕(三德)에 해당된다.

7태궁(七兌宮)은, 친귀(親鬼)자리로 서방이며, 구주로는 일곱 번째인 계의(稽疑)에 해당된다.

8간궁(八艮宮)은, 관인(官印)자리로 동북간방이며, 구주로는 여덟 번째인 서징(庶徵)에 해당된다.

9이궁(九離宮)은, 퇴식(退食)자리로 남방이며, 구주로는 아홉 번째인 오복(五福)과 육극(六極)에 해당된다.

2,500년 전에 공자가 해설한 역경의 설괘 전에 이르기를,
「옛날에 성인이 역을 지을 때, 그윽하여 보이지 않는 데서 신명의 도를 알아 시초(蓍)를 얻었으니, 하늘을 셋으로 하고 땅을 둘로 하여 수(數)를 세우고 의지하였다.

음양의 변화를 살펴보아 괘(卦)를 세우고 굳셈과 부드러움을 발휘해서 효(爻)를 찾아내니 도덕에 화순하여 인의로 다스리며, 이치를 궁구하고 정성을 다하여 천명에 이른다.

성인이 역을 지은 것은 장차 성명(性命)의 이치에 따르고자함이니, 하늘의 도를 세워 음과 양이라 했고, 땅의 도를 세워 부드러움과 굳셈이라 했으며, 사람의 도를 세워 인(仁)과 의(義)라 하였다. 천지인삼재를 겸해서 두 번 획을 그으므로 역은 여섯 획으로 괘를 만든다. 음을 나누고 양을 나누며, 유와 강을 차례로 쓴다. 그러므로 역은 여섯 자리로 문장을 이룬다.

천지정위(天地定位)하고 산택통기(山澤通氣)하며, 뇌풍상박(雷風相薄)하고 수화불상사(水火不相射)하여 팔괘상착(八卦相錯)하니, 가는 수를 헤아리는 것은 따름이고 오는 수를 아는 것은 거스르는 것이다. 이

러므로 오는 미래를 예측하는 역은 거스르는 역수(逆數)다.」고 하였다.

이와 같이 역상의 이치로 오는 수를 아는 것도 중요하나 그보다 더 중요한 것은 지금 여기서 사람의 몸과 마음, 그리고 숨을 다스리는 것이다.

「**천지정위(天地定位)로 정위거체(正位居體)하니 우아일체(宇我一體)요.**
산택통기(山澤通氣)로 음양합덕(陰陽合德)하니 자연축기(自然蓄氣)며,
수화상제(水火相濟)로 용호교구(龍虎交媾)하니 환골탈태(換骨奪胎)라!
뇌풍반선(雷風盤旋)은 진탕운화(震盪運化)니 일환법륜(一丸法輪)이며,
황중통리(黃中通理)로 성통공완(性通功完)은 자명대업(自明大業)이다.」

위의 글은 눈 밝은 옛사람이 역상(易象)으로 심신을 연단하는 방법을 요약한 글이다. 진실한 사람을 기다리고 가려서 전하는 정법이다. 그가 진실하지 않으면 전해 받을 수 없다. 오직 진실한 사람만이 이를 전수받아 그 진의를 배우고 익혀서 홍익인간의 길을 가는 대붕(大鵬)이 될 것이다. 세상에는 진실한 정도를 모르고 왈가왈부하는 주작(朱雀)들이 많은 법이다. 때가 오면 대붕은 주작을 품고 자신을 알아주는 황룡(黃龍)을 도울 뿐이다.

공자가 해설한 역경의 계사 전에 이르기를,
「하나의 음과 양을 일컬어 진리(一陰一陽之謂道)라고 한다. 이를 이어감이 선업(善業)이요 이루는 것이 성품(性稟)이다. 어진 자는 이를 보고 어질다하고, 지혜로운 자는 이를 보고 지혜롭다고 한다. 일반백성들은 날마다 쓰면서도 알지 못하므로 군자의 도는 아는 이가 적은 것이다. 모든 사랑을 나타내어도 모든 쓰임이 감추어져 있어서 만물이 고동을 쳐도 성인(聖人)과 더불어 한가지로 조심하지 않는다.

성대한 덕과 위대한 사업이 지극하도다! 부유하게 지니는 것을 대업

(富有之謂大業)이라 하고, 날마다 새로워지는 것을 성덕(日新之謂盛德)이라고 한다. 생하고 또 생하는 것을 역(生生之謂易)이라 하고, 형상을 이루는 것을 건(成象之謂乾)이라 하며, 법을 본받는 것을 곤(曉法之謂坤)이라고 한다.

수(數)를 극진히 하여 오는 일을 아는 것을 문제점(極數知來之謂占)이라 하고, 변화하는 것에 통달하여 대응하는 것을 결사(通變之謂事)라고 하며, 음양도 즉시 변화하므로 항상 함을 헤아릴 수 없는 것을 신(陰陽不測之謂神)이라고 한다. 그러나 변화의 도를 아는 자 그 신(神)의 하는 바를 아는 것이고, 신(神)의 하는 바를 아는 자는 백성들을 위해 그것을 쓴다. 그러므로 역은 크고도 넓도다!

건(乾)은 쉬운 것으로써 앎이고 곤(坤)은 간단한 것으로써 함이다. 쉬우면 알기가 쉽고 간단하면 좇기가 쉽다. 알기 쉬우면 친근함이 있고 좇기 쉬우면 공로가 있다. 친근하면 오래가고 공로가 있으면 커질 수가 있다.

오래가는 것은 어진 사람의 덕이요 커질 수 있는 것은 어진 사람의 사업이다! 쉽고 간단하면 천하의 이치를 얻게 되고, 천하의 이치를 얻으면 그 가운데 자리가 저절로 이루어진다.」고 했다.

법상(法象)은 천지(天地)보다 더 큰 것이 없고 변통(變通)은 사시(四時)보다 더 큰 것이 없으며 현상(現象)은 일월(日月)보다 더 큰 것이 없다고 역은 가르친다. '일월의 현상'을 알면 길흉을 알고 큰 사업을 일으킬 수 있고, '사시의 변통'을 알면 진퇴를 알고 큰 부름을 기다릴 수 있으며, '천지의 법상'을 알면 도리를 알고 큰 나라를 다스릴 수가 있다.

역경의 곤괘(坤卦)에 이르기를,

「곧다는 것은 바르다는 것이고 바르다는 것은 옳다는 것이다. 군자는 공경으로 안을 곧게 하고 인의로 밖을 바르게 한다. 공경과 인의가 확립되면 덕은 외롭지 않다. 곧고 바르고 크다는 것은 익히지 않아도 불리함이 없다는 것으로 그를 의심하지 않고 행하기 때문이다.

군자는 황중(黃中)으로 이치에 통한다! 바른 자세의 몸가짐은 아름다움이 그 가운데 있어서 사지전신에 기운이 화창하게 퍼지고, 하는 사업이 발전하니 이것이 지극함이다.」고 했다.

(4) 서경(書經)의 홍범구주(洪範九疇) 총론(總論).

「주나라 무왕이 즉위한지 13년에 기자(箕子)를 방문하여 말하기를, "아 슬프다. 기자여! 하늘이 아래 백성을 정해놓고 그들이 서로 도우며 삶을 살게 하시나 나는 그 마땅히 지켜야할 인륜의 펼칠 바를 알지 못하노라."고 하니, 기자가 곧 말하기를, "내가 들으니 옛날 곤이 홍수를 막으려다가 오행의 배열을 어지럽히므로 천제(天帝)께서 진노하여 홍범구주를 주지 않으시니, '사람이 마땅히 지켜야할 인륜'이 무너진바 되었습니다. 곤이 귀양 가서 죽고 우(禹)가 이어받아 일어나므로 천제(天帝)께서 홍범구주를 주시니 항상 지켜야할 인륜이 펼쳐지게 되었습니다.

처음 첫째는 오행(五行)을 앎이요, 다음 둘째는 경(敬)으로 오사(五事)를 행함이요, 다음 셋째는 힘써 팔정(八政)을 행함이요, 다음 넷째는 질서를 오기(五紀)로 행함이요, 다음 다섯째는 법칙을 황극(皇極)으로 세움이요, 다음 여섯째는 삼덕(三德)으로 다스림이요, 다음 일곱째는 계의(稽疑)를 밝힘이요, 다음 여덟째는 서징(庶徵)을 생각함이요, 다음 아홉째는 오복(五福)을 권장하면서 육극(六極)으로 위엄을 보이는 것입니다.

첫 번째 오행(五行)은, 하늘이 만물을 낳는 시작이므로 천도에 있어 다시 없이 큰 것인바 첫 번째에 놓아 머리로 삼았습니다. 그 첫째가 물로 1,6수요, 둘째가 불로 2,7화요, 셋째가 나무로 3,8목이요, 넷째가 쇠로 4,9금이요, 다섯째가 흙으로 5,10토입니다.

지혜의 물은 적시며 아래로 흘러 내려감이요, 예의의 불은 위로 솟구쳐 오름이요, 인애의 나무는 옆으로 굽고 위로 곧게 자람이요, 정의의 쇠는 상황에 따르며 여러 가지로 바뀜이요, 신실한 흙은 심고 가꾸며 거둠입니다.

적시며 흐르는 검은 물은 짠맛을 만들고, 타오르는 빨간 불은 쓴맛을 만들고, 굽고 곧은 푸른 나무는 신맛을 만들고, 따르고 바뀌는 하얀 쇠는 매운맛을 만들고, 심고 가꾸는 누런 흙은 단맛을 만듭니다.

두 번째 오사(五事)는, 오행이 있고 만물이 화생(化生)하니 그 만물 중에 사람이 가장 신령하고 그 사람의 길에 오사가 근본이 되는바 두 번째에 놓았습니다. 그 첫째가 얼굴이요, 둘째가 말이요, 셋째가 보는 것이요, 넷째가 듣는 것이요, 다섯째가 생각하는 것입니다.

얼굴은 경건해야 하고, 말은 인의를 따라야하고, 봄은 밝아야 하고, 들음은 분명해야 하고, 생각은 지혜로워야 하는 것입니다.

경건함은 엄숙(嚴肅)하도록 만들고, 인의를 따름은 조리(條理)가 있도록 만들고, 밝음은 명철(明哲)하도록 만들고, 분명함은 도모(圖謀)하도록 만들고, 지혜로움은 성현(聖賢)을 만듭니다.

세 번째 팔정(八政)은, 다스리는 사람이 있으면 반드시 행하는 일이 있는데 그 가운데 가장 급한 사람의 일이 되는바 세 번째에 놓았습니다. 그 첫째가 백성들의 양식(糧食)을 관리하는 것이요, 둘째가 백성들의 재화(財貨)를 보호하는 것이요, 셋째가 백성들의 제사(祭祀)를 도와주는 것이요, 넷째가 사공(司空)으로 하여금 백성들의 살림을 보살피는 것이요, 다섯째가 사도(司徒)로 하여금 백성들에게 지식과 인륜을 가르치는 것이요, 여섯째가 사구(司寇)로 하여금 백성들의 형벌을 다스리는 것이요, 일곱째가 제후들의 사절을 대접하는 것이요, 여덟째가 강력한 군사를 유지하는 것입니다.

네 번째 오기(五紀)는, 사람의 일을 가다듬으려면 마땅히 천도의 영험을 살펴야 하므로 역상(曆象)과 사시(四時)를 정하는 일을 늦출 수 없어서 네 번째에 놓았습니다. 천지가 변화를 일으키는 것을 관찰하고 예측하여 기상과 일기를 예보함으로써 백성들이 안심하고 생업에 힘쓰도록 보살피는 것입니다. 그 첫째가 한 해의 사계절을 살피는 것이요, 둘째가 한 달의 절후나 물때를 살피는 것이요, 셋째가 하루의 기상을 살피는 것이요, 넷째가 일월성신의 천문변화를 살피는 것이요, 다섯째가 역법(曆法)을 계산하여 백성에게 알려주는 것입니다.

다섯 번째 황극(皇極)은, 오행을 알아 순응하고, 오사를 경(敬)으로 받들어 행하며, 팔정을 성(誠)으로 두텁게 하고, 오기를 알맞게 살피면 임금의 도를 다 갖추게 되므로 다섯 번째로 중앙에 자리를 잡게 됩니다. 백성을 다스리는 임금의 법칙은 이와 같이 세우는 것입니다.

임금이 제때에 오복(五福)을 거두어서 일반백성들에게 베풀어 주면, 그 백성들도 임금의 법칙을 따르고 임금의 법칙을 보존해줄 것입니다. 그 백성들이 그릇된 무리를 짓지 않고, 친한 사람을 위하여 사사로이 행동하지 않음은 오직 임금이 옳은 법칙을 만들어 솔선수범하기 때문입니다.

무릇 그 백성들이 도모함이 있고, 실행함이 있고, 지조를 지키는 사람들─(행동하는 양심인사들)이 있으면 임금께서는 이들을 유념하셨다가, 혹 임금의 법칙에 맞지 않더라도 허물이 없거든 받아들이십시오. 그리고 온화한 안색으로 '내가 좋아하는 바는 덕이라'고 하는 사람을 백성들이 인정하면 임금께서는 그들에게 복록을 내리십시오. 이들이 오직 임금의 법칙을 펼칠 사람들입니다.

의지할 곳 없는 외로운 사람들이나 가난한 사람들을 거칠게 대하지 말고, 고명한 사람들은 성심으로 공경하십시오. 사람이 유능하고 함이 있으면 발전하도록 도와야 나라가 번창할 것입니다. 그들이 일할 자리를 만들어 주는 것이 무엇보다 중요합니다.

무릇 올바른 벼슬아치(正人)들을 녹을 높여 부유하게 해주면 그들이 좋아하여 나라에 공헌할 것이나 그렇지 않으면 나라에 죄를 짓게 될 것입니다.

덕이 없는 사람에게 임금이 복록을 내린다면 그들은 임금을 이용하여 크나큰 죄를 짓게 되니 임금의 허물이 되고 말 것입니다. 한쪽으로 치우치거나 기울어짐이 없이 임금의 의로움을 준수하고 사사로이 좋아함을 만듦이 없이 임금의 도리를 다하십시오. 사사로이 싫어함을 만듦이 없이 임금의 길을 가십시오.

치우침도 없고 기울어짐도 없으면 임금의 길이 넓고도 넓으며, 기울어짐도 치우침도 없으면 임금의 길은 판판하여 평안합니다. 배반도 없고 억측도 없으면 임금의 길은 올바를 것이니, 그 법칙을 지키는 사람들이 모이게 되고 이들이 법칙을 잘 지키게 될 것입니다. 임금의 법칙을 펴는 이 말씀은 사람이 마땅히 지켜야할 떳떳한 도리로써 천제께서 내리신 가르침입니다.

무릇 일반백성들이 임금의 법칙을 펴는 이 말씀을 교훈삼아 실행하면 천자의 빛남에 가까워짐으로써 '천자가 백성의 어버이로 천하를 잘 다스린다.'고 할 것입니다.

　여섯 번째 삼덕(三德)은, 임금의 다스림은 온갖 변화를 주고받음에 있습니다. 그 활용은 다 같지 않으나 모두가 다 중정(中正)에 귀착하는 것이므로 황극자리 다음의 여섯 번째에 놓았습니다. 그 첫째가 바르고 곧은 것(正直)이요. 둘째가 굳셈으로 이기는 것(剛克)이요. 셋째가 부드러움으로 이기는 것(柔克)입니다. 평화롭고 안일한 사람은 바름으로 다스리고, 강하여 굴하지 않는 사람은 굳셈으로 다스리고, 화합하고 순종하는 사람은 부드러움으로 다스립니다. 침체된 사람은 굳셈으로 다스리고, 고명한 사람은 부드러움으로 다스립니다.

　오직 임금이라야 복록을 내리고, 임금이라야 위세를 부리며, 임금이라야 진수성찬을 받을 수 있습니다. 신하가 복록을 내리고, 신하가 위세를 부리고 신하가 진수성찬을 받는 일이 있으면 안 되는 것입니다. 신하가 복록을 내리며 위세를 부리고 진수성찬을 받으면, 그 해(害)가 임금의 집안일에까지 미치고 그 흉(凶)함이 나랏일에까지 미치게 됩니다.

　임금을 대신하는 관리들이 한쪽으로 기울어지고 치우치는 실정을 하면 백성들도 임금을 우습게 알고 넘보는 잘못된 행동을 저지를 것입니다. 그러나 임금이 공정하고 청렴하며 겸손하다면 만백성이 임금의 법칙을 준수하고 임금을 칭송하고 따를 것입니다.

　일곱 번째 계의(稽疑)는, 비록 사람이 할 바를 다 한 다음이라도 큰일을 행함에 그 일이 염려되고 의심스러우면 마땅히 하늘에 물어야 하기 때문에 삼덕 다음에 계의를 놓았습니다. 계의는 의문을 살펴보는 것입니다. 기상을 관측하는 사람과 복서에 통달한 사람을 선발하여서 그들로 하여금 성심을 다하여 기상을 예측·분석하게 하고, 괘를 얻어 해석·결단하게 명하는 것입니다. 그리하여 날씨가 비가 오겠다, 개이겠다, 흐리겠다, 오락가락 하겠다, 소나기가 오겠다는 등 다섯 가지 기상 문제점을 거북점으로 관측하게 하여서 예보하게 합니다. 그리고 나라의 내우(內憂)나 외환(外患)같은 두 가지 당면중대사는 시초 점으로 결단하여 예견하게 합니다. 이들 세 사람이 예측하고 결단하면 두 사람의 말을 좇으십시오.

임금에게 큰 의문이 있으면 자신의 마음에다 물어보고, 귀족이나 관리에게 물어보고, 일반서민에게 물어보고, 그래도 의문이 풀리지 않으면 그때에는 거북이나 시초를 주관하는 이에게 복서(卜筮)로 물어보십시오.

임금 자신의 마음이 복서내용(또는 현자의 가르침)과 일치하여 따르고, 귀족이나 관리들이 신뢰하며 따르고, 모든 백성들이 동조하고 따르면 이것을 일컬어 대동(大同)이라고 합니다. 대동일화(大同一和)가 이뤄지면 임금과 백성이 두루 굳세고 강녕하며 그 자손들도 번창하여 길할 것입니다. 임금과 복서와 백성들이 다 따르면 귀족과 관리들이 거역할지라도 비바람이 불지 않고 길할 것입니다. 임금이 거역할지라도 복서와 귀족, 관리와 백성들이 다 따르면 길할 것입니다. 임금과 복서가 따르는데 귀족과 관리와 백성들이 거역하면 안으로는 길하나 밖으로는 언제 비바람이 불어올지 모르므로 흉할 것입니다. 거북점과 시초점이 임금의 뜻을 따르지 않고 다 함께 사람들을 거역하는 경우는 때를 기다리고 조용히 있어야 길하며 서둘러 움직이면 흉할 것입니다.

여덟 번째 서징(庶徵)은, 정치를 하다보면 이해득실에 따라서 여러 가지 길흉선악이 나타나게 되는데, 반드시 모든 일에는 그 징험이 먼저 나타나는바 마땅히 하늘의 동정을 미루어 보아 자신과 나랏일을 성찰해야 하므로 계의에 이어 여덟 번째에 놓았습니다. 서징은 모든 징조를 살피는 것입니다.

세상에 일어나는 모든 현상은 과거와 미래와 현재를 머금은 필연(必然)의 소치이므로 지금 여기의 현상은 다 과거사의 확실한 결과이면서도 미래사의 원인이 되고 예지(豫知)의 단초(端初)가 됩니다. 비가 오는 것, 햇볕이 드는 것, 날씨가 더운 것, 날씨가 추운 것, 바람이 부는 것, 이 다섯 가지가 나라일과 관계된 서징입니다. 세월이 흐르고 계절이 바뀌면서 나타나는 이러한 변화를 살피는 것이 매우 중요합니다.

이 다섯 가지 날씨의 조화가 다 갖추어지고 저마다 그 질서에 따라 발생하면 곧 모든 초목들도 무성해질 것입니다. 그 중 한 가지 현상만 너무 지나치게 갖추어져도 흉하며 너무 지나치게 부족해도 흉합니다.

천제(天帝)께서 이르시기를, '아름다운 징험은 임금이 엄숙하면 철에 맞추어 비가 따르고, 임금이 조리가 있으면 철에 맞추어 햇볕이 따르고, 임금이 명철하면 철에 맞추어 더위가 따르고, 임금이 도모하면 철에 맞추어 추위가 따르고, 임금이 성현이면 철에 맞추어 바람이 따르는 것'이라고 했습니다.

'나쁜 징험은 임금이 경망스러우면 오래도록 비가 오고, 임금이 어긋나면 오래도록 햇볕이 쏟아지고, 임금이 게으르면 오래도록 무더위가 계속되고, 임금이 조급하면 오래도록 추위가 계속되고, 임금이 어리석으면 오래도록 바람이 몰아친다.'고 하였습니다.

또 이르시기를, '임금은 오직 한 해(一年)를 살피고, 귀족이나 대부는 한 달(一月)을 살피고, 낮은 관리는 한 날(一日)을 살펴야 한다.'고 했습니다.

'해와 달과 날이 일정하여 계절의 순환이 바뀌지 않으면 모든 곡식이 잘 익고, 다스림이 밝아져서 뛰어난 백성들이 출현하고, 국가는 평강을 누리게 되며, 날과 달과 해가 계절의 순환을 바꿔 놓으면 모든 곡식은 잘 익지를 않고, 다스림이 어두워져서 뛰어난 백성들은 숨어 버리고, 국가는 불녕(不寧)하게 된다.'고 하였습니다.

일반서민은 오직 별과 같으며, 별은 바람을 좋아하고 비를 좋아 합니다. 그러나 미풍(微風)과 같고 세우(細雨)와 같은 별이 언제 폭풍과 폭우를 부를지 모릅니다. 해와 달의 운행은 겨울과 여름을 있게 합니다. 그런데 그 달이 별을 좇으면 언제든지 바람이 불고 비가 오는 것입니다.

아홉 번째 오복(五福)과 육극(六極)은, 정치를 하다보면 이해득실에 따라서 좋고 나쁜 여러 가지 징험이 나타나는바 이 징험은 천상(天象)으로만 나타나는 것이 아니라, 나의 신상(身上)에도 선악길흉이 미치는 것이므로 서징에 이어 아홉 번째 끝에 놓았습니다. 이 오복과 육극은 임금에서 일반백성까지 누구에게나 해당이 되는 것입니다. '제 할 바에 따라 나타나는 마땅히 그러함'이 오복과 육극입니다.

오복은 좋은 경험으로써 첫째가 장수(長壽)요, 둘째가 부유(富裕)요, 셋째가 강녕(康寧)이요, 넷째가 유호덕(攸好德)이요, 다섯째가 고종명(考終命)입니다. 장수(長壽)는 긍정적으로 생각하고 일하며 평온하게 사는 사람의 몫이요, 부유(富裕)는 성실함으로 의도하며 근검하게 사는 사람의 몫이요, 강녕(康寧)은 활발함으로 소통하며 절제하고 사는 사람의 몫이요, 유호덕(攸好德)은 인의(仁義)로서 적선하며 정직하게 사는 사람의 몫이요, 고종명(考終命)은 경건함으로 수용하며 감사하고 사는 사람의 몫입니다.

육극(六極)은 나쁜 경험으로써 첫째가 요절(夭折)이요, 둘째가 질환

(疾患)이요, 셋째가 우수(憂愁)요, 넷째가 빈천(貧賤)이요, 다섯째가 흉악(凶惡)이요, 여섯째가 신약(身弱)입니다. 횡액단명요절(橫厄短命夭折)은 경망하고 조급한 사람의 부주의한 습관 탓이요, 질환(疾患)은 치우치게 탐착하는 사람의 무질서한 생활 탓이요, 근심걱정은 기대가 크고 정이 많은 사람의 쓸데없는 생각 탓이요, 빈천(貧賤)은 나태한 사람의 무지와 체념이 부른 자포자기 탓이요, 흉악(凶惡)은 마음을 닦지 못한 사람의 원망이 부른 과격한 행동 탓이요, 신약(身弱)은 마음이 여린 사람의 안이함과 꾸준히 섭생하고 운동하여 몸을 단련하지 못한 탓입니다.」

　온 천하를 다스리는 큰 규범인 홍범구주는 지금으로부터 3,100년 전에 은나라의 왕족이었던 기자가 천하를 통일한 주나라 무왕에게 전수해준 은나라의 통치철학이다. 홍범구주는 4,200년 전에 하나라를 개국한 우임금이 천제로부터 전수받은 것으로써 동양 최초의 정치이론이다. 그 후 유학의 정치이념이 되었으니 2,500년 전의 공자의 대동정치나 2,400년 전의 맹자의 왕도정치의 기본원리가 홍범구주다. 모든 나라의 기상관측과 재이설(災異說)의 핵심논리가 되기도 한 홍범구주는, 중국에서 대학과 중용 다음으로 많은 주석과 해설집이 나올 정도로 중시된 정치사상서다.
　우리나라에도 유학과 함께 이 홍범구주가 정치에 지대한 영향을 미쳤을 것이다. 600년 전인 고려 말, 조선조 초기의 대학자 양촌 권근(權近: 1352~1409)선생의 입학도설(入學圖說)에 나오는 홍범구주 해설을 보아도 짐작이 간다. 양촌 선생의 통찰을 앞의 각 구주(九疇) 서두(書頭)에 이미 인용하였다. 다음의 글도 양촌선생의 홍범구주해설이니 마음에 새기면 좋을 것이다.

「사람의 임금이 천하를 다스리는 큰 법은 이 이상 더 보탤 것이 없다. 그런데 법이 비록 아홉이 있다고는 하나 요의(要義)는 셋이니 천도(天道)에 오행(五行)이 있고, 인도(人道)에 오사(五事)가 있으며, 황극(皇極)에는 천인합일(天人合一)이 있다. 오사(五事)가 행해져서 황극이 서면 사람의 인의예지신 오행이 순조로워 하늘의 비, 햇볕, 더위, 추위, 바람이 좋은 징후로 상응하고, 오사(五事)가 잘못되어 황극이 서지 못하면 사람의 인의예지신 오행이 어지러워 하늘의 비와 햇볕, 더위, 추위, 바람이 나쁜 징후로 상응하여 나타난다. 그러므로 하늘과 사람 즉 천인(天人)이 서로 유통하고 감응하여 공명하는 도리가 분명해야할 것이다.

 팔정과 오기, 삼덕, 계의, 서징, 복극의 작용이 모두가 황극이 서느냐? 서지 못하느냐에 달려있다. 그렇다면 오사를 닦아 황극을 세우는 도리는 무엇으로 말미암을 것인가? 그것은 오직 경(敬)이란 한 글자에 달렸다. 성인이 홍범구주의 오사 위에다가 경(敬用五事)을 놓은 것은 심법(心法)의 중요함을 만세사람의 임금에게 보이고자 함이니 사람의 임금된 자 어찌 유념하지 않을 수 있겠는가!」

 조선유학의 대가인 퇴계와 율곡의 사상에서도 홍범구주의 흔적을 찾을 수 있다. 퇴계는 무진경연계차(戊辰經筵啓箚)와 진성학십도차(進聖學十圖箚), 천명도설후서(天命圖說後筮), 답김이정(答金而精) 등에서 홍범구주의 내용 일부를 인용하여 자신의 주장을 펼치고 있으며, 율곡은 역수책(易數策)과 천도책(天道策) 등에서 홍범구주의 내용을 인용하여 자신의 학설을 펼치고 있다. 다음의 글은 율곡의 천도책 내용의 일부분이다.

「~가만히 생각하건대 모든 변화의 근본은 한 음양일 따름입니다. 이기(理氣)가 움직이면 양이 되고 고요하면 음이 됩니다. 한번 움직이고 한번 고요한 것은 기(氣)요, 움직이게 하고 고요하게 하는 것은 이(理)입니다.

대개 형상이 하늘과 땅 사이에 있는 것은 오행의 바른 기가 모인 것도 있고 혹 하늘과 땅의 어그러진 기를 받은 것도 있습니다. 혹은 음양의 두 기가 서로 부딪치는 데서부터 나기도 하고 혹은 두 기가 발산하는 데서 나기도 하기 때문에, 해와 달과 별은 하늘에 걸렸고 비와 눈과 서리와 이슬은 땅 위에 내리는 것입니다. 바람과 구름이 일어나고 우레와 번개가 일어나는 것도 이 기가 아닌 것이 없습니다. 그 하늘에 걸리는 까닭과 땅에 내리는 까닭, 바람과 구름이 생겨나는 까닭, 그리고 우레와 번개가 일어나는 까닭은 모두 이 이(理)가 아닌 것이 없습니다.~ 음양의 두 기가 진실로 조화가 되면 저 하늘에 걸려 있는 것이 그 정도를 잃지 아니하고 땅에 내리게 되니, 그 알맞은 때에 순응하고 바람, 구름, 우레, 번개가 모두 조화로운 기 가운데 있는 것이니 이는 곧 이(理)의 떳떳한 것입니다. 음양이 조화롭지 않으면 그 행하는 것이 절도를 잃고 그 발산하는 것이 때를 잃어서 바람, 구름, 우레, 번개가 모두 어그러진 기에서 나오게 됩니다. 이것은 모두 이(理)의 변함입니다. ~ 사람은 곧 천지의 마음입니다. 사람의 마음이 바르면 천지의 마음이 또한 바르고 사람의 기가 순하면 천지의 기도 또한 순하게 되는 것입니다. 그렇다면 이치의 떳떳함과 이치의 돌변함을 한결같이 하늘의 도에만 맡길 수 있겠습니까. 원컨대 어리석은 저는 이 점에 대해서 답하고자 합니다. 홍몽(鴻蒙)이 처음으로 갈라져 해와 달이 번갈아 밝으니, 해는 태양(太陽)의 정기가 되고 달은 태음(太陰)의 정기가 되었습니다. 양의 정기는 빨리 움직이는지라 하루로서 하늘을 돌고 음의 정기는 더디 움직이는지라 하룻밤에 다 돌지 못합니다. 양이 빠르고 음이 더딘 것은 기운이요, 음이 더디게 되는 것과 양이 빠르게 되는 것은 이치입니다. 저는 그것을 누가 그렇게 하는지는 알지 못합니다. 다만 저절로 그렇게 되는 것이라고 생각할 뿐입니다. ~ 해는 임금의 상징이요, 달은 신하의 상징입니다. 그 가던 길을 같이하고 그 모이는 도(度)를 같이하기 때문에 달이 해를 가리면 일식(日蝕)이 되고, 해가 달을 가리면 월식(月蝕)이 됩니다. ~ 별의 상서는 아무 때나 나타나는 것이 아니거니와 별의 변괴 또한 아무 때나 나오지 않습니다. 상서로운 별은 밝은 시대에 나타나고 요괴스러운 혜성은 반드시 어두운 세상에만 나타납니다. 우순(禹舜)의 시대가 문명해지자 좋은 별이 나타났고, 춘추의 시대가 혼란해지자 혜성이 나타났습니다. 우순(禹舜) 같은 다스림이 그 한 시대만이 아니고, 춘추전국시대 같은 어지러움이 그 한 시대뿐이 아니니 어떻게 일일이 다 밝혀 말할 수 있겠습니까? ~ '천지를 제자리에 있게 하고, 만물을 기르는 것은 그 도가 어디서부터 오느냐?'고 물으셨는데, 저는 '임금이 자기의 마음을 바로 하여 조정을 바로잡고, 조정을 바로 하여 사방을 바로잡고, 사방이 바르게 되면 천지의 기운도 바르게 된다.'고 들었습니다. 또 듣건대 '마음이 화평하면 형체가 고르고, 형체가 고르면 기운이 고르고, 기운이 고르게 되면 천지가 고른 기운에 응한다.'고 하였습니다. ~ 하늘은 비와 볕과 더위와 추위와 바람을 가지고 모든 것을 생성하고, 임금은 공경과 신의와 지혜와 도모와 거룩함을 가지고 위로는 하늘의 도에 응하고 아래로는 사람의 도에 응하는 것입니다. ~ 」

오늘날은 임금의 역할이 조직을 대표하는 모든 지도자의 역할과 같다. 지도자는 언제나 천지자연과 상응하며 공감한다고 보는 것이 홍범구주의 정치이론이다. 大

4절

미래세계(未來世界)와 치국평천하(治國平天下)

(1) 세상을 지배하는 권력.

세상은 자연선택에 의한 미세조정의 진화놀이가 인간선택에 의한 기획조정의 진화놀이로 발전하면서 빠르게 변화하고 있다. 인류사의 변천을 살펴보아도 진화의 놀이속도가 점차 급변하고 있다. 사람들이 인식하고 분석할 수 없을 정도로 새로워지는 놀이패턴의 시대변화를 절감하게 된다. 인류의 시작을 투마이Toumai시대로까지 거슬러 올라가지 않고 호모 사피엔스Homo sapiens시대로만 보아도 수렵사회가 수만 년이었으며, 다음의 농경사회가 수천 년이었다. 그리고 도래한 산업사회는 수백 년에 불과하였지만 엄청난 변화를 가져왔고 최근의 '정보화 사회'는 겨우 수십 년이었으나 사람들이 수천 년 동안 이룩해 놓은 문명과 문화를 송두리째 흔들어 놓고 있다. 정보화 사회 다음에는 과연 어떤 사회가 올까? 덴마크의 저명한 미래학자인 롤프 옌센Rolf Jensen은 '이야기를 바탕으로 하는 새로운 사회, 꿈Dream과 감성을 파는 사회, 즉 〈드림 소사이어티Dream Society〉'가 머지않아 도래할 것이라고 하였다. 그러나 많은 미래학자들은 미래가 꿈과 감성을 파는 사회이면서도 모든 것이 빛의 속도로 급변하는 '창조화 사회'가 될 것이라고 말한다. 그리고 한편에서는 '시장자본주의시대' 또는 '세계정부시대'가 도래할 수밖에 없다고 말한다. **과연 미래는 어떤 세상일까?** 지금보다 더 편리하고 살기 좋은 세상일까? 상하계층간의 격차가 더 심각한 세상일까? 모두의 꿈이 이뤄지는 세상일까? 지금까지 인류가 이뤄놓은 문명이 허망하게 붕괴되는 세상일까? 참으로 궁금하다. 미래세상은 지식과 정보가 부(富)가 되고 권력이 된다고 말한 미국의 경제미래학자 엘빈 토플러(Alvin Toffler:1928~)는 "미래는 찾아오는 것이 아니라 만드는 것"이라고 하였다. 세상은 급변하고 있으므로 더더욱 알 수 없는 우리의 미래는 몹시 두려운 세상이 아닐 수 없다. 그러나 엘빈 토플러의 말처럼 우리가 상상하고 설계하여 창조해야 하고, 우리가 선호하는 방향으로 연구하고 도전하여 발명해야할 세상이 미래다.

동서양을 막론하고 천지개벽(天地開闢)이나 개국(開國)의 신화(神話)들은, 초자연적인 힘을 지닌 하늘의 여러 신들이 하강하여 스스로 천제(天帝)가 되어 세상을 지배하고 다스렸다고 전한다. 그리고 사람에게 우주자연의 질서와 인륜의 법도를 가르쳤다고 한다. 세상은 천제(天帝)가 다스리는 신본시민사회(神本市民社會)에서, 사람의 지능이 발달하면서 민심(民心)을 얻은 천자(天子)가 다스리는 왕권시민사회(王權市民社會)로 발전하였다가, 마침내 일반백성이 다스리는 인본시민사회(人本市民社會)로 점차 진화하였다고 한다. 우리나라 역사는 한웅천제시대에서 단군천자시대로 진화하였으며 다시 삼국시대의 제왕시대로 변화하였다가 오늘날은 나라사람이 주인인 대한민국이 되었다.

중국의 역사도 복희, 신농, 황제 등의 천제시대를 거쳐 요, 순, 우, 탕, 문·무왕 천자시대로 진화한다. 그리고 제자백가(諸子百家)가 주의주장을 펼치는 백가쟁명(百家爭鳴)의 춘추전국시대를 거쳐 통일과 분열을 거듭하다가 오늘날은 중화민국이 되었다. 다양한 민족과 부족의 결집으로 이루어진 동서양의 수많은 나라들도 이와 비슷한 역사의 발전을 거듭하며, 백성이 주인인 문명민주사회(文明民主社會)로 진화하면서 오늘에 이르렀다.

옛날에는 모든 권력이 하늘을 대신하는 왕(王)으로부터 나왔으며, 그 왕의 권력이 세상을 지배하였다. 그러다가 점차 왕의 권력이 백성으로 이양되어 백성이 선출한 지도자가 세상을 다스리게 된다. 민(民)으로부터 나온 권력이 세상을 다스리게 된 것이다. 이것이 인류가 피를 뿌리며 이루어 놓은 가장 위대한 업적이라고 할 수 있는 자유민주주의이다. 이 민주화 과정에서 자유를 갈망하는 민주시민들이 서로 다른 길을 가는 수많은 독재국가의 위정자들, 그리고 시대의 변천에 따라 다양한 이데올로기Ideology들과 첨예하게 대립하고 갈등하며 싸우다가, 엄청난 희생이 따르는 전쟁까지 치르면서 자유와 민주주의를 획득한 것이다. 그동안 탐욕적인 지배자들의 수많은 제국의 탄생과 멸망, 영토전쟁, 종교전쟁의 와중에서 이기적인 독재자들의 횡포를 수많은 백성들이 고스란히 몸으로 당하면서 막아낸 희생의 터 위에 민주주의가 꽃이 핀 것이다. 그러므로 인류가 염원하던 민주사회의 자유와 평화라는 공공재(公共財)는 참으로 값지고 고귀한 것이 아닐 수 없다.

그런데 세계는 아직도 많은 문제점을 안고 있다. 지금도 진행 중인 일부지역의 국경분쟁과 이념투쟁, 전체주의와 민족주의를 우선시하며 자행되는 인권탄압과 폭정, 부족사이의 권력다툼과 내전, 연쇄반응을 일으키는 금융위기, 배타적이고 독선적인 종교의 정치참여와 세속과의 갈등, 독점자본의 비대화, 점차 심화되는 빈부격차, 구제불능상태의 절대빈곤과 사회범죄, 강대국들의 군비경쟁, 무지하고 욕심 많은 인간들의 환경파괴, 자원고갈, 자연재해 등 해결해야할 난제들이 세계 곳곳에 산더미처럼 산적해 있다.

세상의 문제점들을 민주주의체제하에서 통제하고 제어하여, 모든 인류가 진정한 자유와 평화, 그리고 풍요와 안정을 누릴 수 있는 해결방법은 없을까?

수세기 동안 인류의 장래를 염려하는 수많은 사람들이 머리를 맞대고 그 해결책을 궁리하고 고민하다가, 1·2차 세계대전을 겪으면서 1920년에 국제연맹을 만들었고, 다시 1945년에 국제연합을 결성하여 각국의 지도자들이 전쟁복구와 평화정착을 위해 헌신적인 활동을 하여 많은 성과를 거두었다.

그런데 오늘날 국제연합은 192개국이 참여하여 운영하고 있으나 저마다 자국의 이익추구에만 급급하고 있다. 국제연합의 상임이사국들이 2차 세계대전을 승리로 이끈 강대국 중심으로 운영되다 보니, 지구상의 지역분쟁과 여러 문제점들을 공정하고 신속하게 해결하지 못하고 있다.

세계의 강력한 G2국가들인 과거의 미·영, 미·소도, 현재의 미·중역시 이러한 문제들을 명쾌하게 해결하지 못하고 있다. 세계평화유지를 위하여 동분서주하는 미국의 역할도 한계점에 이르고 있다. 세계질서를 선도하는 강력한 미국이지만 세계는 그 미국의 힘이 자국의 이익을 강요한다고 점차 연대를 거부하고 미국과 갈등하고 있다.

더구나 21세기의 새로운 권력집단으로 부상한 자본주의체제하의 '시

장(市場)'기능을, 미국을 비롯한 어느 강대국도 효율적으로 통제하고 조율하지 못하고 있다. 새로운 권력의 주체로 등장한 시장경제의 횡포와 위험요소를, 미·중을 비롯한 국제연합이 제대로 제어하여 해결하지 못하고 있는 것이 현재와 미래세계의 난제요, 인류의 생존을 위협하는 환경문제와 함께 실업문제나 노인문제 역시 나라마다 풀기 어려운 난제이다.

미래의 세계는 시장경제가 팽창할수록 '소비의 버블'이 더욱 심각해질 것이다. 시장의 실체가 수요와 공급 같지만 그 실상은 소비의 버블이기 때문이다. 소비의 버블이 일시적으로 팽창하면 호황이 오고 붕괴되면 불황이 닥친다.

오늘날 세계경제는 지역과 지역, 나라와 나라 간의 상호의존성을 벗어날 수가 없다. 생산에서 소비까지 서로가 유기적으로 밀접하게 연결되어 있기 때문이다. 어느 한지역의 시장에서 소비의 버블이 붕괴되면 세계 곳곳에서 연쇄적으로 버블붕괴 현상이 나타난다. 나중에는 버블 퀘이크Bubble quake단계를 거쳐 애프터 쇼크After Shock, 특히 일국(一國)의 금융시스템 붕괴나 마비현상이 발생하면, 국가 간의 신용경색현상이 일어나면서 모든 지구촌 사람들의 생활이 궁핍해지고 세계경제는 혼란에 빠져 요동치게 될 것이다. 그 소용돌이 속에서 지구촌의 일부국가는 국가권력 위에 시장권력을 장악한 기업집단이 군림하게 되는 기현상까지 나타날 것이다. 황극의 중앙도 지금까지는 정치인이나 법조인, 언론인들이 주축을 이루고 있었지만 앞으로는 점차 기업인이나 미래학자들에게 그 자리를 내어주게 될지도 모른다. 이 같은 현상은 생존을 위해 일터를 좇는 사람들과 다양하고 복잡하게 급변하는 불확실성세상 때문에 국가보다 다국적기업이, 정치인보다 미래학자가 일반시민의 희망이 될 수 있기 때문이다.

경제문제와 미래불안 때문에 생존현실에 치중하다보면, 세계도처에서 조국이나 전통문화의 의미가 퇴색하는 안타까운 현상도 나타나게 된다. 이때 이를 해결할 방법은 무엇일까? 소비의 버블이나 금융의 시스템이 붕괴하는 것을 예방하고 해결할 수 있는 대안미래시나리오도 중요하지만, 민족문화의 붕괴를 예방하고 해결할 수 있는 대안 또한 매우 절실하게 필요하다.

돌아올 미래를 정확하게 예측할 수는 없지만 세상변화를 읽다보면 앞으로 닥칠 제3차 세계대전은 '경제대전(經濟大戰)'이 될 가능성이 매우 높다.

세계 각 나라의 위정자들이 자신들의 정권욕 때문에 포퓰리즘Populism에 의한 무상복지정책을 남발하면 할수록 국가부도Sovereign default현상이 가속화되면서 경제대란이라는 제3차 세계대전이 일어날 수 있다. 자칫하면 민생과 복지를 애국이라고 부르짖으며 무상복지정책을 남발하고, 기업의 투자와 성장을 저해하는 경제민주화를 고집하는 위정자가 국가부도의 주범으로써, 제3차 세계대전을 일으키는 미래세계의 제1전범이 될 수도 있다. 성장도 필요하지만 경제민주화도 꼭 필요하다. 그러나 경제는 자유경쟁체제 속에서 성장과 분배의 조화가 자발적으로 이뤄져야 최선이 아닐까? 세계시민정신이 소통과 공유로 버블경제의 붕괴를 예방할 수 없을까? 나라를 책임질 지도자는 언제나 살신성인(殺身成仁)의 정신으로 솔선수범하여 국민을 계몽하고 선도하여 인류공영을 지향하여야할 것이다.

'세계의 시장'은 농산물을 비롯한 각종자원, 제조생산을 비롯한 각종기술과 소비재, 금융거래와 주식시장, 의약, 주택, 건설, 지식, 정보통신, 전력, 문화, 심각한 환경산업문제 등이 다 하나의 1일경제권으로 연동되어 있으므로, 지구촌 한쪽에서 경제정책이 잘못되거나 환경재해가 발생하고 소비의 버블이나 금융시스템이 붕괴되면, 상호의존적인 세계경제는 즉각 반응하게 되어 있다.

최근 미국의 서브프라임모기지 후유증으로 초래된 리먼 사태로 말미암아 전 세계가 겪고 있는 소비의 버블붕괴와 애프터 쇼크After Shock, 중국의 산업발전으로 말미암은 세계시장의 원자재가격 급등, 일본의 해저지진 발생으로 말미암은 쓰나미tsunami사태가 초래한 원자력사고의 세계적 피해와 공포, 유럽연합의 금융위기로 말미암은 세계금융시장의 불안과 유럽의 여러 나라들이 직면한 국가부도Sovereign default 위험성 등을 보면서 세계가 연동되어 있음을 절감하지 않을 수 없다.

기축통화(基軸通貨)를 발행하는 미국이나 선진문명의 나라들이 뭉친 유럽연합, 러시아나 중국 같은 자원이 풍부한 강대국의 입김이 강하게 작용하는 국제연합이 이처럼 복잡한 세계의 제반경제문제점들을 공정하고 원만하게 예방하고 해결할 수 없다는 소리가 지구촌 여기저기서 들린다. 그것이 객관적 사실이요, 지구촌 현실이기 때문이다.

지금보다 훨씬 더 강력하고 합법적이면서 모든 민족과 국가를 실질적으로 대변하고 보호할 수 있는 새로운 세계정부를 수립하여야 한다고 의식 있는 많은 사람들이 주장한다. 특히 인권을 중시하는 자유민주주의 방식으로 수립된 세계정부가, 새로운 권력으로 등장하는 시장경제를 명쾌하게 조정하고 해결할 수 있기를 오늘날 세계인류는 고대하고 있다.

인류공영을 위하여 모든 인류가 자발적으로 세계연방정부에 적극적으로 참여하여 세계시민권을 부여받고, 세계시민으로서의 권리와 의무를 충실히 이행할 때, 우리 인류가 수천 년 동안 꿈꿔왔던 이상향은 이루어질 것이다.

한웅이나 단군이 재세이화(在世理化)하여 이루려던 홍익인간(弘益人間)의 세계. 요순이나 하·은·주의 임금들이 이루려던 천하태평시대. 공자나 맹자가 이루려던 충효와 인의에 의한 대동일화(大同一和)의 세계. 알렉산더나 나폴레옹, 광개토대왕이나 칭기즈칸 등이 이루려던 천하통일국가. 예수의 지상천국이나 석가의 극락정토. 칼 마르크스나 엥겔스, 레닌 등이 희망했던 평등사회주의. 그리고 아베 생피에르나 빅토르 위고, 아인슈타인이나 위르겐 하버마스, 자크 아탈리 같은 현대 사상가들이 꿈꾸며 이루고자 하는 세계연방정부. 너와 나 우리가 자나 깨나 소망하는 자유와 평화, 풍요와 번영을 누릴 수 있는 '하나의 행복 나라'는 한결같은 인류의 소망이 아닐 수 없다.

과연 이 세계에 다툼과 억울함이 없고 부귀빈천의 차별이 없으며, 저마다 자유로운 생존의 기쁨 속에서 인격적으로 대접받으며 자유와 평화, 풍요와 번영을 누릴 수 있는 평등사회가 도래할 것인가? 아니면 그러한 '하나의 세계정부'를 우리 스스로가 힘을 모아 이뤄낼 수 있을 것인가? 아니면 또 다른 미래세계의 대안이 있는가? 지금 여기서 우리 인류가 진지하게 사유하고 성찰하며 궁리하지 않을 수 없다. 이것은 인류에게 주어진 과제이기 때문이다.

(2) 대안 미래 시나리오.

미래의 이미지images of Futures**라고도 불리는 미래의 생각에 관하여,** 집중적으로 연구하고 있는 미래학 이론의 세계적 권위자인 짐 데이토(Jim A, Dator:1933~)교수가 이끄는 하와이대학 미래학파는 '미래는 예상 predict할 수 있는 것이 아니다'고 말하면서, '미래란 하나의 단선적 세계가 아닌 여러 가지 가능성을 내포하는 복수의 영역으로 구성되어 있다' 라고, 미래에 대한 핵심명제를 정의하고 있다. 미래는 현재에 존재하지 않기 때문에 예상할 수 없다는 것이다. 그리고 오늘날은 인간지능의 발달과 과학기술의 발달로 말미암아 세상이 복잡하게 변하면서 다양성을 띠게 되므로 획일적이고 단선적인 미래를 예측할 수 없다는 것이다. 미래는 Future가 아니라 Futures라는 것이다.

짐 데이토 교수는 항상 말한다. "미래는 여러 가지다. 하나의 미래만 생각하지 마라." 그리고 젊은 세대에게 말한다. "두 가지 미래를 준비하라. 성장하는 미래에 대비하여 상상력을 세계화할 것과 위기가 닥칠 미래에 대비하여 자족하라. 자족에는 만족하라는 뜻이 있지만 미래의 위기에 대비하여 먹을 것을 스스로 해결하는 방법을 배워두라는 뜻도 있다."

짐 데이토 교수는 언제나 '성장하는 미래와 위기가 닥칠 미래'를 둘 다 준비하라고 한다. 그리고 그는 "미래학은 과거와 현재의 자료와 분석을 통해 다양한 미래 모습을 상상하는 것이다. 그런 점에서 단선적인 예측만을 주로 하는 포천 텔러fortune-teller와는 다르다."는 것이다.

사람이 단선적인 미래보다 다양한 미래를 준비하다 보면 저절로 긍정적인 희망이 생겨난다. 그리고 우리네 인생이 막다른 외길이 아니라는 사실에 안도하고 미래의 삶을 설계하게 된다.

짐 데이토 교수가 미래학을 배우고 연구하는 사람들에게 최초로 가르치는 **'7가지 미래법칙'**을 아주 간단하게 요약하자면,

1)미래는 공부할 수 없다.

2)미래는 예측할 수 없다.

3)미래는 확실한 것이 없다.

4)미래는 확정된 것이 없다.

5)미래는 통찰할 수 없다.

6)미래는 황당할 수 있다. 그리고

7)미래는 신뢰할 수 없다는 것이다.

그러므로 미래학자들은 예측 불가능한 미래를 예측하고 관찰하기 위하여 다양한 방법을 연구 개발하여 실험하고 있다. 실용 가능한 대안 미래시나리오를 쓰려고 노력하는 것이다.

미래를 공부할 수 없기에 불확실한 미래를 다양하게 상상해야하고, 미래를 예측할 수 없기에 대안미래의 이미지를 다양하게 설계해야한다. 미래가 확실한 것이 없기에 우리에게 이로운 대안미래를 준비해야하고, 미래가 확정된 것이 없기에 오히려 우리가 선호하는 대안미래시나리오를 계획해야한다. 미래는 통찰할 수 없기에 대안미래를 창조적으로 혁신해야하며, 대안미래는 황당할 수 있기에 말이 안 될 정도로 우스꽝스럽고 괴이한 미래에 대한 아이디어를 선택하고 주의해야한다. 대안미래는 신뢰할 수 없기에 그 엉뚱한 이야기나 의도를 믿고 검토하여 실험을 계속하다보면 그것들이 현실이 된다.

우리는 도구를 만들고 도구는 우리를 만든다. 상상을 초월할 정도로 탁월한 우리의 과학기술이 사회를 변화시키는 새로운 문화를 만들고, 그 기술문화가 우리들 사람의 미래를 만든다. 우리가 만든 지난날의 전화나 자동차, 비행기나 인공위성, 오늘날의 인터넷이나 스마트 폰이란 도구들이 다 인간의 일상생활은 물론 사회 환경까지 바꾸어놓고 말았다. 앞으로 돌아올 미래도 디지털 정보혁명이나 생명과학, 로봇공학이나 인지과학 등의 발달과 함께, 서로 다른 분야끼리도 융합하고 통섭하며 다양하게 만들어진 새로운 도구와 기술들이, 우리들 삶과 문화를 어떻게 바꿔놓을지 예측이 불가능하다고 짐 데이토 교수는 말한다.

'미래는 정확하게 예측할 수 없지만 우리가 선호하는 미래, 희망하는 미래를 상상하고 주의하여 만들어낼 수 있다.'고 짐 데이토 교수는 말한다.

미래들을 파악하고 예측하여 우리가 희망하는 미래를 발명하는 데는 다양한 연구와 노력이 필요하다. 우리가 원하는 목표인 '비전을 달성하기 위한 계획'과 그 '계획을 실천하는 구체적인 방법'에 대하여 최소한 2가지 이상의 대안미래시나리오를 작성하고, 우리는 그것을 주의하고 관찰하며 현실창조를 위해 검토하고 실험해야한다.

우리의 미래시나리오가 현재는 전혀 실현불가능해 보이지만 그것에 대한 가능성을 예측하고, 그런 무모한 사건이나 기술을 기발한 상상력으로 예견하고 하나의 시나리오로 작성한 다음에 실행연습을 거듭해야한다.

미래의 시나리오가 전혀 실현 불가능하여, 기적이 일어나지 않는 한 실현될 수 없는 일이라고 단정하면서도 예측하고 실험해야 하는 것이 미래연구이기 때문이다.

불의의 재앙은 언제든지 발생할 수 있고, 그 변화로 말미암아 모든 것이 처음에 바라던 대로 되지 않거나, 어느 한순간에 누군가가 오류를 범하고 잘못을 저질러서 모든 일이 엉망이 될 수도 있지만, 우리는 더 좋은 세상, 더 즐거운 세상을 바라면서 대안미래시나리오를 계속 쓸 수밖에 없다.

지각이 열린 현명한 사람이나 집단은, 어떤 경우에도 자신의 인생이나 세계의 미래들을 비관적으로 보지 않고, 낙관적으로 바라보고 예측하여 멋진 대안미래시나리오를 준비하고 도전한다.

미래의 승자나 세상을 주도하는 지도자는, 언제나 긍정적으로 미래를

디자인하고 발명하는 사람이다.

　지난 날 많은 미래학자들이 지구상의 복잡하고 난해한 문제들을 사전에 거의 정확하게 예측할 수 있었던 것은, 그러한 예상문제를 주제로 대안미래시나리오를 작성하여 전략적으로 검토하고 분석하여 판단한 결과이다.

　유엔미래포럼 회장인 제롬 글렌Jeorme C. Glenn의 대안미래시나리오 기법이나, 모니터 그룹Monitor Group의 계열사 회장인 피터 슈워츠Peter Schwartz 교수의 시나리오 플래닝Scenario Planning기법, 그리고 한국을 방문하였을 때 "한국학생들은 하루 15시간 동안 학교와 학원에서 미래에 필요하지 않는 지식과, 존재하지도 않을 직업을 위해 시간을 낭비하고 있다."고 말한 〈미래의 충격, 부의 미래, 제3의 물결〉등을 지은 세계적인 경제미래학자이면서 사회학자인 엘빈 토플러와 그의 영향으로 정치미래학자가 된 짐 데이토 교수의 대안미래시나리오 기법들이 지금까지 사용하여 검증된 가장 진화된 시나리오 기법들로써 배워두면 매우 유용할 것이다. 이들은 이 시대를 대표하는 세계적인 미래학자이면서 경영전략가들이고, 성공적으로 대안미래시나리오 프로젝트를 기획하고 집행한 대가들이다. 이들의 시나리오는 영감이나 직관에 의해 떠오른 것이 아니라 정교한 데이터 분석 작업의 반복을 통하여 확보한 확실한 개연성(蓋然性)이 바탕이 되어 이루어진다.

　대안미래시나리오는, 하나의 예언이나 예상이 아닌 미래에 관한 많은 발언들을 체계화하는 수단이다. '예상문제에 대한 현재의 과거'를 조사하고 파악하여 분석한 제반 상황을 있는 그대로 직시하고 관찰하여, 현재의 미래가 어떻게 변화할 것인가를 엉뚱하지만 그럴듯하게, 다양하지만 재미있게, 새로운 방향으로 나아갈 것을 추리하여 '가능성의 문을 두드리는 것'이다.

　언제나 시나리오는 결정과 결과를 합리적으로 설명할 수 있는 인과관계 고리의 연속으로써 명확한 미래묘사와 현실을 이어주는 이야기다. 그러므로 시나리오 플래닝은 불확실한 세상에서 장기적인 안목을 기를 수 있도록 도와준다. 막연한 미래의 현재 상황을 여러 가지로 예측하고 지금 여기서 중요한 판단이나 결정을 내리도록 도와준다. 가서볼 미래의 현재에 일어날 수 있는 상황들을 명료하게 이해하고, 그 상황에서 가장 적절하게 대처할 수 있는 방법을 찾을 수 있기 때문이다.

　시나리오 플래닝은 자신이나 조직이 의도한 예상문제나 목표 등을, 그에 필요한 여러 가지 지식이나 정보를 수집하고 활용하여 정밀하게 검토하고 분석한 다음에 만든 것이다. 실현가능한 긍정적 관점의 미래시나리오와 실현불가능한 부정적 관점의 미래시나리오를 작성하여, 그 두 가지를 비교검토하고 분석하여 가상실험을 통하여 점검하고 수정한다. 합리적으로 수정한 다음에 통합적 미래시나리오를 확정하여 지속적으로 관찰하고 주의하며 실행한다. 필요에 따라서는 그 시대의 시대정신이나 집단지성을 종합하여 미래시나리오를 작성하는 것이 더 효과적일 것이다.

　한 개인의 삶이나 가족의 미래시나리오도 의미 있고 중요하다. 학습이나 사업, 애정이나 건강, 이재(理財)나 주거마련, 직장생활, 입신양명 등 우리가 당면한 일상문제들을 계획하고 판단하기 위해 시나리오를 작성하는 것도 매우 중요하다. 다가올 미래의 여러 가지 모습들에 대한 개인의 인식을 정리하기 위한 모의실험도구가 시나리오이기 때문이다. 물론 기업을 효과적으로 경영하기 위해서도 시나리오 기법이 가장 유익하고 체계적인 방법이 될 수 있다.

앞으로 펼쳐질 미래세상은 복잡하고 다양하게 급변하므로 우리는 정치적, 경제적, 사회적인 예상문제나 당면과제의 해결책 등을 시나리오 플래닝 기법으로 그 대안을 마련하면 훨씬 생산적이며 살기 좋은 세상을 만드는데 효율적일 것이다.

시나리오가 준비된 사람이나 조직은 의사결정을 속단하거나 실수하는 일이 거의 없다. 언제나 올바른 의사결정을 하게 되므로, 시행착오를 일으켜 잘못될 일이 없으니, 현재의 미래가 발전적으로 전진할 수밖에 없다. 그러므로 새로운 시대의 위대한 지도자나 현명한 기업주는, 대업을 이룩하고 그 대업을 지속시키기 위하여, 미래대안시나리오를 쓸 수 있는 유능한 인재를 초빙하여 도움을 받는 것이 매우 유익할 것이다. 내면에 비전과 열정이 있는 개인도 미래시나리오 디자인 전문가의 도움을 받아, 자신이 선호하고 희망하는 실현가능한 미래시나리오를 작성하여, 자신이 의도한 뜻대로 사는 것이 매우 유익할 것이다.

미래를 설계하지 않으면 원치 않는 미래를 경험하게 되므로, 현명한 사람은 자기가 원하는 미래를 설계한다. 자기가족이나 자기조직의 미래를 설계한다. 보다 더 정확한 미래시나리오를 설계하기 위하여 '익명성faceless과 피드백feedback이라는 두 가지 핵심요소'로 미래를 예측하는 일반적인 델파이Delphi기법을 응용하다가, 실시간으로 파악할 수 있고 신뢰할 수 있는 소프트웨어software의 델파이 기법으로 예측방법을 개선한 유엔미래포럼의 창립회장이었던 테드 고든Theodore J. Gordon은, 미래학자들이 최종적으로 결정해야할 '미래설계 선택기준'으로 6가지 원칙을 제시하였다. 그 기준을 요약하자면, 대안미래시나리오는

1) 인류에게 무해(無害)할 것.

2) 인류에게 공평(公平)할 것.

3) 인류의 고통을 완화할 것.

4) 인류의 생존을 보호할 것.

5) 미래세대를 고려할 것. 그리고

6) 타인을 대우할 것을 명시해야 한다는 것이다.

모든 시나리오의 목적이 선(善)에 있기 때문이다.

(3) 하이컨셉 하이터치.

오늘날 미래는 산업화시대가 지나가고 도래한 정보화시대가 다시 창조화시대로 천천히 이동해가고 있다. 다니엘 핑크Daniel Pink는 그의 저서 '새로운 시대가 온다.'에서 21세기의 창조화 시대에는 감성적인 인간의 우뇌를 사용하여 창조의 능력, 공감의 능력, 큰 그림을 그리는 능력 등이 이 세상을 주도하게 될, '하이컨셉high-concept, 하이터치high-touch'시대를 맞이하게 될 것이라고 전망하였다. 그리고 미래는 이성적이고 논리적이며 분석적인 좌 뇌기능을 가진 지식근로자들이 우대받던 시대는 가고, 감성적이고 직관적이며 종합적인 우 뇌기능을 가진 '조금은 엉뚱하고 특별한 능력을 지닌 창의적인 인재'들이, 하이컨셉 하이터치 시대의 변화를 주도하며 풍요를 보상받게 될 것이라고 주장한다.

하이컨셉high-concept**이란?** 하이테크를 지양하고, 인간의 감성과 친환경적인 새로운 패턴과 기회를 감지하고, 예술적 미와 감정의 아름다움을 창조해내며, **펙트fact보다 컨셉**concept**중심의 감동적인 스토리를 만들어내고,** 언뜻 관계가 없어 보이는 아이디어를 결합해 뭔가 새로운 것을 창조해내는 기발한 능력과 관계가 있는 것을 말한다.

하이터치high-touch**란?** 미국의 미래학자 존 나이스비트John Naisbitt가 처음으로 제시한 개념으로서, 지나치게 편리한 기술만을 좇다가 그 기술에

중독되는 것을 탈피하고, 인간내면의 감성을 이해하고 그에 맞추어 잠재욕구를 충족시킬 수 있는 것을 이른다. 다른 사람과 공감하고, 미묘한 인간관계를 잘 다루며, 자신과 다른 사람의 즐거움을 잘 유도해내고, 목적과 의미를 발견해내는 능력과 관련이 있는 것을 말한다.

앞으로 다가올 미래는 〈지식과 기술 중심의 하이테크산업〉보다 〈감성과 컨셉 중심의 하이터치산업〉이 더 발전하게 되고 더 많은 부를 신속하게 가져다줄 것이다. 인간의 영성이나 감성을 다루는 심성산업mind industry, 싸이의 강남스타일이나 K-팝 같은 오락이나 영상산업, 그리고 전통예술이나 놀이를 다룬 문화산업, 돌봄이나 재미를 선사하는 서비스산업, 상품디자이너보다 실현가능한 미래를 설계해주는 해피디자이너, 수술담당 의사나 재판담당 변호사보다 상담의사나 상담변호사가 고소득자로 인기 있는 하이터치산업시대가 올 것이다. 그리고 이와 같은 하이터치산업이 하이터치마케팅으로 아주 번창하게 될 것이다.

하이터치마케팅은 트위터나 페이스 북, 또는 유튜브나 소셜 네트워크, 스마트폰의 앱이나 모바일영상서비스 같은 최신기술을 이용해, 즉각적으로 고객과 브랜드를 연결해주는 마케팅 전략으로써, 고객관계 강화를 통해 고객의 브랜드 충성도를 높이고 소비를 촉진하는 목적을 달성하게 될 것이다.

우뇌가 주도하는 하이컨셉, 하이터치의 창조화 사회가 필요로 하는 미래의 인재조건은 6가지 능력을 갖춰야한다고 다니엘 핑크Daniel Pink는 주장한다. 그가 주장하는 **미래인재의 여섯 가지 조건을 요약하자면,**

❶ 기능만으로는 안 된다.

▶디자인으로 승부해야 한다. 꿈과 가치를 디자인해야 한다는 것이다.

❷ 단순한 주장만으로는 안 된다.

▶스토리를 겸비해야 한다. 사실보다 감동을 주는 스토리가 있어야 한다는 것이다.

❸ 집중만으로는 안 된다.

▶조화를 이루어야 한다. 전체와 하나 될 수 있는 조화를 이뤄야 한다는 것이다.

❹ 논리만으로는 안 된다.

▶공감이 필요하다. 동질성을 나누는 공감대가 형성되어야 한다는 것이다.

❺ 진지한 것만으로는 안 된다.

▶놀이도 필요하다. 웃고 즐길 수 있는 놀이가 필요하다는 것이다.

❻ 물질의 축적만으로는 부족하다.

▶의미를 찾아야한다. 참되고 선하고 아름다운 삶의 의미와 가치를 찾아야 한다는 것이다.

우리의 미래세계는 다니엘 핑크가 주장한대로 디자인, 스토리, 조화, 공감, 놀이와 의미라는 우뇌적인 재능이, 우리들 개인의 행복을 가져다 줄 직업적인 성공과 물질적 풍요를 가져다줄 것이다. 유능한 변호사나 의사보다 탁월한 K-팝가수나 김연아 같은 스케이트 선수가 더 부와 명예를 확실하게 누리게 될 것이다. 우뇌적인 능력이 인간관계를 더 원만하게 유지시켜줄 것이며, 세상을 보다 더 살맛나는 세상으로 바꾸어서 즐길 수 있도록 도와줄 것이다.

내가 선호하고 희망하는 나를 디자인하고, 내가 선호하고 희망하는 꿈을 디자인하고, 내가 선호하고 희망하는 상품이나 미래를 디자인하여, 비록 내 삶이 남이 보기에는 하찮아보일지라도 하루하루가 의미 있고 즐거운 삶을 자신이 설계한대로 성취하며 즐겁게 사는 것이 우뇌적인 삶이다.

우리는 대안미래시나리오를 쓸 때에도 이 방법을 적용하고, 내면의 꿈과 비전을 구체화하여 〈행동다짐서〉나 〈사명선언서〉를 작성하고 선언할 때에도 이 미래인재조건을 적용한다. 이 6가지 미래인재조건을 깊이 이해하고 우뇌를 활용하면 지금보다 더 나은 행복을 누릴 수 있기 때문이다.

"부자가 되고 싶은가? 그렇다면 사람들에게 꿈을 꾸게 만들어라!" 그리고 "나의 미래는 사라질지라도 공동체의 미래는 지속될 것이다. 나는 그 미래를 낙관한다."고 말하는 짐 데이토 교수의 가르침을 음미하면서, 그가 항상 주장하는 '성장하는 미래와 위기가 닥칠 미래'를 우리는 어떻게 준비할 것인가? 진지하게 생각해보고 그 대안미래시나리오를 작성해야한다.

우리는 언제나 성장하고 발전하는 풍요의 시대를 공유하며 살아가는 긍정적인 미래시나리오와 함께, 정체하다 붕괴하는 절약의 시대를 예측하며 대비하는 부정적인 미래시나리오를 준비할 필요가 있다.

윌리엄 깁슨(William F.Gibson:1948~)의 말처럼 우리들에게 "미래는 이미 와 있다. 단지 널리 퍼져 있지 않을 뿐이다."

미래의 승리자는, 우리에게 이미 와 있는 다양한 미래를 지금 여기서 예측하고 설계하여 대안미래시나리오를 작성하고, 그대로 자신이 예측한대로 창조하고 발명하여 경험하는 사람이다. 大

공자가 말씀하기를, "나는 열다섯 살에 학문에 뜻을 두었고, 서른 살에는 바로 섰으며, 마흔 살에는 미혹됨이 없었고, 쉰 살에는 천명을 알았으며, 예순 살에는 귀가 순해졌고, 일흔 살에는 마음이 원하는 바를 따라도 법도에 어긋남이 없었다." 또 말씀하기를,

"군자는 밝은 덕을 생각하고, 소인은 편안한 삶의 터를 생각한다. 군자는 사회질서를 생각하고, 소인은 자기혜택만을 생각한다."고 했다.

(1) 입신(立身)은 입지(立志)다.

사람은 누구나 다 행복하기를 희망한다. 행복하기 위해서 입신양명(立身揚名)하려고, 자나 깨나 학습하고 궁리한다. 격물치지하며 성기의(誠其意)하고, 정기심(正其心)하여 수신제가하고, 입신양명하여 치국평천하하려는 것도 다 행복하려는 수단이요 방법이다.

입신하여 양명하는 길은 어진 군자가 마땅히 가야할 길이요, 이뤄야할 일이다. 입신양명자의 '봉사의 기쁨이나 권력의 진미'는 승리적인 자

아가 경험하는 최고의 보람이요, 인의예지신을 배우고 익힌 대인군자가
누릴 수 있는 최상의 권리이다.

　　**입신(立身)이란? '스스로 몸을 세우는 것'으로써 양명(揚名)의 전제요,
자립(自立)의 출발점이다.** '스스로 홀로 섬'이다. 스스로 떳떳하게 성장
하여 홀로 섬으로써 자신의 길을 가고 원하는 일을 이루는 것이다.
　　논어에서 공자는 "삼십이립(三十而立)"이라고 했다. 예나 지금이나 나
이 30이면 스스로 홀로 서는 나이다. 무엇이든지 스스로 선택하고, 스
스로 설계하고, 스스로 집중하고, 스스로 책임질 수 있는 나이가 서른
살이다. 정신적으로나 육체적으로 홀로 섬이 마땅한 나이가 서른 살이
다. 부모나 친지의 도움을 받지 않고 직업을 선택하고 가족을 책임지
는 나이다.
　　**나이 삼십에 경제적으로 홀로 설 수 없는 사람은 정말 문제가 심각하
다.** 자칫하면 한평생 별 볼일 없는 사람이 될 수도 있으니, 지금 여기
서 자신을 성찰하고 자각하여 구태를 혁신하는 삶을 살아야할 것이다.
　　사람의 성장환경이나 학습계획, 선천지능의 정도에 따라 입신의 나
이가 더 빨라질 수도 있고 늦어질 수도 있겠으나, 고금인류(古今人類)
의 보편적인 자립나이의 표준은 서른 살이다. 30살이면 자기의 임무나
역할을 성실히 수행하면서 가족을 책임지고 부양하여야한다.

　　**삼십에 입신(立身)하려면 먼저 젊은 날에 뜻을 세우고 준비하여야한
다.** 입신(立身)을 위한 입지(立志)가 선행되어야한다. 가야할 길과 이
뤄야할 일을 스스로 찾아 뜻을 세우고 실천해야한다.
　　어려서부터 쇄소응대, 행주좌와, 어묵동정, 출입진퇴, 의관배례 등
의 행동거지와 충효를 비롯한 인의예지나 예의범절 등의 생활규범을

배우고 익히는 것이 중요하다. 그리고 심신을 단련하여 건강한 몸과 마음을 갖는 것도 중요하다. 그러나 자신의 꿈과 비전, 열정과 신념을 현실로 경험하려면 사람의 기본 도리를 배우면서, 일찍이 자기 삶의 진로방향을 자각하고 선택하여 '스스로 이뤄야할 뜻'을 세워야한다.

방향을 잃고 흘러가는 대로 표류하다 침몰하는 조각배처럼, 자기의 삶을 가야할 방향도 없이 되는대로 적당히 살아서는 안 된다. 부정적인 시각으로 반항하며 헤매는 삶을 살아서도 안 된다.

가야할 길과 이뤄야할 일을 분명하게 선택하고 의미 있는 삶을 살아야한다. 반드시 원하는 뜻을 목표로 세우고, 그 표적을 두 눈을 부릅뜬 채 정조준하고 살아야한다.

뜻은 의도요, 다짐이며 계획이다. 뜻은 꿈이요 비전이며 목표다. 뜻은 마음의 명령이요, 앎을 부리고 느낌을 다스리는 의지다. 참되고 선하고 아름다운 삶의 길을 안내하는 지도요, 이정표다. 그러므로 스스로 좋아하며 잘할 수 있고, 경제적으로 보상받을 수 있는 뜻을 세우는 것이 중요하다. 자기의 강점을 강화하고 약점을 보완할 수 있는 뜻이면 더욱 좋다. 이웃과 세상을 위할 수 있으며 자기분야에서 1%내지 3%이내의 정상급에 오를 수 있는 뜻이면 더욱 좋은 뜻이다.

평범한 속물인간으로 가난과 고통을 숙명처럼 받아들이고, 거리낌 없이 바닥인생을 살려면 뜻을 세우지 말라! 공부집중이 싫고, 규범준수가 피곤하며, 욕망절제가 귀찮으면 뜻을 세우지 않아도 된다. 인간의 도리나 뜻 따위에 얽매이지 않고 적당히 헤매면서 사는 것이 편하다면 개념 없는 인간으로 막살아도 된다.

평생을 남에게 부림당하며 타인과 세상을 원망하고 불평하면서, 비참하고 곤궁한 삶을 살아도 좋으면 그렇게 살아라! 무지하고 무능하고 무례하여 부모를 욕보이고, 자기도 모르게 타인을 괴롭히며 사는 것이 부끄럽지 않다면 그렇게 막살아라! 세월이 갈수록 절망하게 되고 고통스러울 것이다.

그러나 그와 같은 삶이 참으로 싫다면 '지금 여기서 좋은 뜻'을 세우고 새로운 사람으로 변화하라! 지금까지 잘못 살아온 내 자신을 진심으로 반성하고 참회하며 사람의 도리를 배우고 오래된 습관을 혁신하여야한다.

'자신의 뜻대로 입신하고 양명할 수 있는 새로운 길'을 찾아야한다. 타성에 젖어 표류하는 삶을 청산하고 희망과 행복을 실은 배로 바꿔 타야한다.

입지(立志)의 내용은 다를지라도 입신(立身)의 기회는 누구에게나 똑같이 주어진다. 주먹을 불끈 쥐고 지금 여기서 결심하고 뜻을 세워야한다.

뜻을 세우면 자기가 원하는 뜻대로 살 수 있는 새 삶의 길이 열린다. 어리석은 사람은 스스로 아끼고 가꾸어서 대접받고 살아야할 자신을 허망하게 포기하고, 열악한 환경과 힘든 세상만을 탓하며 구차하고 비굴하게 살지만, 지혜로운 사람은 안일함을 추구하는 게으른 자신을 꾸준히 설득하여, 힘들어도 자신을 사랑하고 보호할 수 있는 훌륭한 뜻을 세우고 성취의 기쁨을 누리는 삶을 산다.

입신양명하여 봉사의 기쁨과 권력의 진미를 경험하는 것도 의미 있는 일이지만 그보다 더 의미 있는 일은, 입신양명함으로서 이현부모(以顯父母)하는 효도를 완성하는 것이다.

효도의 완성은 가문과 부모의 이름을 세상에 드러나게 하는 것이다. 그 사람의 입신양명을 가장 소망하고 환영하는 사람은, 그를 기르고 가르친 부모요, 그가 속해 있는 가문이다. 그러므로 입신양명은 격물하고 치지하느라 고생한 자신의 영광이면서 부모와 가문의 영광이 된다.

입지(立志)는 입신양명의 첫걸음이다. 입지(立志)하려면 반드시 널리 배우고 자세히 물어서 바르게 알아야한다. 아는 만큼 좋은 뜻을 세울 수 있기 때문이다.

'그 사람의 앎의 정도가 그 사람 뜻의 크기를 결정한다.' 고급정보를 많이 알수록 그 뜻이 원대하고 실현가능성이 높다. 그리고 부와 명예를 보상받는 업적을 남기게 된다. 그러므로 담대한 희망, 위대한 목표를 설정하고 정상에 오른 오바마나 손정의, 반기문 같은 사람은, 반드시 고급정보를 지식하고 큰 뜻을 실천한 사람들이다.

"배우기만 하고 생각하지 않으면 얻는 것이 없거나 맹목적이 되고, 생각하기만 하고 배우지 않으면 위태롭게 된다."는 공자의 말씀처럼 배우고 익히면서 깊이 생각하고 분명하게 변별하여, 내게 유익한 지식이고 정보이며 기술인가를 알아차려야한다.

배움을 보편의 잣대로 사유하지 않으면 맹목적인 편견에 치우치기 쉬우니 젊은 날 반드시 학습하면 사유하여야한다.

선한 사람이 종교적 광신이나 이데올로기적 편견에 한번 빠지면, 평생을 '불편한 진리에 종속' 되어 '독선이나 극단을 합리화'하는 삶을 살면서, 가족과 이웃을 괴롭히는 구제불능인간이 되고 만다. 민족과 일반대중을 위한다면서 오히려 민족과 일반대중을 괴롭히는 참담한 결과를 가져온다. 그러므로 대인군자는 항상 극단을 경계하고 그 가운데를 거머잡는다.

(2) 뜻을 세우고 실천한 사람들.

논어에서 공자는 "오십유오이 지우학(吾十有五而 志于學)"이라고 했다.

불우한 환경의 공자는 나이 열다섯 살에 '학문에 뜻을 두었다.'고 한다.

공자 스스로 오소야천(吾少也賤)이라고 할 정도로 '빈천한 소년' 공자가 내린 최초의 주체적 결단이 '지우학(志于學)'이었다. 배움을 삶의 목표로 정한 것이다. **예나 지금이나 신분격상의 제일 수단이 배움이었기 때문일까?** 공자가 그 옛날 뜻을 배움에 둔 것은 참으로 위대한 자각이 아닐 수 없다.

2,500년 세월이 흐른 오늘날에도 나이 서른 살에 홀로 서려면, 15살 즈음에 '무엇을 하며 어떻게 살 것인가?'를 고민하고 궁리하여 뜻을 세워야 한다. 사람의 도리와 생활의 질서를 배우는 소학공부과정을 마칠 15살 즈음에 '자기가 가야할 길과 이뤄야할 일을 선택하고 설계'하여, 주도적으로 집중하고 노력정진하면 그 뜻은 반드시 미래의 현실이 된다.

"시련은 있어도 실패란 없다"는 신념 하나로 도전하고 개척하는 삶을 통하여, 대한민국 경제계를 대표하는 현대그룹을 창업한 가출소년 정주영(鄭周永:1915~2001)의 신화적인 이야기나, "나의 발명은 나 이전의 마지막 사람이 멈추고 남겨 놓은 것에서 출발한다."고 말하면서 수백 번, 수천 번의 시행착오를 극복하는 실험을 반복하여 백열전구나 촬영기, 영사기 등 1,300여건의 특허를 획득한, 세계적인 발명왕이면서도 천재적인 사업가인 토마스 에디슨(Thomas Alva Edison:1847~1931)의 이야기를 살펴보면, 둘 다 비록 정기교육을 받지 않았으나 일찍이 15살 즈음에 확실한 뜻을 세우고, 초지일관 도전하여 성취하는 삶을 산 공통점이 있다.

소년 김영삼(金泳三:1928~)도 중학교 1학년 때부터 "나는 대통령이 되겠다."는 확고한 뜻을 세우고 그 뜻을 책상 앞 벽에 적어놓고 매일 같이 읽고, 주의하고, 신념대로 도전하고 실천하여 마침내 문민정부의 대통령이 되었다.

자기 주도적으로 학습하는 방법과 습관을 터득하는 최적의 나이가 15세다. 특수목적 고등학교를 갈 것인가? 일반 고등학교를 갈 것인가를 확정하는 시기이며, 장차 이공계로 갈 것인가? 인문계나 예체능계로 갈 것인가를 결정하는 시기도 15세 전후다. 늦어도 20세까지는 분명한 뜻을 세우고 학습해야한다. 대학에 다니면서도 뜻이 불분명하면 그의 장래가 참으로 걱정스럽다. **뜻이 서야 젊은 날 노는 것보다 배우고 묻는 것이 기쁘고, 배운 것을 때때로 익히는 것이 즐거우며, 그 미래가 자신이 원하는 뜻대로 이루어진다.**

15살에서 20살 시기에 뜻이 서지 않으면, 쓸데없는 관심이나 욕망에 이끌리어 '주의가 분산되고 집중이 산만'해지므로 원하는 의도가 무산될 수밖에 없다.

황금보다 소중한 시간을 허송하면서 일분일초가 아까운 청춘을 소비하는 것은 자기학대다. 훗날 땅을 치고 통곡하며 후회한들 이미 가버린 청춘은 되돌아오지 않는다.

사람은 누구나 잠시 방황할 수 있다. 회의할 수 있다. 공자나 맹자 같은 성인도 잠시 회의하고 방황하였다. 그러나 그들은 곧바로 '자신을 성찰하고 자각하여 의(義)로운 뜻을 세우고 성인(聖人)의 길을 갔고, 성인이 되어 죽어도 영원히 사는 삶'을 살았다.

율곡도 젊은 날 어머니를 잃고, 미친바람처럼 성난 파도처럼 방황하다가 출가승이 되어 금강산 속을 헤맨 적이 있어도, 다시 훌륭한 뜻을 세우고 학문하여 위대한 공인(公人)의 삶을 살았다. **흑인 아버지와 백인 어머니 사이에서 태어난 결손가정의 오바마(Barack H Obama:1961~)도, 부모를 원망하고 마리화나를 피우며 방황하다가, 아버지의 뜻과 삶**

을 이해하고 새로운 삶의 뜻을 세우고, 아름다운 미래를 설계함으로서 위대한 지도자의 길을 갔다. 그리고 마침내 미국초유의 흑인 대통령이 되었다. 누구나 뜻을 세우면 공자·맹자가 될 수 있고, 율곡이나 오바마처럼 될 수 있다. 그들도 나와 같은 사람이기 때문이다.

한 살이라도 젊어서 뜻을 세우고 미래를 설계하는 것이 중요하다. 자신이 의도한 원대한 꿈과 비전을 명확하게 설계하고 자신이 쓴 시나리오대로 실천하면 그 꿈이 반드시 현실로 경험된다.

여기 우리가 잘 아는 한국계 일본인 손정의(孫 正義:1957~)에 대하여 살펴본다. 그는 사람들이 "딱 하나 이루고 싶은 일이 무엇이냐?"고 물으면, "정보혁명으로 사람들을 행복하게 만드는 일"이라고 대답한다.

"혁신은 리더와 추종자를 구분하는 잣대이다. 가끔은 혁신을 추구하다보면 실수할 때도 있다. 하지만 빨리 실수를 인정하고 다른 혁신적 개선을 위해 매진해야 한다."그리고 또, "곧 죽게 된다는 생각은 인생에서 중요한 선택을 할 때마다 큰 도움이 된다. 사람들의 기대, 자존심, 실패에 대한 두려움 등 거의 모든 것들은 죽음 앞에서 무의미해지고 정말 중요한 것만 남기 때문이다. 죽을 것이라는 사실을 기억한다면, 무언가 잃을 게 있다는 생각의 함정을 피할 수 있다. 당신도 잃을 게 없으니 가슴이 시키는 대로 따르지 않을 이유가 없다."라고 말한 스티브 잡스(Steve Jobs:1955~2011)는 에디슨이나 아인슈타인과 함께 기억될 천재이면서 몽상가요 사업가로서, 오늘날 전 세계를 열광시킨 아이폰, 아이패드를 만들어낸 애플사의 창업자다. 그런 천재와 격의 없는 친구인 손정의도, 어려서 가난이 죽도록 싫어 꼭 사업으로 성공하여 가족과 모든 사람들을 행복하게 만들겠다고 19살 어린 나이에 뜻을 세웠다.

〈20대에 이름을 떨친다. 30대에 운영자금을 축적한다. 40대에 일대 승부를 건다. 50대에 사업을 완성시킨다. 60대에 다음 세대에 사업을 물려주겠다.〉는 인생 50년 계획을 세운 것이다. 그리고 구체적인 인생을 설계한 다음에 이를 이루기 위하여 무섭게 정진한다. 그리하여 20대에 회사를 세우고 자기 업계에 이름을 알렸다. 30대에는 수천억엔 규모의 운영자금을 확보하였으며, 40대에는 IT인프라 사업을 특화하여 조 단위의 매출과 이익창출에 있는 힘을 다하여 승부를 걸었다. 그리고 40대말과 50대초에 일본텔레콤을 인수하고 '보다 폰_{Vodafone}'을 인수함으로서 50대에 의도한 사업을 어느 정도 완성할 준비를 마친다. 그리고 일본의 야후나 중국의 알리바바 그룹이나 렌렌왕(人人網)을 운영하는 OPI그룹 등과 같은 세계적인 기업들에게 약 20~40% 정도의 자본참여를 함으로서, 전략적 시너지 효과를 위한 제휴투자를 계속 확대하고 있다. 앞으로 5,000개 이상의 회사와 '전략적 파트너'그룹을 늘릴 계획을 세워놓고, 현재까지 세계의 800여개그룹에 제휴투자를 하였다고 한다.

최첨단 테크놀로지만 있으면 동지적 결합을 통해 얼마든지 파트너를 늘려갈 수 있다는 것이 손정의의 생각이다. 그리고 60대에는 성공적으로 다음 세대에게 자신의 사업을 물려주기 위해서, 플라톤의 아카데미처럼 2010년부터 '소프트 뱅크 아카데미'를 개원하고 직접 미래의 지도자들을 가르치고 있다.

"계획을 세우고 실행에 옮기면 이 세상에 불가능한 일은 많지 않다."
고 말하는 손정의회장이 키우려는 차세대 후계자 즉 손정의 2.0의 자격조건은,

「첫 번째가 정보혁명 테크놀로지에 대한 깊은 통찰력을 갖춰야 하고, 두 번째는 파이낸스 분야에 대한 충분한 지식과 능력을 갖춰야 하며, 세

번째는 강력한 리더십을 갖춰야한다.는 것이다. 그리고,

「1.정보혁명으로 사람을 행복하게 하라. 2.뜻을 높이 세워 정의롭게 하라. 3.압도적인 No. 1이 아니면 쳐다보지도 마라. 4.머리가 터지도록 생각하라. 5.땅에 발이 붙은 혁명이란 없음을 유념하라.」는 소프트 뱅크의 가치를 배우고 실천하는 사람이라야 한다는 것이다. 그리고 또, **아인슈타인(Aibert Einsten:1879~1955)이 말한, "사람은 타인을 위하여 존재한다. 자신의 미소와 기쁨을 온전히 최고의 행복으로 느끼는 타인을 위하여, 그리고 공감이라는 끈으로 묶인 수많은 미지의 타인을 위하여 존재한다."**는 인간존재의 가치를 깊이 이해하는 사람이 후계자가 되면 좋겠다는 것이 30년 내지 300년 후의 미래를 내다보는 손정의의 미래비전이다.

참으로 훌륭하지 않는가? 자신의 이(利)보다 타인의 의(義)를 중시하는 이런 사람이 치국(治國)에 동참하여 나라를 경영한다면 과연 어떤 나라가 될까? 상상만 해도 즐거워진다.

입신양명한 사람은 대체로 젊은 날 뜻을 세운 동기가 있다. 스스로 젊은 날 학습하여 성공하겠다는 자발적인 동기부여(動機付興self motivation)가 되면, 학습이 쉬워지고 즐거우며 성공이 분명한 현실로 경험된다.

공자나 맹자, 퇴계나 율곡, 스티브 잡스나 손정의 등도, 젊은 날 뜻을 세운 확실한 동기가 있었다는 것을 우리는 미루어 알 수 있다. 입신양명한 사람들은 젊은 날 자기인생을 결정하는 그 어떤 동기가 분명히 있었다. 아니면 인생을 결정짓는 어떤 사건이 있었다.

바보처럼 공부하고 천재처럼 꿈꾸던 소년 반기문(潘 基文:1944~)도, 외교관의 길을 가게 된 확실한 동기가 있었다. 적십자사의 프로그램 일환으로 미국 백악관을 찾았을 때에 존 F 케네디John F. Kennedy대통령이

반기문에게 물었다. "너의 꿈은 무엇이냐?" 그 때 열여덟 살의 소년 반기문은 "외교관입니다."라고 대답한다. 중학생 때부터 영어를 좋아하던 소년 반기문이 평소 막연하게 외교관이 되겠다는 꿈을 꾸다가, 케네디 대통령을 만나면서 그 꿈을 인생의 목표 즉, 뜻으로 확정짓고 대답한 것이다.

자신이 가야할 길을 확정한 소년 반기문은, 그 후로 자신이 정한 뜻을 이루기 위하여 뜨거운 열정으로 피나는 노력을 한다. 한 순간도 외교관이 되겠다는 꿈을 잃지 않고 자기의 뜻에 미친다.

"지금 자면 꿈을 꾸지만 지금 공부하면 꿈을 이룬다. 실력이 있어야 행운도 따라온다."고 신념하면서 오직 성실하게 **'남보다 조금 더 공부'** 하여 서울대 외교학부를 나오고 의도대로 대한민국 외교관이 되었다. 그리고 세계 역사를 바꿀 수 있고 세계인류를 리드할 수 있는 리더십을 꾸준히 배우면서, **"금맥보다 더 중요한 것은 인맥이다."**고 생각하고 글로벌 인맥을 구축하며, 대화로 승리하는 법을 배우고 실천하는 외교관의 길을 걸었다.

"직업은 일찍 결정하라. 나를 비판하는 사람을 친구로 만들어라. 유머 감각은 큰 자산이다. 잠들어 있는 도전DNA를 깨워라. 일등이 되어라, 2등은 패배다. 근면한 사람에게 정지팻말을 세울 수 없다. 세계는 멀티플레이어를 원한다. 자신이 누구인지 알려라. 자기를 낮추는 지혜를 배워라. 자신부터 변화하라."는 등 수많은 명언과 일화들을 남기고 웅변하면서 자신이 옳다고 생각한 소신을 펼치는 외교관의 길을 걸었다.

돈도 없고 배경도 없는 충북 음성 갈재마을의 3남2녀의 장남이었던 그가 마침내 외교통상부 장관이 되어, 그 부모와 가문을 빛내고 한 나라의 외교수장자리에 오른다. 그리고 2,006년에는 스스로 구축한 인맥을 동원하여 동양인 최초로 192개국 대표들이 모여 있는 UN의 외교수장자리인 유엔사무총장이 되었다. 뜻을 세운지 44년 만에 전 세계 최고의 외교관이 됨으로서 18살 소년의 '꿈이 현실'이 된 것이다.

(3) 뜻을 세우고 선언하기.

꿈과 비전을 구체화 하여 뜻을 세우면 그 꿈이 현실이 된다. 입지(立志)하고 입신(立身)하기 위하여 꿈을 뜻으로 구체화하는 방법이 있다.

최선은 자기의 꿈이나 생각을 종이에 적는 것이다. 그리고 분명하게 확정한 뜻을 말씀으로 선언하는 것이다. 선언하고 그 뜻이 이루어질 때까지 주의하고, 염원하며 기도한다. 선언은 자기암시이면서 우주자연지성에 자기의 뜻을 입력시키는 수단이고 아울러 우주자연에너지를 부르는 신호이다.

첫째 '행동다짐서'를 작성하고 선언한다. 오래도록 길들여진 낡은 습관old habit을 개혁하고 새로운 비전new vision의 창조적 행동원칙들을 정하고 선언한다. 스스로 실천 가능한 원칙이라야 한다. 자고 깨는 사소한 문제로부터 부모에게 인사하고 안부를 묻는 일상의 언행이나 예절, 학습태도, 길들여진 생활습관 등을 성찰하고, 거듭날 수 있는 길을 찾아내어 자신을 챙기고 혁신시키는 것이다. 인간의 선한 본성, 인의예지신을 구현할 수 있는 담대한 자아를 창조하는 것이다.

둘째 '사명선언서'를 작성하고 선언한다. '비전선언문'이라고 해도 좋다. 무엇을 하며 어떻게 살 것인가? 하늘이 내게 부여한 사명personal mission과 내가 마땅히 해야할 역할이나 삶의 목표를 찾아내어 확정하고 선언하는 것이다.

나는 어떤 사람이 되려 하는가? 나는 어떤 인생을 살려 하는가? 나는 어떤 업적을 남기려 하는가? 등을 진지하게 자문자답하고 결정한다.

사명은 자신을 미래로 인도하는 항해지도요, 나침반이다. 자신의 존재이유요, 존재가치다. 스스로 추구하는바 소명이며, 비전의 궁극이며, 진실한 자아실현이다. 참으로 좋아하고, 잘할 수 있고, 경제적 보상이 따르는 것이라야 좋다. 평소의 흥미와 소망, 재능을 끝까지 고무해주는 사명이 좋다. 그 사명에 열정이 더해지면 저절로 성취의 기쁨이 현실로 경험된다. 성공과 행복 그 자체가 사명이기 때문이다.

언제나 올바른 길은 자기의 사명 안에 있다. 삶의 중심이 자신의 사명이 되므로 사명을 지닌 사람은 원칙중심의 삶을 살게 된다. 원칙중심의 사명을 지닌 사람은, 자기의 사명을 이루려고 목표를 주의하며 올바른 길을 간다.

〈사명선언서〉는 자신의 인생방향과 의미를 제공하는 아주 강력한 도구다.

원하는바 뜻을 성취하는 힘의 원천이 되므로 입신양명을 위해 꼭 필요하다.

셋째 '인생계획서'를 작성하고 선언한다. 하나뿐인 목숨을 갖고 한번뿐인 생애를, 가장 효과적으로 살기 위해서 필요한 것이 자기 삶의 계획표인 인생계획서다. 성공과 행복을 창조하고 경험하려면 사명선언서라는 설계도(設計圖)와 함께, 인생계획서라는 일정계획표도 필요하다. 좋은 건물을 지으려면 정밀한 건축설계도와 함께 공정계획표가 있어야 공사에 차질이 안 생긴다.

사명선언서와 인생계획서를 작성하고 선언하면 그 순간부터 자신의 시간과 운명을 우주자연지성과 함께 지배하게 된다. '자기가 원하는 뜻대로 살 수 있는 자기창조 시스템이 가동'된 것이다.

자신의 사명과 비전, 꿈과 목표대로 성공과 행복을 창조하고 경험하는 삶이 시작된다. 입신(立身)하고 양명(揚名)하기 위한 삶이 즐거워진다.

사명선언서와 인생계획서를 작성하고 선언하면 *그것으로써 확실하*

게 입지(立志)한 것이다.

인생계획서에는 장기계획, 중기계획, 단기계획이 있으며, 단기계획에도 연간계획, 월간계획, 주간계획이 있고, 필요에 따라서는 일간계획이 있다.

입신양명한 사람들은 대체로 사명과 계획을 선언하고 산 사람들이며, 그들이 비록 드러나게 입신양명을 못한다 할지라도 그들의 노년은, 건강한 심신으로 세 사람 이상의 다정한 친구와 넉넉한 재물을 지니게 되고, 여행과 운동을 즐기며 자유로운 시간을 의도대로 보낼 것이다. 사명과 계획이 있는 사람은 어떤 경우에도 후회하지 않는 삶을 살았기 때문이다.

사명과 계획이 없는 사람은 자신의 젊은 날을 의미 없이 허비하기 쉽다. 그리고 늙어서는 자식들의 눈치나 보고 공원을 배회하면서 외롭고 쓸쓸한 나날을 보내게 된다.

넷째 '연간계획서'를 작성하고 선언한다. 일정한 기간에 이뤄야할 사명이나 역할, 그리고 인생과제에 대한 계획으로서 보통 1년 계획을 세워 선언하고 실행한다. 그리고 그해 계획을 점검하고 분석하여 평가한 다음에 또다시 1년 계획을 세워 의도한 사명과 역할, 비전과 목표를 달성하기 위하여 지속적으로 계획을 추진한다. 필요에 따라서는 5개년 계획을 세워 다섯 단계로 나누어 점진적으로 실행한다.

광범위하고 포괄적인 인생계획서를 실현가능하게 구체적으로 세분화한 것이 연간계획서다. 연간계획은 시급한 당면과제로서 지금 여기서 반드시 실천해야하는 것이다.

인생계획서나 연간계획서를 작성하는 데 중시하고 유념해야할 것은,

1) 자기의 사명선언서나 행동다짐서를 전제할 것.

2) 일보다 사람을 중시할 것.

3) 순리와 원칙을 중시할 것.

4) 자신과 이웃의 발전을 중시할 것.

5) 〈더 빨리, 더 많이〉 보다 〈더 올바르게, 더 완벽하게〉 계획할 것.

6) 긴급한 일이 생기지 않도록 계획할 것. 그리고,

7) 문제의 결과를 예측하고 분석하여 사전에 대안을 마련한다.

계획을 선언하고 실천하여 사명을 달성하고 입신양명하기 위해서는 자신의 시간을 잘 활용하여야한다. 시간이 사명과 계획을 실현하는 관건이요, 열쇠이기 때문이다. 아무리 의도가 좋아도 그것을 실현할 수 있는 시간이 없으면 그림의 떡이요 허망한 발상에 불과하다. 그러므로 모든 계획수립에 앞서 '시간을 활용하는 지혜나 기술'이 필요하다.

시간을 활용하는 방법은,

1) 사전에 검토하고 계획한 일을 순서대로 실천한다.

2) 자신을 대신할 유능한 사람을 찾아 자신을 복제시킨 다음에
   그를 믿고 내 역할을 위임한다.

3) 더 중요한 일이나 큰일을 위해서 정중히 거절(NO)하고 과감하게
   정지(STOP)한다.

4) 생활 속에 생기는 토막시간이나 새벽시간을 활용한다.

5) 자기견해와 다른 집단지성을 적절하게 수용하고 융합한다.

6) 사전에 정보를 분석하고 예측하여 미래대안을 수립한다.

7) 할 바에는 일념으로 주의하고 몰입하여 완벽하게 이룬다.

사전에 준비하여 성공하는 사람은, 한정된 시간을 재생산하여 2배 3배로 늘려서 여유 있게 사용하는 사람이고, 항상 헤매다가 실패하는

사람은 한정된 시간을 쓸데없는 데에 소모하고 낭비하다가, 결국은 시간이 없어 허둥대다가 포기하고 마는 사람이다.

시간을 활용하는 방법을 알아도 그 방법대로 실행하기는 매우 어렵다. 옳다고 판단한 사실을 자기의 습관으로 정착시키기가 어렵기 때문이다. 알고도 행하지 않는 사람은 성인(聖人)도 가르칠 수가 없다. 그런 사람은 학습할 필요도 없고 계획할 필요도 없다. 앎은 행을 통하여 자아를 성숙시키고 궁극에는 자아를 실현할 수 있기 때문이다.

지행일치(知行一致)하지 않으면 입신양명을 해도 허명(虛名)뿐임을 명심해야한다. 사회적 지도자는 지행일치가 무엇보다 중요하다.

성공과 행복, 입신과 양명에 대한 자발적인 동기부여는, 자신의 무엇을 어떻게 개선하고 지향하겠다는 '행동다짐'에서 비롯하지만, 그보다 더 중요한 것은 자신의 내면에 숨어 있는 꿈과 비전을 찾아내어 자기 삶의 사명과 목표로 설정하는 것이다. 자기만의 사명과 목표가 분명하게 정해지면, 부모나 타인이 조언하고 간섭하지 않아도, 자신에게 학습 동기나 성취동기를 부여하게 된다. 그리고 자발적으로 '사명선언서'와 '인생계획서'를 작성하고 그것들을 현실로 창조하기 위해서 '연간계획서'를 작성하고 하나하나 실행하는 삶을 살게 된다. 이와 같이 사는 사람은 자신의 의도대로 성공과 행복, 입신과 양명을 일념으로 주의하여, 스스로 밝은 세상을 창조하고 경험하게 되므로 그 삶이 의미 있고 즐겁다.

(4) 입신양명(立身揚名)과 리더십.
입신하여 양명하려는 사람은, 어려서부터 사람의 기본 도리를 배우고 익히면서 생각을 키우고 꿈을 가꾼다. 역사를 공부하며 나라와 민족을 생각하고, 인생관을 정립하며 점차 국가관을 확립한다. 깍듯한 예의로 생활의 질서를 지키면서, 적시에 묻고 배우며, 꾸준히 살피고 변별하는 가운데 호연지기를 기르며, 충효와 인의를 함양한다. 그리고 사랑으로 천하를 품고 챙길 수 있는 도량을 기른다.

입신양명을 꿈꾸는 사람은, 스스로 무엇을 어떻게 하겠다는 뜻을 세우고, 사물의 이치를 하나하나 밝히면서 앎을 확장하고, 전문적인 기술을 익혀서 남도 이롭고 나도 이로운 능력을 펼친다. 위대한 뜻을 성실히하고 늘 깨어 그 마음을 바르게 한 다음에 본래 밝은 본성인 인의예지신을 밝히고, 모든 사람들이 새로워지게 가르쳐서 모두가 지극히 좋은 상태(至善)에 머무르게 하는 데 앞장선다.

입신양명을 꿈꾸는 사람이 진심으로 이웃을 내 몸같이 사랑하고 챙기면 저절로 그를 따르는 추종자들이 생긴다. 유능하고 현명한 사람은 남을 배려하고 신뢰하며 그들이 지선(至善)에 머물도록 자신의 능력을 사용한다. 이와 같이 정진하면 도와 덕이 자라서 수기치인의 능력이 갖추어진다. 이런 능력자는 반드시 출사(出仕)하여 세상 사람들을 널리 이롭게 함이 마땅하다.

홍익인간(弘益人間)의 도(道)는, 격물치지하고 성의정심으로 수신제가한 사람이 입신양명하여 치국평천하를 해야 하는 이유요, 모든 학인(學人)들의 목적선(目的善)이다. 그리고 수기치인(修己治人)한 대인군자가 이뤄야할 마땅한 사명이요, 사업이다.

널리 배우고 자세히 물어 풍부한 지식을 갖춘 멀티 플레이어_{multi player}가 되어서, 많은 사람들로부터 인정과 사랑을 받는 유능함으로 말미암아 확고한 신뢰를 쌓은 사람에게는, 때가 오면 집단을 책임지고 이끌

수 있는 권력이 찾아온다.

  지식, 신뢰, 권력은 상호불가분의 유기적 관계를 갖는 리더십leadership**으로써 입신양명의 제일조건이다.**

  공부가 무르익어 그 사람됨이 〈공정(公正)〉하고 〈청렴(淸廉)〉하며 〈근면(勤勉)〉하고 〈근신(謹愼)〉할 줄 아는 사람은, 그 자질이 지도자의 덕성을 충분히 갖추었으므로 만인을 위해 출사(出仕)함이 마땅하다. 이 네 가지 덕성은 예나 지금이나 리더leader의 기본자질이다. 이 덕성을 갖춘 자는 안티anti가 들끓는 황극자리나 요직에 나아가도 결코 허물이 생기지 않는다. 그리고 이 네 가지 덕성과 함께 〈창의력〉과 〈추진력〉, 〈포용력〉과 〈결단력〉이라는 실행의지력을 겸비하면 그 지도자는 반드시 역사에 남을 대업을 성취하고 역사의 주인공이 될 것이다.

  오늘날 정치, 경제, 사회분야의 모든 조직에서 진정으로 애국(愛國)하고 애민(愛民)하며 애사(愛社)하는 리더는, 모두에게 〈희망〉을 주고 모두를 〈통합〉시킨다. 모든 사람들이 〈번영〉을 누리며 자유와 평화를 사랑하게 지도하는 능력자이다. 그리고 끊임없이 새로운 가치와 시장을 주도할 수 있는 〈창조적 혁신〉능력과 기존의 가치나 상품이 정점일지라도, 그 기존의 가치나 상품을 파괴하고 새로운 가치나 상품을 창조하여, 시장이나 시대를 선도할 수 있는 〈창조적 파괴〉능력을 지닌다. 그리고 외부의 전문가 집단의 역량이나 고객의 희망사항 등을 정확히 읽고, 그들을 설득하고 활용하여 조직의 이익을 극대화할 수 있는 〈개방적 혁신〉능력을 지닌 인재다. 이런 리더가 출사하여 나라와 기업을 책임지고 경영한다면 반드시 그 조직의 미래는 밝아지고 번창할 것이다.

미래를 읽는 혜안을 갖춘 리더는, 자기조직원이나 추종자의 능력을 알아보고 유능한 인재를 발굴하여 적재적소에 기용할 줄 아는 자다. 인재를 진심으로 아끼고 대접할 줄 아는 사람만이 자기조직을 키우고 자기추종자를 최선의 상태에 머무르게 할 수 있기 때문이다. 삼성그룹 이건희(李建熙:1942~)회장의 한국일보 창간 43주년(1997년 6월)의 인터뷰 기사를 보면 인재를 중시하는 삼성의 조직이 커질 수밖에 없다는 사실을 깨닫게 된다. 우리는 이 짧은 기사에서 21세기의 한국경제와 인재양성의 중요성을 배울 수 있다.

「~ 많은 미래학자들이 21세기는 태평양시대라고 한다. 우리나라는 지정학적으로 매우 중요한 위치에 놓여 있다. 21세기에 세계경제에서 큰 역할을 할 수 있는 지역이 바로 동북아인데 우리나라는 동북아의 관문이자 중심에 위치해 있다. 여기에 우리 한민족은 세계에서 몇 안 되는 우수한 민족이다. 과학적 두뇌와 끈질긴 저력을 갖고 있다. 따라서 우리가 지금 국가경영의 틀을 웅대한 스케일로 짜서 현재의 위기만 잘 극복한다면, 2020년경에는 엄청난 소득수준의 경제대국이 될 수 있다고 믿는다. 여기에 문화민족으로서의 소양도 충분하기 때문에 '경제력과 문화력을 갖춘 21세기의 고구려'로 다시 태어나 세계사의 전면에 다시 부상할 수 있다고 믿는다.

~ 지금 세계는 21세기 인재양성을 위해 전쟁을 벌이고 있다 해도 과언이 아니다. 21세기 국가운명이 유능한 인재에 달려 있다고 믿기 때문이다.

국가사회를 이끌고 갈 정치, 경제, 사회, 문화 등 각 분야의 동량을 체계적으로 육성해 나가야할 뿐 아니라 기업을 이끌고 갈 차세대 경영자도 적극 육성해 나가야한다.

진취적이고 사명감에 불타는 젊은 인재를 발굴하여 미래사회의 주역으로 키워 나가야한다고 본다. 이를 위해서 인재양성기관을 확대해 나가고 인재육성기금을 조성하는 것도 좋은 방법이 될 수 있을 것이다. ~ 」

사람은 관계 속의 존재로서 서로 주고받으며 경쟁하고 협력하면서 발전한다. 혼자서 도모하고 성취할 수 있는 것은 한계가 있다. 더구나 리더의 대업은 반드시 많은 사람들과 상호협력하지 않으면 이룰 수 없고, 유능한 인재들의 도움을 받지 않으면 이룰 수 없다. 위대한 프로젝트를 성사시키려면 많은 인재들의 참여가 필요하다.

상의 탕이 이윤을 만나고, 주의 문·무왕이 강태공을 만나고, 한의 유방이 장량과 소하를 만나고, 고구려의 주몽이 소서노라는 훌륭한 인재를 만남으로써, 건국이란 위대한 프로젝트를 완성하여 천하의 주인이 될 수 있었다. 오늘날 국가나 기업경영도 이와 마찬가지다.

인재를 모으고 대접하는 것도 리더의 능력이다. 능력과 덕을 갖춘 군자는 '시대의 부름에 호응하여 출사하는 것이 애국'이며, 많은 인재를 발굴하고 육성하여 치국에 참여시키고 평천하에 동참하도록 하는 것은 애민이다.

공자가 가장 싫어하는 사람은 '항상 말을 교묘하게 잘하고 얼굴빛을 남에게 잘 보이려고 좋게 꾸미면서(巧言令色), 달콤한 말로 군중을 현혹하는 재주꾼'이었다. 이런 사람은 반드시 지도자가 되거나 요직으로 출사해서는 안 된다. 어디까지나 말 한마디 행동 하나하나가 진실한 사람이 출사하고 양명해야 밝은 세상이 된다. 말은 비록 어눌함이 있어도 매사에 치우침이 없고 공명정대한 사람으로서, 민중을 자기가족처럼 아끼고 사랑하며 챙기는 사람이 출사하고 양명해야한다. 비전이 있고 정의로운 사람이 출사하여 요직을 담당하고 책임져야한다.

무능하고 진실하지 못한 재주꾼이 입신양명하면 그는 나라나 조직을 망치는 간신배나 아첨꾼이 되어 결국 인재(人才)가 아닌 인재(人災)가 되고 말 것이다.

입신양명하여 선업(善業)을 주도하는 지도자는, 교언영색(巧言令色)을 일삼는 자를 반드시 알아보고 멀리해야한다. 진심으로 충언하는 자를 신임하고 중용하는 혜안이 있어야한다. 많은 기업을 거느린 대기업의 회장이나 정치인이 알아야할 핵심내용이다.

뜻을 세운 일반서민의 사람들은, 열악한 환경조건 속에서 묻고 배우며, 괴롭고 힘겨운 생존의 현장에서 고단하고 허기진 심신을 달래며 곤이지지(困而知之)로 자신의 능력을 키운다. 궁핍한 살림살이를 챙기면서도 격물치지하고 수신제가하며 치국평천하를 꿈꾸는 삶이 참으로 눈물겹고 가상하다.

뜻을 세운 명문세가의 사람들은, 일찍이 어려서부터 잘 갖춰진 풍요로운 환경의 여유 속에서 부족함이 없는 살림살이를 누리며, 유능하고 현명한 스승과 멘토의 가르침과 안내를 받으면서, 처음부터 치국평천하하려고 수신제가하고 격물치지하니 참으로 축복받은 사람들이다.

그런데 자연의 법칙이나 인간의 운세는 누구에게나 공평하게 시련과 역경을 준다. 양이 차면 음이 생하고 음이 차면 다시 양이 생하는 변화가 자연의 법칙이기 때문이다. 그러므로 명예가 높고 재화가 많은 명문세가라 할지라도 주기적으로 시련과 역경, 고뇌를 일반서민들과 똑같이 겪기 마련이다.

비록 오늘의 생활이 곤궁하고 시련과 역경이 있을지라도, 장차 출사하

여 치국평천하할 뜻을 세우고, 원칙과 정직으로 욕망을 절제하고, 부족한 살림을 수용하고 자족하면서 수기치인의 길을 가고 있다면, 그에게 반드시 입신양명할 날이 찾아온다. 그러므로 현실이 어렵다고 '시류와 타협하는 순간의 유혹'을 항상 주의해야한다. 이를 뿌리치지 못하고 과오를 범하면 훗날 두 눈을 부릅뜨고 이를 지켜본 백성들의 질책을 면할 길이 없다. 공청회나 청문회의 인준과정에서 국무총리의 길이 막히고 장관의 꿈이 한순간에 물거품이 되고 만다. 그러므로 군자는 다소 생활이 불편해도 무자기(毋自欺)하면서 자겸(自謙)하고 신독(愼獨)에 게으르지 않으며 때를 기다리는 법이다.

물질적 풍요와 명예로운 가문의 후원아래 유능하고 현명한 스승이나 멘토의 가르침을 받아도, 그들이 학문에 뜻이 없고 출사에 부정적이며 주색잡기나 오락게임 같은 놀이에 관심이 많다면, 명문세가라도 장차 가문에 시련과 역경이 닥치면 하루아침에 추풍낙엽처럼 몰락하고 만다. 일반서민이 명문세가가 되기는 어려워도 명문세가가 일반서민으로 전락하기는 여반장(如反掌)처럼 쉬운 일이다.

오랜 세월을 천하를 주유하며 원대한 꿈과 평천하의 뜻을 펼치려고 고생하고 노력하신 성인(聖人)도, 봉지(封地)를 소유한 대부이상의 명문세가가 되지 못하였다. 2,500년 전에는 그 길이 매우 좁은 길이라 어려웠다고 하나 모든 길이 활짝 열려 있는 오늘날에도 그 길은 쉽게 얻을 수 있는 길이 아니다.

오늘날은 군주(君主)를 대신하는 권력자가 기업의 사주(社主)다. 평생 그 사주(社主)를 위하여 헌신하고 충성하며, 사장을 지내고 부회장을 역임하면서 사주이상으로 권력을 휘두르며 사세를 확장하는 공로를 세웠어도, 막상 퇴임할 때에는 수십 개의 기업 중에 단, 한 개의 기업도 증여받지 못하는 것이 기업권력의 현실이다.

실력이 있는 명문세가로의 신분격상과 가문정립은 참으로 어려운 일이다. 고용자나 중소기업의 입장에서 보면 경제민주화나 동반성장은 먼 나라의 꿈같은 이야기다. 동서고금을 막론하고 주군(主君)과 가신(家臣)같은 신분격차를 극복하고 명문세가로 발돋움하기란 그렇게 쉽고 간단한 문제가 아닌 것이다.

창업사주가 경영사장을 예우할 수밖에 없는 능력을 키우고 지니는 것이 급선무다. 시대를 앞서가는 초일류기술이나 탁월한 정보능력, 미래를 읽는 지식, CEO나 CFO로서의 출중한 창조능력 등을 지니게 되면 그에 합당한 대우와 보상이 따른다. 일찍 뜻을 세우고 노력 정진하여 고명(高明)해짐으로써 부와 귀를 정당하게 요구하고 누리는 길을 스스로 열어야한다. 고부가가치를 지닌 명품인간으로 대접받는 삶을 스스로 일구어야한다. 오늘날의 최고귀족은 미국의 마이크로 소프트의 빌 게이츠나 한국의 엔씨 소프트의 김택진사장 같이 신기술로 자기창업에 성공한 사람들이다.

입신양명하기 위하여 격물치지하고 치국평천하하는 것도 중요하지만 더욱 중요한 것은, 그 본성이 지극히 선한 사람이 본래 밝은 덕을 밝히고, 이웃백성 모두를 새로워지게 가르쳐서 그들이 지극히 좋은 상태(至善)에 머무르며, 홍범에 이른 대로 육극(六極)을 예방하고 오복(五福)을 누리게 하는 것이다. 그리고 자신은 물론 자신의 자자손손이 대학강령(大學綱領)의 도와 덕을 배우고 익히면서 모범적으로 살도록 인도하는 것이다.

부와 귀를 누리는 명문세가는 그 부귀를 3대를 전하기 어려워도, 도와 덕을 지키고 전하는 군자의 집안은 그 도덕을 수십 대를 전할 수 있으니, 그 차이는 하늘과 땅 차이와 같은 것이다. 어찌 그 공덕을 3대도 못가고 몰락하는 천승지가(千乘之家)의 봉지(封地)정도에 비하랴!

"진퇴(進退)와 존망(存亡)을 알고 그 바름을 잃지 않는 사람은 오직 성인(聖人)뿐이다."는 역경의 말이 결코 빈말이 아닐지니, 명문세가보다 바름을 잃지 않는 도덕세가(道德世家)로 사는 것도 의미 있는 일이다.

"천시(天時)를 얻는 것이 지리(地利)를 얻는 것만 같지 못하며, 지리를 얻는 것이 인화(人和)를 얻는 것만 같지 못하다."고 맹자가 말하였다. 전쟁의 출사(出師)와 양명의 출사(出仕)에 적용되는 고전적인 명언이다. **맹자는 전쟁에 출사(出師)하였을 경우,** 승패의 기본적인 요건을 첫째 하늘의 때, 둘째 땅의 이로움, 셋째 사람의 화합으로 보았다. 전쟁에서 이기기 위해 아무리 기상과 방위, 시일의 길흉 같은 것을 견주어 보아도 지키는 쪽의 견고함을 능가하지 못한다는 것이다. 그러나 아무리 지키는 요새가 지리적 여건이 충족된 땅의 이로움을 가지고 있다 하더라도 그것을 지키는 사람들의 정신적 화합과 단결력이 없으면 지키지 못한다고 하였다.

"백성들을 국경 안에 머물게 하는 데는 영토의 경계로써 하지 않고, 국방을 튼튼히 하는 데는 산과 골짜기의 험함으로써 하지 않고, 위엄을 천하에 떨치는 데는 무력으로써 하지 않는다고 하였다. 인의의 도(道)를 얻은 사람은 돕는 사람이 많고, 도를 잃은 사람은 돕는 사람이 적다. 돕는 사람이 적어지면 친척까지 배반하고 돕는 사람이 많아지면 천하가 나를 따른다. 천하가 따르면 친척이라도 배반하면 공격하는 것이다. 그러므로 군자는 싸우지 않을지언정 싸우면 반드시 이기는 법이다."고 했다. 나라와 나라, 조직과 조직 사이에 큰 싸움을 하게 되면 반드시 삼대조건이 구비되어야 승리할 수가 있다. 천시(天時), 지리(地利), 인화(人和)가 그 세 가지 조건으로 그 중의 제일은 인화이다. 인의에 입각하여 백성을 사랑하고, 솔선수범하여 백성을 위한 정치를 하면 천하의 백성이 자발적으로 그 인자(仁者)를 다 따라오게 되므로 어느누구도 그 인자를 막아설 수가 없다. 천시가 유리하고, 지리가 이로워도, 천하 사람들의 화합이 깨어지면 친척까지 배반하고 도망가게 되므로 무조건 패배할 수밖에 없다. 그러므로 '인화(人和)가 승리의 제일조건'이다.

뜻을 세우고 출사(出仕)하려면, 첫째 천시(天時)를 얻는 것이 중요하다. 자신이 준비한 지식과 능력, 꿈꿔온 이상이 그 시대정신과 일치하면 하늘의 때가 도래한 것이다. 적합한 때가 도래하면 문을 열고 나가야한다. 나갈 때는 주도적으로 신속하게 나간다. 성패는 다 타이밍timing이 결정하므로 나가기 전에 먼저 세상의 흐름을 잘 살피고 진퇴를 결정해야한다. 자신에게 때가 오지 않으면 문을 닫고 조용히 기다린다. 기다릴 때는 독서하고 사유하며 주어진 일상에 충실하면서 조용히 은인자중하고 미래를 준비한다.

둘째 지리(地利)를 얻는 것이 중요하다. 주변의 여건이 제대로 성숙되었는가? 그 시대와 그 지역의 여건이 '준비된 나'를 필요로 하고 있는가? 정확하게 살피고 나아간다. 나중을 생각하여 물러설 곳을 미리 살피고 시작한다. 진퇴와 존망의 때를 읽는 것이 중요하지만 그 지역의 핵심 터를 살피고 그 가운데를 선점하는 것은 더 중요하다.

셋째 인화(人和)를 얻는 것이 중요하다. 인적역량을 확보한 다음에 출사한다. 뜻을 함께할 결정권자나 참모의 마음이 나와 한마음이 되어야 대업을 도모할 수 있기 때문이다. 서로를 존중하고 신뢰할 수 있는 사람을 찾아내어 자신의 이상과 욕망을 일치시키고 협력하는 것이 중요하다. 사욕이 지나치고 마음이 여리어 쉽게 인정에 얽매이고 휘둘리는 나약한 사람과 함께하면 반드시 큰일을 그르친다.

'정의와 약속을 중시해도 역사의식이 부족하고 미래대안이 없는 사람'과는 대업을 도모하지 말아야한다. 반드시 훗날 역사의 죄인이 되고 만다. 어눌해도 역사관이 분명하고 심지가 굳은 사람을 찾아 공과(功過)를 끝까지 함께할 수 있는 사람을 만나야 출사에 성공할 수 있다. 혈구지도로서 일에 관계된 사람의 진심을 얻고, 금맥보다 소중한 인맥을 구축한 다음에 출사를 해야만 가야할 길에 막힘이 없고 이뤄야할 일에 어긋남이 없다. **군자는 그 때와 민심의 향방을 먼저 살피고 출사하여 입신양명함으로서 홍익인간의 길을 간다.**

논어 옹야 편에서 공자가 말씀하기를, **"부귀라는 것은 사람들이 누구나 탐내는 것이지만, 정도로써 얻은 것이 아니면 누리지 말아야한다."고 하였다.** 맹자 진심 편에 맹자께서 말씀하기를, "군자에게 세 가지 즐거움이 있으니, 천하의 임금 노릇을 하는 일은 여기에 들지 않느니라. 부모가 살아 계시고 형제들이 무고함이 첫째 즐거움이요, 하늘을 우러러 부끄럽지 않고 구부려 사람들에게 부끄럽지 않은 것이 둘째 즐거움이요, 천하의 영재들을 얻어 가르치는 것이 셋째 즐거움이니라. 군자에게 세 가지 즐거움이 있으나 천하의 임금 노릇을 하는 일은 여기에 들지 않느니라."고 했다. 또 말씀하기를, "공자께서 동산에 오르시어 노(魯)나라를 작다하시었고, 태산에 오르시어 천하를 작다고 말씀하시었다. 그러므로 바다를 가본 사람은 물이야기 하기를 어려워하고, 성인의 문하에 들어가 공부한 사람은 말하기를 어려워하느니라."했다.

(5) 군자(君子)의 자명도(自明圖).

대학을 탐구하여 수기치인(修己治人)한 군자가 출사(出仕)하여 입신양명하고 홍익인간의 길을 가려면, 사람의 도리부터 배우고 익힌 다음에 성현의 심법을 학습하고 중궁(中宮)에 서야 한다. 부모와 어른을 알아보고 공손히 인사하고 언행을 조심하는 소학의 기본윤리도덕부터 하나하나 학습하고, 대학의 수기치인도덕을 지행(知行)하는 것이 대학이 가르치는 군자의 길이요, 그 군자가 마땅히 머무를 자리가 중궁이다. 충서(忠恕)자리가 중궁으로써 홍범의 황극자리며 그곳은 우주심과 일통한다. 그리고 인의예지를 연결하고 조정하는 믿음(信)의 자리며 천지기운을 수납하는 피라미드pyramid의 꼭지 점이다.

종(縱)으로 천지인(天地人)을 세우고, 횡(橫)으로 도덕인(道德人)을 펼치면, 중궁의 군자는 천지와 도덕을 임의대로 제어하고 운용할 수가 있다. 대학을 사숙(私淑)한 군자는 상천(上天)의 때와 하지(下地)의 이로움을 미리알고 활용하여, 앞의 충효지도(忠孝之道)를 밝게 밝히고 뒤의 인의지덕(仁義之德)을 새롭게 하여서, 가운데의 사람(中人)들이 도덕지인(道德之人)으로 지극한 선(至善)에 머물도록 한다. 중궁(中宮)에서 상하좌우의 천지와 도덕을 지도리로 삼아 우주자연의 법칙에 어긋나지 않고 대동일화(大同一和)의 세계를 지향하는 지도자는, 반드시 혈구지도(絜矩之道)와 이음양(理陰陽) 순사시(順四時)의 법칙으로 순환하는 세상을 경영한다.

존재의 모든 관계란? 이것과 저것이 서로 주고받으면서 상대와 역동적으로 상생하고 상극하며 합성일체화 함으로서 무궁한 조화를 일으킨다. 이와 같이 잘 주고 잘 받으면서 닮아나되 새로워지는 신생변화를 일으키는 것이 '음양(陰陽)의 이법(理法)'이다. 언제나 차면 기울고 기울면 차오른다. 그러므로 인간 삶의 과정에 선악시비, 길흉화복, 흥망성쇠, 생사고락, 양지음지, 오르막길 내리막길이 나타나는 것은 음양의 이법상 당연한 자연현상이다.

중궁의 군자는 늘 깨어 있으면서 윤집궐중(允執厥中)하고, 시중범용(時中凡庸)의 도(道)로써 음양 이법의 오르막과 내리막의 변화주기를 읽고, 현명하게 나아가고 물러서며 천지의 조화와 도덕의 균형을 수용하고 조율한다.

천도(天道)의 원형이정(元亨利貞), 지도(地道)의 춘하추동(春夏秋冬), 인도(人道)의 인의예지(仁義禮智)는 천지인의 사시(四時)흐름이며, 음양을 원만하게 경영하여 천지와 도덕을 하나로 엮는 순환상생의 기본질서이다.

대학을 공부하여 현명하고 유능해진 중궁의 군자는, '사시(四時)의 이법(理法)'을 정치, 경제, 사회, 문화, 예술, 철학, 종교 등 다양한 분야에 적용시킨다. 그리고 천지인이 순환상생하면서 일월성신 동서남북이 운행하며, 생장수장(生長收藏), 생로병사, 성주괴멸 현상이 나타남을 자연스럽게 수용하며 주관한다. 구궁팔괘자리에 정치와 인사에 대한 원칙을 세우고 홍범구주(洪範九疇)를 펼치면서 대학의 이상을 구현한다. 천지와 도덕의 행간(行間)에 배치한 '사시의 이법'으로 천하를 관찰하고 경영한다.

중궁의 군자는 항상 지식하고 신념하며 창조하고 경험하는 자기창조 시스템을 가동하여, 시대가 요구하고 백성이 좋아하며 잘할 수 있는 신지식, 신정보, 신기술, 신문화분야를 집중적으로 연구하고 교육하여야 한다. 과학적인 전문지식과 인문학적인 전문지식이 서로 협력하고 융합하여 창출한 시너지synergy 효과가 신문명이 된다는 사실을 이해하고 신문명을 창조한다. 그러므로 군자는 이 모든 문명과정을 스스로 선택하고 설계하여 집중하고 책임진다. 이것이 무엇이든지 훤히 알고 능히 이루며 책임지는 군자의 길이다.

중궁의 군자는, 격물치지로 도를 밝히고 하늘의 때를 읽으며, 성의정심으로 하늘의 때에 맞추어 백성을 새롭게 할 덕을 갖추고, 수신제가하여 덕을 백성에게 펼치면서 땅의 이로움을 살피고, 마침내 하늘의 때를 읽고 땅의 이로움을 살리어 자신의 길을 밝히고 백성의 삶을 더욱 새롭게 가르치는 치국평천하를 함으로써 만백성이 지선(至善)에 머무르게 한다.

이것이 대학통론의 군자대도를 요약한 군자(君子)의 자명도(自明圖)에 대한 해설이다.

자명군자(自明君子)는 만백성이 원하면, 언제나 탕왕의 부름에 응하는 이윤의 출사처럼 자신의 안일을 박차고 백성을 위해 출사하며, 요순처럼 윤집궐중하고 황극자리 선양(禪讓)에도 주저하지 않는다. 이것이 대학공부를 마친 군자들의 치국평천하 길이요, 중궁의 지도자가 이뤄야할 덕업이다. 정치와 사업의 원리와 함께 입신과 양명의 방법이 이처럼 자세하고 친절하니, 누구나 이 법을 이해하고 자명도 그림대로 행하면 스스로 원하는 뜻대로 자아를 실현하는 삶을 즐기게 될 것이다. 그리고 스스로 밝히는 군자의 길을 터득한 사람은, 자신이 설계한 대안미래시나리오를 주의하고 실천하여 모두에게 감동을 줄 수 있는 인생스토리를 창조하여 중궁의 주인이 될 것이다.

중궁의 자명군자는 허망한 거품과 같은 부채를 자산으로 삼아, 안일하게 발전하는 고성장시스템문화를 집착하지 않으며, 세상의 어떤 위기에도 대처할 수 있는 절약과 자립을 몸소 익히고, 모두가 빚 없이 살아가는 비전을 백성에게 제시하며, 백성에게 진심으로 근검절약을 설득하고 교육한다. 자명군자에게 설득당한 백성은, 소비와 금융의 거품이 붕괴되고 저성장과 고실업의 세상이 와도, 부채와 낭비습관 때문에 갈등하거나 시달리지 않으며, 근검으로 일상의 평온을 누리게 된다.

시대의 흐름을 읽고 성장속의 풍요와 정체속의 절제를 적절하게 배합하여 주도할 수 있는 군자라야, 선왕(先王)의 대경대법(大經大法)을 깨치고, 성인(聖人)의 대인대의(大仁大義)를 얻었다고 할 수 있다. 선왕과 성인의 법을 얻은 군자는 홍익인간의 길을 감이 마땅하고, 더 큰 봉사를 위하여 중궁에 드는 것이 정의(正義)다.

대학통론을 학습하여 선왕(先王)의 법과 성인(聖人)의 도를 깨닫고 펼치는 자명군자는 누구나 다 왕(王)이 될 수 있다. 황극의 주인이 되고 우주의 중심이 될 수 있다.

중궁의 자명군자는 중용의 시구처럼 지극히 성실하여, '높은 산을 짊어지고도 무거운 줄을 모르고, 강과 바다를 가슴에 품고 한 방울의 물도 흘리지 않는 대지(大地)'와 같은 사람이 되는 것이다.

자명군자는 천지자연의 흐름을 수용하고 순응하며, 심신의 평정과 일상의 평온을 가다듬고 즐긴다. 언제나 오늘을 감사하며 새로운 것을 배우고, 때때로 배운 것을 익히는 것이 기쁘다. 나를 알아주는 오랜 벗과 담소를 즐기는 것이 행복하며, 후학에게 길을 가르치는 것은 더욱 행복하다. 비록 봉사의 기쁨과 권력의 진미를 경험하는 중궁(中宮)자리에 나아가지 못했을지라도, 공자가 이른 대로 '사람들이 자신을 알아주지 않아도 성내지 않으며, 지위가 없음을 걱정하지 않고, 오히려 어떻게 바르게 설 것인가를 걱정하며, 무엇을 남기고 갈 것인가?'를 궁리하며 사는 삶이 억울하지 않다. 효도와 인의(仁義)를 행하면서 맑고 깨끗한 호수물이 흐르듯 조용히 산다.

논어 술이편에 공자께서 말씀하기를, "거친 밥을 먹고 물마시고, 팔을 베게로 삼고 살아도 즐거움이 그 가운데 있다. 의롭지 않으면서 부귀해지는 것은 나에게는 뜬구름과 같다."고 했다.

군자는 충서(忠恕)를 거머잡고 부모에게 효도하고, 어른을 공경하며, 가족을 친애한다. 언제나 애환을 함께하는 소중한 가족이나 친구들을 아끼고 챙기며, 오늘도 어제같이 땀 흘려 일하고 남는 시간에는 독서하고 사유하며 노래하고 춤춘다. 그리고 배고프면 먹고 곤하면 잠에 든다. 그리고 꿈속에서 인생의 마지막 순간에 남는 것은 사랑뿐이라는 진실을 깨닫고, 입 끝을 살며시 귀밑으로 당기며 미소를 머금는다. 大

참고문헌과 추천도서

· **논어(論語)** 장기근, 김용옥 역외 다수.

· **맹자(孟子)** 이가원, 이기석 역외 다수.

· **대학(大學)** 이가원, 유덕선, 이기동, 학민문화사 편 역외 다수.

· **중용(中庸)** 김용옥, 이세동, 학민문화사 편 역외 다수.

· **소학(小學)** 김혁제, 성백효, 동양고전연구회 편 역외 다수.

· **사자소학(四字小學)** 엄기원, 박진우 역외 다수.

· **명심보감(明心寶鑑)** 김혁제, 김홍철, 학민문화사 편 역외 다수.

· **격몽요결(擊蒙要訣)** 이민수, 고산, 학민문화사 편 역외 다수.

· **효경(孝經)** 김용옥, 신민수 역저.

· **역경(易經)** 이가원, 김석진, 김용옥 역외 다수.

· **시경(詩經)** 하정옥, 심영환 역저.

· **서경(書經)** 권덕주, 전인초 역저.

· **예기(禮記)** 남만성 역저.

· **유림(儒林)**전6권 최인호 저.

· **성학집요(聖學輯要)** 율곡 이이 지음. 고산, 김태완 역외 다수.

· **성학십도(聖學十圖)** 퇴계 이황 지음. 고산, 이광호 역외 다수.

· **율곡전서(栗谷全書)** 장숙필, 이종술 역저.

· **귀곡자** 박찬철, 공원국 역저.

· **인간학1 · 2 · 3** 볼파르트 파넨베르크 지음. 박일영 옮김.

· **논어와 주판** 시부사와 에이치 지음. 노만수 옮김.

· **IQ EQ SQ 삼위일체론** 신수훈 저.

· **호모 에루디티오** 한준상 저.

· **일등 공부법** 김진구 저.

· **공부클리닉** 김정수저, 박진수 저, 조석희 저.

· **두뇌가동률을 높여라** 공병호 지음.

· **인간행동과 사회환경** 이인정, 최해경 공저.

· **생명우주** 제임스 N 가드너, 이덕환 역.

· **우주의식의 창조놀이** 이차크 벤토프 지음. 이균형 옮김.

· **해피어** 탈 벤 샤하르 지음. 노혜숙 옮김.

· **아무도 네 인생을 대신 살아주지 않는다** 필립 체스터필드 지음. 문은실 옮김.

· **니코마코스 윤리학** 아리스토텔레스 지음. 홍원표 편저 외 다수.

· The Answer 존 아사라프 · 머레이 스미스 지음. 이경식 옮김.

· **정의란 무엇인가** 마이클 샌델. 이창신 역.

· **긍정의 힘** 조엘 오스틴. 정성묵 옮김.

· **거부가 되는 13비결** 나폴레온 힐 저. 조기호 역.

· **몰입의 기술** 미하이 칙센트미하이 지음. 이삼출 옮김.

· **위대한 설계** 스티븐 호킹 지음. 전대호 옮김.

· **순수이성비판** 임마누엘 칸트 지음. 백종현 옮김.

· **마음의 법칙 일곱 가지** 디팩 초프라 저. 구승준 역.

· **생각의 지혜** 제임스 엘런 지음. 공경희, 고명선 옮김.

· **긍정 심리학** 마틴 셀리그만 지음. 김인자 옮김.

· **마음에는 평화 얼굴에는 미소** 틱낫한 지음. 유시화 역.

· **리얼리티 트랜서핑**1 · 2 · 3 바딤 젤란드 지음. 박인수 옮김.

· **오리진이 되라** 강신장 지음.

· **아웃라이어** 말콤 글레드 웰 지음. 노정태 옮김.

· **넛지** 리처드 탈러 · 캐스 선스타일 지음. 안진환 옮김.

· **마인드 파워** 존 키흐 지음. 최상수 옮김.

· **절제의 성공학** 미즈노 남보쿠 지음. 권세진 옮김.

· **백두산족 풍류도** 신수훈 저.

· **드림 소사이어티** 롤프 옌센 지음. 서정환 옮김.

· **새로운 미래가 온다** 다니엘 핑크 지음. 김명철 옮김.

· **위대한 미래** 마티아스 호르크스 지음. 이수연 옮김.

· **미래를 경영하라** 톰 피터스 지음. 정성묵 옮김.

· **미래예측** 박영숙 제롬 글렌 테드 고든 공저.

· **미래혁명** 신지은 박정훈 외 3인 지음.

· **담대한 희망** 버락 오바마 지음. 홍수원 옮김.

· **부의 미래** 엘빈 토플러 지음. 김중웅 역.

· **미래를 읽는 기술** 피터 슈워츠 지음. 박슬라 옮김.

· **미래를 읽는 9가지 방법** 하인호 지음.

· **손정의 미래를 말하다** 소프트뱅크 신30년 비전 제작위원회 엮음. 정문주 옮김.

· **바보처럼 공부하고 천재처럼 꿈꿔라** 신웅진 저.

· **반기문 리더십 자신부터 변화하라** 유한준 저.

· **성공한 사람들의 7가지 습관** 스티븐 코비 저. 김경섭 역.

· **세계는 누가 지배할 것인가** 자크 아탈리 지음. 권지현 옮김.

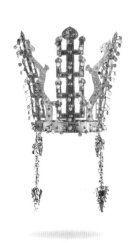

大學通論

1판 1쇄 : 인쇄 2012년 10월 22일
1판 1쇄 : 발행 2012년 10월 26일

지은이   신수훈
펴낸이   서동영
펴낸곳   서영출판사

출판등록   2010년 11월 26일(제25100-2010-000011호)
주소   인천광역시 계양구 효성동 200-1 현대 404-103
전화   02-338-7201   **팩스** 02-338-7161
이메일   sdy5608@hanmail.net

디자인   JR Design

©2012신수훈 seo young printed in incheon korea
ISBN 978-89-97180-20-2 03150

일원화 공급처_(주)북새통
주소 서울 마포구 서교동 465-4 광림빌딩 2층
대표전화 02-338-7201   **팩스** 02-338-7160
이메일 info@booksetong.com